OECONOMIE
GENERALE
DE
LA CAMPAGNE,
OU
NOUVELLE
MAISON RUSTIQUE.

Par le Sieur LOUIS LIGER, d'Auxerre.

TOME SECOND.

A PARIS,
Chez CHARLES DE SERCY, au Palais, au sixiéme Pilier
de la Grand'Sale, vis-à-vis la Montée de la Cour
des Aydes, à la Bonne-Foi couronnée.

M. DCC.
AVEC PRIVILEGE DU ROY.

TABLE DES CHAPITRES
CONTENUS AU SECOND TOME.

LIVRE TROISIE'ME.

CHAPITRE I. Des Pepinieres, & des moyens de connoître les qualitez d'une terre pour faire des Pepinieres ; de leurs expositions, & des labours qu'il leur faut donner avant que d'y rien mettre. Page 3

CHAPITRE II. Des Pepinieres de semences. 6

CHAPITRE III. Des Pepinieres de plans enracinez, & de boutures. 14

CHAPITRE III. Des Greffes en general, de leurs noms, & du temps de les faire. 30

CHAPITRE IV. Des Outils necessaires pour greffer. 34

CHAPITRE V. Du choix des Greffes, du temps de les cueillir, & de l'ordre qu'il faut tenir en greffant les Pepinieres. 39

CHAPITRE VI. Des differentes manieres de greffer. 44

CHAPITRE VII. De la maniere de gouverner les Pepinieres lorsqu'elles sont greffées. 70

CHAPITRE VIII. De la Bâtardiere, & ce que c'est. 73

CHAPITRE IX. De la connoissance qu'on doit avoir des Arbres sortis des Pepinieres, & du

TABLE.

choix qu'on en doit faire. 75

CHAPITRE X. *De certaines terres propres à quelques espèces d'Arbres.* 76

CHAPITRE XI. *Des differens fumiers convenables à differentes espèces de terres, & de la maniere de les y employer.* 79

CHAPITRE XII. *Du temps & de la maniere de preparer & de planter les Arbres nains, & de la distance qu'on leur doit donner.* 82

CHAPITRE XIII. *De certaines expositions & de certaines formes qui conviennent le mieux à de certaines espèces de fruits.* 89

CHAPITRE XIV. *Comme il faut gouverner les Arbres lorsqu'ils sont plantez, & de leurs labours.* 95

CHAPITRE XV. *De la Taille des Arbres.* 97

CHAPITRE XVI. *De ce qu'on doit sçavoir avant que de tailler.* 98

CHAPITRE XVII. *De la maniere de tailler les Arbres.* 105

CHAPITRE XVIII. *De la taille d'un Arbre dans un Espalier.* 107

CHAPITRE XIX. *Comme il faut tailler les Arbres la troisiéme année qu'ils sont plantez* 123

CHAPITRE XX. *De la taille des Espaliers qui ont acquis toute leur forme.* 139

CHAPITRE XXI. *De la taille des Espaliers & des Buissons lorsqu'ils sont vieux, & des secrets pour leur faire prendre du fruit.* 157

CHAPITRE XXII. *De la taille des fruits à noyau.* 162

CHAPITRE XXIII. *Comme il faut palisser les Arbres.* 166

CHAPITRE XXIV. *Ce que c'est qu'ébourgeonner, & pin-*

TABLE.

cer en fait d'Arbres, & la maniere de le faire. 168

CHAPITRE XXV. *Du trop de fruit, & de la maniere d'en décharger les Arbres, avec le secret de les faire devenir beaux jusqu'à parfaite maturité.* 173

CHAPITRE XXVI. *Des Arbres de Tige.* 176

CHAPITRE XXVII. *Des maladies des Arbres, & des moyens d'y remedier.* 189

CHAPITRE XXVIII. *Du temps de cueillir les fruits, & de la maniere de le faire.* 199

CHAPITRE XXIX. *Liste generale tant des fruits à noyau que de ceux à pepin, selon l'ordre de leur maturité.* 202

CHAPITRE XXX. *Des Groseliers & des Framboisiers.* 215

CHAPITRE XXXI. *Du Jardin Potager, & des erreurs populaires touchant la Lune.* 219

CHAPITRE XXXII. *De l'année du Jardinier potager.* 223

CHAPITRE XXXIII. *De la Vigne.* 267

CHAPITRE XXXIV. *Des terres pour planter la Vigne.* 268

CHAPITRE XXXV. *Des expositions propres à la Vigne.* 273

CHAPITRE XXXVI. *De la maniere d'élever la Vigne, & premierement des Raisins qui conviennent le mieux à de certaines especes de terres qu'à d'autres, & de son Plant.* 275

CHAPITRE XXXVII. *Des noms differens de la Vigne, du temps, & de la maniere de la planter par rapport à chaque difference.* 285

TABLE.

CHAPITRE XXXVIII. *Du travail qu'il faut faire aux Vignes jusqu'à leur quatriéme année.* 291

CHAPITRE XXXIX. *De ce qu'il faut faire aux Vignes la cinquiéme année, qui est celle qui commence d'être leur année de rapport; & de la différence qu'il y a entre la Vigne moyenne, & la Vigne basse.* 318

CHAPITRE XL. *Des Marcotes, & de la Greffe de la Vigne.* 321

CHAPITRE XLI. *Sçavoir s'il est bon de fumer les Vignes, & de la maniere de le faire, & de les terrer.* 324

CHAPITRE XLII. *Des Vendanges, & du temps de les faire.* 330

CHAPITRE XLIII. *De la maniere de façonner les Vins; des differentes Boissons, & des Rapez.* 332

CHAPITRE XLIV. *Du Cidre, du Poiré, & du Cormé.* 341

CHAPITRE XLV. *Du Verjus.* 344

TABLE DES CHAPITRES
CONTENUS AU QUATRIE'ME LIVRE.

CHAPITRE I. Description des plaisirs dont on joüit à la Campagne. Page 347

CHAPITRE II. De la Cuisine, & premierement du Bœuf, & du Veau. 350

CHAPITRE III. Du Mouton, de l'Agneau, & du Chevreau. 362

CHAPITRE IV. Du Porc. 368

CHAPITRE V. Du Gibier en general, & haute Venaison. 373

CHAPITRE VI. De la Volaille commune. 382

CHAPITRE VII. Des Legumes. 387

CHAPITRE VIII. Des Viandes maigres. 399

CHAPITRE IX. Des Fruits, & de la maniere de les conserver. 405

CHAPITRE X. Des Fruits secs. 406

CHAPITRE XI. Des Confitures au Vinaigre. 409

CHAPITRE XII. Des Confitures au Vin doux, au Cidre, ou au Miel. 411

CHAPITRE XII. Des Confitures au sucre. 412

CHAPITRE XIII. De la Pâtisserie. 421

CHAPITRE XIV. Des Chiens. 426

CHAPITRE XV. De la chasse du Cerf. 436

CHAPITRE XVI. De la Chasse du Sanglier. 454

CHAPITRE XVII. De la Chasse du Liévre. 456

TABLE.

CHAPITRE XVIII. *De la Chasse du Renard, & du Tesson.* 460
CHAPITRE XIX. *De la Chasse du Lapin.* 461
CHAPITRE XX. *De la Chasse du Loup.* 462
CHAPITRE XXI. *De la Chasse du Dain.* 467
CHAPITRE XXII. *De la Chasse du Chevreüil.* 468

Fin de la Table des Chapitres
du second Tome.

OECONOMIE

OECONOMIE
GENERALE
DE
LA CAMPAGNE,
OU
NOUVELLE
MAISON RUSTIQUE.
LIVRE TROISIE'ME.

Le Jardinier parfait en l'art d'élever les Arbres.

E sçay qu'il y en a beaucoup avant moy, qui ont donné des instructions sur l'art d'élever les Arbres, & que nous avons beaucoup d'obligation non-seulement aux anciens Auteurs, qui ont avec tant de solidité parlé de l'Agriculture, mais encore à ces modernes, qui se sont fait un plaisir d'instruire le public de ce qu'ils sçavoient là-dessus de plus particulier; mais comme il ne se peut qu'il n'y ait toûjours quelque chose

qui échape aux lumieres de ceux qui écrivent, quelque verſez qu'ils puiſſent être dans les matieres qu'ils entreprennent d'approfondir : j'ay cru qu'on ne m'accuſeroit point de temerité, ſi aprés eux je donnois des preceptes qu'une longue experience en l'art de cultiver les Arbres m'auroit appris, & de faire part au public des connoiſſances, que la trop grande abondance de matiere en cet art auroit pû dérober à des plumes plus habiles que la mienne : & ſi j'oſe ici ajoûter quelque choſe à ceux qui m'ont précedé dans ces ſortes d'inſtructions, j'eſpere qu'on ne me l'imputera pas à crime, puiſqu'on voit tous les jours qu'on peut inventer des nouveautez ſur une matiere, quelque peine que ceux qui y ont travaillé avant nous, ſe ſoient donnée de n'y rien omettre.

Les Arts ne ſont pas du nombre des choſes auſquelles on ne peut rien ajoûter ; plus le monde vieillit, plus on s'attache à les perfectionner : celuy de cultiver les Arbres n'étoit pas dans une ſi haute perfection il y a trente ans, qu'il eſt aujourd'huy ; & l'on peut dire que nous reſſemblons à des Nains montez ſur les épaules de quelques Geants, & que cette maniere de parler nous ſignifie aſſez, que nous voyons auſſi bien plus loin que nos Peres, & que tous les jours nous découvrons des choſes qui ne ſont point tombées ſous leurs connoiſſances. Ce n'eſt pas que je veuille dire pour cette raiſon qu'on ne puiſſe prendre quelques preceptes dans ceux qui en ont écrit ; mais c'eſt que les uns l'ont fait d'une maniere ſi courte, qu'il eſt impoſſible qu'ils ayent pû renfermer tout ce qu'il y a à dire là-deſſus dans un ſi petit abregé ; ce qui fait qu'un curieux aprés une telle lecture ne reſte toûjours qu'à demi ſçavant : & les autres ont tellement amplifié cette matiere de grands verbiages, que croyant ainſi s'expliquer plus clairement, ils y ſont devenus plus obſcurs, & ont auſſi plus embroüillé l'eſprit d'un lecteur, qu'ils ne l'ont éclairci : Deux extremitez qu'il faut toûjours qu'un Auteur évite autant qu'il peut, pour donner une pleine ſatisfaction à ceux qui ont recours à luy, comme à une ſource de preceptes, que leur curioſité leur fait rechercher.

Mon deſſein eſt donc dans cet art d'établir un tel ordre, que tous ceux qui liront ce traité des Arbres, en ſeront tres-ſatisfaits, & y puiſeront les lumieres neceſſaires pour s'y rendre habiles. Ce qui m'oblige de reduire ce Livre en preceptes, comme on a vû que j'ay fait les deux precedens, ſans que j'obſerve par-tout un diſcours ſuivy ; parce que ſouvent tel recherche une inſtruction, qui n'a pas beſoin d'une ſuite de langage : & pour y réuſſir, on remarquera qu'en de certains endroits, je me ſuis même ſervi de termes si convenables au vulgaire, que j'espere que les esprits les plus grossiers y entendront ce que je veux expliquer. Et comme avant que d'avoir des Arbres, il les faut faire venir, je commenceray à parler de la maniere de dresser des Pepinieres, & de ce qu'il faut observer avant que d'y rien semer ny planter : Comme d'abord de connoître le fonds où on les veut dresser ; de-peur qu'entreprenant de le faire sans cette observation, on ne perde son temps & sa peine.

CHAPITRE PREMIER.

Des Pepinieres.

Et des moyens de connoître les qualitez d'une terre, pour faire des Pepinieres ; de leurs expositions & des labours qu'il leur faut donner avant d'y rien mettre.

TOut le profit que nous attendons des semences que nous jettons en terre & des plants que nous y mettons, dépend des qualitez du fonds que nous voulons employer à cet usage ; c'est ce qui fait que tout Jardinier qui veut agir avec prudence en son art, ne doit jamais entreprendre de faire aucun plant, qu'auparavant il n'ait connu si sa terre est d'une nature à le pouvoir faire réussir dans son projet. Car si elle n'est bonne c'est temps perdu.

Un Jardinier connoîtra donc qu'une terre est bonne, & peut promettre beaucoup pour la croissance des Arbres fruitiers, lorsque tout ce qui y est produit, soit naturellement, soit par culture, y vient bien, & d'une maniere à ne rien souhaiter davantage.

On juge encore de la bonté d'une terre par l'odorat. Car il est certain que tout plant contracte luy-même, ou communique à son fruit l'odeur qu'il tire de la terre où il est planté ; & c'est pour cette raison qu'on prend toûjours une poignée de cette terre qu'on porte au nez pour la flairer, & pour s'en servir si on la trouve sans défaut.

Il est des terres qui sont si mâtines, que quelque peine qu'on puisse se donner, il est toûjours fort difficile de les ameublir : & ce sont ces sortes de terres, ainsi que celles qui sont trop pierreuses, qu'il faut rejetter pour des jardins ; à moins qu'on ne veuille les éfondrer, & les épierrer d'une telle maniere, que la dépense qu'on y feroit, monteroit beaucoup plus haut que le profit qu'on en retireroit.

A ij

Toutes les terres trop seches & trop sablonneuses ne sont point propres pour le jardinage ; car il est besoin qu'il y ait de la substance, & de l'humidité pour faire croître les Arbres, ou les legumes qu'on y veut mettre : tout de même que lorsqu'elles sont par trop humides, telles que sont celles qui sont dans les marécages, ou trop fortes, comme les terres franches ou celles qui tiennent trop de glaise, un Jardinier n'en doit faire aucun état pour y exercer son industrie : & l'on tient qu'avec bon suc une terre d'une couleur d'un gris-noir, est toûjours bonne, & qu'on en voit aussi de rougeâtres où ce qu'on y plante ne réussit pas mal.

Mais ce n'est pas encore assez qu'une terre paroisse bonne aux yeux & à l'odorat, il faut encore qu'avec ces qualitez elle ait une profondeur raisonnable ; car autrement les Arbres n'y durent pas long-temps : l'on me dira que si cette terre est comme on le souhaite à la profondeur prés, on peut remedier à ce défaut : il est vray, mais cela va bien souvent à une grande depense qu'on est obligé de faire pour des tranchées qu'il faut creuser, & sans lesquelles on travailleroit inutilement ; & ces tranchées, pour être bonnes & bien faites, doivent avoir au moins six pieds de largeur & trois de profondeur : telles terres seront non-seulement choisies pour Pepinieres, mais encore generalement pour tous plants qui seront destinez à être mis dans les jardins.

Aprés avoir expliqué quelles sont les qualitez qui rendent une terre bonne & bien fertile, & qu'on a été assez heureux que d'en rencontrer de pareilles, on peut aprés cela se proposer le dessein d'y dresser des Pepinieres, sûr qu'on sera de réussir du côté de la terre.

Des Expositions.

Il ne suffit pas que le fonds d'une Pepiniere soit tel qu'on le souhaite, il faut encore qu'elle ait une exposition qui luy soit favorable. On en compte de quatre sortes, sçavoir le Levant, le Couchant, le Midy, & le Nort. Le Levant est quelqu'endroit que ce soit où le Soleil frape lorsqu'il se leve ; le Couchant est le côté sur lequel cet Astre luit toute la seconde moitié du jour, c'est-à-dire depuis midy jusqu'au soir ; le Midy se dit du lieu où le Soleil donne depuis environ neuf heures du matin jusqu'au soir, & même l'endroit où il lance le plus ses rayons dans toute la journée, à quelqu'heure qu'il commence, ou qu'il cesse d'y donner : & enfin on nomme l'exposition du Nort, celle qui est opposée au Midy.

Voila donc ce que c'est qu'expositions en termes de jardinages ;

il n'eſt plus queſtion que de dire celles qui conviennent le mieux aux Pepinieres.

Comme les Pepinieres doivent être expoſées.

Il n'eſt pas difficile de décider cette queſtion ; & je ſuis bien aiſe d'avertir d'abord, qu'une Pepiniere expoſée au Midy, eſt ſujete à un inconvenient trop fâcheux, qui eſt que les trop grandes ardeurs du Soleil ſont trop dangereuſes d'en alterer les jeunes plants : ce qui eſt cauſe que les habiles Jardiniers leur donnent toûjours l'expoſition du Levant, qui étant favoriſée des roſées de la nuit & des premiers rayons du Soleil, qui n'ont que de douces & de benignes influences, n'y produit que des effets merveilleux, ſoit en contribuant beaucoup à la croiſſance de ces petits arbres, ſoit en les rendant ſains, tant à la feüille & à l'extremité du jet, qu'à leur écorce unie & luiſante : ce n'eſt pas auſſi qu'il faut prendre garde que cette Pepiniere ne ſoit point trop ſombre, dautant que ſans un peu de chaleur toutes ſortes de plants languiſſent ordinairement.

L'expoſition du Couchant ne ſeroit pas mauvaiſe à une Pepiniere, n'étoit qu'il y a lieu d'apprehender en cet endroit le vent de Galerne, qui eſt de tous les vents celui qui cauſe le plus de dommage aux arbres : cependant j'y en ay vû réüſſir aſſez heureuſement.

J'ay auſſi vû des Pepinieres à l'expoſition du Nord, donner d'aſſez beaux arbres, mais non pas d'une nature à produire bientôt du fruit : & pour la raiſon de cette mauvaiſe cauſe, il n'y a qu'à laiſſer parler l'experience, qui nous montre tous les jours qu'un arbre en belle expoſition & trop à l'ombre, ne donne du fruit que fort tard.

On peut donc juger par ce traité des Expoſitions, en quel endroit doit être une Pepiniere pour être bien placée : ce n'eſt pas que ceux qui font commerce d'Arbres, ne ſe ſoucient pas en quel lieu ils mettent leurs plants, pourvû qu'ils croiſſent beaucoup, ſçachant bien que par là ils leurrent la plus grande partie de ceux qui en viennent acheter vers eux, & qui ne s'y connoiſſent pas.

De la culture neceſſaire avant que de rien planter dans les Pepinieres.

La fertilité des terres, & les expoſitions qu'il faut donner aux Pepinieres, établies comme deux conditions indiſpenſables ; j'eſtime encore que pour une troiſiéme, la terre doit être cultivée, & bien labourée avant que de rien mettre dans ces Pepinieres.

A iij

Des labours necessaires aux Pepinieres, avant d'y rien mettre.

On sçaura pour maxime generale, que toute terre qui n'est point meuble, n'est point capable de donner une croissance parfaite à toutes sortes de plants qu'on luy puisse confier : & comme ce n'est que par le moyen des labours qu'on trouve celuy de l'ameublir, & qu'elle ne sçauroit jamais l'être trop ; il faut donc avant que de rien mettre dans cette terre destinée pour faire une Pepiniere, la bien labourer, en telle sorte que ce qu'on y plante puisse aisément y étendre ses racines à mesure qu'elles croissent, & que l'humidité & la chaleur qui viennent de dehors, penetrent facilement jusques à elles ; ce qui les rend tres-propres à la vegetation.

Mais ce n'est pas le tout de donner ces labours aux terres, il faut regarder quand il est besoin de le leur donner : telle terre veut être labourée incontinent aprés la pluye, comme celle qui est legere, afin de donner passage à l'eau des pluyes, & de leur faire penetrer les racines qui en ont besoin, n'apprehendant point que telle terre se reduise en une espece de mortier qui la rende aprés en un état de ne pouvoir s'ameublir, ainsi qu'il arrive aux terres froides, & à celles qui sont fortes & humides, qui ne veulent jamais être labourées en temps de pluye, mais plutôt pendant les plus grandes chaleurs, pour en faire une terre propre à y nourrir heureusement toutes sortes de plants.

CHAPITRE II.

Des Pepinieres de semences.

LEs Pepinieres étant des lieux destinez à élever des jeunes plants, comprennent pour l'ordinaire trois sortes d'éleves, qui sont les pepins, les noyaux, les boutures ou plants enracinez : & comme mon dessein est de traiter cette partie de l'agriculture dés son origine, je commenceray par la methode d'élever des sauvageons de pepins, & diray que cette Pepiniere doit être dans une terre, comme j'ay dit cy-dessus, c'est-à-dire qui soit bonne & bien labourée.

REMARQUE.

On sçaura que pour réüssir à élever de ces trois differentes sortes de Pepinieres, il faut trois differents endroits pour les placer, &

non pas les mettre pesle-mesle, d'autant que cela cauſeroit une confuſion qui ſeroit trop embarraſſante.

Revenons à nos pepins, & diſons que ce n'eſt pas une graine difficile à trouver : car on les prend indifferemment de Poires ou de Pommes qui ſe mangent ou qui ſe pourriſſent dans l'hiver ; ou bien aprés que le cidre & le poiré ſont faits, & au ſortir de deſſous le preſſoir. Dans les Païs où ces boiſſons s'expriment, on en amaſſe, qu'on paſſe dans un crible ſur quelque nappe, autant qu'on juge à propos qu'on en a beſoin pour ſemer ; aprés cela on les emporte pour les mettre en terre dans le temps & comme je vas enſeigner.

De la maniere de ſemer les Pepins de Poires, de Pommes ou de Coings.

Ces trois eſpeces de pepins ne different en rien l'un de l'autre quant à la maniere de les ſemer, ſinon qu'ils le doivent être ſeparément : obſervant pour cela quand on en fait amas, de ne les point mêler l'un avec l'autre.

Le lieu choiſi pour dreſſer cette Pepiniere, & la terre encore un coup en étant bien ameublie, on trace deſſus des planches de quatre pieds de large, ſur leſquelles on aligne ſix rayons d'égale diſtance, & de la profondeur d'un poûce ſeulement.

Cela fait on prend les pepins qu'on ſeme clairement dans ces rayons, ou bien qu'on poſe à trois doigts l'un de l'autre ; & aprés qu'on les a ainſi ſemez, on ferme le rayon avec le dos du râteau, ou bien on épanche ſur toute la planche du vieux terrau de couche ; ce qui ſe fait avec les dents du râteau.

Du temps de ſemer les Pepins.

Cette ſorte de graine ſe ſeme en deux ſaiſons differentes, ſçavoir en Automne, & au Printemps ; mais il faut obſerver que lorſqu'on choiſit la premiere ſaiſon, on doit être ſoigneux de couvrir les planches de grand fumier de Cheval, pour les garentir des fortes gelées, qui ne manqueroient pas de les endommager, ſi on ne ſçavoit par là prevenir cet inconvenient.

Oüy je le dis, lorſque ces pepins peuvent ainſi paſſer l'Hiver, ſans être gelez, ils levent bien plûtôt que ceux qui ne ſont ſemez qu'au Printemps, & en voicy la raiſon : c'eſt que ces pepins mis dans terre & garentis de gelée, s'étant attendris par le moyen de l'humidité de la terre, ne commencent pas plûtôt à s'échauffer, que la feve venant à ſe mouvoir & à ſe renfler, s'éleve à meſure que la chaleur du Printemps augmente, & s'enfle de telle sorte, que ne pouvant plus être contenuë dans son espace ordinaire, elle est obligée de crever la graine pour se faire un passage, afin de sortir des lieux qu'elle ne peut plus occuper, & de commencer par ce moyen de faire paroître la premiere pointe de la racine.

Des soins particuliers que les plants venus de pepins demandent de nous la premiere année.

Quelque précaution qu'on ait pû prendre à semer les pepins à claire-voye, il ne se peut, lorsqu'ils viennent à lever, qu'on ne trouve toûjours qu'on les ait semé trop drus; & comme ces plants ne profiteroient pas bien, si on les laissoit venir si prés l'un de l'autre, on doit être soigneux de les éplucher, en ôtant une partie pour faire que l'autre parvienne en peu de temps à un plus bel accroissement: si bien qu'étant éclaircis de trois pouces ou environ éloignez l'un de l'autre, au bout d'un an, quand on a pris soin de les bien cultiver, soit par de frequens petits labours, soit par de bons arrosemens dans la trop grande secheresse, soit en n'y oubliant aucun autre soin qui leur soit necessaire; ils deviennent assez grands & assez forts pour être replantez en Pepinieres, afin de les greffer lorsqu'il en est temps.

Des Pepinieres de noyaux.

Il ne suffit pas d'avoir dans un jardin des Poires & des Pommes; les fruits à noyaux n'y sont pas moins necessaires, & n'en font pas le moindre ornement; ces noyaux sont de plusieurs especes; il y a ceux de Prunes, de Pêches, d'Abricots, d'Amandes & de Cerises.

Des noyaux de Pêches.

Si je commence à parler des noyaux de Pêches, avant que de rien dire des autres, c'est que je crois leur devoir donner icy la preseance, comme étant les fruits de cette espece qui sont les plus beaux & les plus delicats à manger.

Les Pêches, ainsi que bien d'autres fruits, viennent de noyau; & quiconque veut avoir le plaisir d'en élever en pepiniere, n'a qu'à suivre pour y reüssir, les preceptes que je luy vas donner là-dessus.

Il n'est toûjours qu'avantageux en matiere d'agriculture, de forcer, pour ainsi dire, les plantes, de donner des marques de leurs productions, plûtôt que la nature ne le feroit elle-même si on ne luy aidoit: ainsi pour faire que les noyaux de pêches qu'on veut

planter

DE LA CAMPAGNE. Liv. III.

planter soient germées dans le temps qu'on ne commenceroit qu'à les mettre en terre, il faut sitôt qu'on en a mangé le fruit, les amasser ; puis dans des pots qu'on remplit de terre legere on en met cinq ou six, & l'on prend de ces pots autant qu'on en souhaite pour élever ainsi des pêchers : cela fait, & pour garantir ces noyaux de la gelée on les porte dans un lieu chaud pour les y laisser passer l'hyver ; & c'est-là pour lors que la nature, par le secours qu'on luy donne, & devançant la production de ces noyaux, fait agir la seve, qui se sentant échauffer, se meut, se rarefie, boüillonne, & enfin s'enfle de telle maniere que ne pouvant plus estre contenuë dans l'espace qu'elle occupoit, elle s'ouvre un chemin à travers la coque de ces noyaux, si bien que lorsque le printemps est venu, leurs germes commencent à paroître.

Comme il faut traiter les noyaux aprés que l'hyver est passé.

Voicy un article qui veut être examiné beaucoup plus qu'on ne se l'imagine ; & j'ay remarqué que jusques icy, tous ceux qui ont parlé de planter des noyaux de Pêches, n'ont point donné à connoître les observations qu'il y a à faire là-dessus, & se sont contentez seulement d'enseigner la maniere de les faire venir, ce qui ne suffit pas : car en plantant ainsi indifferemment de ces noyaux, on va voir qu'il est dangereux de tomber dans des inconveniens, qui sans doute tromperoient nôtre attente, si l'on ne sçavoit les prevenir.

Aprés donc que l'hyver est passé, on met ces pots hors du lieu où ils étoient renfermez ; & à l'égard des plans qui sont dedans, on les separe si l'on veut, pour les mettre en rayons sur des planches dressées exprés : Mais le meilleur est de les laisser dans les pots jusqu'à ce qu'ils soient plus forts, & qu'on les puisse planter dans un endroit à demeurer, si l'on ne veut pas les greffer.

OBSERVATIONS.

Bien que je vienne de dire qu'on puisse mettre ces jeunes plans dans un endroit à demeurer, il faut qu'on sçache que je suppose qu'on n'ait planté de noyaux de pêches que de ceux dont le naturel est de venir ainsi sans être greffez, & de donner pareillement du fruit. Car, comme j'ay déja dit, qui iroit sans reflexion & sans choix dresser des pepinieres de ces noyaux, verroit bien souvent sa peine perduë, s'il ne sçavoit quelles sont les pêches qui sont propres à être ainsi élevées : or les voicy. C'est pourquoy lorsqu'on voudra élever des pêches de noyau, il faut que ce soit toûjours des noyaux de pêches de Pau, de la Persique, ou des pêches violettes; car de toutes les efpeces de pêches il n'y a que celles-là qui ne degenerent point en venant de cette maniere; elles font d'une nature bien plus forte que les autres, puifque l'experience nous fait voir tous les jours qu'elles refiftent à la bize. Ainfi qu'on obferve foigneufement tout ce que je viens de dire fur ce point, fi l'on ne veut paffer pour un ignorant en fait de jardinage.

Mais on pourra m'objecter à cela, fi l'on ne peut pas en feparant les noyaux de pêches les uns des autres, outre celle de Pau, &c. en planter d'autres efpeces, non pas pour en attendre directement du fruit, mais pour en faire des fujets pour y greffer deffus d'autres pêches. Pour lors je répondrai que oüy; mais que je ne confeille pas de le faire: car les greffes qu'on y applique durent fi peu de temps, que les foins & les peines qu'on fe donne aprés, paffent toujours le plaifir & le profit qu'on en attend. Aprés ces avis, on en fera ce qu'on voudra.

De plus, & par rapport au foible temperament de ces efpeces de pêches; je crois même que c'eft tomber dans un inconvenient que de les mettre en pepiniere pour être greffées, & tranfplantées ailleurs: & la raifon que j'en puis apporter, eft qu'arrachant ces arbres, on ne fçauroit le faire fans les alterer, & les alterant ainfi, c'eft en diminuer leurs forces, & par confequent les reduire en un état, ou à ne croître que foiblement, ou à quelque croiffance qu'ils puiffe arriver, à ne durer que fort peu de temps. C'eft ce qui fait que j'aimerois mieux, fi l'opiniâtreté me tenoit d'élever ainfi des pêchers, planter d'abord des noyaux de pêches dans le lieu où je voudrois qu'ils devinffent arbres; & par ce moyen, je pourrois efperer quelque chofe de plus que fi j'en agiffois autrement.

Mais fans fe tant embarraffer de tels fujets pour élever des pêches; ny en a-t-il pas d'autres qui valent mieux? eft-ce qu'on ne ne fçait pas que les Amandiers & les Pruniers leur font à preferer? Et puifque cela eft, cherchons les moyens de n'en point manquer.

Des Amandes.

Lorfqu'on veut dreffer des pepinieres d'Amandiers pour être greffez, on fçaura qu'il y a un choix à faire, & que c'eft toujours des Amandes douces qu'on doit prendre; & non jamais d'ameres, à caufe qu'elles ont la feve trop revêche.

Ce choix fait, on fe fert des moyens que voicy pour les faire germer, en les mettant par lits dans des manequins aux mois de Novembre, & en agiffant de cette maniere.

Prenez un manequin, mettez-y au fond un bon poûce épais de sable, arrangez dessus les noyaux d'amandes, de maniere qu'ils ne se touchent pas, & que le sable puisse couler entre deux. Cela fait, couvrez ces noyaux d'un second lit de sable, puis sur ce sable mettez encore des noyaux de la même maniere que dessus, & continuez ainsi jusqu'à ce que le manequin soit plein, en observant de couvrir le dernier lit de noyaux de deux poûces de sable, afin que la chaleur s'y conserve.

Aprés toutes ces mesures prises, soyez soigneux de faire porter ce manequin dans un lieu qui soit chaud, & humide; ou bien mettez-le dans une vieille couche; veillant sur tout à ce que les souris ne s'y introduisent point : & les fortes gelées étant passées, sortez ce manequin de ces lieux, puis vous trouverez vos amandes toutes germées.

Il n'est plus question aprés cela que de leur choisir un lieu pour les mettre en pepinieres. J'ay déja dit l'exposition qu'on devoit donner aux terres destinées à cet usage, & les soins qu'il étoit necessaire d'y prendre avant que d'y rien planter; ainsi je ne le repeteray point, sinon que j'avertiray, à la difference des pepins, qu'on ne les plante point sur planches, mais en rigoles creusées de six poûces de profondeur, & larges d'un fer de besche, distantes les unes des autres de deux pieds.

De la maniere de planter les Amandes en rigoles.

Faute de prendre les precautions necessaires en plantant les Amandes dans les rigoles, il arrive souvent qu'on tombe dans un inconvenient qui est aprés sans remede. Car si maniant trop rudement les noyaux germez, ou que les plantant sans aucune regle on aille en rompre le germe, c'est fait du reste, il n'est plus bon qu'à jetter. Ainsi pour éviter ce malheur, on prend le manequin qu'on renverse doucement sens dessus dessous; puis amassant les amandes les unes aprés les autres, on les arrange au fond des rigoles à un pied & demy de distance l'une de l'autre.

Quelquesfois ces amandes ainsi mises à la cave, poussent en germant de si longues racines, qu'on est obligé d'en couper; & lorsque le cas y échet, on le peut faire jusqu'à quatre doigts prés de l'amande.

On sera soigneux pour lors de poser bien doucement cette sorte de plant, d'en bien accommoder les racines, & puis de remplir les rigoles de terrau de couche bien consommé, ou bien seulement de la terre tirée du rayon: en prenant garde de ne point rompre le germe; car, comme je l'ai déja dit, toute la peine seroit inutile.

J'ay parlé des soins particuliers que les plans venus de pepin demandoient de nous la premiere année; on peut observer icy la même chose, sinon qu'il n'est pas besoin d'éclaircir les amandiers étant mis dans la distance où il faut qu'ils demeurent; mais pour le reste il n'y a rien à y épargner, & pour en être instruit qu'on lise l'article à la page 8. assuré qu'aprés de tels soins on aura vers la fin du mois d'Aout de la même année, des sujets d'Amandiers assez forts pour recevoir tel écusson que ce puisse être & qui luy peut convenir.

Observations.

Il n'y a pas moins de precautions à prendre à l'égard de l'Amandier, qu'à l'égard du Pêcher, sinon que le premier reüssit en quelque façon dans des terres qui ne sont ny trop legeres, ny trop humides; & cependant, quelques peines qu'on se puisse donner aprés, il ne dure jamais beaucop de temps; mais c'est qu'on peut dire aussi que les pêches qui proviennent de telles greffes sont admirables; j'en ay vû l'experience.

Planter des Amandiers dans une terre trop legere, c'est les obliger à se dessecher en peu de temps, manque d'y trouver de la substance autant qu'il leur en faut pour se nourrir; & les mettre dans un fond qui soit humide, c'est exposer l'écusson qu'on y fait à être étouffé de la gomme à laquelle ces plans sont sujets dans une terre de cette nature; & je crois m'expliquer assez clairement sur ce que j'avance, sans qu'il soit besoin, pour l'entendre, d'autre interprete que ce que j'en dis.

Je ne conseille pas à qui que ce soit de faire de grandes pepinieres de ces plans, qu'il vaut mieux d'abord mettre en place pour être greffez, que de les mettre en pepinieres pour être transplantez, aprés qu'on a jugé que l'arbre écussonné est assez fort pour cela.

Des Abricots.

Les Abricots ne sont pas les fruits dont on fait le plus de cas dans des jardins, aussi ne voit-on pas que ce soit de ceux dont ils soient le plus garnis; ce fruit a neanmoins son merite, le goût en est agreable, la couleur en est belle, & sa figure fort plaisante.

Ce fruit acquiert une bonté d'un bien plus grand relief lorsqu'il est en plein vent, que quand on le met en espalier; mais l'espalier aussi en revanche les donne beaucoup plus gros.

Il y a trois especes d'abricots, sçavoir celuy qu'on nomme hâtif, l'abricot ordinaire, & le petit abricot, & tous trois veulent la même culture, & s'élevent de noyau comme les pêches; mais il faut que ce soit dans un terroir qui soit leger & non franc.

Observation.

Ceux qui veulent élever des abricots de noyau, ne doivent pas s'attendre d'en avoir de beaux, & on ne les a tels que lors qu'on les greffe sur des Pruniers de Damas noir, ou sur ceux qui apportent les plus belles prunes blanches.

Avertissement.

Il faut qu'on soit averti, avant que je passe plus avant, que je ne fais point d'observations qui ne soient fort essentielles, & ausquelles on ne doive s'attacher pour se perfectionner dans le jardinage. Car je puis dire que ces sortes de remarques en font toute la science la plus exquise, & la plus recherchée.

Des Prunes.

On peut traiter les noyaux de Prunes comme les Amandes; mais ils sont bien plus longs à venir : car ils ne sont en état d'être greffez que de quelques années après; c'est ce qui fait qu'avant que de les tirer du lieu où on les a mis, ils demandent de nous, que nous leur donnions les soins qui leur sont necessaires, comme de frequents petits labours, & de faire en sorte que les méchantes herbes ne les incommodent point.

Observation.

Les Pruniers qu'on peut élever de noyau & sur lesquels le fruit vient assez beau, sont des Prunes de Damas noirs; mais ils sont si communs, qu'on en seme plûtôt pour être replantez en pepiniere, que pour autre chose.

Des Cerises.

Puisque les noyaux de Cerises doivent être gouvernez comme ceux des Pruniers, & ceux des Pruniers comme les amandes, sans m'amuser sur cet article en discours superflus, le lecteur veut bien que je l'y renvoye.

CHAPITRE II.

Des Pepinieres de Plans enracinez, & de Boutures.

LEs Pepinieres dont je viens de parler ne sont, pour ainsi dire, que des dispositions de sujets pour garnir celles de plans enracinez ; les pepins, & quelques noyaux qu'on y met ne se greffant jamais qu'ils n'ayent été replantéz.

Sous le nom de Plans enracinez, nous comprendrons generalement tous ceux qu'on arrache avec leurs racines pour être replantez ; tels sont tous sauvageons élevez de pepins, les coignassiers pris sur souche, les sauvageons des bois, & les plans de noyau qu'on arrache du lieu où on les avoit semez, pour être mis dans ces sortes de pepinieres.

Je me suis assez étendu sur le choix qu'on devoit faire de la terre, & j'en ay, ce me semble, assez expliqué les qualitez, pour ne point être obligé de recommencer icy : Je ne diray rien aussi des expositions qu'on doit donner aux pepinieres, ainsi que de la maniere d'en preparer la terre ; j'en ay suffisamment discouru, je ne donneray donc icy des preceptes que pour apprendre comme il faut planter ces plans enracinez, & ces boutures, quelles distances demandent les uns des autres, & quels soins ils exigent necessairement de nous, pour parvenir à un bel accroissement ; & je commenceray par les coignassiers de racines.

Des Coignassiers de racines.

Comme la maniere de planter les plans enracinez destinez pour les pepinieres, n'est point generale, & qu'ils ont chacun des choses particulieres à observer, j'ay cru, pour l'intelligence de ceux qui liront ce livre, que je devois en parlant de ces plans, traiter en même-temps de tout ce qui les regarde, n'ayant point jugé à propos de me servir de renvoy sur de tels sujets.

Il semble que pour mettre nôtre industrie à l'épreuve, la nature ait pris plaisir à produire des choses sous un même nom, mais ayant differentes qualitez, & étant d'une nature à operer avec beaucoup plus d'avantage les uns que les autres ; & c'est ainsi qu'elle agit dans les arbres qui apportent des coings.

Car sous ce nom de coings, l'experience nous a fait voir qu'il y y en a de trois sortes, bien meilleurs & plus gros les uns que les au tres; ce qui a donné lieu à nos habiles Jardiniers de reflêchir sur ces fruits, & de juger qu'il falloit necessairement que la seve agît avec plus d'efficace dans les uns que dans les autres.

Cette reflexion faite, a poussé plus avant leur curiosité; & s'étant attachez à faire, pour ainsi dire, l'anatomie de ces arbres, ils ont reconnu qu'en effet, cette liqueur qui est l'ame des plantes, & qu'on appelle seve, faisoit dans eux des operations bien differentes, soit à cause que les fibres transverses des uns fussent en trop grande confusion, & retinssent par consequent leurs corps plus reserrez, ce qui empêche cette seve d'y monter en abondance, soit que les autres plus tendres, & moins revêches à recevoir la vegetation, montrassent un bois mieux venu, une écorce plus unie, & des branches d'une plus belle croissance.

Sur ce principe, ces esprits scrupuleux de rien faire sans raison, ont comme j'ay dit, divisé en trois especes, ces arbres qui rapportent des coings, dont la premiere s'appelle Coignier, dessus lequel on cueille un petit fruit qui est plat & rond, & de la même figure qu'une poire.

Ce Coignier est cet arbre où la seve ne monte que difficilement; ce qui ne produisant qu'un bois fort mince, n'est propre qu'à greffer du Pommier, leur nature ayant tant de conformitez l'une avec l'autre, que qui y mettroit dessus des greffes de Poirier, auroit le déplaisir de les voir languir, & mourir peu de temps après.

Les deux autres especes s'appellent Coignassiers, mais toutefois differentes en leur maniere de croître, quoique toutes les deux soient bonnes pour y greffer des Poiriers, qui rapportent de beaux fruits: la seve de l'une étant plus douce que celle de l'autre, & par-consequent meilleure.

Comme on peut distinguer ces trois especes d'Arbres.

Il est inutile d'avoir dit que les Coignassiers se divisent en trois especes, si l'on ne donne la maniere de les connoître, pour ne point tomber dans aucun inconvenient, lorsqu'on y veut appliquer des greffes.

Le Coignier se reconnoît à sa feüille qui est ronde & petite, à son bois qui est tavelé & boissonneux, & à son écorce qui est blanchâtre & se nomme le Pommier-Coing.

La difference des deux autres Coignassiers se remarque à ce que l'un produit du fruit qui est plus long & plus gros que celui des deux autres, & que son écorce est plus nette, plus noire & plus claire, & sa feüille plus longue & plus grande: c'est cette espece qui est la meilleure de toutes, & qu'il faut choisir pour y greffer; cette belle croissance de cet Arbre dans toutes ses parties étant une marque infaillible que la seve n'y est point âpre, & que pour cette raison elle peut fort bien s'accommoder à la nature du Poirier, l'un & l'autre s'unissant si parfaitement ensemble, que leur accroissement est toûjours égal.

L'autre espece de Coignassier, qui ne produit que des choses beaucoup moins belles & moins grosses que celuy dont je viens de parler, se reconnoît, outre ces marques cy-dessus, au pied des Arbres qui sont vieux greffez, qui la plûpart ne grossissent pas à proportion de la greffe qu'ils portent, & dans la jointure de laquelle il se forme un nœud en façon de boucles : ce qui rend la tige de l'Arbre défectueuse, & fait voir que dans cette espece de Coignassier, la seve ne monte pas si abondamment que dans le precedent, & par consequent n'y produit pas de si bons effets.

Des Boutures de Coignassier.

Le moyen de ne se pas tromper en greffant des Coignassiers, est lorsqu'on les fait choisir, comme j'ay dit cy-dessus; & telle connoissance ne s'acquiert que pour en dresser des Pepinieres, de ceux que nous jugeons être les meilleurs; j'ay déja dit que ces Coignassiers pouvoient s'élever à graine, de même que les Poiriers : ainsi voyons presentement comme on en peut faire venir de boutures.

De deux differens moyens pour avoir des Coignassiers de Boutures.

On peut avoir des boutures de Coignassiers par deux differens moyens.

Le premier, qui est le meilleur & le plus promt, est de planter de gros pieds de Coignassiers bien choisis, & de la meilleure espece, à quatre pieds de distance les uns des autres, & au mois de Mars les couper à un poûce de terre; cette operation les fait pousser quantité de petites branches, qu'on ne doit ny éplucher ny émonder, crainte qu'on ne les altere.

Si tôt que ces petites branches ont jetté environ un pied & demi de hauteur, il faut être soigneux de les butter d'un pied de haut de bonne terre, mêlée de terrau de couche, pour les obliger de faire plus promtement des racines.

Ces petites branches ou boutures demeurent en cet état jusqu'au mois de Novembre, qu'on les découvre doucement pour voir si elles ont jetté des racines; d'où pour peu qu'elles en ayent, on les ôte pour les mettre en Pepinieres.

Ce

Ces gros pieds de Coignassiers ainsi plantez, sont d'un secours le meilleur du monde pour avoir en peu de temps quantité de boutures, & pendant de longues années, pourvû qu'on observe d'y faire ce que je vais dire.

Si-tôt qu'on a levé les boutures enracinées, on ne doit point manquer de recouvrir les souches d'un peu de terre pendant l'Hyver, crainte que les gelées venant à fraper trop durement dessus, ne les penetrent trop avant, & ne les endommagent.

Aprés que l'hyver est passé, il faut les découvrir, pour les obliger de pousser de nouvelles boutures, pour les butter ensuite comme auparavant, & de cette sorte recueillir toutes les années quantité de bon plant.

Du second Moyen.

Pour réussir dans le second moyen d'élever des Coignassiers de boutures dans des Pepinieres, on choisit dessus ces Arbres des branches bien vives de toutes grosseurs au dessous d'un poûce, à cause qu'elles auroient trop de peine à prendre racines, si elles étoient plus grosses.

Il faut couper ces branches de la longueur de quinze à dix-huit poûces, puis y faire par le haut ainsi que par le bas une petite entaille en pied de Biche; par le bas pour leur y faire plûtôt prendre racines, & par le haut afin que l'eau n'y fasse que couler, & n'en penetre point l'écorce.

Ces boutures ainsi préparées (je supose que le lieu où on les veut mettre soit disposé comme il faut à les recevoir) ou on les plante en rigoles, ou on les fiche en terre.

Si c'est en rigoles, voici comme il faut faire sur vôtre terroir préparé pour dresser vôtre Pepiniere: on tend un cordeau pour y tracer des rigoles d'un pied & demi éloignées l'une de l'autre, de la largeur & de la profondeur d'un fer de bêche; prenez aprés cela vos boutures, mettez les en courbant un peu dans le fond de ces rigoles, que vous remplirez incontinent de terre, aprés avoir observé de faire sortir ces boutures un demi pied seulement hors de terre, & de les avoir placées à dix-huit poûces de distance l'une de l'autre.

Et si l'on souhaite planter ces boutures par fiches, il n'y a qu'à les accommoder comme j'ay dit, & le long d'un cordeau, en leur donnant les distances que dessus, les ficher un pied en terre: voila tout le mystere.

Tom. II. C

De la maniere de planter les Boutures tirées des souches.

J'ay enseigné la maniere de tirer les boutures de souches, mais je n'ay pas dit comme il falloit les planter; & c'est ce qu'il est necessaire de faire.

Les boutures qu'on éleve de souches se plaisent en rigoles, observant pour y réussir, ce que j'ay dit qu'il falloit faire en plantant celles de branches : ou bien en prenant un cordeau, le long duquel on fait des trous avec un plantoir de bois, de la distance d'un pied & demi les uns des autres, & de la profondeur d'un pied; dans lesquels trous on met ces boutures enracinées qu'on a tirées de ces souches, puis aprés qu'on accommode le plus artistement qu'on peut, en telle sorte qu'il n'arrive à ces jeunes plants aucun inconvenient par nôtre faute.

Du temps de planter toutes sortes de Boutures.

Le temps le plus ordinaire qu'on choisit pour se donner à ce travail, est le mois de Novembre, ou celui de Decembre : & il faut que ce soit toûjours par un beau jour, à cause que pour lors la terre est plus meuble, & se manie mieux que lorsqu'elle est molle; ce qui contribuë beaucoup à ce que les racines des plants soient tout-à-fait garnies.

J'ay dit que les mois de Novembre & de Decembre, étoient la saison qu'on devoit prendre pour planter ces boutures ; il est vray : mais cette regle a son exception, & cela ne se doit entendre que dans les terres legeres ; car dans celles qui sont humides & tardives, il faut choisir autrement ce temps, & attendre jusqu'à la fin de Fevrier pour y planter; crainte que faisant plûtôt cette operation on ne mît les Plants en danger d'être corrompûs, ou pourris par le moyen de l'humidité.

Des Sauvageons élevez de Pepin, & de la maniere de les planter.

Si nous avons donné la methode d'élever des sauvageons de Pepin, ce n'a été qu'à dessein de les replanter aprés en Pepinieres, comme plants enracinez.

Le morceau de terre où la Pepiniere doit être dressée étant bien preparé, on arrachera doucement ces sauvageons autant qu'on en pourra planter, sçachant pour veritable maxime, que plus fraîchement ils sont tirez de la terre, plûtôt ils en prennent racines.

Pour les bien planter, on observera ce que je vais dire.

Si-tôt qu'ils sont arrachez, on prend ces plants les uns aprés les autres, ausquels on ôte une partie du chevelu, autant que la prudence permet de le faire, puis on dreſſe un cordeau, le long duquel on fait un rayon de ſix à ſept poûces, & de même largeur, jettant de la terre de ce rayon toute d'un ſeul côté: aprés cela on y place ces ſauvageons d'un pied & demi de diſtance l'un de l'autre, qu'il faut auſſi-tôt recouvrir de terre, en ſoignant que les racines de ces plants en ſoient bien garnies.

A la difference des boutures de Coignaſſier, c'eſt qu'il faut icy obſerver qu'en plantant ces ſauvageons, on ne doit point leur couper l'extremité de la tige ; mais attendre que le mois d'Avril ſoit venu, qui eſt le temps que la ſeve commence à mouvoir, où pour lors on doit faire cette operation à un œil, ou un bourgeon ſeulement hors de terre.

Observations.

Toutes rigoles dreſſées pour y mettre du plant de Pepinieres, doit par l'un des bouts regarder le Midy, & le Septentrion par l'autre.

Tous rayons tracez en Pepinieres, doivent avoir de diſtance entre eux trois pieds & demi, pour donner la liberté à ceux qui en ont ſoin de ne leur point laiſſer manquer des cultures qui leur ſont neceſſaires.

Du Plant enraciné de Pommiers, & de leurs Boutures.

Comme les Pommiers doivent tenir rang dans la Pepiniere, il eſt juſte de dire la maniere avec laquelle on les y doit gouverner, & comme il s'éleve de boutures, & de plant enraciné.

A l'égard des boutures, telles ſe font celles de Coignaſſiers, telles ſe forment celles de Pommier: mais cueillies ſeulement de deſſus les Arbres qu'on appelle Pommier de Paradis, ou ſur ceux qu'on nomme Doucins ; car tout autre n'y eſt point propre: & quant à la maniere de les élever de plans enracinez, voyez l'article intitulé, *De deux differens moyens pour avoir des Coignaſſiers de boutures*, & l'autre ſuivant, pag. 16. & 17. où vous apprendrez tout au long tout ce qu'il y a à pratiquer là-deſſus, ſans aucune difference de ſoins, la nature du Coignaſſier étant toute conforme en ſes operations à celle du Pommier de Paradis, & le Doucin differant ſeulement entre eux, en ce qu'il pouſſe beaucoup de jets au pied, qui font avorter ordinairement les greffes, ſi l'on n'eſt pas ſoigneux de l'ébourgeonner ; ce ſauvageon a beaucoup de ſeve, & bien plus que les ordinaires, ny que le Pommier de Paradis : il fait beau fruit, & c'eſt ſur luy qu'on greffe les Pommiers pour venir en plain vent.

Les boutures de Pommier de Paradis, ſoit de branches, ſoit de plant enraciné, ſe plantent de la même maniere & en même temps qué celles de Coignaſſier : & tout Pommier greffé ſur paradis, donne plus de fruit que ceux qui ſont entez ſur d'autres ſujets, & le produit bien plus gros & plus coloré, étant toûjours nain & facile à être échenillé, & à luy ôter les fleurs qui ſe ferment moüillées de la roſée du Printemps ſuivie du Soleil, qui forme & engendre un ver qui ronge le cœur des fleurs qu'il deſſeche. Cet Arbre vient également bien en tout terroir.

Des Plans enracinez de noyau, propres à mettre en Pepinieres.

De tous les fruits à noyau, il n'y a que les Pruniers de Damas noir, & le Saint-Julien qui viennent de plant enraciné : car les Pêchers & les Abricotiers ne s'élevent que de ſemence, ou de greffes miſes ſur des ſujets de Prunes cy-deſſus.

Ces Plans de Pruniers ſe prennent à leurs pieds, & on les doit planter par rangs, & en des lieux où ils puiſſent demeurer quelques années avant que de les greffer.

Parmi cette ſorte de plant dont on garnit une Pepiniere, on n'oublie point auſſi de la remplir de ceux qui viennent de noyaux des meilleures prunes choiſies à cet effet, & qu'on n'a ſemées qu'à deſſein d'être replantées.

Remarques.

Une ſeve douce eſt toûjours celle qui apporte de plus beaux fruits ; c'eſt pourquoy on prefere les ſujets de Pruniers de damas noir à tout autre pour y greffer des Pêches, ou des Abricots.

Aprés celui-là, le Prunier de Saint Julien eſt celui qu'on eſtime encore pour cette operation ; il eſt vray qu'il ne dure pas ſi long-temps que le damas noir, mais il ne laiſſe pas que de tres-bien réüſſir.

On remarquera que tous Pêchers, ou Abricotiers qu'on ſeme, doivent toûjours être ſemez où en les veut greffer, ſi on ne veut être en danger de perdre tous ces plants.

Il y en a qui plantent des Abricots & des Amandiers, pour y enter des Pêches & des Pavies, qui réüſſiſſant tres-bien ſur de tels ſujets, en apportent de tres-beaux fruits, mais il faut pour cela que celuy qui a le ſoin de les cultiver, ſoit bien ſoigneux d'en ôter la gomme à laquelle ils ſont ſujets, autrement il a le déplaiſir de voir cette humeus gluante en étouffer l'écuſſon, & le faire mourir.

Les Abricotiers croiſſent fort heureuſement ſur des abricots venus de noyau, tels ſujets y étant naturels, & meilleurs que ceux de prunier, qui ſont ſujets à jetter des boutures en pied.

Des Cerisiers.

Les Cerisiers ont leur genie particulier, aussi bien que les autres arbres, & qu'il faut necessairement étudier si l'on veut reüssir à les greffer, pour leur faire prendre la forme à laquelle nous les destinons.

J'ay dit comme ils se sement, & j'avertis qu'où ils sont ainsi enterrez, c'est dans ce même lieu là qu'on doit les greffer lorsqu'il en est temps, & non pas les en arracher pour être transplantez dans une autre pepiniere, ce qui ne feroit que les alterer dans la suite, les retarder de beaucoup, & les reduire même en un état à ne croître qu'avec langueur.

Si donc on veut avoir des Cerisiers nains pour mettre en buissons, il faut les greffer sur des cerisiers. Ce n'est pas que ces arbres n'exigent de grands soins de nous, lorsqu'ils sont ainsi greffez; car ils sont si sujets à jetter des boutures en pied, que si on ne les leur ôtoit, il seroit dangereux que toutes ces petites branches n'attirassent à elles la meilleure partie de la substance de la terre, & par ce moyen ne fissent languir le maître pied, & empêchassent son fruit de grossir dans la suite, & de profiter.

Ceux qu'on fait venir de haute tige, demandent de nous beaucoup moins de peine & de travail; ils se greffent sur le merisier, qui est un arbre dans lequel la seve est extrêmement forte, & qui par consequent est d'une nature tres-propre à élever des arbres à plein vent. C'est ce qui est cause que sur tels sujets, les Cerisiers jettent du bois & du fruit fort gros, & en abondance.

Des Sauvageons de bois.

Il est constant que nous devons l'origine de tous les fruits que nous avons à la nature & au hazard; à celle-là de nous les avoir produits, & à celle-cy de nous les avoir fait trouver; & ceux qui s'appliquent au jardinage, sçavent assez que tous les jours ils se rencontre de nouveaux fruits dans les bois, qui pour seul jardinier n'ont eu que les mains de la nature.

Il est vray que ces plants qu'on tire des bois ont la seve beaucoup revêche, & par consequent peu capable de donner de belles productions: car elle y circule avec tant de lenteur, & en si petite quantité, qu'à peine suffit-elle quelquefois pour en nourrir les branches qu'elles même y a produites. Ce qui fait que l'experience nous fait tous les jours connoître que c'est par ce défaut de nourriture qu'une partie de ces branches sont alterées, & se dessechent quelquefois, jusques à en mourir.

Mais comme l'art est d'un grand secours à la nature, qui donne l'être aux choses, tandis qu'il les perfectionne, on a sçû, pour ainsi dire, celuy en aidant les sauvageons, de les rendre plus susceptibles de substance, afin de leur faire produire des effets qui soient conformes à leur propre genie.

Le choix qu'on en sçait faire, le bon fond où il faut les planter en pepiniere, & les frequens labours qu'on leur y doit donner, tout cela repare une partie des défauts que ces plans tiennent d'origine.

Il semble en ceci qu'une raison naturelle s'oppose à ce principe, en ce que, nous dit-elle, que ces plans sortant d'une terre mal preparée où ils auroient trouvé fort peu de nourriture, & venant à être replantez dans une nouvelle qui seroit remplie de bons sels & d'une grande substance, il seroit dangereux que ces sauvageons n'étant point naturellement accoûtumez à tant de nourriture, ne vinssent à en être suffoquez, & par consequent à produire de tres-méchans effets. Mais ce raisonnement n'est que specieux, en ce qu'on doit tenir pour maxime, que jamais les plantes, à la difference des hommes, ne prennent plus de nourriture qu'il leur en faut à leur prejudice.

Et pour prouver que ce que je dis est vray, il faudroit supposer ces sauvageons nouvellement plantez dans une pepiniere, être d'une nature disposée à recevoir tout d'un coup grande quantité de substance : & comment cela se pourroit-il faire ? Quoy ces plans qui par le grand nombre de fibres transverses, dont ils sont composez, qui les rendent extrêmement durs faute de substance seulement, & par consequent incapables d'amasser tout d'un coup beaucoup de nourriture ; ces plans, dis-je, par ce supposé changement, auroient si-tôt leur bois tout autre qu'auparavant, & la seve en eux agiroit de même maniere que dans les plantes où elle est originairement forte. Abus, puisque même ce n'est qu'à la longueur du temps qu'on peut esperer que ces sauvageons de bois se rendent un peu plus susceptible de substance qu'ils ne sont, & de faire parvenir la greffe qui leur est appliquée, à une plus belle croissance que si on les entoit dans les bois, & qu'on negligeât de leur donner les soins qui leur sont necessaires.

Assûrez de ce secours de l'art, nous pouvons donc faire recherche de ces sauvageons, & aprés leur avoir preparé une terre, comme aux autres plans qui sont en pepinieres, les y planter de la maniere que je vas l'enseigner.

De la methode de planter les Sauvageons de bois.

Je suppose qu'on ait choisi ces sauvageons d'une belle venuë, d'une écorce bien unie, & d'une tige sans nœuds, & qu'on ait observé si leur chevelu étoit abondant.

Les uns preferent les plus gros à ceux qui sont de la grosseur d'un pouce; pour moy je tiens pour ces derniers, car la raison veut qu'une jeune plante reprenne plûtôt qu'une vieille; joint à cela qu'il est difficile, avec cette grosseur, d'en trouver qui ne soient noüeux ou qui n'ayent l'écorce extrêmement raboteuse: ce qui fait qu'il en perit bien plus, & que ceux qui reprennent ne poussent pas avec tant de vigueur, ne jettant le plus souvent que de petites branches en pied, tandis que la tige souffre, & se rend incapable de supporter une greffe.

Observation.

Ce choix ainsi fait, on creuse des rigoles tirées au cordeau, & écartées l'une de l'autre de trois pieds & demi, dans lesquelles on met ces sauvageons aprés en avoir accommodé les racines à un pied & demi de distance; il faut observer en les plantant, de ne les pas mettre plus avant dans terre, qu'ils y étoient lorsqu'on les a arrachez, ni de ne leur point couper le haut de la tige qu'aprés que les grandes gelées seront passées, d'autant qu'étant nouvellement plantez, elles pourroient les alterer, à cause que leur écorce est fort tendre; & lorsqu'on voudra les rogner, il faut toûjours que ce soit à un pied & demy de terre, & n'oubliant rien des labours dont ces sauvageons ont besoin: on peut compter que deux ans aprés ils seront propres à recevoir des greffes.

Remarques.

Quoyque je vienne de dire que les sauvageons étoient d'un genie fort revêche à recevoir la seve, & qu'il semble par là qu'ils ne fussent propres qu'à servir de sujets pour y greffer des arbres qui n'auroient pas besoin de beaucoup de seve; cependant on n'en fait recherche que pour en remplir des pepinieres destinées à élever des arbres à plein vent; & si ces sortes de plans, comme j'ay dit, ont des fibres transverses qui font que la seve ne circule en eux que fort lentement, ce n'est que manque de trouver assez de substance, puisque l'experience nous découvre tous les jours, qu'où ces sauvageons sont bien gouvernez, ils y jettent du bois, même quelquefois plus qu'on ne veut; mais pour faire telles productions, c'est que ces plans ont besoin des secours dont je viens de parler.

Cette sorte de plant a bien fourni de matiere à raisonner à beaucoup de Jardiniers; les uns sont d'une opinion là-dessus, & les autres d'une autre : Ceux-cy veulent qu'on puisse greffer fort heureusement sur ces sauvageons, sans en dire la raison ; & ceux-là soûtiennent le contraire, pour ne pas vouloir se donner la peine d'en approfondir la nature. Les premiers ne sont point si à blâmer que les seconds ; car enfin ils s'en servent pour y élever des fruits: & qu'importe, aprés tout, de sçavoir d'où vient que les fruits qu'on greffe sont beaux & bons, pourvû qu'on sçache en faire venir de tels? pareille connoissance en matiere de jardinage, n'est pas tout-à-fait essentielle, & elle ne convient qu'à ceux qui sont curieux de foüiller dans les secrets de la nature, & d'apprendre par-là comme chaque être a son commencement. Mais pour ceux qui veulent absolument bannir des pepinieres, les sauvageons des bois, comme des sujets indignes d'y avoir place, ils me permettront de leur dire qu'en tout art que ce puisse être, l'experience devant prevaloir sur tout raisonnement, que tous les jours on voit des fruits greffez sur ces sortes de plans devenir tres beaux, & d'un tres-bon goût; & que par consequent ils ont tort de vouloir établir un principe aussi mal fondé qu'est le leur.

Il est vray, & je conviens même avec eux, qu'ils n'ont pas la seve si douce que les sauvageons venus de pepin ; mais aussi que les trouvant tout élevez, on est bien aise de s'en servir pour y greffer deux ans aprés qu'on les a plantez en pepinieres, au lieu qu'il faut en attendre plus de quatre, auparavant qu'on puisse employer les autres à cet usage.

Oüy, je le dis encore un coup, les sauvageons des bois ne sont point à rejetter; on en peut faire des pepinieres, pour y élever des arbres en plein vent qui y croîtront avec succés.

Instruction.

Je me suis, ce me semble, assez étendu sur la maniere de dresser toute sorte de pepinieres pour faire que je passe à la methode de les sçavoir greffer ; mais comme cette operation se fait diversement, il est bon auparavant que je dise, quelles greffes particulieres demande chaque espece d'arbres.

Des francs, ou sauvageons de Pepins & de Poires.

Les Francs, autrement dit Sauvageons de pepins s'écussonnent lorsqu'on en veut faire des arbres nains, & si l'on en destine pour
devenir

devenir à plein vent, il vaut mieux attendre qu'ils soient un peu gros, afin de les enter en fente ; cette greffe reüssissant mieux pour produire de belles tiges, que ne font les écussons.

Des Sauvageons de Bois.

Pour ces sortes de Plans, il n'y a que la fente qui leur convient, l'espace de deux ans qu'il y aura qu'ils auront été mis en pepinieres, n'ayant pas suffi pour leur faire amasser une seve assez douce pour que l'écusson y puisse reüssir ; & les fruits qui y viennent le mieux sont les poires, qu'il faut toûjours greffer en fente.

Des francs de Pommiers.

Comme les Pommiers s'élevent de graine ainsi que les Poiriers, ils sont aussi comme eux des sujets qu'on appelle francs ; & ces sujets, pour répondre à l'attente du Jardinier, ne doivent point être greffez qu'en fente. L'experience veut qu'à leur égard nous en agissions ainsi, c'est assez dire.

Du Pommier de Paradis & du Doucin.

Cette sorte de greffe en fente est aussi tres-efficace sur les pommiers de Paradis & sur le Doucin, lorsqu'on en veut faire des arbres de tige; & l'écusson y convient bien, quand on destine ces sortes d'arbres greffez pour élever ces arbres nains, & qu'ils ne sont point trop gros.

Des Coignassiers.

Tous Coignoissiers ne reçoivent pour toutes greffes que l'écusson à œil dormant, ces sujets n'étant propres que pour donner des arbres nains, soit qu'on y applique dessus Poiriers, Pommiers ou autres especes de fruits. Car de les vouloir greffer ainsi pour avoir des arbres en plein vent, c'est les mettre en danger de se décoler.

Des francs de Pruniers.

L'écusson à œil dormant reüssit tres-bien sur les Pruniers, quand on y ente des Pêchers, des Pavies & des Abricotiers; mais il faut que ces écussons soient faits sur le jeune bois, & que le pied ne soit pas trop gros, parce qu'ils ont plus de peine à reprendre, à cause que l'écorce est trop dure, & la coupe en est plus longue à se recouvrir.

Si c'est des Pruniers qu'on veüille enter sur ces Pruniers, il faut se servir pour lors de la greffe en fente, comme étant la meilleure.

Des *Amandiers*.

A l'égard de l'Amandier, l'écuſſon eſt la ſeule greffe qui luy convienne; encore pour faire qu'elle y reüſſiſſe, faites que ces ſujets ayent été ſemez où l'on veut qu'ils demeurent: autrement ils meurent la plus grande partie, ſi-tôt qu'on les arrache pour les replanter.

Du *Pêcher*.

La nature du Pêcher n'étant gueres differente de celle de l'Amandier, on ne luy appliquera auſſi que l'écuſſon, ſoit qu'on y greffe des Pêchers, ou des Abricotiers.

Des *Abricotiers*.

Il en eſt de même des Abricotiers, ſur leſquels on écuſſonne fort heureuſement des fruits de leur eſpece, ou bien des Pêchers.

Des *Ceriſiers*.

Si l'on veut avoir des Ceriſiers nains en buiſſons, il faut ſe ſervir de l'écuſſon, & l'appliquer ſur d'autres Ceriſiers; & ſi l'on en ſouhaite à plein vent, on ſera ſoigneux d'en enter en fente ſur des Ceriſiers auſſi; mais avec un bien plus grand ſuccés ſur des Meriſiers.

De la maniere de gouverner les Pepinieres, lorſqu'elles ſont plantées.

Il ne ſuffit pas pour avoir de beaux Arbres, d'avoir fait proviſion de bon plant, de l'avoir bien planté, & d'avoir appris quelles greffes leur conviennent le mieux: il eſt encore d'une neceſſité indiſpenſable de bien ſoigner à les cultiver.

Premier ſoin.

Et pour y réuſſir, ſi-tôt que le mois de May approche, il ne faut point manquer d'ébourgeonner les Poiriers & les Pommiers qui ſeront dans la Pepiniere; ce qui ſe fait en abatant doucement avec les doigts tous les bourgeons, à la reſerve d'un ſeul qu'on leur laiſſe au plus haut de la tige, afin que n'y ayant qu'un ſeul jet, il en devienne plus beau: & en même temps qu'on fait cette operation, on en doit faire ſarcler les herbes qui y auront pouſſé: car il n'y a rien qui ſoit plus dangereux de faire mourir ces nouveaux jets.

Deuxiéme soin.

Tous les soins qu'on doit prendre seront ici décrits par l'ordre des temps & des saisons qu'il sera necessaire de les leur donner. Aprés ce premier, vient un second, qui se doit prendre en Juin, & qui est dans le commencement de ce mois; c'est qu'on ne doit point oublier par un beau temps de labourer la Pepiniere à uni d'un bon fer de bêche dans le milieu du rayon seulement : car à mesure qu'on approche des sauvageons, il faut avoir soin de soulager la bêche, crainte qu'en l'enfonçant trop avant, on ne vint à offenser la racine des plants.

Il y en a qui si-tôt que ce labour est donné, épanchent dessus ou de la fougere, ou de la paille, pour empêcher que les rayons du Soleil frapant trop rudement sur le gueret, ne l'échauffe trop, & n'en altere ainsi la Pepiniere, qui ne commence encore qu'à avoir des racines délicates. J'approuve cette précaution, quoyque j'en aye vû devenir fort belles sans qu'on se soit donné cette peine.

Troisiéme soin.

Il faut au mois d'Octobre déchausser les sauvageons d'un demi fer de bêche en forme de rigolles, afin que pendant l'Hyver toutes les humiditez qui y surviennent, puissent plus aisément couler au pied des plants & les humecter ; ce qui ne leur sçauroit faire que du bien.

OBSERVATION.

Au cas qu'on se soit servi de paille ou de fougere pour garentir du hâle pendant l'Esté les racines des plants, on doit aprés avoir ramassé adroitement cette paille & cette fougere au milieu des rangées de sauvageons, rejetter dessus la terre qu'on aura tirée des rigoles, afin de les mieux faire pourrir.

Voici encore une chose à quoy il est necessaire de prendre garde, qui est qu'en creusant ces rigoles, il faut laisser un poûce ou deux de terre contre le pied des sauvageons, afin de les preserver de la gelée ; & l'on ne sera aussi pas moins soigneux d'observer de ne point couper les racines, ni de ne les point découvrir, lorsqu'on employe ainsi son travail aprés la Pepiniere.

Quatriéme soin.

Aprés qu'on a déchaussé les plants des Pepinieres, il est question de les rechausser ; & le mois de Mars n'est pas plûtôt arrivé, qu'on choisit un beau temps pour faire ce travail, en labourant, comme j'ay dit, toute la Pepiniere à uni.

OECONOMIE GENERALE
Cinquiéme soin.

Lorsque les sauvageons commencent à former leur tige, il faut être soigneux de les émonder, & de couper toutes leurs branches jusqu'à six ou huit poûces de hauteur, pour seulement preparer la place de la greffe, & aprés cela ne leur rogner rien au dessus ; ces plants étant pour lors si tendres qu'on ne sçauroit les inciser sans leur causer un notable préjudice.

OBSERVATION.

Il faut observer, lorsque ce sont des Coignassiers, des Pruniers, ou des Merisiers qu'on soigne en Pepiniere, en les épluchant & les déchargeant de bois, de ne leur laisser qu'une branche ou deux au plus sur chaque pied, & de les émonder en même temps jusques à huit poûces de haut, pour placer les écussons, & couper le chicot, afin qu'il soit recouvert quand il sera temps de greffer ; & la saison de s'occuper à ce travail est devant le mois de Mars de leur seconde année.

Les Pommiers de Paradis qu'on destine pour faire des Arbres à plein vent, doivent être traitez de la même maniere, afin qu'on puisse aisément les greffer en fente.

Du temps qu'il faut que les plans demeurent en Pepinieres, avant d'être greffez.

Bien des gens qui auroient dressé des Pepinieres, lorsqu'aprés s'être bien donné de la peine à les cultiver, voudroient les greffer, se trouveroient dans un embarras de l'espace du temps aprés qu'elles auroient été plantées, auquel ils devroient faire cette operation ; car s'en acquitter trop-tôt, c'est mettre les sujets en état de ne pouvoir suporter les greffes qu'on leur applique ; comme il est dangereux lorsqu'on attend trop tard, que la seve de ces mêmes sujets ne devienne trop revêche pour faire que ce travail leur réüssisse avec succés.

Pour donc ôter d'embarras l'esprit de ces gens là, je puis les assûrer que si leurs Pepinieres de sauvageons ont été bien plantées & bien cultivées, elles seront assez fortes pour être greffées dans leur trois ou quatriéme année.

A l'égard des Coignassiers, c'est toute difference ; car ces plants étant destinez pour faire des Arbres nains, & par consequent pour être écussonnez, peuvent dés leur seconde année servir à cet usage.

DE LA CAMPAGNE. Liv. III.

Les Pruniers mis auſſi en Pepinieres, ne doivent pas attendre plus long temps, lorſqu'il s'agit de leur appliquer l'écuſſon ; mais quand on ſouhaite les greffer en fente, il eſt beſoin qu'ils ayent trois ou tre ans.

Avertiſſement.

Si tout ce que nous plantons ne vient pas quelquefois comme nous le ſouhaitons, ou c'eſt manque de nous y être pris comme il faut, ou c'eſt faute du terroir à qui nous avons commis les plants. Si c'eſt pour ne pas avoir été aſſez exacts à obſerver tout ce que demandent de nous ces plants, lorſqu'il s'agit ou de les ſemer, ou de les planter, & qu'ils ſoient dans un bon fonds, il eſt difficile de les guerir de telle maladie qu'ils tiennent de naiſſance : mais ſi ce n'eſt que par le défaut de la terre, qu'on ſçait avoir été bien préparée, & bien amandée avant que d'y rien mettre (ce qui ſe reconnoît, lorſqu'en naiſſant on a vû les plants qu'elle contient promettre beaucoup d'abord, puis ſe rallentir) ſi, dis-je, on s'apperçoit que cet inconvenient tire de là ſon origine, il faut au mois de Novembre de la troiſiéme année, la fumer de bon fumier gras à demi pourri.

Cet amendement, pour être utile à ces Pepinieres, doit être répandu deſſus, de l'épaiſſeur de quatre doigts, puis auſſi-tôt mêlé avec la terre par le moyen d'un labour qu'on luy donne à la bêche : ce ſecours, comme on voit, ne ſçauroit luy être que d'une tres-grande utilité.

OBSERVATION.

Si j'ay dit qu'il falloit déchauſſer les Pepinieres au mois d'Octobre pour les faire profiter de la fonte des neiges, j'ay eu raiſon, & je conſeille encore de n'y point manquer tous les ans, à moins qu'on ne veuille, comme je viens de dire, les fumer au mois de Novembre ; car en ce cas ce travail eſt inutile.

CHAPITRE III.

Des greffes en general ; de leurs noms, & du temps de les faire.

AVant que d'enseigner la maniere de greffer les Pepinieres, il me semble que l'ordre veut que je dise ce que c'est que greffes, & quelles sont celles qui se pratiquent le plus ordinairement.

Il n'y a personne qui ne doive avoüer avec moy qu'on ne sçauroit donner trop de loüange à ceux qui les premiers ont trouvé la maniere de greffer ; l'obligation que nous leur en avons est infinie: car il est certain que sans cette invention nous serions au défaut de bien des fruits qui sont aujourd'huy nos plus cheres délices, contens que nous serions de posseder ceux que le hazard & les lieux nous auroient offerts, bons ou mauvais.

Oüi, c'est des greffes que nous tenons les moyens de multiplier chaque espece de fruit, & que nous sçavons l'art de faire changer d'espece la tête d'un Arbre en son tout, ou bien seulement en partie, tel qu'on souhaite que la chose arrive : comme d'un Amandier il s'en fait un Pêcher, & d'un Coignassier un Poirier.

Ce n'est pas avant que d'y réüssir, qu'il n'ait fallu beaucoup d'application pour connoître si la nature des especes qu'on vouloit joindre l'une à l'autre pourroient ensemble avoir du rapport ; & si nous sçavons que le pepin ne s'accomode pas avec le noyau on ne doit pas s'imaginer que ce soit sans l'avoir eprouvé, & ce n'est qu'aprés ces épreuves faites qu'on a jugé que ces deux natures n'étant point conformes, il étoit inutile dans la suite de greffer ces arbres l'un sur l'autre.

Cette connoissance acquise, l'industrie de nos Jardiniers ne s'est plus adonnée qu'à rechercher les divers moyens de greffer ou enter les arbres, qui sont deux termes synonimes qui comprennent sous eux des manieres differentes de les pratiquer : Ces mêmes Jardiniers en ont appris l'usage, & en ont marqué les temps propres à les faire & la maniere d'y reüssir ; ils ont fait voir les differences qu'il y avoit de ces temps aux autres, & quels sujets avoient la disposition naturelle à recevoir certaines sortes d'especes de fruits, ou ne pouvoient avoir de rapport avec d'autres.

Tous ceux qui liroient ce livre ne seroient pas plus sçavans aprés l'avoir lû qu'auparavant, si on ne leur expliquoit icy tout ce que nous venons de dire ; si on ne leur donnoit à connoître par noms, & par l'usage qu'on en fait, quelles sont ces differentes sortes de greffes ou d'entes, & si enfin on ne les avertissoit des temps ausquels ce travail se doit faire.

Des noms differents des Greffes, & de leur usage.

Les Greffes qu'on pratique le plus ordinairement, sont de six sortes ; sçavoir les greffes en fente, ou en poupée ; les greffes à œil-dormant, celles à œil-poussant, les greffes en flûte, celles qu'on fait en couronne, & enfin les greffes en emporte-piece.

La fente ou la poupée, est ordinairement propre pour être mise sur de gros sujets, ou sur de petits de trois à quatre poûces de tour, à l'endroit où elle se doit faire, à la reserve des Pruniers ; il n'y a que le pepin qui s'en accomode : Car pour le noyau, ce n'est point son genie de croître ainsi.

L'œil-dormant, regarde toute sorte de fruit, tant à pepin qu'à noyau ; mais il ne convient qu'aux arbres qu'on destine pour être nains.

L'œil-poussant, se fait pour les mêmes raisons & de la même maniere, sinon qu'il s'applique dans un temps different de la greffe à œil-dormant.

La Flûte, est une sorte de greffe qui s'opere sur les Maronniers, sur les Figuiers, sur les Châteigniers & autres arbres de cette nature.

La Couronne, n'est propre que pour de gros sujets étronçonnez ; comme, par exemple, des tiges qui auront de diametre trois à quatre poûces, & qu'on ente ainsi parce qu'ils ne sçauroient se fendre.

Emporte-piece, est aussi une maniere de greffer qui ne convient qu'à de grosses branches, & qu'aux fruits à pepin : car le noyau ne s'en accommode point du tout.

Des temps propres à greffer.

Les noms de chaques greffes étant connus, & l'usage à quoy elles sont destinées assez clairement expliqué, avant que de les faire & pour y réüssir, il est important de sçavoir dans quels temps il faut s'y employer.

De la fente.

Les Greffes qu'on fait en fente pendant le mois de Fevrier, & une partie de celuy de Mars, produisent de merveilleux effets ; & l'on ne choisit ce temps, qu'à cause que les grandes gelées sont passées, & que la seve ne remuë pointe ncore ; car si-tôt qu'elle commence à monter, il faut ne plus songer à cet ouvrage.

Il y en a qui greffent en fente pendant les mois de Novembre, Decembre & Janvier, croyant avancer besogne ; mais ils se trompent. Car il arrive le plus souvent que ces greffes étant placées dans leurs sujets, comme dans des endroits dont ils ne peuvent tirer aucun secours pour conserver leur humide radical, elles viennent à s'alterer, & par cet inconvenient sont reduites à ne pouvoir participer d'aucune substance, & par consequent de perir. Cette remarque suffira pour empêcher qu'on ne le fasse ; on peut attendre jusqu'à la fin de Mars, pour enter en fente les Pommiers, à cause qu'ils poussent plus tard que les autres arbres.

De l'œil-dormant.

Les mois de Juillet & d'Aoust, où il me semble que les arbres commencent à devenir sur le retour, sont le temps qu'on choisit pour faire l'écusson à œil-dormant, qui n'ayant besoin que de fort peu de seve pour se défendre des rigueurs de l'hyver, en trouve en cette saison autant qu'il luy en est necessaire pour cela, & se doit toûjours faire par un temps sec, à cause que l'humidité empêche que cette greffe ne reprenne.

Cet écusson colé simplement à son sujet, demeure en cet état, comme endormi, jusqu'à ce que dans le temps que la seve commence à se remuer, elle vienne à le reveiller, & à le disposer à la recevoir dans toutes ses parties, pour y former des branches.

Il suffit que la petite branche sur laquelle on prend cet écusson, ait l'écorce assez aoustée pour se détacher aisément du bois qu'elle couvre, & sortir ainsi muni du germe qui est au dedans, & qui fait tout l'essentiel de cette piece. Pommes, Poires, Pêches, Abricots, Prunes & autres fruits, peuvent être écussonnez en ce temps-là.

De l'œil-poussant.

Cet écusson se fait pour l'ordinaire vers la mi-Juin, & n'est propre que pour certains fruits à noyau qui ne sont point sujets d'être surpris de la gomme ; telles sont toutes sortes de Cerises entées sur merisiers, & Pêchers sur vieux Amandiers, Coignassiers & Pommiers.

Reflexion.

La reflexion que voicy, peut servir à ceux qui la liront d'un precepte qui les empêchera de tomber dans un inconvenient, où ils se trouvent bien souvent faute de le prevenir.

On

On croit, lorsque la mi-Juin est arrivée, qu'il n'y a indifferemment qu'à écussonner tous arbres propres à supporter cette greffe : on se trompe, & je ne m'étonne pas si ceux qui pratiquent cette methode sans reflexion de ce qu'il y faut observer, se voyent si souvent déchûs de leur esperance.

C'est pourquoy on sçaura qu'il n'y a que les fruits dont j'ay parlé dans l'article cy-dessus qui doivent être ainsi greffez; car pour les Pêches mises sur Pruniers, Pêchers, Amandiers ou Abricotiers, ou bien Abricotiers entez sur ces mêmes sujets, tous ces fruits, dis-je, sont en danger une bonne partie, de ne pas réüssir à œil-poussant, à cause que la seve qui en ce temps-là est trop abondante, a coutume d'y engendrer une gomme, qui ne manque presque point d'en noyer l'écusson; ce qui fait dire qu'il vaut mieux retarder jusqu'au mois de Juillet ou celuy d'Aoust pour les greffer à œil-dormant : qu'on fasse donc cette reflexion pour en profiter.

De la Flûte.

Pour greffer en flûte, il faut que la seve ait commencé d'agir dans les branches des arbres, de telle maniere qu'ayant détaché l'écorce du bois, sans pourtant en enfler les yeux, cette écorce puisse s'ôter entierement, sans quoy il seroit impossible de faire cette greffe; & c'est pour l'ordinaire au mois de May qu'on entreprend cet ouvrage, qui ne se pratique que sur les Châteigners, maronniers & Figuiers.

De la Couronne.

Greffer en Couronne, est enter entre le bois & l'écorce; & le temps propre pour cette operation, est depuis le premier Avril jusqu'au quinziéme, que la seve est assez montée pour faire que l'écorce qui environne les souches étronçonnées, se détache d'avec le bois, lorsqu'elle est obligée de le faire, comme je l'enseignerai, pour ouvrir un passage aux greffes qu'on y veut inserer, & qu'on a taillées tout exprés.

De l'emporte-piece.

Le temps de greffer en fente, est celuy aussi de greffer à emporte-piece; je diray dans son lieu, ce que c'est que cette ente, & comme elle se fait, n'ayant rien à en discourir autre chose.

CHAPITRE IV.

Des Outils necessaires pour greffer.

J'Ay cru, avant que d'apprendre à greffer, qu'il étoit necessaire d'expliquer les differentes greffes dont on se sert aujourd'huy, & d'enseigner les temps ausquels on s'y employe. Cependant, comme il est encore impossible d'y réüssir sans les instrumens necessaires à ce travail, il me semble aussi, avant que de traiter au long cette matiere, qu'il falloit que je fisse un détail des outils qui conviennent à celuy qui veut entreprendre cette operation; Et voicy en quoy ils consistent.

Premierement en un petit coûteau qu'on appelle greffoir; cet instrument a deux poûces de lame ou environ, le manche assez menu, & au bout de ce manche, il y a comme une espece de petite spatule d'Apoticaire, toute aplatie & arrondie à l'extremité; ce qui sert, lorsqu'on écussonne, à détacher sans en blesser le bois, l'écorce des sauvageons sur lesquels on veut poser l'écusson: la figure que voicy fera comprendre ce que c'est.

A. Lame du Greffoir.
B. Manche du Greffoir.
C. Espece de spatule au bout du manche du Greffoir.
D. Extremité du Greffoir applatie.

Ce Greffoir est le seul outil necessaire pour la greffe en écusson ; mais à l'égard des autres, il en faut davantage : car pour enter en fente, il faut avoir une scie pour couper droit l'extremité du sujet sur lequel on a dessein d'appliquer la greffe; ce qu'on ne pourroit pas faire avec un autre outil. Elle sert aussi pour preparer les sujets de la couronne, & de l'emporte-piece. La scie qu'on employe pour ces derniers sujets, doit être beaucoup plus grosse que celle qu'on met en usage pour de plus petits. On verra ci-dessous la figure qu'elle doit avoir.

36 OECONOMIE GENERALE

Il n'est gueres de Jardinier qui ne sçache qu'aprés qu'on a scié du bois sur un arbre, il ne faille toûjours en rafraîchir la playe avec une serpette, & ce n'est pas sans raison qu'on se sert de ce mot en faisant cette operation : car il n'y a personne de ceux qui se meslent de greffer, qui n'ait dû avoir remarqué, qu'aprés que la scie a passé sur du bois, elle y laisse une certaine chaleur, dont on s'aperçoit sensiblement en touchant le bois, & qu'il faut, dit-on, ôter avec cette serpette : sçavoir si c'est une chose essentielle à la reprise des greffes, ou pour une plus grande propreté ? mais pour quelqu'une de ces deux raisons que ce soit, il n'importe ; ceux qui nous ont devancez l'ont ainsi jugé à propos ; il y faut souscrire.

Voilà cy-aprés la figure que cette serpette doit avoir.

DE LA CAMPAGNE. Liv. III. 57

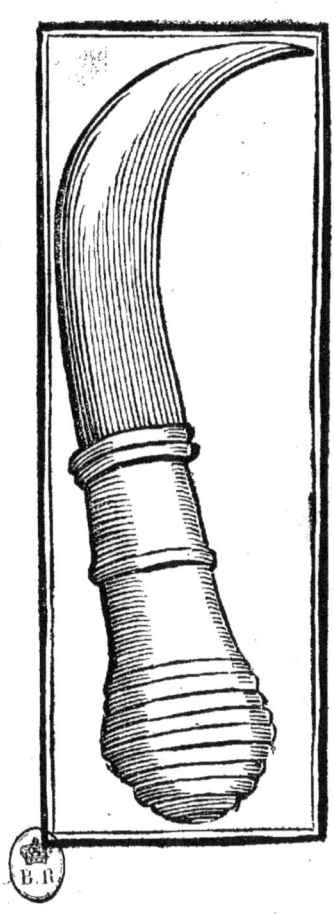

Ce n'est pas assez de ces outils cy-dessus, on a encore besoin de coins pour fendre les sujets sur lesquels on veut greffer en fente, où en couronne; & ces coins pour être de service sont ordinairement d'Ivoire, de Buys ou d'autre bois de cette nature, c'est à-dire qui soit dur, afin qu'ils puissent entrer sans s'emporter dans la fente qu'on a commencé de leur ouvrir sur un sujet, & qu'il est besoin qu'ils ouvrent autant que le demande la grosseur des greffes pour y être inserez. Figure des Coins.

DE LA CAMPAGNE. Liv. III.

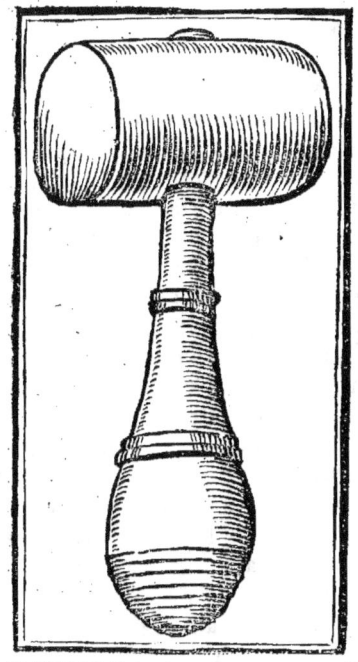

Comme ces coins n'entrent point dans le bois, sans que l'on ne les y fasse entrer par force; il faut ne pas oublier de se munir pour cela d'un petit maillet fait exprés, qui doit être aussi d'un bois fort dur : crainte qu'en frapant sur le dos de la serpette, avec laquelle on commence à fendre le sujet à greffer, ce maillet ne s'emporte, ce qui ne feroit pas bien. Figure du Maillet.

CHAPITRE V.

Du choix des Greffes, du temps de les cueillir, & de l'ordre qu'il faut tenir en greffant les Pepinieres.

APrés qu'on sçait ce que c'est que greffer, qu'on n'en ignore plus les noms, ny le nombre de celles qui sont les plus en usage, & qu'on est instruit du temps de les faire, & que j'ay appris quels étoient les outils necessaires pour y réüssir, il semble qu'il ne soit plus question que d'en venir à l'operation ; cependant si je veux tenir un bon ordre en traitant des matieres qui regardent les Pepinieres, trois points pour y parvenir s'offrent à mon idée, que je trouve fort essentiels, & dont indispensablement je ne puis m'empêcher de parler, avant que d'enseigner la methode de greffer.

Quand je dis points essentiels, n'ay-je pas raison ? car qu'on me dise un peu ce que c'est que greffer, si ce n'est pas perdre son temps lorsque les greffes ne sont pas bien choisies ; si ce n'est pas inutilement travailler lorfqu'on ne les cueille pas en faifon, & fi enfin ce n'eft pas tout d'éranger, lorfqu'en greffant les Pepinieres, on ne s'y prefcrit aucun ordre?

Je commenceray donc par le choix qu'on en doit fçavoir faire, & je diray que les meilleures font toûjours celles qu'on cueille fur des Arbres qui font en leur année de rapport, c'eſt-à-dire qui font beaucoup chargez de boutons à fruit; & la raifon de ce choix eſt inconteſtable, en ce qu'il n'eſt rien de plus certain que la greffe tient en tout de la nature de l'Arbre fur lequel elle eſt cueillie: fi bien que lorfque l'arbre n'a que du bois, il ne faut pas s'attendre de tres-long-temps de cueillir du fruit des greffes prifes de deffus, au lieu que s'il eſt bien difpofé à bien faire, nous joüiffons bien-tôt du plaifir de voir ces bonnes greffes nous apporter du profit: l'experience nous le fait connoître tous les jours, c'eſt ce qui fait qu'il eſt inutile que je m'étende davantage fur cet article.

Il fe peut (& c'eſt ce qui fe voit tous les jours) qu'un Arbre a les qualitez requifes pour apporter bien-tôt du fruit, quoy-qu'il ne foit pas chargé de boutons, & de deffus lequel par confequent on peut avec fuccés cueillir des greffes; ce que je dis là arrive ordinairement à l'égard des Arbres de deux à trois ans, qui n'ayant encore point donné de fruits, font cependant preparez à le faire bien-tôt: & ces marques de fruits à venir fe connoiffent à l'origine des branches, qui dans l'endroit où elles naiffent, ont de petites rides en forme d'anneaux, qui fe font ainfi formées par les fibres tranfverfes qu'il y a, & dans lefquelles il fe fait une circulation lente de la feve de l'arbre, qui venant à fortir au dehors, ne manque point de former des boutons à fruits: au lieu que quand les fibres ne traverfent point, la feve trouve un paffage libre, & montant vigoureufement, ne jette que du bois.

C'eſt donc ce qu'on doit remarquer, lorfque l'efpece du fruit qu'apportent ces jeunes Arbres nous donne envie d'en multiplier. Mais pour faire mieux comprendre ce que je dis, on n'a qu'à examiner la Figure fuivante.

A. Jeune

DE LA CAMPAGNE. Liv. III. 41
A. Jeune Arbre de deux à trois ans. B. Rides & anneaux d'une branche qui bien-tôt doit rapporter du fruit. C. Branches propres pour faire des greffes.

A moins qu'on ne connoisse dans un jeune Arbre de ces marques de fecondité, je ne suis point d'avis qu'on y cueille aucune greffe.

Divers sentimens sur les greffes.

J'ay vû bien des gens en matiere de greffes, tenir indifferemment pour celles qui ne sont que d'une seve, comme pour celles qui sont de deux : c'est-à-dire, pour m'expliquer plus clairement, pour les greffes qui sont du bois de l'année, comme pour celles qui en ont du vieux, pourvû, disent-ils, que le bois des premieres soit bien

Tome II. F

aousté; fondez qu'ils sont sur l'experience que les unes & les autres reprennent également sur les sujets ausquels on les applique, & produisent de mêmes effets.

Je tombe d'acord de ce fait, quant à la reprise seulement; mais quant à l'esperance de les voir aporter du fruit en même temps & si-tôt les unes que les autres, c'est ce que je nie : par la raison que ces premieres greffes étant toutes unies, reçoivent la seve en abondance, & par ce moyen sont long-temps à ne rapporter que du bois; au lieu que les secondes ne s'en laissant remplir que petit à petit, & donnant par là le temps à cette seve de se rarefier, produisent bien-tôt du fruit. Ainsi qu'on soigne toûjours de prendre pour des greffes plûtôt du bois de deux seves, que d'une seulement. La figure suivante fera connoître ce que c'est que ces deux differentes greffes.

A. Arbre. B. Branches propres à faire des greffes. C. Endroits où il faut couper les greffes, pour les avoir de deux seves. D. Endroits où il faut couper les greffes, pour les avoir d'une seve.

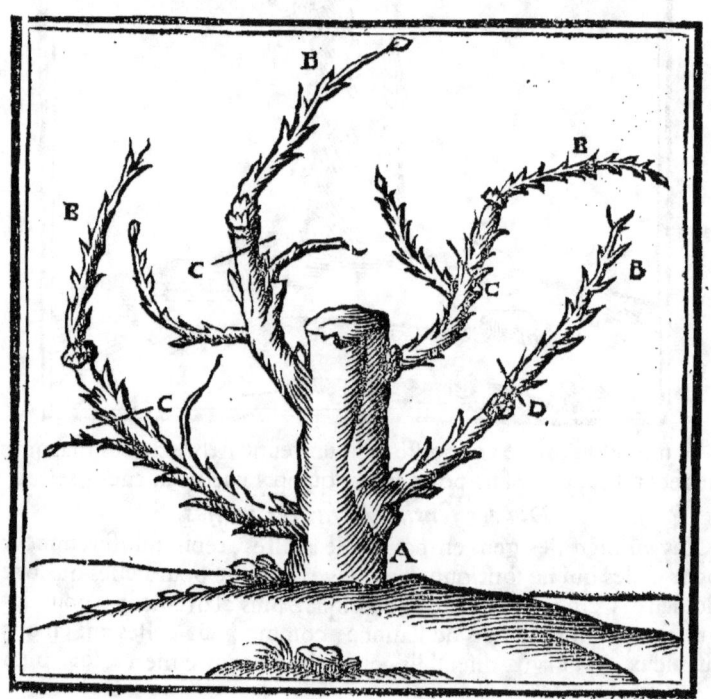

Il arrive quelquefois, que les Arbres pour trop jetter de boutons à fruit, ne donnent que tres-peu de bois ; de telle maniere que si l'on veut en tirer des greffes, on ne sçauroit avoir recours qu'au vieux bois, dont on peut se servir dans la necessité pour cette operation. A la verité il ne pousse pas si vigoureusement que celuy qui est jeune, à cause des raisons cy-dessus ; mais il en rapporte plûtôt du fruit.

Du temps de cueillir les Greffes.

Je suis de l'avis de ceux qui disent qu'il n'importe point de couper les greffes en decours, ou en croissant, à cause que dans le mois de Fevrier, ou au commencement de Mars qu'on fait tel ouvrage pour la fente, la seve ne commence point encore à remuer, & par consequent n'est pas capable dans ce temps de produire de bons ni de mauvais effets, supposé qu'en un autre temps la Lune pût y contribuer ; ce qui n'est qu'une vision toute pure.

Ainsi qu'à l'égard des greffes pour la couronne, qu'on fait dans une saison où la seve est dans sa force ; pour celles-là, dis-je, & pour celles qu'on leve pour écussonner, elles doivent être prises aussi indifferemment, & appliquées aussi-tôt qu'elles sont cueillies, crainte que le hâle venant à les alterer, ne les empêche de reprendre.

De l'ordre qu'il faut tenir en greffant.

Ce seroit un terrible embarras dans une pepiniere, si on n'y apportoit point d'ordre en y greffant, & pour lors je trouverois un Jardinier bien empêché quand il voudroit chercher les especes de fruits qu'il souhaiteroit planter, ou bien qu'on lui demanderoit à acheter. Ce n'est pas que la plûpart de ceux qui vendent des arbres, ne se font gueres de scrupule de vous donner une espece pour une autre ; mais enfin je parle icy pour ceux qui aiment que dans tout ce qu'ils font ; il y ait de l'ordre, & pour les Marchands d'arbres, (j'entends ceux qui élevent eux-mêmes des pepinieres) qui vous vendent fidelement les especes de fruits que vous leur demandez.

Cet ordre dépend de la fantaisie ; mais si l'on veut suivre celuy que je vas prescrire, on pourra s'en bien trouver, à moins qu'on n'ait envie de s'en former un autre, qui peut-être ne sera pas si bon.

Il faut d'abord avoir été soigneux en plantant la pepiniere, d'avoir mis exactement chaque espece de Sauvageons en mêmes rangées, afin d'y greffer les fruits qui leur conviennent. Cela étant,

& crainte de s'embroüiller, il faut greffer tout de suite une espece de fruit. Et par exemple, si c'est du bon-Chrétien, ou un autre fruit dont cette rangée aura été greffée, on prendra un registre, & l'on mettra, *premiere rangée d'un tel côté*, *bon-Chrétien*; ou bien sans se servir du mot, *de tel côté*, on plantera au commencement de cette rangée un pieu, où il y aura marqué, *premiere rangée*.

A la premiere rangée on plantera encore un pieu, sur lequel sera écrit, *seconde rangée*, ainsi que dans le registre qu'on tiendra devers soy, avec le nom du fruit qui y sera greffé; & continuer ainsi jusqu'à ce que toute la Pepiniere soit greffée.

Cet ordre que je conseille icy de tenir est general pour toutes sortes de greffes, & pour toutes les especes de fruits qu'on met en Pepinieres; & l'observant soigneusement, ce sera le moyen, de ne se point tromper à prendre l'espece qu'on desirera.

CHAPITRE VI.

Des differentes manieres de greffer.

PUisque parlant des greffes en general, j'ay commencé par celle qui se fait dans les premiers mois de l'année, c'est à sçavoir par la greffe en fente, j'ay jugé à propos, pour ne point interrompre mon ordre, de commencer ce chapitre par la maniere d'y réüssir.

De la Greffe en fente.

Greffer en fente est couper la teste d'un arbre à un endroit uni, la fendre avec des coins, & y inserer des rameaux d'autres fruits, pour devenir dans la suite de beaux arbres.

Aut rursum enodes trunci resecantur, & alte
Finditur in solidum cuneis via: Deinde feraces
Plantæ immittuntur; nec longum tempus, & ingens
Exiit ad cœlum ramis fælicibus arbos.

Cela s'appelle en peu de mots, expliquer ce que c'est que cette greffe; mais non pas assez au long pour faire entendre comme elle se fait.

Voicy donc à l'égard de cette greffe, les leçons que je crois devoir donner pour l'intelligence de ceux qui souhaittent devenir habiles en l'art de greffer en fente.

Il est d'abord necessaire qu'ils sçachent, que telle greffe s'applique non seulement sur de grosses tiges etronçonnées; mais encore sur des pieds de deux ou trois pouces de tour, & sur plusieurs autres branches d'arbres, à la nature desquels convient cette maniere de greffer.

DE LA CAMPAGNE. Liv. III.   45
De la longueur que les Greffes doivent avoir.

Avant qu'il soit question d'employer les greffes, il est necessaire de sçavoir quelle longueur on doit leur donner. Outre un demi poûce de vieux bois qui doit être taillée pour être inseré dans le Sauvageon, ces greffes doivent avoir trois bons yeux au-dessus du tronc. Figure.

A. Greffe. B. Bois qui doit être taillé. C. Yeux qui doivent paroître au-dessus du tronc.

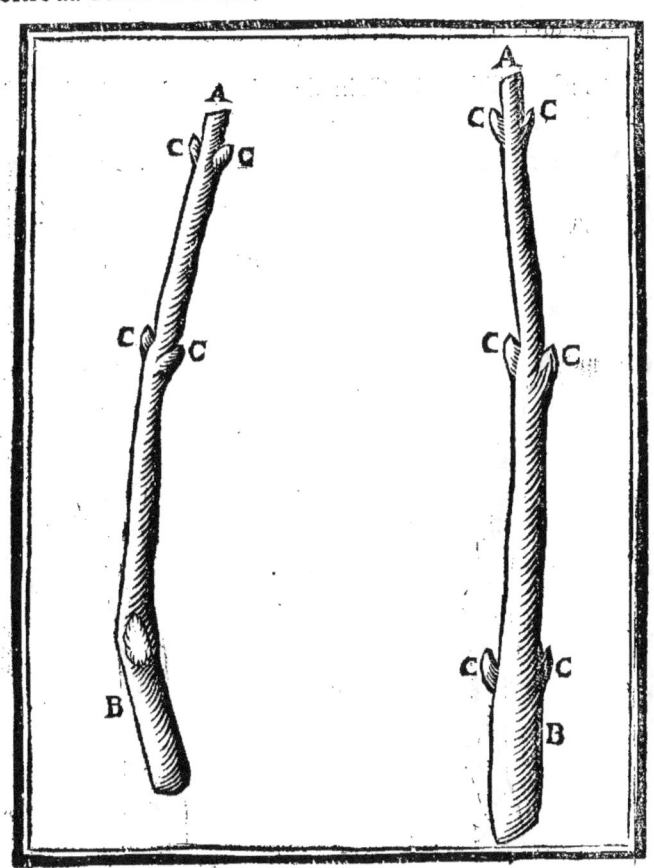

De la maniere de les tailler & de les placer.

Ce n'est pas assez d'être instruit de cette longueur ; car lorsqu'on les applique, il est besoin de sçavoir, comme on les doit accom-

F iij

moder auparavant : on sçait qu'il les faut tailler ; & voicy de la manière qu'on en vient à bout.

Prenez d'une main une serpette qui coupe bien, & la greffe de l'autre; incisez cette greffe des deux côtez en forme de coin, & de la longueur d'un bon demi poûce : mais soyez soigneux que les deux côtez qui bordent cette espece de coin, ayent de l'écorce, & que le côté de la greffe qu'on doit poser au dehors soit plus large que celuy qui doit être en dedans, en telle sorte que cela fasse comme une alumelle de couteau. La figure suivante montre ce que je veux dire.

A. Greffes taillées. B. Coin de dehors. C. Coin de dedans. D. Ecorce qui borde les deux côtez.

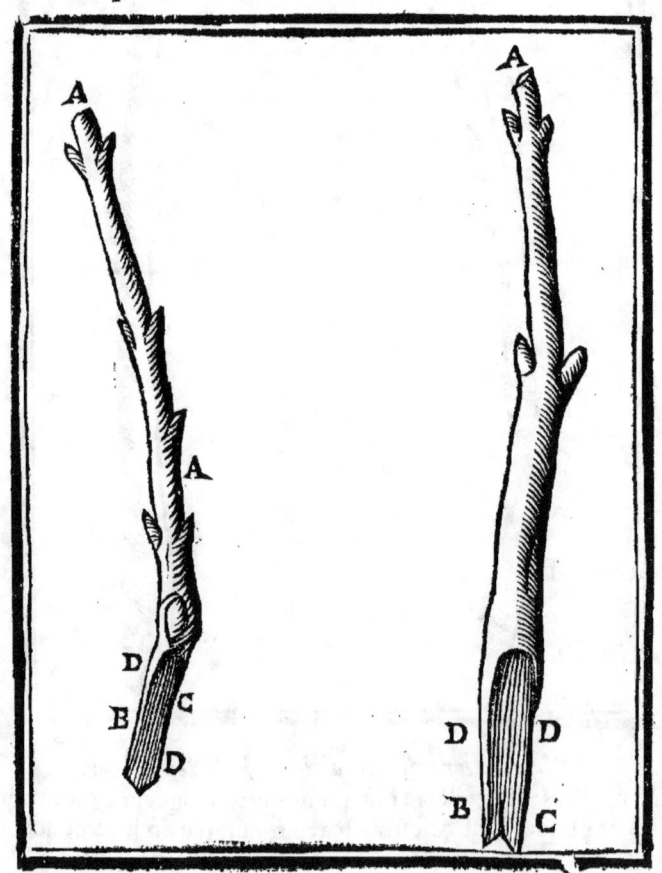

DE LA CAMPAGNE. Liv III.

De plus, observez, si vous voulez que telles greffes rapportent bien-tôt du fruit, que precisément au haut de cette écorce du dehors, il y ait un œil à niveau de la tige étronçonnée lors que la greffe est posée dedans, & que cet œil soit vis-à-vis le haut de la fente. Quant à la maniere de les placer, il faut que le dehors des écorces, tant du sujet, que de la greffe, s'affleure de telle sorte, que la seve venant à monter du pied, fasse également profiter & la greffe & le Sauvageon, en entrant en même-temps dans l'entre-deux de leurs écorces. Voilà bien des choses, qui quoy quelles soient décrites de la maniere qu'on les doit pratiquer, demandent, ce me semble, que cette figure acheve de les débrouiller entierement.

A. Sauvageon. B. Fente du Sauvageon. C. Greffe mise dans la fente du Sauvageon, à fleur d'ecorce. D. Oeil de la greffe, vis-à-vis le haut de la fente.

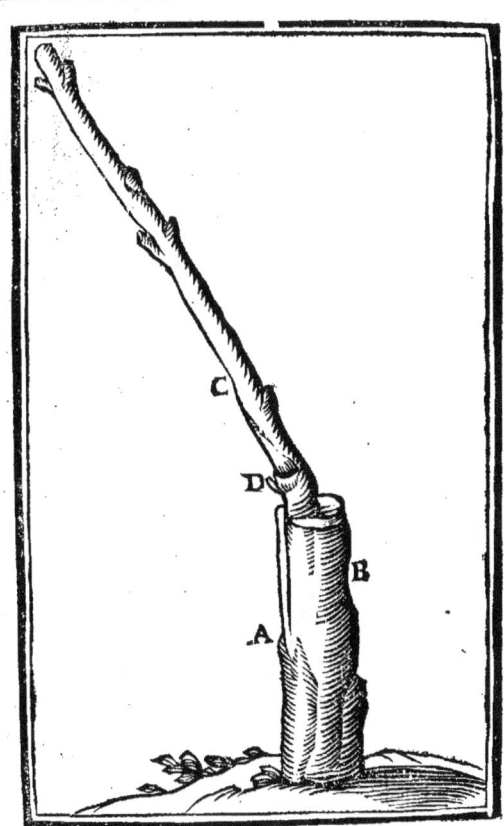

Comme il faut preparer les petits Sauvageons pour être greffez.

Comme j'ai dit que la greffe en fente étoit propre aussi-bien pour les grosses tiges, que pour les sujets de deux ou trois poûces de tour, il est bon que j'avertisse, que pour y enter on les taille diversement.

Le jeune Sauvageon, ou d'autres petites branches sur lesquelles on voudra greffer en fente, & qui ne pourront contenir qu'une seule greffe, auront leurs tiges coupées à six poûces de terre si c'est des sauvageons ; ou bien à autant de longueur de leur tige si ce sont des branches d'arbres qu'on veut greffer.

L'extremité de leur tige sera taillée moitié en pied de Biche, & moitié plate, afin d'y pouvoir mieux placer la greffe, à cause que l'experience nous a fait voir jusques icy, qu'un tel sujet taillé de semblable maniere, se trouvoit bien plûtôt recouvert que si on l'incisoit autrement.

A. Sauvageon. B. Entaille en pied de Biche jusques à la moitié du Sauvageon. C. Autre moitié du Sauvageon plate pour poser la greffe.

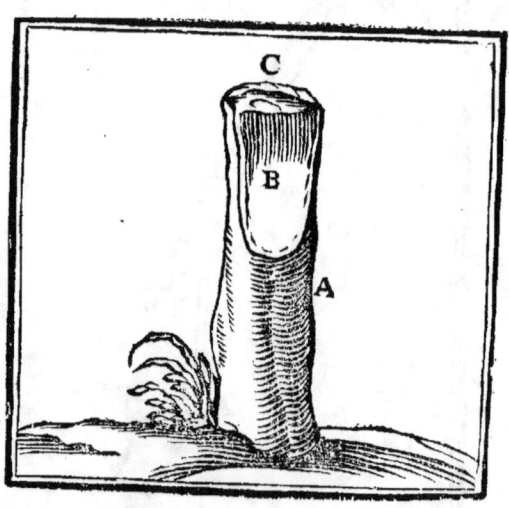

DE LA CAMPAGNE. Liv. III. 49

*Comme il faut fendre le sauvageon, & tous autres
sujets qu'on veut greffer en fente.*

Lorsqu'avec la serpette on a ainsi taillé le sauvageon, il n'est plus question que de le fendre avec la même serpette ; ce qu'on execute en posant cette serpette en croix sur l'entaille, & proche du cœur du bois, sans neanmoins le blesser : cette serpette mise ainsi, on prend un petit marteau avec lequel on la fait entrer doucement dans ce bois ; puis on l'ôte, pour y substituer un petit coin de bois, afin de tenir l'ouverture de la fente assez large pour y recevoir la greffe qu'on y veut mettre. Exemple par les Figures que voicy.
 A. Sauvageon. B. Entaille en pied de Biche. C. Cœur du Sauvageon. D. Serpette mise en croix sur l'entaille, & fendant le sauvageon.

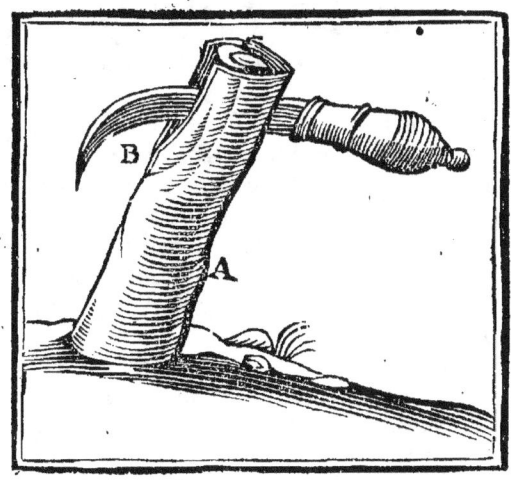

Tome II.   G

A. Sauvageon. B. Endroit où il faut mettre le coin dans le sauvageon. C. Endroit où l'on pose la greffe.

OBSERVATIONS.

Il est de certains bois dont les fibres se détachent plus aisément les uns des autres lorsqu'on les fend, qu'ils ne font pas dans d'autres ; & pour lors il arrive que la fente ne se fait point nettement dans ces derniers : Ce qui est un inconvenient pour bien placer les greffes.

Lorsqu'on s'apperçoit de cela, il faut prendre la serpette, en l'inserant doucement dans cette fente que le coin tient pour lors ouverte, en ôter ce qui pourroit servir d'obstacle à la greffe pour y entrer librement.

Les jeunes sauvageons ne reçoivent ordinairement qu'une greffe, & c'est ce qui fait qu'on les taille en pied de Biche.

Les branches de dessus les Arbres qu'on greffe en fente, en supportent autant que leur grosseur le peut permettre, une, deux, & même jusques à quatre. Et lorsqu'on entera les sujets où il n'y aura qu'une seule greffe qui y pourra être appliquée, on observera toûjours d'en tourner le dos au Midy, à cause qu'en cet état elle en resiste mieux à l'impetuosité des vents ; & que mise au contraire, cette greffe est sujete à se décoler & se rompre ; ce qui rend le travail du Jardinier inutile.

Comme il faut couper les gros sujets pour être greffez.

Les gros sujets, c'est-à-dire les grosses branches sur lesquelles on

DE LA CAMPAGNE. Liv. I.

veut enter en fente, doivent être sciées toutes unies, & le plus droit qu'il sera possible pour y placer les greffes qu'elles pourront suporter.

Pour ce qui regarde la maniere de les fendre, c'est tout comme aux jeunes sauvageons, sinon qu'il faut toucher plus fort sur la serpette, & sur le coin pour les soulager à se fendre.

Mais ces tiges trop grosses sont quelquefois dangereuses de serrer trop les greffes qu'on y a mises; ce qui est cause que nous nous trouvons bien souvent trompez dans nôtre esperance, & pour prevenir ce petit inconvenient, il est necessaire d'ôter proprement, & bien uniment un peu de bois des deux côtez de la fente, en prenant de bas en haut, & se comportant si juste en cette operation, qu'après avoir placé cette greffe, il n'y ait point de jour entr'elle, & les cotez de la fente.

Il suffit d'une seule fente pour y placer deux greffes aux deux extrémitez; & au cas que les têtes soient assez grosses pour porter quatre greffes, on y fait une seconde fente en croix tout comme la premiere.

A. Grosse tige. B. Deux greffes mises dessus.

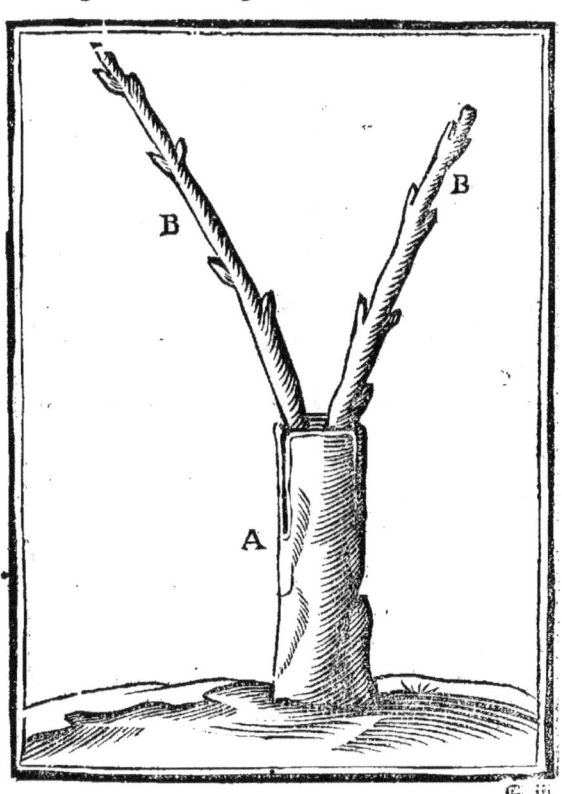

52　OECONOMIE GENERALE

A. Autre tige. B. Quatre greffes appliquées dessus.

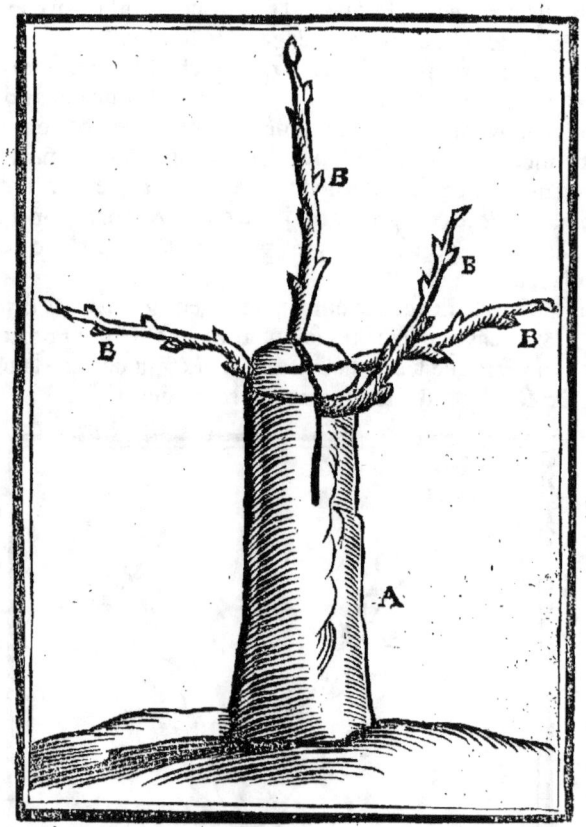

　Aprés avoir montré comme on fend toutes sortes de sujets ; ce qu'il faut observer avant d'y mettre les greffes, & comme il les y faut placer : Il reste maintenant à enseigner la maniere en les rendant parfaites, de les garentir des dangers qui leur arriveroient, si l'on ne sçavoit les prevenir.
　Les pluyes & les trop grandes secheresses endommageroient les greffes en fente, si l'on n'y prenoit garde : & pour y obvier, si tôt que ces greffes sont placées comme j'ay dit, on doit aprés avoir cou-

DE LA CAMPAGNE. Liv. I.

vert les fentes de quelque écorce, aussi-tôt les recouvrir bien proprement, & sans les ébranler, d'une terre glaise & argileuse, sur laquelle on met un peu de mousse qu'on emmaillotte avec des écorces de saules, ou de vieux drapeaux, le tout attaché au dessous des greffes avec des oziers. Ce qui fait une figure semblable aux poupées des enfans; ce qui est cause que le nom leur en a demeuré.

De la greffe à œil-dormant, autrement des Ecussons.

L'industrie des Jardiniers ne s'est pas non-seulement fait voir dans l'art d'enter en fente, mais elle s'est fait encore admirer dans celuy de greffer en écusson, autrement dit œil dormant: ces curieux poussez de la noble envie de sçavoir multiplier toutes sortes de fruits, ont jugé qu'une maniere de greffer ne pouvant pas en general convenir à toutes les especes, il falloit à ce défaut en inventer un autre, pour faire en sorte que tel Arbre qui ne seroit point d'une nature à recevoir une greffe, fût propre à être enté d'une autre façon, ce n'est pas que l'écusson ne soit presque general, & qu'on ne le puisse appliquer sur la plus grande partie des Arbres soit à pepin, soit à noyau: mais quoyque cela se puisse, cependant on voit tous les jours qu'il y a un choix à faire, & que telle greffe réussit bien pour avoir un Arbre nain, qui n'est point propre pour un Arbre à plein vent, qui aime beaucoup plus la fente que l'écusson ; comme les fruits à noyau se plaisent bien plus d'être écussonnez, que d'être greffez en fente.

Mais sans m'étendre davantage en discours inutiles; je diray que pour bien faire un œil dormant, on choisit une branche d'un Arbre, ou une tige d'un Arbre même (quand je dis une tige d'un Arbre, cela s'entend des petits sujets qui sont élevez en Pepiniere exprés pour cela, & qui n'ont que deux ans, car lorsqu'ils sont plus vieux & parconsequent plus gros, ils n'y valent plus rien.) Ce choix fait, on remarque sur ces sujets un endroit fort uni: & c'est là que faisant avec le greffoir une incision en forme d'un grand T. de la longueur d'environ un pouce, ou un pouce & demi, il faut prendre garde de ne point offenser le bois. Voyez les Figures suivantes elles marqueront ce que je dis ; observant toûjours que cette incision soit faite entre deux yeux.

G iij

A. Jeune Pêcher de deux ans. B. Endroit où doit être fait l'écusson. C. Yeux entre lesquels doit être l'écusson.

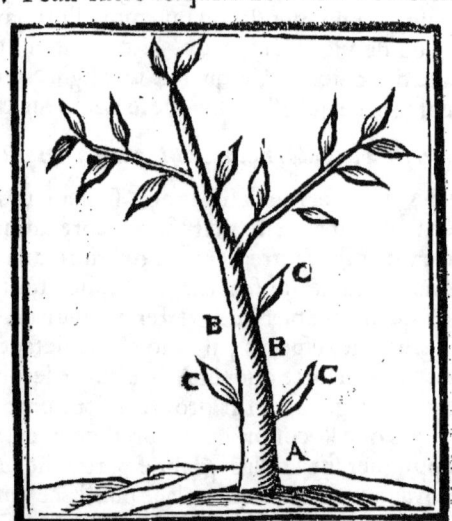

A. Gros Pêcher, B. Branches à écussonner. C. Endroit où il faut faire l'incision.

DE LA CAMPAGNE. Liv. III.

Je ne parle icy que de l'incision à faire, car je ne suis pas d'avis qu'on ne la fasse qu'auparavant on n'ait levé l'écusson ; étant dangereux que la place du sauvageon où l'écusson doit être appliqué, venant à secher, la greffe n'y perisse, ayant besoin absolument d'humidité pour se coler avec son sujet, & sans lequel secours on n'en doit rien attendre de bon.

Des branches où on leve l'écusson, & des yeux qu'on y doit choisir.

Si l'on veut écussonner avec succés, il est important de connoître les branches sur lesquelles on doit lever l'écusson ; car qui les iroit prendre indifferemment, courroit risque de travailler en vain.

Lors donc qu'on veut couper de ces sortes de greffes sur des Arbres, soit à pepin, soit à noyau (ce n'est pas qu'à œil-dormant on n'ente gueres que des Pêchers & des Abricotiers) on choisit des rameaux, ou bien des petites branches bien aoûtées, & sur lesquelles on remarque des yeux bien nourris & non ridez, & ces branches sont toûjours prises de celles de l'année.

Les yeux qu'on doit considerer sur ces branches choisies pour réüssir dans son entreprise, sont toûjours ceux qui ont été les premiers formez depuis le Printemps : car ceux qui viennent aprés étant trop tendres, sont trop sujets à s'alterer, & par consequent à ne produire qu'un effet tres-mauvais.

Ces mêmes yeux, lorsque les branches sont coupées, ne tarderoient point à se fletrir, si prevenant ce petit inconvenient, on n'étoit soigneux d'en ôter les feuilles jusqu'auprés de l'endroit où elles tiennent à leurs queües : il semble qu'un tel soin soit peu de chose, mais on se trompe, car l'écusson étant extrêmement delicat de sa nature, on ne sçauroit y donner le moindre travail, qu'il ne luy soit toûjours fort important. Expliquons ce que je viens de dire par la Figure suivante.

OECONOMIE GENERALE

A. Arbre Pêcher avec ses feuilles. B. Bois de l'année & propre à y lever les écussons. C. Yeux à écussonner & doubles. D. Où il faut couper les feuilles.

Ces branches qu'on prend pour en tirer des écussons, ont quelquefois un pied & demi de long; & alors, si c'est pour les envoyer loin, ou pour les emporter soy-même, on peut les couper en plusieurs morceaux, & le transport s'en fait avec moins de danger.

AVERTISSEMENT.

L'expedient que je viens de donner de couper les branches, est pour celles qu'on apporte de loin; car lorsque les fruits qu'on souhaite écussonner sont dans vôtre jardin, on en peut lever les écussons sans en couper les branches; du moins je l'ay vû ainsi pratiquer par d'habiles Jardiniers: car ce qui fait qu'on coupe ces branches, ce n'est que par ce qu'un écusson ne sçauroit se transporter bien loin sans être en danger de se trop desfecher.

REMARQUES.

Tous yeux qu'on leve de dessus les Pêchers doivent être doubles ou triples, autrement la seve n'agit qu'imparfaitement dans leur germe

DE LA CAMPAGNE. Liv. III.

me : & il n'y a que ceux qu'on prend de Pruniers, de Poiriers, Pommiers, &c. qui peuvent être simples, & servir comme ceux des Pêchers.

A. Branche pour lever les écussons. B. Oeil triple. C. Oeil double. D. Oeil simple.

Comme il faut enlever l'écusson.

Aprés avoir choisi un bon œil sur une petite branche, prenez un greffoir avec lequel vous ferez une incision pour en lever l'écusson; il ne faut que trois coups de ce greffoir pour en venir à bout : le premier se donne de travers la branche doucement jusqu'au bois, & de l'épaisseur de deux écus au dessus de l'œil : le second se prend depuis l'une des extremitez de l'incision faite de travers, en descendant en biaisant environ un demi pouce au dessous de l'œil; & l'autre enfin, qui est le troisième coup, commence depuis l'autre extremité de l'incision de travers, & vient croiser aussi en biaisant sur l'extre-

Tome II. H

mité d'en-bas du second coup donné; si-bien qu'une telle incision faite sur une branche d'un Arbre, ressemble à cette petite Figure que voicy.

Mais pour mieux me faire entendre, faisons voir cette operation sur une branche.

A. Branche propre à lever l'écusson. B. Incision faite de travers sur la branche, deux écus au dessus de l'œil.

Cette incision étant ainsi faite, il n'est plus question, pour le bien lever, que d'appuyer un peu fortement du poûce sur les côtez vers la partie voisine de l'œil, que cette même incision renferme dans son enceinte: & pour lors, pourvû que l'Arbre soit beaucoup en seve, on est assuré d'avoir un bon écusson, qu'on reconnoît tel, lorsqu'étant détaché de son rameau, on y apperçoit le germe interieur, qui est l'endroit par où se communique la seve de l'œil qui en a besoin pour produire un bon effet.

Figure de plusieurs écussons levez.

Comme il faut appliquer l'écusson.

Ces écussons levez heureusement, ne demandent plus qu'à être appliquez promtement sur leurs sujets : ce qui se fait en prenant, comme j'ay dit, le côté d'une branche choisie à cet effet, qui soit le plus uni, & sur lequel on forme en incisant un T.

Cette incision faite, on prend le manche du greffoir, avec lequel on ouvre les deux côtez de l'écorce par le haut, observant de ne point blesser le bois; car c'est un inconvenient dangereux pour l'écusson.

Cela fait, on prend son écusson, levé qu'on tient entre ses levres par la queuë; puis l'approchant de l'incision par la partie pointuë, & l'inserant dedans doucement par le haut, on le fait descendre en glissant dans cette incision, jusqu'à ce qu'il y soit entré jusqu'à la partie d'en-bas de la queuë, ou des queuës qui y tiennent; dont on vient à bout en appuyant le dos du coûteau sur l'œil.

On remarque que l'écusson est bien placé, lorsque les côtez de l'écorce qui sont détachez couvrent entierement l'écusson, hors l'œil seulement, qui doit toûjours être à découvert.

Cela fait, on prend de la filasse dont on entoure doucement cet écusson, pour faire que toutes les parties qui doivent concourir à former un Arbre, se joignent tellement les unes aux autres, que venant dans la suite à ne faire qu'un corps, cette greffe réponde à l'esperance que nous en attendons.

OBSERVATION.

Ce n'est pas le tout de lier cet écusson, car si l'on ne sçait le lier comme il faut, on perd son temps: lorsqu'on en vient là, on doit donc poser un des bouts de cette filasse sur l'œil, & le tenir de la main gauche; puis après qu'on a passé une seule fois la filasse sur ce bout, on la croise par derriere, & on la fait descendre au-dessous de l'œil qu'il ne faut pas cacher, comme j'ay dit; & tournant ainsi cette filasse, on continuera jusqu'à ce que l'incision soit toute couverte, observant de ne point tant serrer l'écusson par le bas que par le haut, afin de donner un libre passage à la seve pour y monter; & pour arrêter la ligature qu'on fait à la branche, on prend les deux bouts de la filasse avec lesquels on fait un nœud. Exemple de tout ce que je viens de dire sur un même Arbre.

A. Branche choisie pour y appliquer l'écusson. B. L'endroit où l'incision doit être faite, & telle qu'elle doit être. C. Branche écussonnée. D. Ecusson posé sur le sauvageon. E. Ligature.

De la greffe à œil-poussant.

Cette greffe, quant à la maniere de la faire jusqu'à la ligature immediatement, ne differe en rien de celle de l'œil-dormant : c'est ce qui fait qu'il est inutile icy d'en repeter les instructions, n'étant question que d'observer ce qu'il y a de plus à y pratiquer.

Une greffe à œil-poussant, ne sçauroit jetter avec trop de vigueur pour se mettre en état de résister aux rigueurs de l'Hyver qui vient aprés : c'est pour cette raison, que sur quelque sujet qu'on la puisse appliquer, on y coupe la tige qu'on a greffée jusqu'à deux ou trois pouces prés de l'écusson, afin que la seve ne trouvant que cette greffe à nourrir dans ce sujet, elle luy fasse produire des effets merveilleux.

A. Gros Arbre. B. Branche sur cet Arbre propre à écussonner. C. Ecusson placé. D. Branche coupée audessus de la greffe. E. Branches coupées.

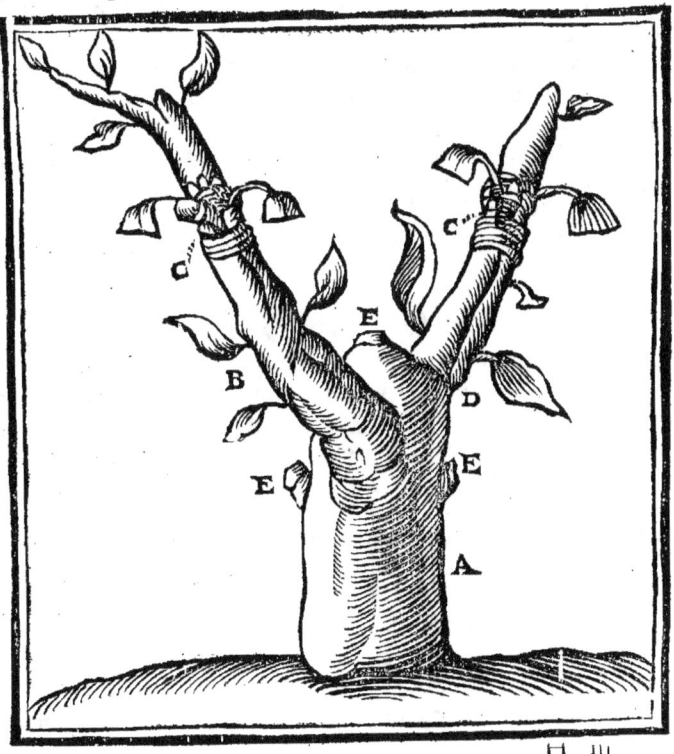

Comme j'ay dit qu'on pouvoit écussonner sur des branches de gros Arbres, la Figure cy-dessus montre comme on doit se comporter en cette operation.

REMARQUES.
Sur les deux especes de greffes cy-dessus.

A l'égard de l'écusson à œil-dormant, si en le faisant on ne luy ôte pas tout le bois qui peut luy dérober sa nouriture, il ne faut pas manquer, lorsque l'Hyver est passé, de le retrancher & de racourcir la tige : car si on ne le fait pas l'Hyver, c'est que la nature est endormie, & que rien ne remuë ; mais lorsque le Printemps approche, ce n'est pas de même, la seve est dans le mouvement, & quand elle monte, & que toutes les branches superfluës sont restées sur l'arbre écussonné, il arrive que l'écusson ne prenant que tres-peu de nourriture, ne croît que foiblement, & le plus-souvent ne fait que languir.

Si à l'œil-poussant, on a soin de déserrer la ligature peu de temps aprés que cette greffe a été appliquée, afin que la seve trouvant assez de jour pour y monter, ne se jette point par la fente de l'incision, pour ensuite se convertir en gomme qui la feroit mourir ; il ne faut pas moins être vigilant pour la même raison à la fin de l'Hyver, de couper la filasse qui tient l'écusson lié ; cela se faisant le plus doucement qu'il sera possible.

Si en levant un écusson à pepin, on y voit un peu de bois, on n'en sera point surpris, d'autant qu'il est fort difficile de les enlever d'autre maniere.

De la greffe en flûte.

La maniere d'enter que voicy, tire son nom de l'instrument auquel elle ressemble ; & pour y reüssir, il faut d'abord sçavoir que la greffe qu'on choisit pour cela, ne doit pas être plus grosse que le sujet qu'on destine pour être greffé ; c'est-à-dire que l'un & l'autre doivent avoir pareille grosseur : ce qui se reconnoît par la mesure qu'on en prend avec du fil.

Mais auparavant tout cela on doit avoir en main une petite branche du fruit qu'on veut greffer, qui se prend au même endroit que celles pour l'écusson, c'est-à-dire à l'extremité du vieux bois, où est celuy de l'année ; afin que l'ayant bien examiné, on luy choisisse un sujet qui luy convienne en grosseur, sans laquelle égalité, il est inutile de faire cette entreprise.

On remarquera sur cette petite branche un bel endroit, pour y

DE LA CAMPAGNE. Liv. III.   63

enlever la piece de l'écorce dont on voudra se servir pour greffe : ce qu'on fait avec le tranchant d'une serpette, en coupant tant par haut que par bas cette écorce tout autour jusqu'au bois, de la longueur de deux ou trois doigts, & avec tous les yeux qu'on y trouvera.

Comme cette greffe se fait dans le temps que les feüilles sont cruës au bois, il faut bien se donner de garde de les arracher des yeux de l'écorce qu'on veut enlever ; car il seroit dangereux que la seve ne se dissipât une partie sans rien faire par ces petites ouvertures ; mais se contenter seulement de couper ces feüilles à l'extremité d'enhaut de leurs queües.

L'endroit de la branche choisie, l'écorce coupée tout autour de la longueur que j'ay dit, & les queües des feüilles laissées aux yeux, il ne reste plus maintenant qu'à trouver le moyen de sortir cette écorce de son lieu ; dont on vient à bout en ôtant à ce rameau toute l'écorce qui est au-dessus de celle qu'on prepare pour être appliquée, & du côté de la branche le plus menu.

L'écorce qui n'est propre à rien étant ôtée, on prend la petite branche, & agitant & tordant doucement avec le poûce la piece qui doit servir, on la fait sortir par l'endroit de l'écorce qu'on a ôtée à son extremité, pour luy livrer un libre passage.

Pour bien entendre ce que je viens de dire, paroissant encore obscur & énigmatique à ceux qui ne sont pas versez beaucoup dans l'art d'élever des Arbres, il est necessaire de le montrer par une Figure de cette petite branche, afin que l'œil comprenne ce que c'est que le commencement de faire la greffe en flûte.

64 OECONOMIE GENERALE

A. Petite branche, B. endroit choisi pour y enlever l'écorce dont on a besoin. C. les deux coupures faites circulairement pour enlever cette écorce. D. écorce inutile ôtée, & l'endroit par ou doit sortir celle qu'on destine pour être apliquée. E. Yeux de l'écorce. F. Queües des feüilles laissées dans les yeux.

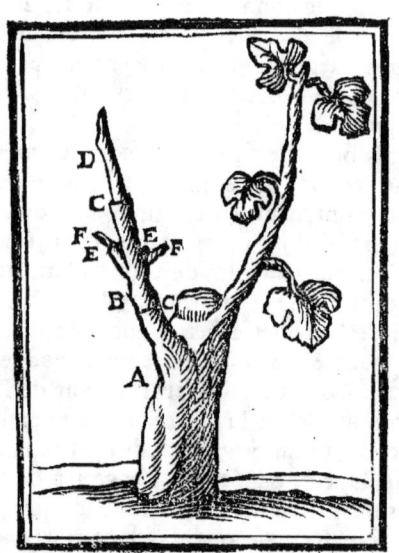

Je crois que presentement cette figure explique assez clairement ce qu'on ne faisoit qu'entrevoir; & si je ne dis point d'en ôter l'écorce qu'on prepare pour servir de greffe, c'est qu'il n'en est pas encore temps, & qu'il faut auparavant que de l'enlever, lui disposer son sujet, en le racourcissant de quatre ou cinq poûces de long & sans blesser le bois, écorçant entierement un endroit bien sain & bien uni, jusqu'à la partie où l'on juge que l'écorce à enlever viendra le plus vîte; & si-tôt que cet endroit est écorcé, il ne faut pour lors point perdre de temps à faire sortir de sa place la piece destinée à greffer, & à la faire entrer dans la branche écorcée jusqu'à l'endroit où elle doit demeurer, & en telle sorte qu'il y ait du bois du sujet greffé qui sorte également au-dessus de la greffe, de la hauteur de deux doigts.

Cette precipitation d'agir est essentielle par rapport aux deux sujets, en ce que n'étant pas moins dangereux qu'ils se désséchent l'un & l'autre,

DE LA CAMPAGNE. Liv. III.

l'autre, & perdent cette petite humidité, qui est la seve nouvellement montée, & sans laquelle ils ne sçauroient operer rien de bon: Ce seroit en vain qu'on se travailleroit à faire une operation qui ne deviendroit qu'infructueuse. Deux figures sont encore icy necessaires pour achever d'apprendre comme on fait cette greffe.

A. Un figuier. B. Branche à greffer. C. Endroit écorcé, & choisi pour y faire entrer l'écorce destinée pour greffe. D. Autre branche. E. Endroit sur lequel on a fait entrer l'écorce servant de greffe. F. Partie du bois qui sort au dessus de la greffe. G. Partie du bois taillé en copeaux.

Chaque greffe a ses inconveniens particuliers, & dans lesquels elle tombe, si l'on n'est soigneux de les prevenir. L'une craint les grands vents, l'autre est sujete à la gomme qui la fait perir; & celle-ci est en danger de n'operer rien qui vaille, si l'on permet que les pluyes, ou l'air, penetrent dans l'entre-deux du bois de la branche greffée, & de l'écorce nouvellement appliquée.

Ainsi, pour prevenir ce mal, il faut dans le bois du sujet greffé qui sort au-dessus de la greffe, tailler comme une sorte de petits copeaux sans les détacher, & les faire tomber en recoquillant tout autour de cette greffe, & cela suffira pour la garantir des injures de l'air. Exemple par la figure suivante.

De la Greffe en couronne.

Greffer en couronne, & greffer en fente, c'est presque la même chofe ; finon que dans celles-cy, les greffes fe mettent entre le bois, & que dans celles-là, elles le placent entre le bois & l'écorce ; elles fe font auffi en divers temps: c'eft ce qu'on peut voir à à l'article de la flûte, page 62.

Cette efpece de greffe n'eft propre que pour les gros arbres étronçonnez, à caufe que les petits n'ont pas l'écorce affez forte pour refifter à l'effet qu'il faut qu'elle faffe, lorfqu'on la fepare du bois avec le coin.

Pour bien preparer la tête de ces groffes tiges, il faut prendre garde en les fciant, de n'en point éclater l'écorce, de la fcier orizontalement, c'eft-à-dire, à plat; & après d'en bien accommoder la place avec la ferpette.

Cela fait, je prefuppofe qu'on a fes greffes toutes coupées, & qu'il n'y a plus qu'à les preparer pour être inferées dans le lieu qu'on leur deftine ; ces greffes fe prennent aux mêmes endroits, & telles que celles qu'on choifit pour la fente.

Comme il faut tailler les greffes pour la couronne.

Chaques greffes, quelque rapport qu'elles puiffent avoir les unes avec les autres, ont toûjours quelqu'endroit particulier à obferver, & qui demande de nous des manieres d'agir differentes. La greffe en fente fe taille d'une façon, & celle en couronne d'une autre ; mais comme je me fuis affez étendu fur la premiere, en ce qui regarde cette entaille, je vas dire prefentement ce que je fçai fur la feconde pour y réüffir, & qui eft ce qu'on doit fçavoir.

On choifit donc des greffes comme je viens de marquer, qui ont quatre ou cinq yeux de longueur ; & par l'endroit où l'on taille celles pour la fente, on taille auffi celles pour la couronne, à la difference neanmoins que l'entaille de celles-cy fe fait en pied de Biche, en forte qu'elle ait prés d'un poûce de longueur, & que le haut de cette entaille foit coupé jufqu'auprés de la moëlle de la greffe, pour fe terminer prefque à rien par le bas, afin que cette greffe entre facilement dans l'ouverture que le coin lui aura faite. Exemple.

A. Greffe. B. Endroit de l'entaille, & comme elle se doit faire.

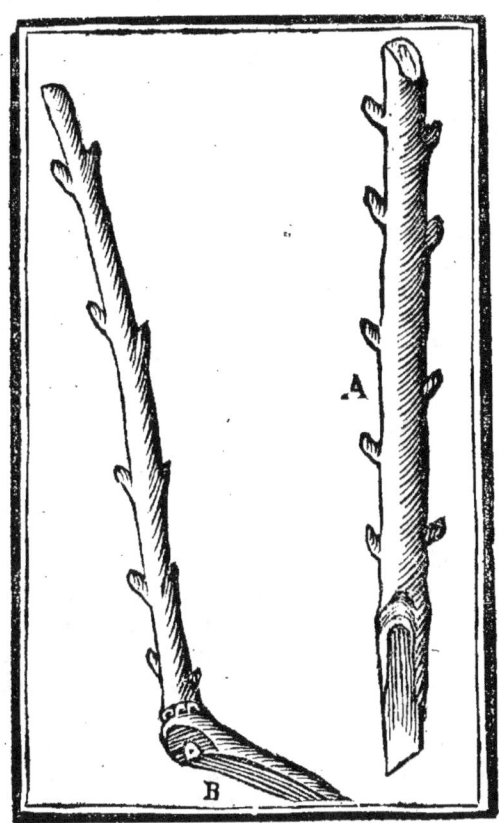

Ces greffes ainsi taillées, ne demandent plus qu'à être mises en la place qu'on leur destine. Mais avant que de les y placer, il faut sçavoir de quelle maniere : & comme on sçait que le chemin ordinaire que prend la seve pour monter est toûjours entre le bois & l'écorce, pour cette raison aussi place-t-on les côtez entaillez des greffes du côté de la tige étronçonnée, & l'écorce de ces greffes du côté du bois. Il me semble que cela s'entend assez, sans qu'il soit besoin d'autre explication.

Une tige destinée pour greffer en couronne, peut porter jusqu'à huit greffes; & pour en séparer, comme j'ay dit, l'écorce d'avec le

I ij

bois, on prend un coin plat, & large d'un poûce seulement, qu'on pose adroitement entre ce bois & cette écorce, puis coignant doucement dessus avec un marteau, on le fait entrer de la profondeur d'un pouce, & jusqu'à ce qu'on juge que l'ouverture soit assez large pour y recevoir la greffe ; prenant garde sur tout de ne point éclater cette écorce, à cause que la seve en montant, venant à s'évaporer par ces ouvertures, ne produiroit aucun bon effet dans les greffes.

Tout ce que dessus tres-exactement observé, on place les greffes dans les ouvertures qui leur sont faites les unes aprés les autres à l'entour de toute la tige ; ce qui fait comme une espece de couronne, & d'où vient que cette greffe a pris ce nom.

Aprés cela, il n'est plus question que de sçavoir garantir ces greffes des injures de l'air ; ce qu'on fait en les emmaillotant, comme celles qu'on fait en fente : on peut y avoir recours si on ne le sçait pas.

De la Greffe à emporte-piece.

L'on greffe à emporte-piece sur de gros arbres, aussi-bien qu'en couronne ; & toute la difference qu'il y a, est qu'on fait les entailles dans le bois & dans l'écorce.

Pour réüssir dans cette operation, au lieu de fendre la tige des arbres étronçonnez, on prend un petit ciseau de Menuisier, avec lequel on fait autour de cette tige de petites entailles de la façon que peuvent être celles de la fente, lorsqu'elles sont ouvertes avec le coin.

Ces entailles faites, on y jette les yeux, pour juger de quelle grosseur on doit tailler les greffes, pour les y inserer si justement, qu'il n'y paroisse aucun jour entre leur écorce, & celle du sujet sur lequel elles sont appliquées.

Et pour faire que cela soit ainsi, c'est qu'il faut toûjours tailler les greffes en telle sorte, qu'elles n'entrent qu'un peu à force dans les entailles de la tige, & les tailler tout comme on fait celles qu'on destine pour la fente.

Aprés que toutes les greffes sont ainsi mises dans les entailles qu'on leur a preparées, on prend deux bons oziers, avec lesquels on lie le plus ferme qu'on peut le tour de la tête greffée, de telle maniere que les greffes qui y sont n'en puissent être ébranlées, & aprés cela on leur fait une poupée tout comme aux greffes en fente. Ce que je viens de dire là-dessus est assez intelligible, sans qu'il soit besoin de figure pour le rendre plus clair.

AVERTISSEMENT.

S'il est des Curieux, j'entens de ces curieux de bagatelles, qui m'accusent icy de ne me pas être plus étendu sur les diverses manieres de greffer; je leur répondrai que mon intention n'étant icy que de donner des preceptes pour des choses solides, je n'ay pas crû devoir m'amuser à en enseigner qui n'ont bien souvent pour fondement qu'une chetive production que ces pretendus curieux admirent, comme une chose qu'il leur semble, pour ainsi dire, avoir arrachée eux-mêmes du sein de la nature, qu'ils osent se prevaloir d'avoir fait agir à leur gré.

Qu'il est beau de voir ces esprits superficiels se vanter d'avoir greffé des fruits sur des perches de Saules, en les perçant d'un Vilbrequin en autant d'endroits qu'ils veulent y inserer de greffes; puis couchant en terre cette perche greffée, esperer qu'étant bien recouverte, elle prendra racines, & se liant ainsi aux greffes qu'elles contiendra, que ces mêmes greffes pousseront, & feront chacune un arbre!

Que c'est une chose surprenante de voir ces gens se faire un point d'habileté en fait de greffes, de percer aussi avec un vilbrequin un Noyer, & de passer par dedans un sarment de vigne attaché à son cep; jusqu'à ce que la nature, à laquelle il semble qu'ils commandent, ait pris le soin d'unir ensemble celles du noyer & de ce sarment, en telle sorte que s'étant communiqué l'un à l'autre leur seve, le fruit qui proviendra de ce sarment qu'on a separe de son cep, lorsqu'on a jugé qu'il est incorporé avec le noyer n'ait que la figure de raisin, & ne sente en le mangeant qu'un goût d'huile, & qu'une amertume qui est naturelle à ce que produit le noyer.

Voilà assûrement de merveilleuses operations! mais je voudrois bien leur demander combien ils voyent de ces manieres de greffer réüssir, & à quelle bonne fin elles peuvent tendre, supposé même qu'elles fussent heureuses? N'est-il pas vray que des arbres qui tiendroient leur origine d'une perche de saule, seroient en état naturellement de rapporter des fruits d'un grand relief, & que des raisins venus ainsi sont d'une grande utilité? Ha! pour les autoriser dans leur curiosité que la nature ne peut-elle faire que tels raisins greffez sur des noyers ne produisent tout-à-fait de l'huile? pour lors je conseillerois de ne se point épargner à faire de ces sortes de greffes, qui sans doute meriteroient bien qu'on s'en donnât la peine par rapport au profit qu'ils rendroient. Mais autrement, je dis que ce n'est qu'un amusement tout pur, ainsi que beaucoup d'autres greffes dont je ne parle point icy.

Voilà un avis que j'ay jugé à propos de donner à ceux qui liront ce livre, afin que se payant de raison, ils ne m'imputent point à faute d'avoir passé sous silence ces sortes de bagatelles. Passons à d'autres choses qui meritent mieux la curiosité d'un lecteur; & sçachant les six differentes manieres de greffer dont je viens de parler, il faut pour y réüssir dans les formes, à mesure qu'on greffera chaques sujets, voir quels fruits & qu'elles greffes ils sont naturellement disposez de recevoir ; ce qu'on apprendra dans les articles qui parlent de chaque plant de pepiniere en particulier, page 14. & les suivantes.

REMARQUES.

Je diray pour remarque essentielle, que ceux qui seront curieux d'avoir de beaux fruits, doivent être soigneux d'amasser de tous côtez les meilleures sortes de poires, & en greffant les pepinieres de Coignassiers y mettre beaucoup de fruits de grosses especes, comme des poires de Rateau, ou de Bon-Chrétien d'Eté, & d'autres qui abondent beaucoup en seve, pour aprés y enter en fente des fruits rares, dont on ne sçauroit avoir de greffes en Eté, à cause de l'écorce qu'ils ont trop délicate.

On ne sçauroit dire combien ces sortes de greffes donnent de fruits, & de tres-beaux ; c'est ce qui fait qu'on ne doit point oublier cette remarque.

CHAPITRE VII.

De la maniere de gouverner les Pepinieres lorsqu'elles sont greffées.

JE trouverois qu'il seroit inutile d'avoir traité des differentes manieres de greffer les pepinieres, si je ne parlois du soin qu'il faut prendre pour les bien gouverner aprés qu'elles sont greffées ; & comme la culture de celles où sont les arbres nains, est differente de celle qui contient les plans destinez pour ceux de haute tige, je commencerai par les premiers, afin que prevenant par là tous les inconveniens qui pourroient arriver à ces arbres, on puisse les élever tres-beaux.

Comme il faut traiter les plans d'arbres nains en Pepinieres.

On se souviendra, en parlant de la greffe à œil-dormant, que j'ay dit qu'il ne falloit point rogner le sauvageon greffé, que lorsque l'Hyver est passé; j'en ay donné la raison, il n'est pas necessaire icy d'user de redite; & si je repete qu'on le doit couper à trois doigts au dessus de la greffe, & en dehors, c'est que c'est une chose qui luy est si essentielle, que si on y manquoit ce seroit courre risque d'en alterer la greffe; & cela fait, on laisse pousser l'écusson sans y rien ôter, sinon que si le Jet pousse avec trop de vigueur sans fourcher, il sera pour lors necessaire de l'arrêter à demi pied de haut, en le pinçant; ce qui l'oblige de jetter plusieurs branches en pied, en quoy consiste la beauté des arbres nains.

Si l'on s'apperçoit que les écussons à œil-dormant poussent avant l'Hyver, ce qui ne leur peut-être que prejudiciable, à cause de leur tendreur, & que le froid les penetre trop facilement, & les fait mourir par ce moyen; il faut, dis-je, si l'on voit qu'ils remuent, les desserrer de bonne heure, afin qu'en montant la seve ne soit point obligée de s'y arrêter.

Comme on doit gouverner les plans d'arbres destinez à être à plein vent.

Comme on ne cherche, moyennant la bonne culture qu'on donne aux arbres à plein vent, qu'à leur faire acquerir une belle tige dans la pepiniere, on doit, si-tôt que la greffe commence à pousser, soigner de l'ébourgeonner, ensorte qu'il n'y reste qu'un bourgeon en haut où la seve se puisse toute jetter pour mieux élever l'arbre. Mais aprés cette operation aussi, il faut bien se donner de garde d'y rien couper; à cause que ces petites coupées qu'on feroit, seroient dangereuses d'alterer les greffes, & de les empêcher de pousser en toute liberté.

OBSERVATION.

Souvent pour croire trop bien faire, on fait mal, & cela manque de connoissance dans le gouvernement des choses qui sont commises à nos soins. Quoyque je vienne de dire qu'il faille ébourgeonner les greffes, afin que leurs tiges viennent belles; ce n'est pas dire qu'il soit necessaire, lorsqu'il leur est survenu bien des petites branches, de se presser de les émonder ; il n'y a rien qui leur cause plus de prejudice, & qui les retarde davantage, à cause que la seve pour lors montant toûjours dans la branche qui reste seule, la fait tellement pousser en haut, qu'au lieu de grossir, elle devient extrêmement mince, & peu en état de resister aux grands vents ; ce qui oblige, pour prevenir cet inconvenient, de les appuyer contre des pieux, qui ne font que les corrompre & les empêcher de profiter.

Ainsi pour avoir des beaux arbres à plein vent, il ne faut commencer à les éplucher qu'à leur troisième année.

De la methode d'émonder les arbres qui sont destinez à plein vent dans les Pepinieres.

Il n'est pas question icy, lorsqu'on veut émonder ces petits plans, de prendre tout d'un coup une serpette, & d'en couper les branches qu'on croit leur devoir nuire ; il est d'autres precautions à prendre avant que d'en venir là : Car on observera qu'aprés ces trois premieres années, il faut premierement attendre le mois d'Avril pour ce travail ; puis jugeant des branches dont on les veut décharger, on se contentera pour cette fois de les tordre avec la main, à commencer trois ou quatre pouces proche le tronc, jusques à trois pieds de haut ; & la raison pour laquelle on en agit ainsi, n'est que pour empêcher la seve de s'épancher dans ces petites branches, & l'obliger par ce moyen de nourrir seulement la tige, qui est pour lors l'unique objet qu'on envisage dans ces sortes d'arbres.

Ces branches étant torduës, comme je viens de dire, ne le sont pas pour rester sur ces arbres jusqu'à ce qu'ils soient bons à transplanter ; il faut donc les ôter, & comme il y a un temps pour toutes choses, l'année suivante, au même mois d'Avril, il faut être soigneux de les couper le plus prés de leurs tiges qu'il sera possible, afin que les cicatrices qu'on y fera soient plûtôt recouvertes, & qu'il ne s'y forme point de nœuds, qui sont des objets qui rendent la tige d'un arbre tres-difforme.

Aprés cette premiere operation, & que les arbres ont passé quatre ans, on ne craint plus decouper d'abord les petites branches qu'on juge nuisibles à leurs tiges : car les playes qu'on peut y faire pour lors ne sont point capables de leur prejudicier, la seve montant dans les arbres en assez grande abondance pour nourrir les branches qui leur restent.

Une

Une belle tige ne suffit pas pour rendre un arbre à plein vent parfait, il est encore necessaire que la nature aidée de l'art ait pris soin de luy former une belle tête ; ce qui ne manque point d'arriver, lorsque gouvernant ainsi que j'ay dit ces plans, on les laisse monter à la hauteur de six à sept pieds, où pour lors on leur doit couper la tige pour les arrêter, ce qui se pratique pour l'ordinaire au mois de Mars.

Cet obstacle qu'on met aux arbres pour les empêcher de monter plus haut, fait que leurs têtes deviennent belles, & leur fortifie le pied, à cause que la seve ne pouvant plus monter qu'obliquement lorsqu'elle est parvenuë au faîte de la tige, est obligée de se répandre une bonne partie dans les racines.

Mais tous ces soins deviendroient inutiles, si l'on ne veilloit à leur donner les labours dont ils ont besoin, pour produire tous les effets que nous en attendons : car toutes pepinieres pour bien faire doivent être labourées quatre fois tous les ans ; telle culture leur donne de la force, & fait en sorte que leurs maîtres se dédommagent des soins qu'ils prennent aprés elles, & de la dépense qu'ils y ont mise : Qu'on ne soit donc point negligent d'en agir ainsi.

CHAPITRE VIII.

De la Bâtardiere, & ce que c'est.

POur donner une juste definition de la bâtardiere, on sçaura que c'est un endroit où l'on plante les jeunes arbres directement au sortir de la pepiniere, pour y être mis en reserve jusqu'à ce qu'on les en arrache, pour être plantez dans la place, où il faut qu'ils demeurent.

On appelle bâtardiere cette espace de terre destinée à cet usage, & c'est à cause, me semble-t-il, des greffes qu'elles contient, qu'on peut nommer bâtardes, étant appliquées sur un pied dont elles ne sont point les propres enfans, & qui obeïssant à la nature, & à l'art des Jardiniers, allonge, grossit, multiplie, & fait fructifier dans la suite ces petites branches étrangeres, substituées à la place de celles qui luy étoient propres ; quoy qu'on puisse dire dans la suite, que par l'adoption qu'il en fait, l'étroite liaison & l'union si parfaite qu'il y a entre eux, font que ces petites branches paroissent être veritablement les enfans legitimes, ausquels nourrissons la bâtardiere sert comme d'une seconde mere nourrice.

De la terre propre à la Bâtardiere.

Ce lieu de reserve demande une terre qui soit bonne ou naturellement ou par artifice, qui soit meuble, & qui ait au moins deux pieds & demi de profondeur.

Comme il faut y arranger les arbres.

On n'ôte les arbres des pepinieres pour les mettre dans une bâtardiere, que pour ne les point laisser inutiles, & ne point permettre qu'elles perdent leur temps. Car une pepiniere ne fait plus que s'amuser quand elle nourrit des arbres qui sont en état d'être plantez ailleurs, son propre employ n'étant pas de dissiper ainsi la substance qu'elle contient.

Les rangs d'arbres se mettent dans la bâtardiere à trois pieds éloignez les uns des autres, & les arbres s'y plantent à pareille distance, observant de tenir icy le même ordre à l'égard des especes comme dans les pepinieres, crainte que venant à le confondre, on ne se trompe soi-même dans celle qu'on rechercheroit pour planter.

Cemme on doit planter les arbres dans la Pepiniere.

Lorsqu'on plante des arbres dans une bâtardiere, il faut observer deux choses: Premierement, de leur laisser leurs têtes sans y rien couper, & en second lieu, d'en bien preparer les racines.

Auparavant que de les arracher de la pepiniere (ce qu'on fera fort adroitement) on aura prévû à leur faire faire des trous de la distance que j'ay dit cy-dessus, tous tirez au cordeau, & de la largeur de deux pieds en quarré. Cela fait, & gardant l'ordre de ne point mêler les especes, on les mettra dedans pour les recouvrir ensuite de terre, en donnant tous ses soins d'en bien garnir toutes les racines, crainte qu'elles s'éventent.

Ces arbres ainsi plantez demandent qu'on les laboure trois ou quatre fois l'année, pour les maintenir toûjours en état de pouvoir être substituez à la place de ceux qui viennent à manquer, ou de ceux dout l'espece ne merite pas qu'on la cultive.

Avis.

On sçaura donc qu'on ne dresse une bâtardiere que pour obliger toûjours les pepinieres à travailler pour la multiplication de toutes sortes de fruits, & pour y avoir toûjours des arbres en reserve, afin d'en prendre, en cas de besoin, pour en tenir son Jardin garni.

CHAPITRE IX.

De la connoissance qu'on doit avoir des arbres sortis des pepinieres, ou du choix qu'il en faut faire.

UN des points les plus importans qu'il y ait en fait de Jardinage, est la connoissance, ou le choix qu'on doit sçavoir faire des arbres lorsqu'il est question d'en planter : car sans ce choix ou cette connoissance qu'on en doit avoir, il est dangereux qu'on ne plante en vain, ou bien qu'on ne plante des arbres qui nous donnent dans la suite du temps beaucoup moins que nous n'avions lieu d'attendre d'eux ; & pour prevenir des inconveniens aussi fâcheux, il faut donc qu'on sçache que tous arbres nains sont bons & bien choisis, lorsqu'on remarque en eux des jets de l'année vigoureux, & sans aucune alteration tant aux feüilles qu'à l'extremité de leurs branches.

Un arbre dont on fait choix, doit avoir l'écorce unie & luisante : car pour peu qu'il l'ait ridée, c'est signe qu'il n'est pas bien en ces parties; ce qui luy provient bien souvent d'avoir été mal gouverné en pepiniere. Ainsi il n'en faut point faire de cas, non plus que de ceux qui sont moussus.

Le chancre étant une maladie qui vient aux arbres & dont ils ne guerissent que fort rarement, on soignera d'observer si ceux qu'on veut planter n'en sont point atteints ; & l'on sçaura qu'elle n'arrive qu'aux Poiriers, Pommiers ou Pruniers ; au lieu qu'aux Pêchers & Abricotiers, c'est la gomme à quoy il faut prendre garde.

Tous Pêchers dont la tige excede deux poûces en grosseur, & qui ont plus de deux ans, sont dans l'impuissance de produire aucun bon effet lorsqu'on les plante. Pour les autres arbres, pouvû qu'ils n'ayent que trois à quatre poûces & qu'ils soient dans leur troisiéme année, ils sont toûjours en état de bien faire.

Tout arbre nain, pour être bien choisi, lorsqu'on le plante, doit n'être que d'un seul brin, c'est-à-dire qu'il ne doit avoir en pied que sa tige bien garnie de bons yeux, qui produiront des branches dans la suite, qui seront plus aisées à conduire, que celles qui y seroient venuës dans la pepiniere.

K ij

S'il se presente devant vous des arbres qui soient de deux greffes, rejettez-les, pour en prendre de ceux qui n'en ont qu'une : ou bien si c'est un fruit qui soit extrêmement rare & que vous n'en trouviez point d'autres, servez-vous en ; mais soyez soigneux de couper une de ces greffes en les plantant, & prenez garde que ce soit toûjours la plus foible.

Les racines d'un arbre qu'on veut planter, doivent être belles & grosses à proportion de la tige, non alterées ; car c'est de cet endroit d'où dépend cette vegetation qui fait que les arbres subsistent, & nous donnent ce que nous leur demandons.

Les grosses racines & en quantité sont à preferer au chevelu ; & une chose qu'il y a encore à remarquer aux pieds des Arbres, & qui est une bonne marque, est lorsque la greffe est recouverte ; car on juge par là de la vigueur d'un Arbre.

Quiconque a dessein de planter des Arbres, doit observer tout ce que je viens de dire cy-dessus, s'il veut les avoir en état de luy donner du plaisir, & de luy raporter beaucoup de profit ; car sans ces observations, c'est peine perduë.

CHAPITRE X.

De certaines terres propres à quelques espèces d'Arbres.

ON n'éleve des Arbres en Pepinieres que pour les transporter ailleurs, afin d'en avoir du fruit ; mais auparavant que d'en venir à ce travail, il faut toûjours regarder si la terre est bonne, & convient à leur nature ; autrement ce seroit agir avec imprudence, & mettre les Arbres en danger de n'y point réüssir.

Heureux sont ceux dont les jardins sont situez dans un bon fonds ; c'est pour ces gens-là un grand avantage, de ne point être obligé de faire toute la dépense que demande une mauvaise terre : ce n'est pas aussi pour ces gens-là qu'on donne ces instructions, puisqu'ils n'en ont pas besoin, leurs terres operant plus d'elles-mêmes, que ne peuvent les fumiers causer de fertilité à un terroir ingrat, & qui auroit besoin de ce secours pour luy faire produire tout ce qu'on y mettroit.

Il est de plusieurs sortes de terres, comme celle qui est forte, & celle qui est legere ; celle qui est seche ou humide, & enfin la terre douce, ou celle qui est pierreuse. J'ay parlé de ces differentes terres au second livre ; j'en ay expliqué la nature, & il est inutile de le repeter icy ; on peut y avoir recours. Cela étant, il ne reste plus icy qu'à sçavoir de ces terres de differente nature, quelles sont celles qui conviennent le mieux à de certaines especes de fruits.

Des Poires.

Aprés avoir reconnu la nature de sa terre, on peut, si elle n'est pas tout-à-fait bonne, l'ameliorer par le moyen du fumier qui luy sera le plus convenable, & ensuite faire choix de l'espece du fruit qu'on sçaura y venir le mieux pour être d'un bon relief ; car il est des fruits qui croissent merveilleusement bien dans des terres, mais qui y sont d'un goût tout-à-fait insipide. C'est ce que je m'en vais faire connoître, en enseignant les terroirs dans lesquels on les doit mettre, pour avoir toutes les bonnes qualitez qui leur conviennent, ou les moyens de corriger les défauts de ceux où on est obligé de les mettre, pour n'en point avoir d'autre.

Les Poires de Bon-Chrétien d'hyver, la Petitoing, & la Poire de Lansac, ne sont jamais d'un bon goût lorsqu'elles sont mises dans des terres froides & humides, quelque sauvageon ou Coignassier qu'ils ayent pour sujet.

La Verte-longue acquiert une eau plus relevée dans les terres seches, que dans celles qui sont humides ; & l'Amadote est meilleure dans les terres legeres, que dans celles qui sont fortes ; ainsi que la Grosse-queuë qui est de me nature.

La Poire d'épine se plaît extrêmement dans les terres douces & legeres, ainsi que l'Eschasserie qui y conserve tres-bien son musc.

Pour la Pastorale, tout terroir luy est indifferent, pourvû qu'il soit bon ; & tous les effets differens qu'on remarque qu'elle y fait, c'est seulement qu'elle se mange plûtôt dans les terres seches, que dans les humides.

Et enfin le Citron musqué, ainsi que les fruits secs & odorans, réüssit mieux pour le goût dans les terres humides, que dans celles qui sont legeres.

Des Poiriers francs.

La terre legere est merveilleuse pour les Poiriers francs, supposé qu'elle ait un grand fond, à cause qu'ils jettent des pivots qui descendent toûjours en bas.

Des Pommiers.

Celle qui est forte est propre pour les Pommiers, d'autant que leurs racines ne s'étendent qu'à fleur de terre, & que sans beaucoup de profondeur, ils ne laissent pas, pourvû qu'elle soit franche, d'y prendre de la nourriture autant qu'il leur en faut.

Des Coignassiers.

Les Coignassiers qu'on met dans les terres legeres, n'ont pas à la verité beaucoup de bois, mais leur fruit y devient beaucoup plus beau, plus savoureux, & plus délicat ; au lieu que lorsqu'ils sont dans celles qui sont humides, ils y jettent force bois, & n'y donnent que des fruits rudes & sans couleur : ainsi de ces deux terres déja choisissez la premiere ; mais pour dire celle de toutes où il se plaît le mieux, c'est la terre qui est douce, & qui contient en soy de la fraîcheur ; à cause que ces sortes d'Arbres ayant les racines extrêmement délicates, s'y étendent sans peine, & y prennent beaucoup de nourriture.

Du Pêcher.

Les terres legeres conviennent mieux au Pêcher, que non pas celles qui sont fortes, où la gomme a coûtume d'y venir si en abondance, que le plus souvent ils en sont étouffez.

De l'Amandier.

L'Amandier étant à peu près de même nature que le Pêcher, ne veut point aussi de terres qui soient fortes, ny humides ; autrement l'inconvenient de la gomme, auquel il est sujet, ne manquera pas de luy arriver.

Des Pruniers.

Comme ces Arbres ne sont point d'une nature si délicate que les Pêchers, ny que les Amandiers, on a jugé que les terres fortes leur étoient assez propres, ainsi qu'aux Merisiers, Groseliers & Framboisiers.

AVERTISSEMENT.

Je m'imagine qu'on juge assez par ce que je viens de dire, que toutes ces instructions ne sont données que pour ceux dont les fonds n'ont pas toutes les qualitez necessaires pour y nourrir toutes sortes de fruits : car pour ceux dont les Jardins sont situez dans des terres heureuses, on sçait qu'ils ont l'avantage de pouvoir y planter indifferemment des plants de toutes especes, sans craindre qu'ils y viennent à manquer, si ce n'est pour y avoir été trop negligez ; parce que du côté du fond, ils y réüssissent toûjours à merveille.

Mais on sera averti que dans quelque terroir qu'on habite, & qu'on y veuille planter des Arbres; si l'on souhaite se servir de sa terre avec avantage, il n'y en faut jamais édifier que de ceux qu'on connoîtra y pouvoir réüssir au contentement de leur maître.

CHAPITRE XI.

Des differens fumiers convenables à differentes especes de terres, & de la maniere de les y employer.

J'Aime trop les Arbres, & les fruits qui en proviennent, pour rien omettre à ce qui peut contribuer à leur accroissement. Le choix qu'on en sçait faire est beaucoup, ainsi que de les mettre dans une terre qui leur convienne: mais comme cette terre seche ou humide, legere ou bien forte, manque quelquefois en soy de quelque vertu, sans laquelle un Arbre ne croît que tres-imparfaitement, & qu'on peut luy faire acquerir par le secours des fumiers; il est aussi à propos de sçavoir quels sont ceux qui sont propres à certaines terres plus qu'à d'autres, afin que se conformant à leur nature, on ne les y employe pas inutilement.

Il n'est point de terre, hors la bonne, qui n'ait son défaut particulier; l'une a trop d'humidité, ce qui la rend froide & trop pesante; l'autre trop de secheresse, ce qui est cause qu'elle est sans humeur, & trop sujete à laisser alterer les plants qu'elle contient.

Des terres humides.

Les terres humides peuvent être corrigées de leurs défauts par le fumier de cheval qui est chaud, & qui par consequent a des vertus contraires au mal qu'il doit guerir.

Ce fumier veut être employé avec prudence; car qui l'iroit mettre au pied d'un arbre, lorsqu'il auroit encore sa chaleur, au lieu d'y produire un bon effet, il n'en feroit qu'un tres-mauvais, en y brûlant les racines, qui déja dans ces sortes de terres n'acquierent pas trop de force dans le commencement.

Des terres seches.

Le fumier de mouton, qui est le plus gras de tous, est propre pour mettre dans les terres seches, d'autant que par l'humeur qu'il leur communique, il les engraisse, & les rend materielles; ce qui empêche que les grands hâles du mois de Mars, & les chaleurs trop âpres de l'Eté ne les alterent avec trop de facilité ; & au défaut dequoy bien souvent les arbres qui y sont plantez ne font que languir.

Des terres legeres.

Pour les terres legeres, il y en a de deux sortes ; les unes qui ont d'assez bonnes qualitez, comme ayant assez d'humeur & de chaleur pour nourrir les plants qu'on leur commet : mais comme par les trop grandes chaleurs elles sont sujetes à se trop dessecher, ainsi qu'à se refroidir par les pluyes qui tombent trop frequemment, ce qui fait jaunir les arbres qu'elles contiennent ; il faut pour prevenir ces défauts, y employer le fumier de Vache, qui n'est ny si chaud ny si gras que celuy de mouton.

Pour les autres terres legeres, elles le sont à la verité tellement, qu'il ne faut que la moindre chaleur pour leur faire perdre tout ce qu'elles peuvent avoir d'humeur ; ce qui fait que les racines des arbres s'y alterent d'une telle maniere, que sans le secours de quelques fumiers extrêmement froids, ils n'y dureroient pas long-temps.

La question est de sçavoir quel fumier on employera pour corriger ces défauts ; les uns sont pour celuy de Cochon, qui est tel, disent-ils, par sa fraîcheur, qu'il peut en pareilles terres donner de la vigueur aux arbres au pied desquels on le met : & les autres tiennent pour les bouës ramassées des ruës qu'on a laissées égouter, ou pour les curures de mare reposées une année avant que d'être employées, & qui ont la vertu aussi de raviver les plants mis dans des terres d'un semblable temperament.

De ces amandemens differens, ceux qui prennent le party des bouës, ou des curures de mare, disent qu'il est dangereux d'employer le fumier de Cochon, à cause qu'il renferme une puanteur capable d'infecter la terre, & de luy donner un mauvais goût, dont les fruits seroient infectez plûtôt que d'être abonnis : J'entre assez dans ce raisonnement ; c'est pourquoy je laisse ce fumier comme une chose dont les qualitez sont trop dangereuses; mais les gens qui s'opiniâtrent pour cet engrais dangereux, soûtiennent que ne pouvant point aux Arbres communiquer sa mauvaise odeur, il a des vertus lorsqu'il est employé à propos, que tous les autres fumiers n'ont pas ; ils en déduisent leurs raisons, & disent qu'il seroit inutile d'employer jamais aucuns fumiers, puisqu'il n'y en a pas un dont l'odeur ne soit mauvaise, & capable d'infecter un fruit, aussi bien que celuy de Cochon, si cette méchante qualité pouvoit se communiquer ; qu'ainsi ne devant regarder les fumiers que par raport à leur temperament

perament & à leurs fels; ce n'eſt qu'un vain raiſonnement dont on veut ſe ſervir pour rejetter le fumier de Cochon, qu'ils ſoûtiennent toûjours être propre pour les terres par trop legeres. Je me ſuis déja expliqué ſur ces deux opinions; je le dis encore, j'en ſuis pour les bouës, ou les curures de mare; ait qui voudra de la preference pour l'autre.

Il y a encore d'autres eſpeces de fumiers, comme celuy de volaille; mais c'eſt ſi peu de choſe que cela ne vaut pas la peine d'en parler: pour celuy de Pigeon, qui eſt extrêmement chaud, quand il y en a en abondance, il ne peut ſervir que dans les terres aquatiques, encore faut-il ſe donner de garde de l'employer au ſortir du Colombier, d'autant qu'il brûleroit les racines des Arbres.

De la maniere d'employer les fumiers.

Pour parler generalement de la maniere d'employer les fumiers; je preſupoſe qu'on les aura tous laiſſé conſommer, plus ou moins, qu'on connoîtra que la terre où on les voudra mettre aura beſoin de chaleur ou de froideur.

Comme il n'eſt icy queſtion que d'apprendre la maniere de fumer les endroits où l'on veut planter des arbres, comme tranchées, ou trous faits exprés, il faut prendre garde comme on employera ces fumiers.

Les uns les mettent par lits au fond de ces trous, ou de ces tranchées; c'eſt ce que je n'approuve pas, par la raiſon que tout amendement n'étant employé, dans quelque terre que ce ſoit, que pour être utile aux plants qui y ſont, ou qu'on y veut mettre, il arrive qu'étant ainſi accommodé, il ne leur eſt d'aucun uſage, à cauſe que tout ce qu'il y a de bon ſe portant trop bas avec les humiditez qui l'entraînent avec elles, deſcend pour l'ordinaire dans des endroits où les racines ne ſçauroient aller.

Mais les autres, avec plus de ſuccés, ne mettent les fumiers que ſur la ſuperficie de la terre, des trous, ou des tranchées qu'ils veulent engraiſſer; perſuadez qu'ils ſont, que ce n'eſt point cette groſſe matiere de fumier qui rend une terre fertile, mais que c'en ſont les ſels, qui joints à la ſubſtance la plus ſubtile de ces matieres, contribuent entierement à luy faire produire heureuſement & en abondance tout ce qu'on luy peut commettre.

Ce n'eſt pas ſçavoir fumer, quand même on obſerveroit ce que je viens de dire, ſi l'on ignore quelle quantité de fumier il eſt bon de mettre dans une terre qu'on ſouhaite ameliorer; ce n'eſt que le jugement d'accord avec la prudence, qui peut décider cet article.

On sçait qu'il y a des terres qui demandent plus d'amendemens les unes que les autres, comme il est aussi des fumiers plus remplis de sels que d'autres ne sont pas : c'est pourquoy sur cette seule remarque, on s'y comportera en ce travail comme on le jugera à propos ; cependant voicy comme le plus ordinairement on en agit.

Toûtes tranchées disposées pour être amendées, & pour y mettre des arbres, doivent avoir six pieds de large, & de longueur autant qu'on voudra employer de terrein à en planter.

On observera, avant de placer le fumier, qu'il faut que ces tranchées ayent été preparées, c'est-à-dire, qu'il faut qu'elles ayent été entierement ouvertes, afin qu'y rejettant la terre qui en a été ôtée, on les en remplisse à un pied prés du bord également par-tout ; puis de six pieds en six pieds, qu'on y mette six petites hotées de fumier, qui étant répandu, sera mêlé avec la terre par le moyen d'un labour qu'on luy donne pour lors avec la bêche ; aprés quoy on acheve de remplir les tranchées de la terre qui restera.

Si l'on n'a pas du fumier pour en mettre autant que je viens de dire, on se contentera de répandre également sur la superficie de la terre le peu qu'on aura ; & aprés cela, en donnant un bon labour à cette terre, on l'enterrera de maniere qu'on n'en voye plus rien au dehors : aprés cela on n'aura plus qu'à suivre ce que je vas enseigner, & l'on se rendra habile à planter des arbres.

Ce que j'ay dit à l'égard des tranchées, se doit observer à l'égard des trous, qui ne seront creusez l'un & l'autre, pour y mettre des arbres, que conformément à la nature de la terre où ils seront faits; d'autant qu'ils ne doivent pas être si profonds dans une terre humide, que dans une autre, à cause qu'il seroit dangereux que les racines des arbres venant à pourrir, n'entraînassent dans leur malheur le reste du corps avec elles ; ce qui seroit fâcheux de voir son attente trompée & ses peines perduës.

CHAPITRE XII.

Du temps & de la maniere de preparer & de planter les Arbres nains, & de la distance qu'on leur doit donner.

IL y a tant de choses essentielles à observer en plantant des arbres, que manque bien souvent de s'y être appliqué, on a le déplaisir de les voir croître avec langueur, & ne produire que des effets fort mediocres ; si bien que pour y réüssir en les plantant, il faut d'abord commencer par les preparer comme il faut.

Du Chevelu.

Cette preparation consiste en deux choses, sçavoir dans les racines & dans la tête ; dans les racines, en ôtant premierement tout le chevelu generalement qui y tient, & le plus prés qu'on peut de son origine. Il me semble à ce precepte, voir beaucoup de gens s'élever contre moy, en s'écriant tout haut, que c'est ôter le principe de la vie aux Arbres, que de leur retrancher telles racines. J'aurois tort à la verité, si ce chevelu contribuoit en la moindre chose à la croissance des plants ; mais c'est qu'il faut qu'on sçache, que pour peu que ces sortes de racines ayent pris l'air, qu'elles sont si sujetes à ne rien valoir, qu'il est inutile de les laisser, pour en esperer quelque avantage ; & l'experience nous confirme assez là-dedans tous les jours, puisqu'à peine voyons nous les arbres hors de terre, que leur chevelu, de blanc qu'il paroît d'abord, devient tout noir, & si alteré qu'on n'y sçauroit remarquer la moindre esperance de vie.

Des Racines.

Secondement, en retranchant une partie des grosses racines, pour n'y laisser que les plus nouvelles : mais sous ce terme general on pourroit se tromper en faisant cette operation ; il est à propos que je dise, quelles sont ces grosses racines qu'il faut qu'on ôte.

Qu'on suppose avoir un arbre en sa main ; si pour lors on remarque dans tout le dessous de l'arbre de ces grosses racines dont je parle, & qu'il y en ait au-dessus d'autres qui soient moindres, mais qu'on puisse juger avoir assez de grosseur pour recevoir suffisamment de substance pour nourrir le corps de l'arbre, on ne manquera point de retrancher ces grosses racines d'en-bas, & de laisser celles de dessus, qui étant nouvelles sont toûjours disposées à mieux faire que les autres.

Mais au contraire, & ce qui arrive bien souvent, si ces grosses racines paroissent au dessus, & que les moindres soient dans le dessous, il faut pour lors laisser ces grosses, & couper ces petites ; & en voicy la raison.

Ces petites qui paroissent dans le dessous, c'est-à-dire à l'extrémité des racines, sont belles dans toutes les apparences qui ont été laissées les premieres, lorsqu'on a planté le sauvageon ; car ordinairement les racines croissent en montant les unes après les autres. Cela étant, on doit juger que ces premieres racines devant être naturellement plus groffes que celles qui font venuës aprés, étant au contraire plus petites, il faut qu'à cet endroit il y ait quelque défaut du côté de la nature, & que par confequent ce feroit en vain qu'on laifferoit telles racines, pour fervir aux arbres comme d'un principe d'où ils tireroient la fubftance dont il ont befoin pour être nourris, puifque les racines font dans l'impuiffance d'en amaffer pour elles-mêmes.

Lors donc qu'on ôte ces groffes racines, il le faut faire le plus prés qu'il eft poffible de l'endroit bien nourri, comme de celuy qui a le plus de difpofition à en donner de nouvelles.

Outre cette obfervation, il y en a encore d'autres qu'on reconnoît pour bonnes ou mauvaifes à la couleur; telles font celles qui paroiffent vives & fraîches, & qui font les bonnes, & celles qu'il faut laiffer; & telles fon celles qui fe montrent noires, ridées, raboteufes, & par confequent ufées, & qui font celles-là qu'il faut entierement retrancher.

Quand je dis laiffer des racines, cela s'entend les rogner, pour les laiffer de la longueur qu'elles doivent être, par rapport aux plants qu'on met en terre: & comme je ne parle icy que des arbres nains, on fçaura que la longueur qu'il convient laiffer aux racines de ces arbres avant que d'être plantez, doit être de huit à neuf poûces feulement.

A l'égard des plus foibles racines qui fe rencontrent aux pieds des arbres, il fuffit qu'elles ayent deux, jufqu'à quatre poûces de long chacune, à proportion de leur groffeur.

Lorfque le pied d'un arbre eft bien garni de racines, c'eft affez d'en laiffer un feul étage, & il faut en retrancher tout le refte; & pourvû que celles qu'on laiffe foient bonnes, elles feront plus profiter l'arbre, que s'il y en avoit une plus grande quantité qui fuffent mediocres.

De la tête de l'Arbre.

On ne doute pas qu'en arrachant un arbre de fa place pour le tranfplanter ailleurs, on ne diminuë beaucoup de fa force, & furtout encore lorfqu'on luy retranche de fes racines; fon action en eft ralentie, ce qui le met par confequent hors d'état de pouvoir entretenir autant de fujets qu'il en avoit à nourrir auparavant que d'être arraché, & diminué ainfi de fes racines: c'eft pourquoy auparavant que de le planter, on eft foigneux de l'étêter, c'eft-à-dire de luy ôter toutes les branches qui font fur la tige, qu'on ravalle à un demi pied de la greffe : mais cette operation ne fe fait jamais qu'après l'Hyver, crainte que les fortes gelées ne viennent à gerfer la playe; ce qui ne peut qu'apporter du préjudice à un arbre.

Du temps de planter les Arbres.

La faifon de planter les arbres, eft pendant les mois de Novembre & de Decembre, à la referve des terres humides, où il faut attendre jufqu'au mois de Mars, afin de laiffer égouter les eaux caufées par l'Hyver; car il feroit inutile dans tels fonds, de s'en acquitter auparavant, à caufe que les racines des arbres nouvellement plantez, n'y produiroient aucun bon effet.

Et comme on ne fçauroit apporter trop de précaution à planter les arbres, ny donner trop de foin pour les faire reprendre avec force, il faut toûjours choifir un beau jour, afin que la terre étant bien feche, paffe aifément autour des racines, & les garniffe de telle forte qu'elle ne laiffe aucun vuide, ces racines étant autrement fort dangereufes à s'éventer, & par cet inconvenient de tenir dans la fuite l'arbre en langueur.

Comme il faut planter les Arbres nains.

J'ay dit comme il falloit fumer les terres pour y planter des arbres, & de quelle largeur devoient être les tranchées pour les y mettre; mais auparavant d'en venir là, on fera foigneux d'obferver, pour réüffir dans ce travail, toutes les particularitez que voicy.

La premiere obfervation qu'il faut faire, fans avoir égard à la Lune, eft auffi de ne jamais planter par un temps de pluye, attendu que pour lors les terres fe reduifent facilement en mortier; ce qui n'enveloppe point les racines, comme il eft neceffaire pour leur faire prendre du chevelu promtement.

Secondement, aprés avoir preparé les arbres comme j'ai dit, on leur deftine leur place à chacun en particulier, & à chaque efpece, aprés avoir reglé les diftances qu'ils doivent avoir.

Les trous pour y planter chaque arbre nain, feront creufez dans ces tranchées fumées comme j'ay dit, de la grandeur d'un chapeau feulement, & tous tirez au cordeau: cela étant fait, on portera ces arbres ou pour y être faits buiffons, ou pour leur y donner la forme d'efpalier.

Des Efpaliers.

Pour planter un efpalier comme il faut, on doit d'abord obferver de tourner les meilleures racines du côté où il y a plus de terre,

& non du côté de la muraille ; & arrangeant proprement les racines, faire en sorte que l'entaille qu'on y a faite soit contre terre.

Tous Jardiniers doivent observer en plantant, de mettre toûjours l'entaille de la tête de l'arbre qui sera faite en pied de Biche, du côté du mur, & aprés avoir planté leur arbre & qu'il en ont couvert les racines de terre, de le soulever & de le secoüer, afin que la terre étant meuble & douce, tombe & se glisse entre les racines, pour n'y laisser aucun vuide.

Tous arbres nains ne seront plantez dans terre que de la profondeur de demi-pied ; plusieurs raisons obligent d'en agir ainsi.

La premiere, que tout arbre generalement ayant besoin pour croître, des influences du Ciel, il ne sçauroit être mieux planté pour s'en ressentir & pour en profiter, que de l'être de cette maniere.

Et la seconde, que la terre ayant toûjours beaucoup plus de suc & de substance dans le dessus que dans le dessous, les racines des arbres y trouvent plus dequoy se pourrir, & ne courent pas tant risque de se gâter, ni de se pourrir par l'humidité, que si elles étoient plus enfoncées. Outre cela, que tous arbres nains plantez ainsi à fleur de terre, ne se trouvent toûjours dans ce lieu que trop avant dans la terre, qui venant de jour en jour à s'affaisser, les enfonce & les emporte avec elle.

Cette maniere de planter est si essentielle, sur tout aux Poiriers greffez sur Coignassiers, & aux Pommiers sur Paradis, que si leurs greffes étoient trop enfoncées dans terre, & qu'elles en fussent couvertes, elles ne manqueroient point de pousser des racines, qui feroient prendre à tels arbres ainsi plantez, la nature du franc, en se dépoüillant de la leur propre.

Avertissement.

Pour ne point être obligé d'user de redite, j'avertis que ce que je dis de la maniere de planter à l'égard des espaliers, se doit entendre aussi pour les buissons, excepté seulement que le premier doit être couché, en sorte que le haut de la tige approche à deux poûces du mur, en ayant le pied éloigné de dix à douze ; & tout arbre nain, aprés toutes ces observations faites, ne sçauroit manquer & d'être bien planté, & de bien croître dans la suite, pourvû qu'on lui ait donné la distance qui lui convient, & qu'on ne le neglige point.

De la distance des arbres en espalier.

Toutes terres n'ayant pas également les mêmes vertus, tous les arbres n'y peuvent pas être plantez dans une égale distance ; & comme c'est la terre qui doit servir de regle là-dessus, aussi faut-il ne rien faire en cela, qu'auparavant on ne l'ait consultée.

Lorsqu'on fait des Plans d'espaliers, on est d'abord soigneux de separer les Poires d'avec les Pommes, les Pommes d'avec les Pêches, & ainsi du reste ; à cause que ces arbres poussant inégalement, & les uns venant plus grand que les autres, ils ne peuvent être mis indifferemment les uns près des autres sans se nuire.

Pour les especes des fruits, chacun garde une disposition telle qu'il luy plaît ; c'est-à-dire que l'un met dans chaque plant particulier tous les arbres d'un même fruit ensemble, & dans une même rangée ; comme tous bons Chrétiens, Bergamottes &c. & un autre plante pêle-mêle, & suivant que sa fantaisie le pousse.

Ce n'est pas qu'il est bon d'observer, lorsqu'on fait de grands Plans, de separer les fruits qui sont bons à manger cruds, d'avec ceux qu'on ne sert jamais que cuits ; ceux d'Esté d'avec ceux d'Hyver ; & de planter chaque espece separément, à cause de leur maturité qui ne vient pas dans une même saison.

Quand on plante des arbres, & qu'on leur veut donner entre eux un espace qui leur convienne, il est bon, outre cette disposition, d'en observer les especes ; d'autant que les uns s'étendent plus, & les autres moins ; notamment dans les terres fortes, où les arbres jettent avec beaucoup plus de vigueur que dans celles qui sont legeres.

Pour faire que les arbres reüssissent bien en espalier, par rapport la distance qu'ils demandent, il faut dans les bonnes terres, les mettre à douze pieds les uns des autres : Car, qui pour gagner du terrain voudroit les tenir plus pressez, se trouveroit bien-tôt reduit au chagrin de les voir tous se nuire par leurs branches, & par leurs racines, & ne produire à cause de cela aucun bon effet.

Dans les terres mediocres, la prudence veut qu'on en agisse autrement ; c'est-à-dire que pour faire qu'un espalier soit bien garni, on ne doit entre les arbres donner que neuf pieds de distance, ces arbres n'y poussant pas avec tant de vigueur que dans les fonds ci-dessus : & même dans ceux qui ont besoin de beaucoup d'artifice pour produire quelque chose d'heureux, je conseille de ne les planter qu'à sept à huit pieds.

Dans quelque terre que ce soit, tous fruits à noyau doivent être espacez les uns des autres, plus que ceux à pepin, de plus de deux pieds : car le genie de ces arbres est de jetter bien plus de bois, & de s'étendre bien davantage que les Poiriers ou Pommiers.

Des Buissons.

La distance des Buissons, doit être observée comme celle des espaliers, conformément aux terres où on les met, & aux especes qu'on plante : j'entends de noyau, ou de pepin ; la tête de ceux-là acquerant beaucoup plus d'étendüe, que la tige de ceux-ci.

REMARQUES.

On remarquera que j'ay dit qu'il falloit auparavant de planter les espaliers, ne leur laisser des racines que d'un côté ; ce qu'on ne doit point faire aux buissons, qui lorsqu'ils sont tous prêts d'être mis en terre, doivent avoir leurs racines taillées de telles maniere qu'ils se puissent tenir dessus tout droits, sans qu'on leur aide.

J'ay dit aussi qu'il falloit que la tête d'un arbre planté en espalier, fut panchée du côté de la muraille, afin que les branches qui en sortiroient, montassent d'une telle maniere que sans les forcer, on pût dans la suite les palisser : & j'avertis icy, que celle d'un buisson doit aussi être un peu panchée, pour deux raisons.

La premiere, c'est afin de ne point obliger les racines de pousser en pivotant, c'est-à-dire de pousser en fond ; mais au contraire de s'étendre entre deux terres : Car toutes racines lorsqu'elles sortent, se portant naturellement en-bas du lieu de leur origine, il arrive bien-tôt qu'ayant enfin percé jusqu'à la méchante terre, ou même étant descenduës trop bas, & sur tout hors de la portée des influences dont elles ont besoin pour communiquer une bonne seve aux corps qu'elles portent, il arrive, dis-je, que les arbres en tombent en langueur, en jaunissent, & en meurent bien-tôt après.

Et la seconde raison, est que cette tête panchée un peu, ne doit point offusquer la vûë de personne, tant par rapport à la beauté que demande le buisson, que par rapport à la figure qui luy est particuliere ; d'autant qu'il n'est pas des branches comme des racines, le naturel des branches étant de ne suivre nullement la disposition de leurs têtes, mais de pousser toûjours en droite ligne autour de leur tige ; & comme elles sortent fort prés de terre, on remarque qu'elles forment un buisson aussi-bien tourné que si leurs têtes avoient été mises en terre toutes droites.

AVERTISSEMENT.

Avant de finir ce chapitre, je diray qu'il est necessaire d'observer

DE LA CAMPAGNE. Liv. III.

ver quand on plante des arbres qui ne font pas bien recouverts, c'est-à-dire dont les playes des greffes ne font pas bien refermées, de tourner le dos de ces greffes au midy, qui par l'ardeur du foleil qui frape tous ce qui luy eft expofé, empêche la nature d'operer promtement fur ces arbres, & de tourner, par confequent, les ouvertures qu'on a été obligé d'y faire lorfqu'il a été queftion de les greffer; ce que je dis là ne regarde pas feulement les buiffons, mais generalement tous les autres arbres.

CHAPITRE XIII.

De certaines expofitions, & de certaines formes qui conviennent le mieux à de certaines efpeces de fruits.

LE veritable fecret d'avoir de bons fruits, eft de leur donner dans un Jardin l'expofition qui leur convient, & les formes qui font les plus naturelles à leurs arbres; & fans ces deux obfervations, bien fouvent un fruit n'eft qu'infipide, ou ne donne pas ce qu'on demande de luy, & un arbre ne croît que gêné: ce qui fait que venant à fe rebuter des formes qu'on veut qu'il prenne contre fa nature, pour fe vanger, s'il faut ainfi parler, de l'injure qu'on luy fait, il ne produit que peu, ou point de fruits tout-à-fait, & encore ceux qu'il donne font-ils quelque fois mal faits, & peu dignes d'être cultivez. C'eft pourquoy il ne faut point manquer à ces deux chofes: & pour aider à ceux qui feront affez curieux de bien difpofer leurs arbres dans leurs jardins, en les plantant aux expofitions dont ils ont befoin, & de l'en fournir comme ils le doivent être le plus naturellement; j'expliquerai d'abord quelles font les formes qui font les plus convenables aux arbres de toutes les differentes efpeces de fruits, & enfuite, quelle eft l'expofition qui leur plaît le mieux.

Des formes convenables aux Arbres.

Les formes qu'on donne aux arbres, font pour l'ordinaire à prefent de trois fortes, fçavoir, Buiffons, Efpaliers, & haute tige; & pour faire qu'un Lecteur fcrupuleux ne fe travaille point trop l'efprit pour fçavoir quelles font celles que demande telle & telle efpece d'arbres fruitiers, j'ay crû pour cette intelligence, devoir donner une Lifte generale des fruits de ces arbres; afin qu'aprés

Tome II. M

OECONOMIE GENERALE

avoir marqué la forme qui leur convient le mieux, on en puisse amplement & avec certitude d'y reüssir, faire des plans; je commenceray par le Buisson & par les Poires.

Liste des Poires, propres en Buissons.

On sçaura donc que les arbres des fruits que voicy cy-après nommez, y reüssissent tres-bien; c'est pourquoy on peut sûrement les y mettre.

Poires.

A.
Amadotte,
Ambre,
Ambrette,
Angelique.

B.
Beurrez,
Bezy-d'Hery,
Bezy-de-la-motte,
Blanquette,
Bon-Chrétien,
Bourdon musqué.

C.
Cassolette,
Cheneau, Inconnu-Cheneau,
Colmar,
Cresane, Bergamotte. Crassane.
Cuisse-madame.

D.
Donville, la poire de Donville.
Double-fleur,
Doyenné,
Du Bouchet.

E.
Echassery,
Epargne, Poire d'Epargne,
Epine d'Hyver.

F.
Franc-real,
Fondante de Brest.

L.
Lansac, la poire de Lansac,
Livre, poire de Livre, ou poire de Rateau,
Louise-bonne.

M.
Magdelaine,
Marquise,
Messire-Jean,
Muscat-petit,
Muscat-Robert.

O.
Oignonet,
Orange,

P.
Pastourelle,
Peau, poire sans peau,
Pendar, poire de Pendar,
Portail,
Pucelle de Xaintonge.

R.
Robine,
Rousselet petit,
Rousseline.

S.
Saint-Augustin,
Saint-Germain,
Saint-Lezin,
Salviati,
Satin,

V.
Verte-longue,
Vigne, poire de Vigne,
Virgouleuse: quoyque cette der-

niere Poire souffre bien cette forme, cependant elle vient mieux en Espalier.

Poires à mettre en Espalier.

Aprés avoir parlé des Poires qui reüssissent bien en buisson, il faut voir à present celles qui aiment le plus l'espalier.

De toutes celles dont je viens de donner une liste, il n'y en a point qui ne prennent tres-bien la forme d'Espalier, ainsi que celle de buisson; mais en voicy quelques unes à qui cette forme d'Espalier convient absolument, pour produire de bons fruits, & en quantité; par exemple, comme le Sept en gueule, le gros Muscat, le gros Rousselet, la Bergamotte commune, la Virgouleuse, mieux qu'en buisson, comme j'ay dit; Bon-Chrétien d'Hyver tout de même, prenant plus de couleur le long d'une muraille qu'autrement; & la Bergamotte de Bugi: & comme il est encore quantité de fruits dont je n'ay pas parlé, j'avertis que de tous ceux-là il n'y en a point qui ne soient propres en espalier pourvû qu'ils meritent qu'on les y mette.

Aprés tant de preceptes, il me semble qu'en plantant des arbres, on n'a plus qu'à aller son droit chemin; mais comme les jardins ne sont pas non-seulement remplis de Poires, & qu'on ne dédaigne point d'y donner place aux Pommes, il faut examiner quelle figure ces fruits pourront faire dans ces lieux, pour n'y point passer pour des arbres dont on fait peu de cas, en ne produisant que tres-peu de fruits.

Des Pommes.

A l'égard des Pommes qui font une partie de nos fruits à pepin, je ne suis point d'avis qu'on leur donne jamais rang parmy les Espaliers. Ce n'est pas que ce fruit ne le meritât bien; mais c'est que l'Espalier qu'on ne sçauroit trop ménager pour tant d'autres fruits, ne contribuant en rien plus à la bonté des pommes, que lorsqu'on donne une autre forme à leurs arbres, on ne s'avise point de placer ainsi les pommiers, qu'on peut même dire être d'un genie à produire beaucoup plus de fruits en buisson, ou à plein vent, qu'en Espalier.

Persuadé de ces bonnes raisons, j'espere qu'on ne s'opiniâtrera point contre le buisson; un pommier en cette posture, sur tout lorsqu'il est greffé sur Paradis, étant l'effet le plus agreable du monde.

Cet arbre en cet état n'embarrasse jamais: car il ne pousse que peu de bois, & sans se mettre en peine du terrain qui luy est propre, il s'accommode indifferemment de tous; il n'est point incommode, & ne fait jamais tort aux Poiriers prés desquels on le met, à cause que la nature de ceux-cy, est de les faire aller au fond pour y chercher leur nourriture, tandis que ceux-là profitent de celle qu'ils rencontrent sur la superficie de la terre.

Aprés avoir traité des Poiriers & Pommiers, il est à propos de parler des fruits à noyau, & dire aussi les figures dans lesquelles ils peuvent reüssir.

Des Pêches.

S'il y a des fruits qui ayent droit de pretendre à l'espalier, on peut dire que ce sont les Pêches, toute autre forme leur convenant tres-mal, tant pour rapporter du fruit que pour le donner bon. Il est vray qu'il y en a des especes qui se plaisent à plein vent, mais peu : je les nomme icy, & telles sont la Pêche Bourdin, la Pêche de Corbeil, celle d'Abricot, la Persique, & la Pêche de Pau.

Hors ces Pêches qui demandent à ne point être genées, je declare qu'il ne faut point en planter, si l'on ne veut les placer contre une muraille, à moins que ce ne soit la Pêche violette, qui vient fort bien en buisson, & y charge beaucoup. Passons aux Abricots.

Des Abricots.

Il y a peu de choses à dire sur ces fruits, chacun en connoît le goût, en sçait la couleur, & n'en ignore point la figure, ni la grosseur : ils viennent bien en plein air, mais jamais en buisson ; & l'espalier leur est si convenable, qu'on les a vû les années qui sont chaudes, acquerir dans cette forme presque autant de bonté, que ceux que l'on fait au sucre, sur tout lorsqu'ils ont une exposition qui leur est favorable.

Des Prunes.

Les Prunes sont des fruits si excellens, qu'on les recherche par-tout aujourd'huy : il y en a quantité de belles & de bonnes, qui meritent d'être placées dans nos jardins, venant dans toutes les formes qu'on leur puisse donner, soit en buisson, soit en espalier soit à plein vent ; toutefois meilleures en espalier que dans toute autre figure : c'est ce qui fait que lorsqu'on a à en planter, & qu'on a peu d'endroits de murailles à ménager pour y mettre de ces arbres, il faut toûjours parmi le grand nombre qu'il y a, choisir les plus exquises pour cela.

Entre toutes les Prunes, voicy au sentiment des plus fins Connoisseurs, celles qui sans faire tort aux autres, ont les meilleures qualitez, sçavoir les Perdrigons tant violet que blanc, les Saintes-Catherines, les Prunes d'Abricots, la Roche-courbon, & les Imperatrices. Toutes ces Prunes, pour arriver à leur perfection, veulent l'Espalier.

En voicy d'autres qui ne sont pas d'un moindre relief, mais qui pour parvenir à une maturité parfaite, se contentent qu'on les mette en buisson; telles sont les Reines-Claudes, les Imperiales, les Royales, les Damas de toutes sortes, & même les Mirabelles blanches: pour celles qui demandent le plein air, il y en a tant, que je diray seulement qu'entre toutes, il en faut toûjours choisir les meilleures, pour planter ainsi.

Des Cerises.

De tous les fruits dont on remplit les Jardins, celuy-cy doit être en plus petite quantité, comme étant celuy qui ait le moins de durée, & je ne sçache point qu'on en doive mettre en Espalier, si ce n'est de Cerises precoces, afin de leur aider à meurir plûtôt qu'elles ne feroient dans toute autre forme.

Et comme sous le nom de Cerises, on comprend ordinairement les Griotes & les Bigarreaux, on en peut avoir en buisson lorsqu'ils sont greffez sur des Cerisiers, & non sur des Merisiers, qui ont la seve plus forte & sont plus propres à former des arbres à haute tige, qui est la figure qu'il faut le plus donner aux Cerisiers, pour en dresser des plants entiers, comme je diray.

Des Expositions.

Aprés avoir fait une ample description des formes qui convenoient le mieux à toutes sortes de fruits, il est à propos d'expliquer icy quelle est l'exposition qui leur est la plus necessaire.

On sçait ce que c'est qu'expositions, & qu'il y en a quatre, sçavoir celle qui est au Midy; c'est ordinairement la meilleure; celle qui est au Levant, qui n'est gueres moins estimée que la premiere; celle du Couchant, qui est mediocre; & enfin l'exposition du Nord, dont on ne fait presque point de cas.

De l'exposition au Midy.

L'exposition qui regarde le Midy, est celle où se plaisent tous les fruits qui demandent beaucoup de chaleur pour meurir; tels sont les fruits d'Esté, & une partie de ceux d'Automne: ce n'est pas que pour faire que ces fruits ne meurissent pas tout à la fois, chacun suivant leur espece, on en met au Levant ; ce qui fait qu'on a le plaisir d'en manger plus long-temps.

Les Cerises precoces, & tous autres fruits qu'on veut manger de bonne heure, doivent être mis à cette exposition, sur tout les Pêches que voicy ; sçavoir la Pêche tardive, violette ou panachée, qui à cause qu'elle vient tard, la veut avoir à plein ; & la Pêche de Pau pareillement, qui rendroit son fruit verd & fade, si elle étoit regardée de tout autre Soleil.

De l'exposition au Levant.

Les murailles exposées au Levant sont merveilleusement bien garnies des fruits qui sont délicats, dont il s'y en trouve beaucoup parmy ceux d'Esté ; les Pêches, outre celles cy-dessus, les Pavis, & les Abricots chargent en abondance à cette exposition, & les Bergamotes n'en veulent point d'autre, & sur tout la commune, dont le bois est sujet à la gale & au chancre, lorsqu'on l'expose au Midy ; la Virgouleuse veut être plantée de même, son arbre courant risque de jaunir, quand il est trop rudement frapé du Soleil, & son fruit étant sujet à fendre, puis à se pourrir, lorsqu'il éprouve la même âpreté de chaleur.

Le Bon-Chrétien, qui comme on sçait, doit primer entre les Poires, a de petits animaux, qu'on nomme tigres, pour puissants ennemis déclarez, & ce n'est que l'exposition au Midy qui les luy attire ; c'est ce qui fait qu'il faut bien prendre garde d'y mettre de tels arbres, mais plûtôt de faire en sorte que le Soleil levant les regarde toûjours.

De l'exposition au Couchant.

Tous fruits d'Esté, ainsi que ceux à noyau, réüssissent tres-mal à l'aspect du Soleil couchant ; c'est pourquoy on n'y met ordinairement que les fruits les plus robustes, comme ceux qui se mangent en Hyver, qui n'ayant tant besoin de coloris que les autres, croissent assez bien ainsi placez, pour être cueillis dans leur temps, & portez dans la serre, pour y acquerir une maturité parfaite.

On sçaura pourtant qu'il y a un inconvenient à craindre, en exposant ces fruits, comme des malheureux, à voir leurs fleurs gatées, & brouyes par les vents froids, dont cette exposition est souvent frapée tantôt d'un côté, tantôt d'un autre ; c'est ce qui fait que par grace pour ces especes de fruits, je voudrois qu'on en plantât en differens Soleils ; & même je crois qu'on ne perdroit pas son temps ; une Poire d'Hyver, quelque grossiere que soit sa chair, étant aussi estimée dans son temps, qu'une poire d'Esté dans le sien

De l'exposition au Nord.

A l'égard de l'exposition au Nord, c'est-à-dire celle qui regarde le Septentrion, on peut dire qu'elle est mauvaise ; car d'experience, je n'ai point remarqué d'arbres qui y soient bien venus, si ce n'est quelques Poiriers de Rateau-gris, de Bon-amet, de Verte de Pereux, & autres de cette espece ; encore leurs fruits acquierent-ils une eau, qui se sent toûjours du même endroit d'où elle sort.

Il me semble que voila des instructions suffisantes, pour bien planter des Arbres en temps propre, & pour sçavoir leur y donner les formes & les expositions qui leur conviennent : & je puis dire que si on les suit de point en point, on sera sûr de réüssir dans une pareille entreprise.

CHAPITRE XIV.

Comme il faut gouverner les Arbres, lorsqu'ils sont plantez, & de leurs labours.

CE qu'il faut d'abord observer, à l'égard des Arbres nains, est de les laisser pousser en toute liberté, sans les ébourgeonner, ny leur ôter aucune branche la premiere année.

Quelquefois ces jeunes plants jettent avec trop de vigueur ; ce n'est pas que ce soit une mauvaise marque, mais c'est qu'étant destinez pour avoir le bas garni, il seroit dangereux, que montant trop vîte, leurs branches n'abandonnassent de trop loin leurs pieds ; ce qui seroit ridicule, & ce qu'on ne demande pas d'eux : ainsi pour arrêter cette fougue, on les pince une seule fois pour tout ; on les laisse jusqu'à l'année suivante, qu'on commence à leur donner la taille, qui des soins que le Jardinier doit avoir, n'est pas celuy qui renferme le moins d'industrie. Nous en traiterons amplement ; mais auparavant disons quelque chose des labours dont on doit entretenir les arbres nouvellement plantez.

Des Labours.

Comme on ne doute pas, que ce ne soit les labours qui causent la fertilité aux Arbres, en humectant & chauffant la terre où ils sont plantez ; il faut donc qu'on soit pleinement persuadé de la necessité qu'il y a de leur en donner, & sur tout lorsqu'ils sont jeunes.

Ces labours sont comme de petits secours, qui font agir les sels dont la terre est remplie, à cause du temperament chaud & humide qu'ils luy procurent, & sans lequel ces sels seroient sans effet, & ne contribueroient à rien à la production de ces arbres.

On sçait que toutes terres ont leurs labours particuliers; les unes les demandent profonds & frequens, & les autres les veulent legers & rarement: ceux-cy regardent les terres legeres, qui étant trop fréquemment labourées, perdent tout ce qu'elles ont d'humeur par le trop grand hâle pour lors qui les penetre, à cause du frequent remuëment qu'on en fait: & ceux-là sont propres pour les terrains forts, qu'on ne sçauroit trop approfondir en labourant, ny labourer trop souvent, pour en rendre la terre meuble.

Cela étant, avant que de donner les labours aux terres où les arbres sont nouvellement plantez, il faut de ces mêmes terres examiner la nature, afin que s'y conformant, on n'aille point faire mal en croyant bien faire; c'est-à-dire, qu'en donnant trop de labours à celles qui n'en souhaitent que rarement, on ne mette point les racines des plants qui y sont, en danger d'être alterées; ou en n'en donnant que peu à celles qui en veulent beaucoup, on ne soit cause, par cette negligence, que les arbres meurent, pour ne pas avoir la liberté d'étendre leurs racines dans la terre, qui les tient trop reserrées, manque de labours.

On doit labourer les arbres en differens temps: ainsi dans les fonds qui sont chauds & secs, ce travail se doit prendre un peu avant la pluye, ou pendant la pluye, ou incontinent aprés: tels labours ne sçauroient que bien faire, à cause du passage qu'ils donnent à l'eau des pluyes, qui venant à penetrer jusqu'aux racines, leur aide à conserver leur humeur radicale, qui est le principe de leur vie; & ces labours en telles terres suffiroient d'être donnez quatre fois l'année.

Il n'en est pas de même des terres fortes, ny de celles qui sont froides & humides, qu'on ne doit jamais remuer en temps de pluye, mais autant qu'on peut, toûjours par les plus grandes chaleurs; & ce sont les terres qu'on ne sçauroit labourer trop souvent: afin qu'au contraire de celles cy dessus, la chaleur, par le moyen des frequens labours, penetre à travers jusqu'aux racines, que pour lors elle échauffe; ce qui produit dans tout le reste du corps de l'arbre un effet plus ou moins admirable, que ces labours sont donnez frequemment à ces jeunes plants.

Ces maximes établies, il n'est plus question de sçavoir de quelle profondeur ces labours doivent être donnez, & c'est le plus ou

le

le moins de bonne terre dont un fond est composé, qui doit decider de cet article ; car dans un bon fond, on ne sçauroit jamais labourer trop avant ; au lieu que dans un mediocre, il faut prendre garde de ne point amener la méchante terre dessus la bonne.

Autre observation encore qu'il est besoin de faire : qui est que lorsqu'on laboure des jeunes Arbres, on ne doit jamais tant approfondir le labour, lorsqu'on approche de leurs racines, que lorsqu'on laboure au milieu de la tranchée, car on les pourroit blesser ; ce qui sans doute seroit cause qu'ils ne croîtroient que foiblement, s'ils ne venoient pas à en mourir.

CHAPITRE XV.
De la taille des Arbres.

ON peut dire que la taille des Arbres est le chef-d'œuvre d'un Jardinier ; & que tel est assez habile d'y réüssir, qui a droit de se flater de posseder un art, que beaucoup de gens qui l'embrassent, ignorent ; un art qui enseigne à connoître les effets de la nature par ses productions, pour en démêler le bon d'avec le mauvais ; un art enfin, tant il y a d'observations à faire, qui met tous les jours à bout l'industrie des esprits les plus entendus.

Ce n'est pas le tout que de tailler, il le faut sçavoir faire dans les regles ; car on sçaura que le hazard ne doit pas icy conduire le coûteau, mais que c'est l'habileté, le discernement & la prudence qu'il faut qui disent sur quel bois d'un arbre on doit le porter ; autrement tout le succés d'une telle operation est toûjours incertain, & bien loin de parvenir aux fins pour lesquelles on taille, il arrive souvent le contraire, c'est-à-dire qu'au lieu de fruits, on n'a que du bois, & au lieu de voir un arbre parfait dans sa forme, on ne le voit que rempli de défauts, qui frapent d'une maniere terrible les yeux de ceux qui s'y connoissent ; défauts qui ne proviennent que de l'ignorance des Jardiniers.

Mais cette ignorance étant un inconvenient qu'on peut prevenir, c'est à moy icy d'en enseigner les moyens ; l'ouvrage que j'ay entrepris m'y engage : ainsi étant obligé, sans m'en pouvoir dispenser, de donner des leçons sur cet article, il est necessaire que j'examine icy autant que je le pourray, tout ce qui dépend d'un usage si ancien & si bien établi dans le jardinage ; & fondé sur une assez longue experience, je diray que les preceptes que je vais donner de la taille des Arbres, étant sûrs, on peut les suivre sans craindre d'y manquer.

Tome II. N

CHAPITRE. XVI.
De ce qu'on doit sçavoir avant que tailler.

Pour réüssir dans quelque art que ce soit, on doit auparavant sçavoir quel il est; ainsi qui voudroit tailler un arbre sans sçavoir ce que c'est que tailler, se mettroit à coup sûr en danger de ne rien faire qui vaille: or pour arriver par degrez à cette connoissance, il y a d'abord quatre points essentiels, dont on doit être instruit.

Premier point.

Le premier consiste à sçavoir ce que c'est que tailler; car qui dit tailler un arbre, ne dit pas en ôter, ny en couper indifferemment toutes les branches que nôtre caprice seul jugeroit à propos, la raison en cette operation devant prevaloir sur tout.

Tailler un arbre (proprement parlant) est donc en ôter les branches qu'on connoît, ou qu'on doit connoître luy pouvoir nuire, tant par raport à sa forme, que pour ce qui regarde les heureuses productions que nous en esperons.

Tailler un arbre, est conserver les branches où nous connoissons que la nature a mis des dispositions à pouvoir tout attendre d'elles.

Et tailler un arbre encore, est de racourcir les branches d'un arbre, suivant que nous le disent nôtre prudence & nôtre sçavoir faire en cet art, ou les laisser entieres, lorsque nous le jugeons à propos.

Les branches peuvent être nuisibles aux arbres en deux manieres, quant à leur forme, & quant à leurs fruits; la forme d'un arbre n'étant jamais belle, lorsqu'on y laisse une branche mal placée, & ses fruits n'y devenant jamais beaux, quand en taillant un arbre on n'est point soigneux d'éviter la trop grande confusion des branches, ou qu'on y laisse le bois gourmand, qui absorbant toute la seve d'un arbre, l'empêche de profiter dans toutes ses autres bonnes parties, ainsi que dans ses productions.

Les branches que je dis qu'il faut conserver, ce sont celles qu'on peut, sans faire injure aux autres, appeller les favorites de la nature, à cause de l'abondance des fruits qu'infailliblement elles nous promettent, & de la figure de l'arbre qu'elles composent.

Et les branches enfin qu'on racourcit, ou qu'on laisse entieres, font celles ou qui doivent rapporter du fruit la même année, ou qui ont des marques infaillibles d'en donner bien-tôt.

Il y a quatre sortes de branches dont les arbres sont composez, & que pour sçavoir tailler dans les regles, il faut absolumnt qu'on connoisse, & qu'on sçache distinguer, étant les principes de la taille des arbres : nous les diviserons en branches fecondes, branches d'esperance ou mediocres, branches gourmandes, & branches chifonnes.

Des Branches fecondes.

Les branches fecondes sont ordinairement, ces petites branches que nous voyons qui traversent, & il s'y en trouve quelquefois de grosses & de longues : mais comme tout cela ne dit rien, & ne les donne point à connoître, & que sans la connoissance qu'on en doit avoir il est inutile d'en parler; disons donc que toute branche feconde, en quelqu'endroit qu'elle soit placée, est celle qui dans sa source a comme une espece d'anneaux, & des yeux fort prés les uns des autres.

Quelquefois ces anneaux paroissent au commencement de la premiere pousse, & quelquefois aussi ils ne se font remarquer qu'à la fin, c'est-à-dire qu'entre le bois de la premiere & de la seconde seve.

Il sort aussi des branches fécondes de bien d'autres endroits, comme d'un bouton à fleur qui aura manqué à fleurir par quelque cause cachée; & ces branches-là, pour l'ordinaire, ne deviennent jamais longues, à cause que la seve n'y monte que fort lentement, trouvant dans son passage des fibres transverses qui luy servent d'obstacle.

On nomme encore une branche feconde, celle qui a un bouton à fleur à son extremité, qui est une marque que la nature y a faite comme presage de sa future fecondité; mais pour mieux faire entendre ce que je dis, faisons-le voir par une figure démonstrative.

100　OECONOMIE GENERALE

A. Arbre. B. Branche féconde, dont les anneaux paroissent au commencement de la premiere pousse. C. Branches fécondes, dont les anneaux paroissent entre la premiere & la seconde seve. D. Branches fécondes sorties d'un bouton à fleur. E. Branches fécondes à yeux prés les uns des autres. F. Branches reconnuës par des boutons qu'elles ont à leur extremité.

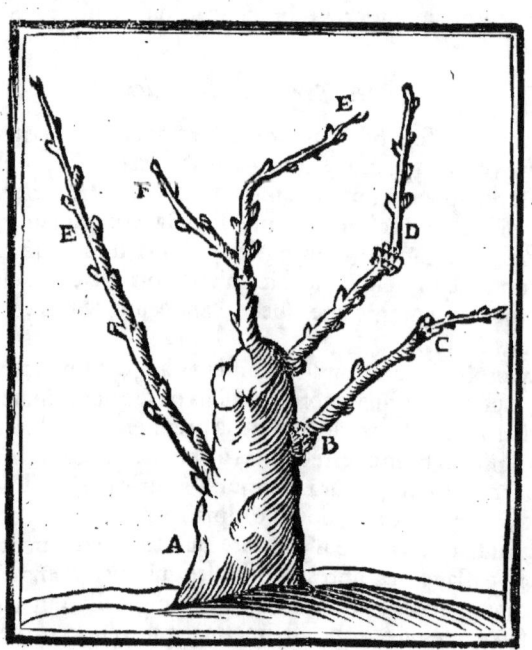

Des Branches mediocres.

Les branches mediocres, ou branches d'esperances, sont celles sur lesquelles on remarque quelque disposition à bien faire dans la suite ; comme par exemple, lorsque nous voyons des branches sur un arbre qui n'ont pas les yeux plats, ni bien éloignez les uns des autres ; ou bien lorsque dans leur origine on y remarque comme une petite espece d'élevûre d'écorce ; tout cela est un signe d'une fécondité infaillible.

DE LA CAMPAGNE, Liv. III. 101

Des Branches gourmandes.

Pour les branches gourmandes, ce sont celles qui viennent le plus souvent au haut de l'arbre, quelquefois aussi sur les vieilles branches, & on les connoît parmi les autres, en ce qu'elles ont l'écorce unie par-tout, les yeux fort plats, & fort éloignez les uns des autres, & qu'elles paroissent toujours d'une belle venuë, plus grosses que leurs compagnes. Nous avons par une figure fait connoître ce que c'étoit que les branches fécondes, celles qui font mediocres, & les gourmandes n'en demandent pas moins pour être entendues.

A. Arbre. B. Branches mediocres. C. Yeux non éloignez les uns des autres. D. Autre branche mediocre qui a produit une branche féconde. E. Branche féconde venuë d'une branche mediocre. F. Branches gourmandes de dessus le tronc de l'arbre. G. Branches gourmandes sur des vieilles branches.

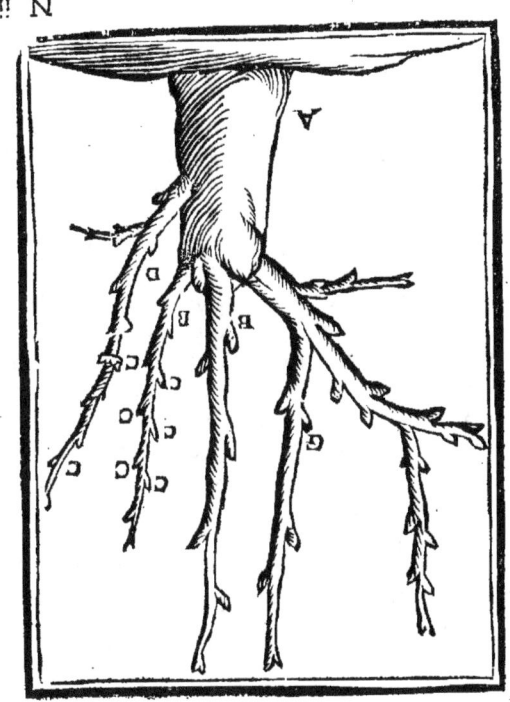

N iij

OECONOMIE GÉNÉRALE

Branches chifonnes, font celles qui font extrêmement menuës, & qui ne font propres ny à bois, ny à fruits, & par conféquent bonnes qu'à être coupées.

Voilà le premier point affez étendu, qui enfeigne ce que c'eſt que tailler un arbre, & à ſçavoir connoître les branches dont il eſt compoſé. Paſſons au ſecond.

Deuxième Point.

Comme il n'eſt pas de la prudence des hommes de jamais rien faire ſans raiſon, auſſi faut-il qu'il y ait quelque choſe dans les arbres qui nous oblige de les tailler, & je crois pour moy que le principal motif qui nous y convie, eſt l'eſperance que nous avons d'y recueillir de beaux fruits, & en quantité ; puis vient enſuite la curioſité que nous avons de voir des arbres d'une forme toute autre que celle que leur pourroit donner la nature, & qui étant bien conduits par nos mains, produiſent en cet état des effets qui ſurprennent.

Troiſième Point.

Pour le troiſième point, il regarde le temps auquel on doit tailler les arbres, il ſemble que cette obſervation-cy ne ſoit rien ; cependant on va voir combien elle partage d'eſprits, ſoit par rapport aux Saiſons, ſoit par rapport aux Lunes.

Par rapport aux Saiſons, il y en a qui font ſi ſcrupuleux en fait d'arbres, qu'ils croiroient tout perdre s'ils les tailloient avant l'hyver. Ce que j'avance eſt ſûr, pour avoir vû de ces fortes de gens auſſi habiles à les tailler dans le temps qu'ils le ſouhaitoient, qu'ils avoient raiſon de ne le pas faire dans un autre qui y étoit tout auſſi propre. Ouy, je le dis, & il eſt conſtant qu'on peut commencer à tailler dés le commencement de Novembre, ſans craindre que le froid qui vient aprés, puiſſe endommager les arbres taillez.

Il eſt vray qu'on peut lors obſerver deux choſes, ſçavoir, de ne tailler que les plus foibles dans ce temps-là, & de laiſſer les plus fort pour la fin de Février. Voilà deux obſervations qui bouleverſent, ſans doute, l'eſprit de nos Petits-maîtres en fait d'arbres, eux qui pratiquent tout le contraire ; mais pour empêcher qu'une pareille maxime ne leur ſemble point oppoſée au bon ſens, il faut leur en faire connoître la raiſon.

Il eſt néceſſaire pour cela, que par le mot de foibles, ils entendent les arbres qui ne pouſſent pas avec tant de vigueur que les autres, & qui plûtôt qu'ils ſont déchargez de ce qui leur nuit, n'en

DE LA CAMPAGNE, Liv. III.

valent que mieux ; au lieu que ceux qui paroissent vigoureux peuvent attendre jusqu'à la fin même d'Avril, qui est un veritable moyen pour les empescher de pousser de grosses branches qui ne sont propres à rien, puisque ce ne sont que les foibles qui produisent le fruit ; la fougue de la seve étant pour lors passée depuis l'entrée du Printemps qu'elle a commencé d'agir.

Ce n'est pas que je ne sois d'avis qu'on cesse ce travail lorsque les grands froids approchent : Car il est à craindre que les playes qu'on fait pour lors aux arbres, n'ayant pas le temps de s'essuyer, ne viennent à estre surprises des gelées ; ce qui les fait gerser de telle maniere, que bien souvent, quand ils commencent à pousser, on est obligé, pour la beauté des arbres, de les retailler, ce qui est autant de temps perdu.

Et de bonne foy, s'il falloit absolument estre reduit à la necessité de ne tailler les arbres qu'après l'hyver, quel chagrin ne seroit-ce pas pour ceux qui en ont un grand nombre, auxquels il faut qu'ils donnent ces soins? L'on me dira qu'on n'a pour lors qu'à prendre des ouvriers autant qu'il en faut pour en venir à bout ; & moy je répondray que la difficulté de trouver des gens auxquels on puisse se confier pour un pareil ouvrage, met la chose dans l'impossibilité, & qu'il vaudroit mieux même que tels arbres restent à tailler, que de l'être par la main de certains Jardiniers qui les ruinent entierement.

Mais ces scrupuleux dont j'ay parlé, me diront que du moins j'excepte les fruits à noyau de ceux à pepin, qu'on peut tailler avant l'hyver, y ayant plus à craindre pour eux à cause qu'ils ont le bois fort moëlleux, & par consequent tres-délicat : & moy je repeteray, que je ne sçache point en cela qu'il y ait d'exception à faire, que la gelée, quand ils sont taillez par un beau-temps, n'a pas plus de pouvoir sur des Pêchers que sur des Poiriers, que l'experience me l'a fait connoître, & que les plus habiles Jardiniers en cet Art, m'en ont assuré.

Je ne sçay que dire de la Lune, tant j'ay peur qu'un escadron de Jardiniers auxquels je suis en cela contraire en sentiment, ne s'éleveront hautement contre moy : Car ils veulent qu'absolument pour tailler, on doive, pour avoir du fruit, choisir le decours, ainsi que la nouvelle lune, pour faire prendre du bois à un arbre ; mais si d'un sens rassis ils vouloient m'écouter, ils verroient assurément que ce n'est qu'un abus, dont on s'est laissé jusques icy prevenir l'esprit, & que dans quelque temps que ce soit, on peut mettre la serpette dans un arbre, sans apprehender qu'il luy en arrive aucun inconvenient.

OECONOMIE GÉNÉRALE

Toutes ces scrupuleuses précautions, ne sont prises que par rapport à la féve ; c'est un fait constant que celuy-là, ainsi voyons donc ce que c'est que cette féve.

La féve, comme on sçait, est aux plantes, ce que le sang est aux animaux, c'est-à-dire que c'est elle qui les nourrit, & leur fait produire les effets que nous voyons tous les jours ; c'est une humeur qui est toûjours en action, mais plus fortement dans des temps que dans d'autres, comme, par exemple, au printemps que se fendant les ardeurs du soleil, elle commence à se mouvoir de plus en plus, à mesure que cet Astre monte sur nôtre horison, & qu'au contraire en Automne elle diminué de jour en jour de son mouvement, & enfin, lorsque l'hyver approche, elle devient comme morte, en cessant d'agir au dehors.

Cette séve donc étant ainsi sans mouvement, quelque dominée qu'elle puisse être des influences de la Lune, est dans l'impuissance de produire aucune chose, cela étant, & sur tout avant qu'elle agisse, qu'importe en quel temps de la Lune on coupe du bois sur un arbre ? est-ce que telle incision l'agite & la réveille ? ou si faisant cette opération en pleine Lune, au lieu qu'on la devoit faire en décours, cette séve qui est dans l'inaction pour lors, marque le temps auquel on la luy a faire, afin que s'en retrouvenant quand elle commence à agir, elle opere dans cet arbre conformément au dessein que nous avons eu en le taillant en tel ou tel temps ? Si cela étoit, il faudroit, pour ainsi dire, que cette séve eût une memoire fort heureuse : quoy ne pouvant agir que trois ou quatre mois, quinze jours, ou huit jours, tout comme on voudra, après une taille faite sur un arbre, on pretendroit qu'un coup de serpette la dût déterminer à donner du fruit en taillant en decours, & du bois, en le faisant en Lune nouvelle ? quelle sotise ? Ouy, & je pousse même la chose plus loin, & dis que quand bien même on tailleroit les arbres dans le temps que la séve est le plus dans le mouvement, cette taille ne seroit pas capable de la faire agir, ny plus ny moins dans un temps que dans un autre, ainsi que ce n'est point des influences de la Lune dépend la fertilité d'un arbre en taillant en le décours, mais que c'est de la disposition du bois d'un arbre à y recevoir la séve, & de la prudence du Jardinier de n'en laisser prendre à cet arbre qu'autant qu'il luy en faut pour cela, en ne luy laissant du bois qu'autant qu'il le jugera à propos, devant sçavoir pour maxime, que ce n'est point une séve abondante qui donne le fruit, mais que c'en est une mediocre.

Cela posé, qu'on se défasse, s'il est possible, de cette opinion, comme

comme ridicule & erronée, & qu'on taille quand la fantaisie poussera, sans s'arrêter à la Lune, étant un vain scrupule, comme j'ay dit au Chapitre des Influences.

Quatriéme Point.

Enfin le quatriéme point, & le plus important, dont il me reste à parler, est que supposant un arbre avoir été bien planté, & mis dans une terre d'où il puisse tirer toute sorte d'avantage; les racines avoir été bien preparées, & le choix qu'on en a fait avoir été juste, tant à l'égard du plant, que de l'espece; qu'enfin il soit assez fort pour souffrir la taille : ce point-là, dis-je, est d'enseigner comme il faut le tailler; & ce n'est pas une petite entreprise; mais enfin j'en diray autant que l'experience m'en a pû apprendre là-dessus, & que m'en ont dit de tres-habiles Jardiniers, que je me feray toûjours gloire de suivre comme de parfaits modeles en cette matiere.

CHAPITRE XVII.
De la maniere de tailler les Arbres.

AVant que de tailler un arbre, les maximes d'un veritable Jardinier veulent que d'abord on consulte la terre où il est planté; qu'on le traite suivant la forme qu'on luy veut donner, s'il est encore jeune, ou qu'on le gouverne suivant celle qu'il a déja acquise; qu'on en examine la force, & qu'on en remarque quelquefois l'espece.

A l'égard de la terre, on sçait qu'un arbre pousse avec bien plus de vigueur dans une bonne terre que dans une méchante, & que par consequent la taille doit en être differente, c'est-à dire, plus longue ou plus courte.

Pour la forme, ou il est Buisson, ou il est Espalier; s'il est Buisson, il faut le tenir bas de tige, & luy donner une tête bien ouverte, bien ronde, & bien garnie de branches sur les côtez; & si c'est un Espalier, il faut aussi qu'il ait la tige fort basse, que les branches soient bien partagées, en telle sorte qu'il n'y en ait pas plus d'un côté que d'un autre, qu'elles ne croisent point, & qu'enfin cet arbre étant palissé, ait la forme d'un éventail.

Pour ce qui regarde sa force, on ne doute pas qu'on ne doive laisser un arbre vigoureux plus chargé de bois, qu'un autre qui ne viendroit que foiblement; ainsi l'on voit que cette observation est necessaire.

Et enfin, si je dis qu'il faut quelquefois en remarquer l'espece, c'est qu'un homme versé dans la taille des arbres, ne doit pas ignorer qu'il y a des especes de fruits qui se taillent differemment les uns des autres, comme par exemple un Bon-Chrétien d'Eté, ou un petit Rousselet, qui sont des arbres dont le genie n'est que de donner leurs fruits au bout de leurs branches, & qui demandent qu'on les taille de toute autre maniere qu'un Bon-Chrétien d'hyver, ou qu'une Bergamotte; ainsi du reste : & de plus on doit être persuadé en taillant, qu'il faut se comporter tout autrement à l'égard d'un Pêcher ou d'un Abricotier, qu'à l'égard d'un Poirier, & d'un Poirier à l'égard d'un Pommier.

Sous ces quatre maximes essentielles cy-dessus expliquées, sont renfermées cinq Observations.

OBSERVATIONS.

La premiere, de garder en taillant une inegalité de branches, pour ne point laisser un arbre dégarni; ce qui est une chose fort desagréable à la vûë.

La seconde, d'ôter une fecondité ruineuse, soit lorsqu'on ébourgeonne, ou qu'on est obligé d'abbatre des fruits de dessus un arbre, qui en prend plus qu'il n'en peut porter.

La troisiéme, de remedier à une sterilité qui ennuye, en sçachant l'art de faire prendre du fruit à un arbre qui ne pousseroit que du bois, ou bien en ravivant un arbre foible, pour l'obliger d'en faire la même chose.

La quatriéme, de conserver autant qu'on le peut la beauté d'un arbre, en ne luy faisant diminuer en rien de ce qui peut contribuer à luy donner une belle forme.

Et la cinquiéme enfin, de retrancher ce qu'on juge de superflu, qui sont les branches de faux bois.

L'idée toûjours remplie des observations cy-dessus, on peut en sûreté, la serpette à la main, approcher d'un arbre pour le tailler; mais sur tout qu'on se ressouvienne toûjours de connoître son bois, afin qu'*ab hoc, & ab hac*, on n'aille point le taillader pour luy faire plus de mal que de bien : & suivant pas à pas les maximes que je vas pleinement enseigner, pour réüssir dans la taille des arbres; je suis sûr qu'on sera content des fruits qu'ils donneront dans la suite, pour prix de ce travail.

CHAPITRE XVIII.

De la taille d'un Arbre dans un Espalier.

J'Ay déja dit quelque chose de l'Espalier, mais cela ne suffit pas pour en donner une idée assez ample de ce qu'il doit être, ny de la maniere qu'on le doit gouverner dans sa taille, & c'est ce que je vas faire voir.

Je me figure donc que j'ay plusieurs arbres en Espalier à tailler depuis leurs premiers jets, jusqu'à la hauteur qu'il convient entierement leur donner: je commence par les plus jeunes, & jettant d'abord les yeux dessus, je vois l'année d'après qu'ils ont été plantez, quelle a été leur production en bois.

D'un Arbre planté d'un an.

Les uns en jettent plus, & les autres moins, & d'autres quelquefois point du tout; à l'égard de ces derniers, on s'y trouve bien embarassé: car il arrive par fois que cet arbre est d'une espece de fruit rare, & dont on a peu; il est fâcheux pour lors de l'arracher, c'est pourquoy auparavant que d'en venir là, il faut examiner si cet arbre a encore quelque apparence de vie (car s'il est mort, il n'y a point d'autre expedient que de l'arracher, & en substituer un autre en sa place.) Mais si on remarque que son écorce soit encore luisante, & que ses yeux nous disent que par le moyen de quelques petits soins extraordinaires, on peut dans la suite esperer de le voir plus animé; pour lors & sans perdre temps, il faut d'abord chercher la cause de ce mal, qui provient sans doute des racines qui n'auront que peu ou point du tout poussé de chevelu: pourtant si elles n'ont jetté, l'esperance n'en est pas tout-à-fait perduë; car en recouvrant doucement les racines de cet arbre, on en a vû la seconde année, qui étoient en pareil état, jetter raisonnablement du bois : mais pour celles qui n'ont rien produit, cependant puisque leur tige est encore verte, c'est signe qu'en apportant du remede à leur mal, elles pourront prendre des forces, & rendre leur arbre beau dans la suite: & comme on a vû que ces racines n'avoient point de chevelu, on peut facilement juger, que c'est sans doute cet endroit qu'il faut guerir; ce qu'on fait en arrachant tout-à-fait l'arbre, & luy taillant ses racines, au cas qu'elles soient rongées; ou bien en l'en déchargeant d'une partie, si l'on voit qu'il y en ait de noires, puis

O iij

le replanter comme auparavant ; & ce soin se doit pratiquer au mois de Novembre. Il faut pour prendre tant de peines en pareille occasion, que l'arbre le merite ; car à moins de cela, je conseille tout d'un coup de l'arracher, & d'en planter un autre à sa place. Voila ce qui regarde les arbres nouvellement plantez, qui n'ont point poussé de bois : mais voyons ce qu'il faut observer pour ceux qui sont aussi jeunes, & qui en ont donné.

Des Arbres qui ont jetté du bois.

Quand on voit un jeune arbre, qui la premiere année a poussé des branches, on commence à remarquer si elles sont venuës dans l'ordre ; car toutes branches qui croissent devant ou derriere un arbre mis en Espalier, doivent être retranchées comme inutiles & défectueuses, pour en conserver celles qui ont crû aux côtez, & si l'arbre qui a produit ces branches n'a encore poussé que foiblement, je conseille encore d'en chercher la cause, comme au premier, & que ce soit, comme j'ay dit, dans une occasion qui en vaille la peine, autrement qu'on l'arrache encore ; mais si cet arbre est digne qu'on prenne de semblables soins après luy, que faut-il faire de ces branches, qui sont toutes chetives ? on se donnera de garde de les couper, mais on les rompt seulement, pour les tailler dans les regles, au cas qu'elles operent mieux l'année suivante.

Si au contraire cet arbre a bien poussé, voicy ce qu'il faut faire pour lors ; premierement, considerer si les branches qui sont venuës à cet arbre en Espalier, sont bien placées, comme s'il n'y en a point devant ni derriere, si celles qui sont aux côtez sont fortes ou foibles.

Au premier cas, on observera ce que je viens de dire ; pour le second, qui regarde la place des branches, cela dépend du caprice de la nature ; quelquefois ces branches viennent comme nous le souhaitons, & quelquefois aussi elles croissent tout au contraire, & viennent ou fortes ou foibles.

Dans cette premiere taille, il n'est pas question de distinguer les branches à bois d'avec celles à fruits, la nature ne leur ayant encore donné aucune marque de fecondité ; mais seulement les fortes, d'avec celles qui sont mal nourries.

Si voulant donc tailler pour la premiere fois un jeune arbre en Espalier, il y croissoit dans le devant deux belles branches & quelques petites branches à côté, il ne faudroit point hesiter d'ôter ces deux belles branches le plus prés du bois qu'il seroit possible, crainte qu'il n'y en revînt d'autres, à cause qu'en cet endroit, elles

DE LA CAMPAGNE Liv. III.

ne peuvent contribuer qu'à rendre l'arbre difforme.

À l'égard des petites branches, il en faudroit faire une distinction, c'est-à-dire, si elles paroissoient avoir de bons yeux, & qu'elles ne fussent pas trop longues, on les laisseroit entieres ; mais si elles se montroient trop menuës, on les ôtera tout-à-fait.

EXEMPLE.

A. Arbre. B. Branches venuës sur le devant d'un Arbre en Espalier, & qu'il faut couper près de la tige. C. Endroit où il les faut couper. D. Branche mediocre qu'on laisse.

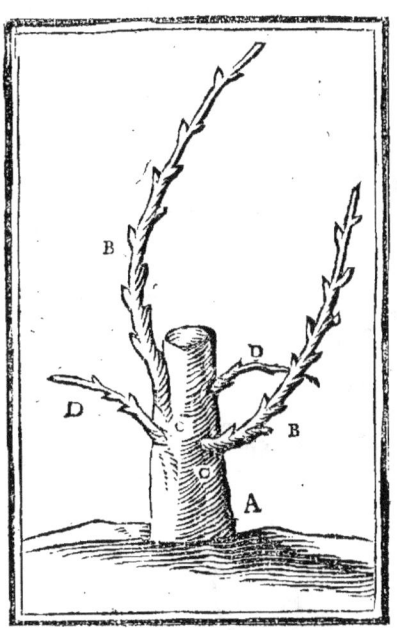

Mais au contraire, si ces deux belles branches étoient bien placées, & qu'elles nous pussent faire esperer dans la suite quelque chose de bon, pour lors il les faudroit regarder comme des branches heureuses, & qui viendroient le plus à propos du monde, pour donner une belle figure à un Espalier : c'est pourquoy prenant la serpette, on les couperoit à quatre ou cinq yeux de longueur, plus ou moins qu'elles seroient grosses.

Il ne suffit pas toûjours de donner un coup de serpette à un arbre, pour dire qu'on le taille ; la difficulté est de le sçavoir donner à propos, & jamais Jardinier ne doit ôter une branche de deſſus, & la couper en tel ou tel endroit, qu'il ne diſe la raiſon pour laquelle il la retranche ; autrement c'eſt un Jardinier qui taille à l'avanture, & qui ne sçait pas ſon métier.

Dans cette conjonĉture icy, où il s'agit de couper ces deux belles branches venuës fort heureuſement, on doit d'abord examiner en ſoy-même ce qu'on a envie d'en faire ; & l'arbre ſur lequel ſont ces deux belles branches, ayant été deſtiné pour être mis en Eſpalier, ne manquera pas d'abord de nous déterminer à les tailler, en telle ſorte que les deux derniers yeux de l'extremité de chacune de ces deux branches, regardent à droite & à gauche les eſpaces qu'il faut que cet Eſpalier rempliſſe dans la ſuite du temps. C'eſt pourquoy inſtruits que nous ſerons par cet arbre même, nous ne balancerons point de couper ces branches de la maniere qu'il nous le dit.

EXEMPLE.

A. Arbre. B. Deux belles branches bien placées. C. Endroit où il les faut couper. D. Les deux yeux qui regardent des deux côtez le vuide à remplir.

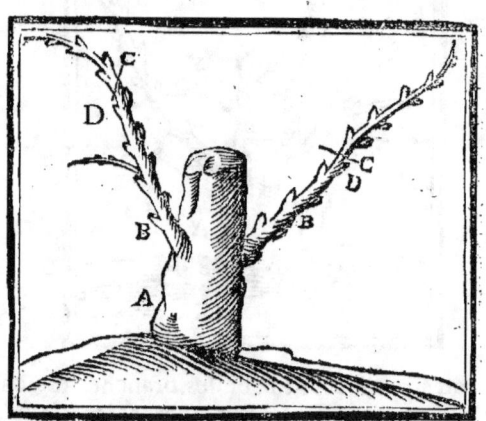

On ſeroit aſſûrément bien heureux en conduiſant des arbres, ſi la nature leur y faiſoit croître des branches dans une ſituation qu'il n'y eût rien à redire ; j'entens qu'en leur donnant à propos un coup de ſerpette, il n'y eût, pour donner une forme convenable à un eſpalier, qu'à le paliſſer d'abord. Mais bien éloigné de cela, cette mere bizarre en ſes operations, ne nous ſert pas ſi à propos,

& mettant bien souvent l'esprit d'un Jardinier novice à la torture, elle luy fait paroître sur un petit arbre des branches fort desavantageusement placées: Car que faire à un tel arbre, qui vous montrera trois belles branches arrangées toutes d'un côté, au dessous les unes des autres, & deux petites de l'autre côté, l'une desquelles sera en bas, & l'autre à l'extremité ? de quelle maniere se prendre pour tailler cet arbre ? Si on laisse ces trois belles branches d'un côté & qu'on les taille dans les regles, l'espalier se garnira de ce côté-là, tandis qu'il sera vuide de l'autre : car de dire qu'en taillant ces deux petites branches, il en puisse sortir d'autres pour suppléer à ce défaut, c'est abus ; telles petites branches étant ou branches d'esperance, ou branches chifonnes, ne sont point d'un genie à donner jamais du bois assez gros pour former des maîtresses branches. Ainsi quelle resolution prendre ? Seray-je sans pitié pour quelques-unes de ces belles branches ? oüy, en prenant une serpette, je tailleray la tige de cet arbre jusqu'à la seconde belle branche, & ôterai par ce moyen celle de l'extremité, & la petite branche aussi qui est de l'autre côté ; puis m'attaquant à la belle branche du dessous, je la fais sauter à un écu d'épaisseur proche de la tige, & taille la belle qui reste à quatre yeux, & laisse la petite qui est de l'autre côté toute entiere. Et en voicy ma raison.

N'est-il pas vray que cet arbre ayant jetté trois belles branches, donne par-là à connoître qu'il est heureusement repris, & que telle production n'étant qu'un pur caprice de la nature, il se peut qu'en retranchant deux de ces belles branches comme je fais, j'oblige cet arbre donner à l'année suivante, à peu prés d'aussi belles productions de l'autre côté. On me dira que c'est une chose qui est casuelle : il est vray ; mais autant qu'on peut naturellement raisonner, & que conduits par tels raisonnemens nous voyons tous les jours, ou peu s'en faut, arriver en pareil cas ce que nous souhaitons ; je trouve qu'il est toûjours plus à propos de s'y abandonner, que d'agir sur des principes qui sans doute ne seroient pas si sûrs. Oüy, c'est ainsi que je me comporte pour lors ; je me suis bien trouvé de cette methode, s'en servira qui voudra.

Avertissement.

Sur les petites Branches.

Avant que d'aller plus avant, je suis bien-aise d'avertir, qu'à l'égard des petites branches, il en faut sçavoir faire distinction pour les ménager comme il faut : & pour parvenir à cette connoissance, on sçaura qu'il y en a de deux sortes ; les unes qui sont de ces branches mediocres, ou branches d'esperance dont j'ay parlé, & qui se connoissent d'abord à leur origine, lorsqu'elles sont ou courtes, ou un peu grosses, & qu'elles ont les yeux gros, & prés les uns des autres ; telles branches doivent être laissées entieres sur des espaliers : mais celles que nous remarquons être trop menuës, & par cette tenuité ne nous pouvoir donner aucun lieu d'esperer d'elles jamais rien de bon, pour celles-là, dis-je, on les retranche toutes, comme branches tout-à-fait superfluës.

Mais retournons aux belles branches de nôtre arbre : comme en l'art de les tailler, la prudence doit être une de nos principales guides, quoyque j'aye dit qu'il falloit ravaller la tige des jeunes arbres jusqu'à la seconde branche, je suppose que ce soit au cas que celle de dessous soit trop basse, & conséquemment se trouve mal placée par cette situation : car autrement j'aimerois mieux tout-à-fait ravaller mon arbre jusqu'à la troisiéme, dans l'esperance que j'aurois que cet arbre bien repris, vigoureux & ainsi ravallé, n'ayant que peu d'étenduë pour employer beaucoup de seve, me produiroit des branches comme je le desirerois.

EXEMPLE.

A. Arbre. B Trois belles branches mal placées. C. Deux petites branches. D. Endroit où il faut ravaller l'arbre. E. Branche qu'il faut laisser. F. Branche trop basse qu'il faut couper, & où. G. Petite branche laissée entiere. H. Endroit où il faut tailler la branche.

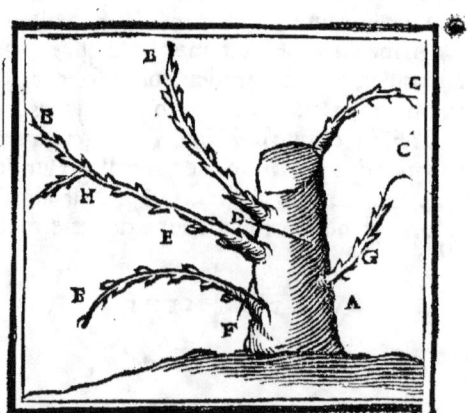

Ils se trouve encore des arbres, dont les belles branches viennent dans une autre situation ; sçavoir deux d'un côté mal placées, & une de

DE LA CAMPAGNE. Liv. III.

de l'autre venuë un peu trop bas, au dessus de laquelle sont deux petites bien hautes montées, mais qui sont bonnes : quelle resolution prendre pour lors? Car en taillant ce jeune arbre, je n'ay que deux choses à considerer, ou la forme que j'ay dessein de luy donner conformément à ce que j'en veux faire, ou la fecondité, qui est le but pour lequel je le plante : si je l'envisage par le second motif, il faudra que je coupe cette belle branche venuë dans le bas, pour conserver tout le haut ; quelle difformité pour la figure, lorsqu'à l'avenir, je verray mon arbre tres mal conduit, à cause de son pied qui sera dégarni ? quel dommage aussi d'autre côté, si prenant la resolution de laisser la branche d'en-bas, il faut que j'en extermine quatre autres ; sçavoir deux belles sorties du haut de la tige, & deux petites venuës presque en pareille situation? De ces deux partis, il en faut pourtant prendre l'un ou l'autre ; & si l'on me demande pour lequel je tiens, je diray que dans cette premiere taille, la bonne maxime étant toûjours de preferer la forme d'un arbre à sa fecondité, je suis d'avis que pouvant épargner les deux petites bonnes branches, qu'on ôte les trois belles & qu'on laisse les petites, en coupant celle d'en-bas tout prés de la tige, crainte qu'il n'y en sorte d'autre : car telle branche qui puisse croître en cet endroit, n'est jamais bien placée.

Voilà, me diront bien des gens, une belle production de la nature détruite en peu de temps. Il est vray, mais cela s'appelle reculer pour mieux sauter : car si ce jeune arbre a si bien poussé la premiere fois, on a lieu d'esperer bien plus de la seconde pousse ; & l'experience nous découvre que tel arbre la premiere année a jetté trois belles branches, qui la seconde en pousse davantage.

Je viens de dire qu'il étoit à propos de couper la branche d'en-bas tout prés de la tige, j'en ay donné la raison pourquoy ; mais où couper les deux qui sont cruës au-dessus ? Ce sera à l'épaisseur d'un écu de la tige, afin (comme il arrive d'ordinaire) qu'il y en sorte d'autres petites branches qui deviendront fecondes dans la suite du temps.

Tome II. P

114 OECONOMIE GENERALE

EXEMPLE.

A. Arbre. B. Trois belles branches, des deux côtez de l'arbre mal placées. C. Deux petites branches au-dessus de la belle branche d'en-bas, & laissées entieres. D. Endroit où il faut couper les deux branches d'en-haut. E. Endroit où l'on doit couper la branche d'en-bas.

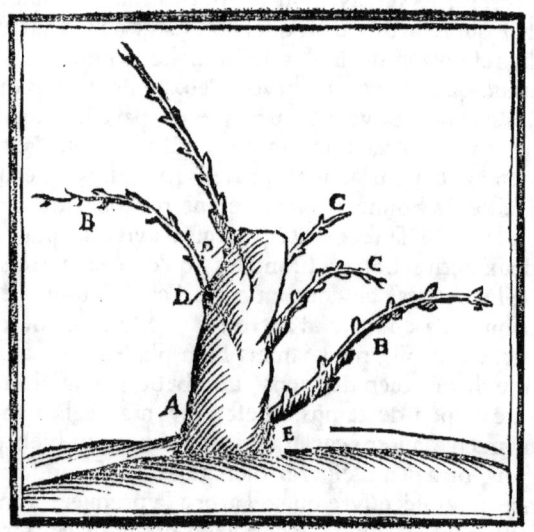

Combien voit-on d'arbres qui ayant une belle branche bien placée, en ont deux autres situées de l'autre côté, presque vis-à-vis, & qui sont sorties d'un même œil; mais l'une desquelles se jette en devant, & l'autre est fort bien disposée pour donner une belle figure à un espalier? Lorsque pareil cas se rencontre, on doit couper la branche qui jette en devant, à un écu d'épaisseur près de sa tige, & tailler les deux autres, chacune au même œil.

DE LA CAMPAGNE. Liv. III.

EXEMPLE.

A. Arbre. B. Deux branches sorties d'un même œil, dont l'une est mal placée. C. Branche mal placée. D. Endroit où elle doit être coupée. E. Taille des deux bonnes branches.

On voit aussi quelquefois de ces sortes de doubles belles branches sortir d'un même œil, & situées en bon endroit, & n'en avoir point d'autres qui les accompagnent : quand cela arrive ainsi, les uns se déterminent à n'en laisser qu'une, qu'on taille à l'ordinaire ; & les autres à qui cette production déplaît, ravallent la tige jusqu'au-dessous de ces deux branches, si elles sont placées un peu haut ; ou bien ils les coupent à un écu d'épaisseur prés de la tige, si elles sont nées à peu prés dans le milieu, esperant, pour les raisons que j'ay dites, que cet arbre en repoussera l'année suivante d'autres, qui promettront davantage, & que de la taille qu'on a faite de ces deux belles, si on ne les a pas tout-à-fait emportées, il sortira de ces petites branches mediocres, qu'on appelle branches d'esperance.

Si enfin deux mêmes branches sortoient d'un même œil sur un

116   OECONOMIE GENERALE

arbre, & qu'elles fussent bien placées, & bien disposées à leur donner une belle figure, & qu'il y en eût d'autres à côté d'elles dans une situation avantageuse, on ne feroit point de difficulté de les laisser toutes, & de les tailler comme j'ay dit; observant toûjours que les yeux auprés desquels on taille, regardent les vuides qu'il faut necessairement remplir.

Exemple.

A. Arbre. B. Doubles branches sorties d'un même œil bien placées, & disposées à former un espalier. C. Autres branches bien placées. D. Endroit où il faut les tailler. E. Yeux regardant les vuides qu'il faut remplir.

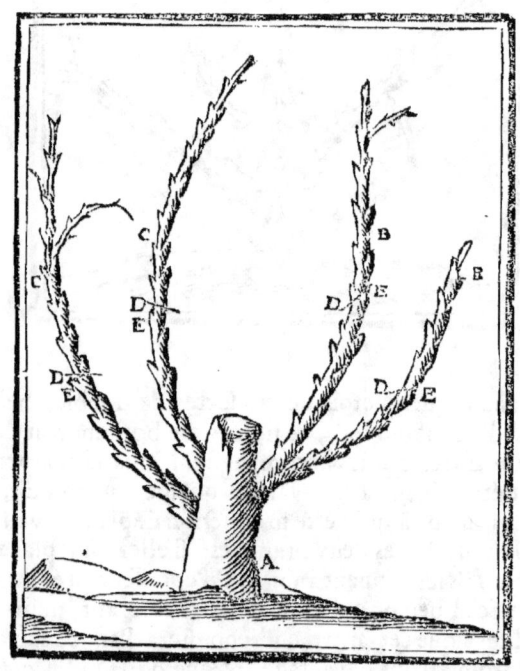

Un arbre, à la fin de la premiere année qu'il a été planté, paroît quelquefois chargé de quatre belles branches bien placées & venuës à l'extrémité; & pour lors on peut avoüer que c'est un favory de la nature, pour luy avoir donné des branches si bien conduites : elles sont trop aimées pour qu'on les retranche ; les traittant pour lors comme elles le meritent, on se contente de les tailler au quatriéme où cinquiéme œil, suivant qu'elles sont grosses, & souvent même plus longues, si l'on juge par elles que l'arbre est disposé à jetter vigoureusement.

EXEMPLE.

A. Arbre. B. Quatre bonnes branches des deux côtez bien placées à l'extremité. C. Endroits où elles doivent être taillées.

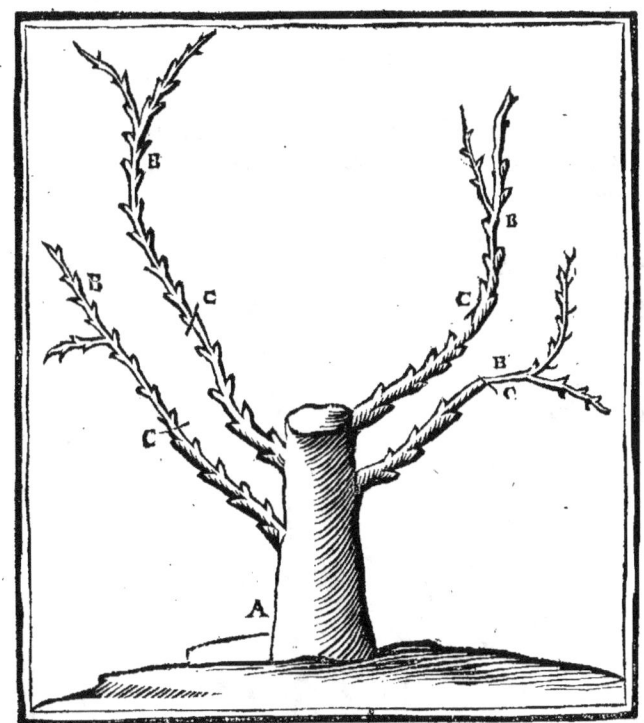

Quelquefois aussi ces branches naissent au-dessous de l'extremité : & il semble qu'on doive pour cela, prendre d'autres mesures pour tailler cet arbre ; il est vray, mais c'est peu de chose : Car il n'y a qu'à ravaller la tige jusqu'à la premiere branche d'en-haut, & faire de toutes comme cy-dessus

P iij

OECONOMIE GENERALE

Voicy un autre arbre qui a quatre belles branches, dont il y en a deux quasi bien placées, & deux autres dans une situation défectueuse, devant la tige duquel y sont venuës deux petites bonnes branches, & plusieurs autres aux côtez. Cela étant, il faut considerer son arbre; & emportant d'abord ces deux belles branches qui nous offusquent les yeux, ainsi que les deux petites bonnes qui sont au devant de la tige, voir si les deux autres peuvent en quelque chose contribuer à la forme de l'arbre : & si l'on remarque qu'en les palissant, on ne perde point son temps de les conserver, on les taille ; & les laissant en cet état en la compagnie des branches d'esperance qui sont à côté, on commence fort bien à conduire ces arbres dans les regles.

EXEMPLE.

A. Arbre. B. Deux branches défectueuses, à ôter. C. Deux branches à conserver. D. Petites branches au-devant de la tige, qu'il faut retrancher. E. Petites branches à conserver. F. Lieu où l'on doit tailler.

Un arbre nouvellement planté dans un bon fond, donne quelquefois six ou sept grosses branches, & quatre ou cinq petites, dont les unes sont dans une situation fort avantageuse, & les autres fort mal placées; c'est pourquoy, je prie qu'on remarque tout ce que je vas dire là-dessus: car il est fort essentiel.

Premierement, cet arbre dont je parle, étant ainsi disposé, quatre grosses branches, si on les y trouve bien placées, suffiront pour le charger; si ces quatre branches conservées étoient dans des endroits qui ne donnassent point d'observation à faire aux Jardiniers, par rapport aux autres qu'il faut ôter, ce seroit le délivrer d'un grand embarras d'esprit. Ce n'est pas que les Idiots qui s'imaginent que pour couper une branche, il n'y a qu'à le faire indifferemment, ne se mettent gueres en peine de cela; mais ceux qui sçavent leur métier, agissent avec plus de circonspection: car si quelques unes de ces branches qui sont bien placées, ont pris naissance au-dessous de quelques-unes de celles qu'il faut retrancher, les habiles Jardiniers seront soigneux en les retranchant, de les couper en moignon, afin que la seve qui monte naturellement, ne produisant rien dans ces endroits incisez au-dessus des bonnes branches laissées, s'occupe entierement à nourrir tout ce qu'on a jugé être bon sur l'arbre: mais si ces branches qu'on veut ôter sont au-dessous, il les faudra couper à l'épaisseur d'un écu, pour y attirer la seve qui a coûtume de produire en ces lieux de petites branches qui sont bonnes, comme celles qui sont déja sur l'arbre, & qu'on doit garder lorsqu'elles occupent un lieu avantageux.

Autre chose encore: si l'on remarquoit que l'arbre eût besoin de seve pour nourrir toute sa petite generation, on se donneroit de garde de couper aucune branche qu'en moignon, afin que cette même seve s'amusant en ces endroits pendant quelque-temps, se répandisse entierement dans tout ce que l'industrie du Jardinier auroit jugé à propos de laisser sur cet arbre, pour luy faire acquerir une belle forme.

EXEMPLE.

A. Arbre. B. Sept grosses branches, bien & mal placées. C. Quatre branches choisies pour les mieux scituées, & qu'il faut garder. D. Branches à couper en moignon. E. Branches à couper à l'épaisseur d'un écu. F. Bonnes petites branches. G. Petites branches à ôter. H. Endroit où il faut tailler les branches laissées.

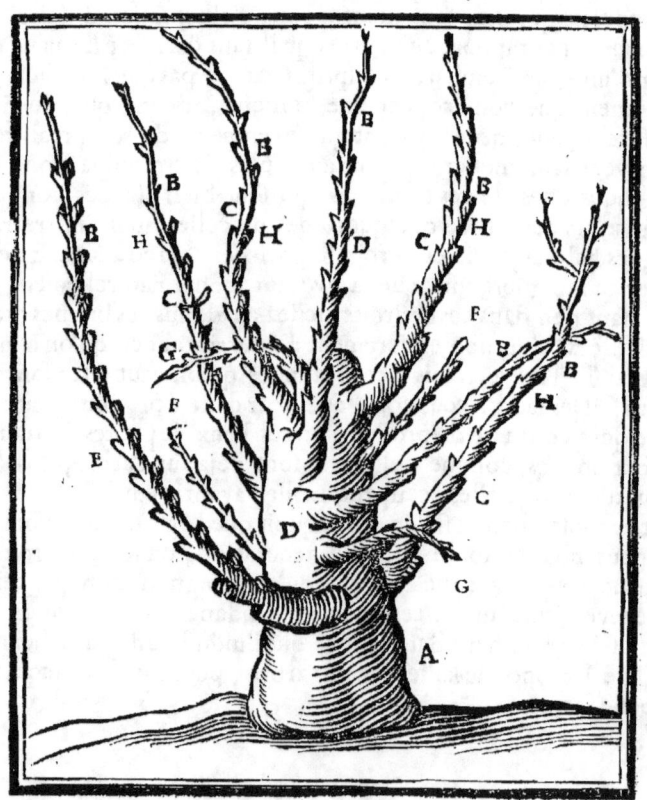

REMARQUES.

On sçait qu'il y a de certaines especes de fruits, comme la Virgouleuse, & autres qui poussent tellement de bois qu'on a peine de les arrêter, sur tout lorsqu'ils sont grands; & cela provient en partie

partie de ce que pendant leur jeunesse on n'a pas sçû les reduire. Lors donc qu'on voit de ces sortes d'arbres qui poussent avec vigueur dans les commencemens, il leur faut laisser toutes les grosses branches qu'ils jettent, même au plus bas de leur tige, pourvû qu'elles ne soient point venuës contre l'ordre; & à l'égard des petites bonnes en faire toute la même chose, sauf à ôter ces grosses branches, s'il vient un temps qui le demande.

S'il arrivoit encore à l'égard des quatre branches cy-dessus conservées, que celles qu'on ôte fussent à l'extremité de la tige, & que l'arbre n'eût pas beaucoup de vigueur, il faudroit au lieu de couper ces branches en moignon, ravaller tout-à-fait la tige, jusqu'à la premiere branche conservée.

Ce que c'est que tailler en moignon.

Crainte que ce terme de tailler en moignon n'embarrasse l'esprit de ceux qui ne l'entendent pas, j'ay crû qu'il étoit à propos d'expliquer ce que c'en est; ainsi l'on sçaura que tailler en moignon, est tailler en branche le plus prés qu'el est possible de son origine, & cette taille ne se pratique que sur les branches qui étant grosses se trouvent un peu trop longues.

Tous les arbres que nous avons vû jusqu'icy, nous ont paru chargez de belles branches bien ou mal placées; mais celuy que voicy n'en a que cinq mediocres, venuës dans un ordre qu'il a plû à la nature, c'est-à-dire, bon ou mauvais, & une belle mal placée, & qui n'est pas des plus grosses. Tel arbre me porte à plusieurs considerations.

Premierement, examinant tant de branches mediocres, je conclud aisément que c'est manque de seve, s'il n'en est pas venu davantage de belles; cela étant, je regarde ce que je feray de cet arbre : car d'un côté je vois une branche mal placée & peu grosse, qu'il me faut absolument ôter; & de l'autre cinq mediocres, dont quelques-unes pourroient faire un bel arbre si elles étoient dans un état de grosseur pour cela. Mais, comme j'ay dit, considerant quant à present plus la forme d'un arbre, que sa fecondité, de toutes ces branches mediocres je n'ay égard que pour deux que je laisse en bonne place, & je romps les trois autres.

Cette operation me fait esperer qu'ayant poussé une branche passablement grosse cette année, cet arbre m'en pourra donner d'autres plus fortes la suivante; & pour l'obliger de le faire, je ménage ce qu'il a de seve, en le déchargeant & de sa belle branche

112 OECONOMIE GENERALE
& de trois mediocres, ayant pû luy en laiſſer juſqu'à quatre.

EXEMPLE.

A. Arbre. B. Belle branche mal placée & qu'il faut ôter
C. Endroit où il la faut couper en moignon. D. Deux branches
mediocres qu'il faut laiſſer. E. Trois branches mediocres qu'on
eſt obligé de rompre.

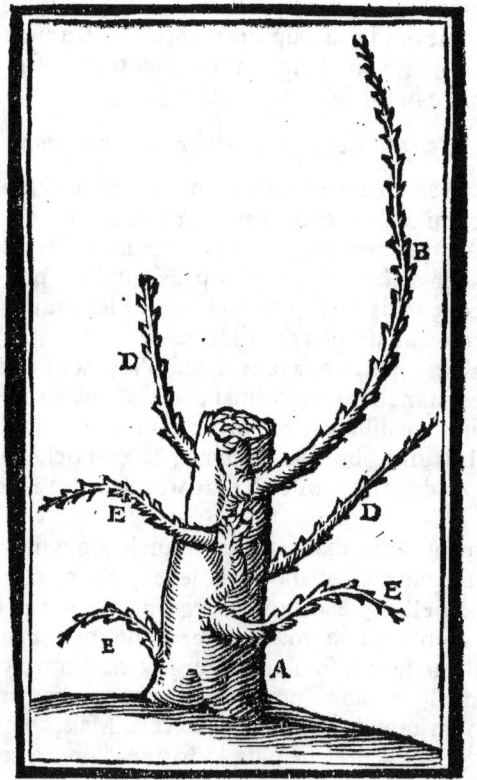

Des Buiſſons.

Les branches qui doivent former un buiſſon ont des ſituations
differentes de celles qui ont coûtume de donner la belle figure
à un eſpalier qui ne les demande qu'à côté, au lieu que le buiſ-

DE LA CAMPAGNE. Liv. III.

son les veut autour de sa tige qui doit être basse pour ne point avoir de défaut.

Tout ce que je viens de dire des jeunes espaliers à conduire, se doit entendre des buissons, à la reserve de la forme seulement, qu'on considere ronde dans ceux-cy, & plate & étenduë dans ceux-là, laquelle forme on acquiert facilement lorsqu'en taillant on fait en sorte, comme j'ay dit, que les deux derniers yeux de l'extremité des branches racourcies, regarde à droite & à gauche les deux côtez vuides ; afin que ces branches en produisant d'autres, qui se porteront naturellement où nous les avons determinées, étant bien conduites, puissent former un arbre comme nous le souhaitons.

Il ne faut jamais souffrir que les branches à fruit soient si longues sur un buisson que sur un espalier : car celles-cy ont les treillages ausquels on les attache, & qui leur servent d'appuy ; au lieu que celles-là n'ont que leurs forces naturelles qui les soûtiennent.

Il faut remarquer que pour bien conduire un buisson, on doit soigner qu'il s'ouvre en rond, & qu'il se garnisse également par tout, & non pas le tailler en telle sorte que les deux yeux laissez pour avoir du bois l'année suivante, soient du côté du dedans ou de celuy de dehors ; ces deux situations étant deux inconveniens qui l'obligent le premier, de se remplir, au lieu qu'il faut qu'il soit évuidé, & le second, de se trop évaser, ce qui est tres-desagreable à la veuë. Voilà la taille de la premiere pousse des jeunes arbres ; voyons ce qu'il faut observer à l'égard de la seconde, pour les conduire dans les regles.

CHAPITRE XIX.

Comme il faut tailler les arbres, la troisiéme année qu'ils sont plantez.

POur faire entendre l'effet de la taille precedente, il est necessaire de voir quelles branches sont venuës à l'extremité de celles qui ont été laissées l'année d'auparavant, & à cet aspect raisonner en soy-même quel ordre on tiendra, lorsqu'on voudra tailler ces nouvelles ; & pour y réüssir, je n'en trouve point de meilleur à tenir, que celuy que j'ay établi pour la taille du premier bois.

Si je commence à vouloir tailler pour une seconde fois cet arbre, auquel il est venu deux belles branches bien placées, & que j'auray coupé au cinquiéme œil, c'est-à-dire, depuis quatre jusqu'à six poûces de longueur : si, dis-je, je m'approche de luy, pour faire cette operation, & que je voye que chacune à leur extremité, elles ayent jetté deux belles branches bien placées, au-dessous desquelles y en ait de petite, ou quelques-unes au-dessus : considerant pour lors que la nature m'a donné ce que je luy demandois pour commencer à bien former mon arbre, je taille chacune de ces branches nouvelles venuës à quatre ou cinq yeux de longueur, observant toûjours que les yeux que je laisse à l'extremité, regardent les vuides, que pour lors il est necessaire de remplir. (On remarquera que c'est de l'espalier que je recommence à parler ;) & à l'égard des petites branches, je n'y toucheray pas.

DE LA CAMPAGNE. Liv. III.

EXEMPLE.

A. Arbre. B. Deux branches de la taille de l'année precedente. C. Deux belles branches venuës à l'extremité d'une des branches de la taille precedente. D. Deux autres branches sorties de l'extremité de l'autre branche de la taille precedente, & toutes quatre dans une bonne situation. E. Petites branches venuës au-dessous de deux nouvelles branches. F. Petites branches venuës au-dessus des deux autres nouvelles branches. G. Endroit où il faut tailler les branches nouvelles venuës & qui sont bien situées.

Comme on voit tous les jours que ce que je viens de dire cy-dessus, n'est pas une regle generale, que la nature doive nous donner de ces belles branches si bien placées, il ne faut pas aussi nous attendre de trouver toûjours un pareil bonheur dans tous les arbres ; ces mêmes branches cy-dessus qui ont bien fait sur l'arbre dont je

Q iij

126 OECONOMIE GENERALE

viens de parler, donnent plus à penser sur celuy que voicy, où l'on voit que l'une des deux premieres branches de la taille precedentes a produit à son extremité trois belles branches, dont il n'y en a que deux de bien situées, la troisiéme étant venuë dans un lieu où on ne l'attendoit pas : pour lors ayant égard à la beauté de mon arbre, je trouve que le seul party que j'ay à prendre en cela, est de couper la branche mal placée à un écu d'épaisseur, & de tailler les nouvelles venuës à l'ordinaire, en laissant entieres deux petites ches sur les deux autres branches de la taille precedente.

EXEMPLE.

A. Arbre. B. Branches de la taille precedente. C. Trois branches venuës de l'année, à l'extremité de l'une des branches de la premiere taille. D. Une des trois branches mal placées. E. Endroit où il faut la couper à l'épaisseur d'un écu. F. Endroits où les autres nouvelles venuës doivent être taillées. G. Deux petites branlaissées entieres.

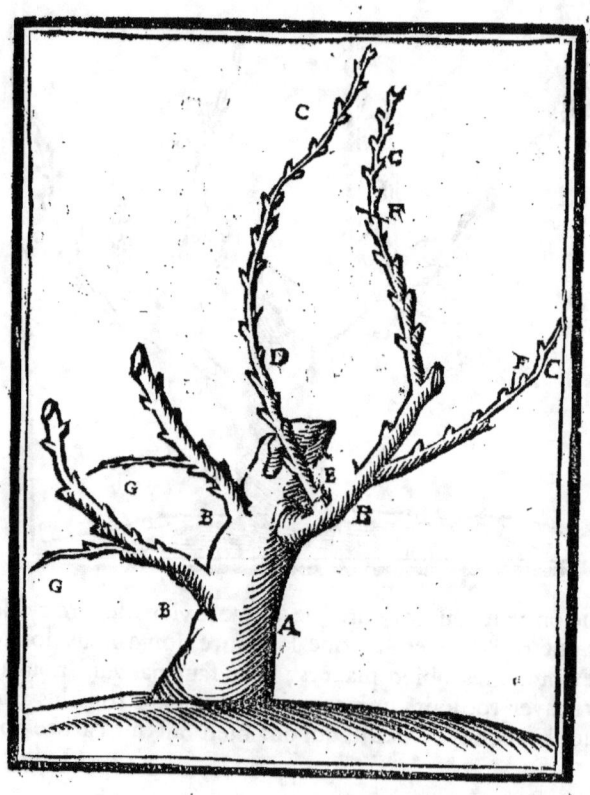

Si je vas à un autre arbre sur lequel j'auray laissé deux branches situées comme celles cy-dessus, & taillées de la même maniere ; j'y vois une production toute differente: sur une des premieres branches, il en est venu deux nouvelles, comme on les attendoit ; mais sur l'autre il n'en est crû qu'une un peu plus que mediocre, où suivant l'ordre de la nature, il en devoit croître deux, comme sur celle qui est proche d'elle, & aussi grosses ; & à la place d'une de ces belles que je m'attendois d'y voir, il ne s'offre à mes yeux qu'une petite, qui est au-dessous de cette seule branche plus que mediocre.

Qui voudroit, pour réüssir dans la taille de cet arbre, approfondir la cause d'un tel évenement, s'embarrasseroit mal-à-propos l'esprit d'une chose, où il ne feroit que de l'eau claire : mais jugeant seulement que la seve n'est pas dans cette branche en si grande abondance, que dans sa voisine (où elle devoit pourtant être de même) la bonne maxime veut qu'on la taille plus courte qu'on ne feroit, si cette seve ne l'avoit pas tant abandonnée ; car pourvû que sur cette unique branche nouvelle, on laisse une esperance d'en avoir une belle l'année suivante, cela suffit pour toutes les petites branches qui l'accompagnent ; elles seront laissées entieres, comme de coûtume.

Que faire aprés cela de ces deux belles branches cruës & venuës dans un bon ordre à l'extremité d'une de ces deux premieres belles branches ? il semble que la bonne regle veuille qu'étant dans une situation avantageuse, on les taille à cinq yeux de longueur : mais la raison naturelle s'y oppose, en prenant le party de la belle figure qu'on doit donner à un espalier ; car si on les tailloit de la longueur ordinaire, & que celle qui est vis-à-vis soit coupée plus bas, quelle difformité seroit-ce, de voir un des côtez de l'arbre monter plus haut que l'autre ? telle taille ne peut être qu'un ouvrage d'un Jardinier mal habile ; c'est pourquoy j'avertis icy qu'on se garde bien dans la suite de toutes les tailles, de tomber dans un inconvenient aussi difforme que celuy-là.

EXEMPLE.

A. Arbre. B. Branche plus que mediocre venuë à l'extremité d'une des premieres branches. C. Endroit où il la faut tailler. D. Deux belles branches bien placées venuës à l'extremité des deux autres premieres branches. E. Endroit où il les faut tailler. F. Petites branches laissées entieres.

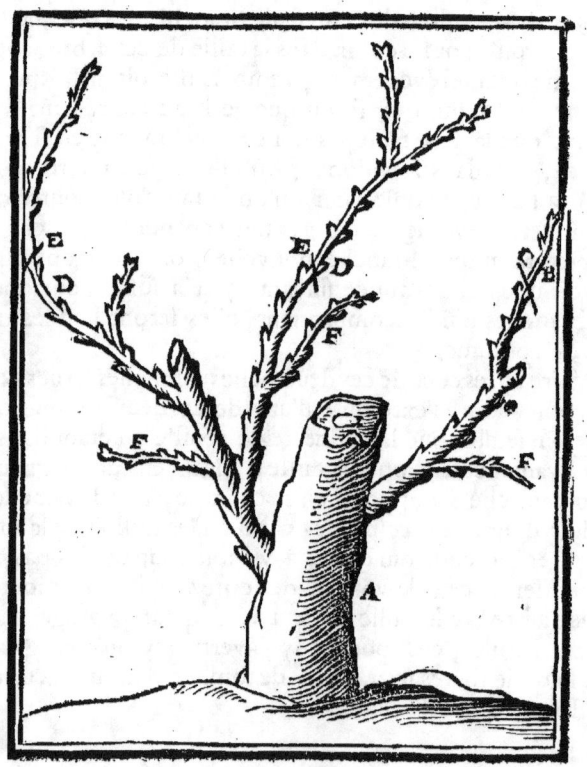

Je passe à un autre arbre, où je trouve encore des branches toutes differemment venuës de celles dont je viens de parler : sur une des premieres branches conservées, j'en apperçois deux belles bien placées, mais venuës non pas dans l'endroit où je les esperois ; car aux deux yeux de l'extremité, où elles devoient prendre leur origine, j'y vois deux petites branches, & au-dessous d'elles ces
deux

DE LA CAMPAGNE. Liv. III.

deux belles dont je parle ; & pour lors formant un raisonnement conforme à ce que la nature me peut suggerer, je juge à propos de laisser ces deux petites branches à l'extremité, comme branches à fruits : & à l'égard des deux belles, comme je ne perds point de vûë la beauté de mon arbre, je les taille comme je les trouve vigoureuses, faisant toûjours en sorte que les deux yeux que je laisse à l'extremité, ayent pour aspect les vuides qui sont à remplir, pour accomplir la figure de mon arbre.

Pour l'autre premiere branche sur laquelle il n'y en est cru qu'une belle à l'extremité & bien placée, au-dessous de laquelle sont trois petites, je coupe cette nouvelle à la hauteur des deux premieres branches, que je viens de tailler, & laisse aussi toutes les petites, sans y toucher.

Remarques.

On remarquera une fois pour tout, que quand je dis de laisser les petites branches entieres, je suppose deux choses : la premiere, qu'elles soient assez fortes pour se soûtenir d'elles-mêmes lorsqu'elles sont sur un buisson, sinon les rompre à l'extremité, pour leur faire prendre des forces : & la seconde, qu'elles soient bien situées sur un Espalier ; & en ce cas, quelques longues pussent-elles être, on n'y touche pas, à cause des échalas ausquels on les attache : mais si elles étoient en place de ne pouvoir joüir d'un tel secours, & qu'elles fussent trop foibles, on en feroit tout comme aux buissons.

EXEMPLE.

A. Arbre. B. Deux branches bien placées, mais venuës contre l'ordre de la nature. C. Deux autres petites branches qu'on laisse entières, & venuës à l'extremité de l'une des deux premieres branches & au-dessus des deux branches nouvelles. D. Endroit où doivent être taillées ces deux nouvelles branches. E. Seule belle branche venuë à l'extremité de la premiere autre branche. F. Trois petites branches au-dessous de cette unique branche. G. Endroit où doit être taillée cette nouvelle branche.

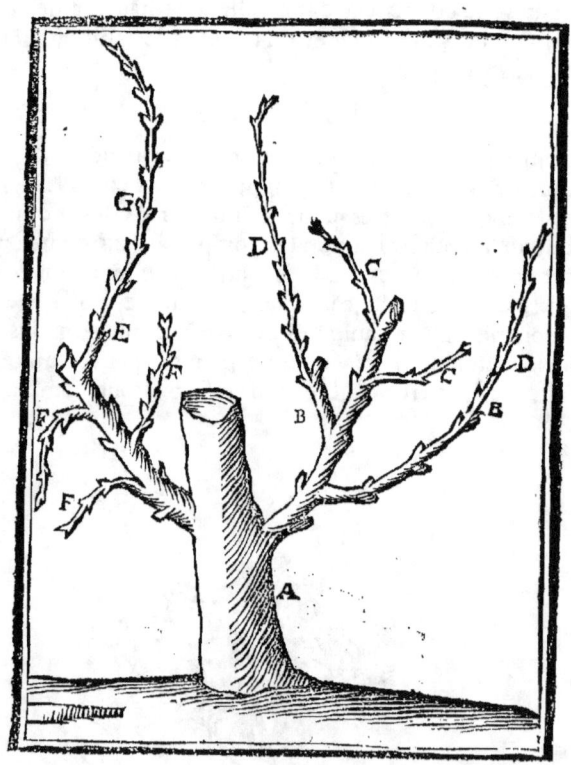

AVERTISSEMENT.

Qui verroit un jeune Arbre qui auroit donné trois belles branches bien placées la premiere année, ne devroit point se trouver embarrassé dans la production nouvelle que la nature y auroit faite à la seconde pousse, puisqu'il n'y auroit rien autre chose à obſerver que ce que j'ay dit qu'il falloit faire dans la taille des arbres qui ont donné la premiere année deux belles branches dans une ſituation avantageuſe.

Il eſt conſtant, que plus un arbre pouſſe de bois, plus il donne par là des marques de ſa vigueur : tel n'aura jetté que deux ou trois belles branches, qui ne ſera pas ſi fort qu'un autre ſur lequel il en ſera venu quatre & même davantage ; telle force auſſi plus ou moins grande, demande de nous des obſervations qui luy ſoient propres. Pour les arbres de la premiere & de la ſeconde claſſe, nous en avons ſuffiſamment diſcouru : il n'eſt plus queſtion à preſent, que de parler de ceux de la troiſiéme, étant ceux qui pouſſent ſi vigoureuſement, qu'un Jardinier, à moins qu'il ne ſoit fort habile, y voit ſouvent toute ſon induſtrie à bout.

Combien de fois auſſi ay-je vû de ces Jardiniers à demi ſçavans meurtriſer ces ſortes d'arbres, & par de ſots raiſonnemens dont ils payoient les perſonnes qui leur demandoient la raiſon de leur taille, tirer des conſequences de leur operation les plus ridicules du monde, & les plus éloignées de la philoſophie naturelle ? Oüy, je pardonne ces ſortes de mauvais traitemens à des gens qui taillant des arbres, le font comme ils le peuvent, & tout prêts à recevoir là-deſſus des inſtructions, ſi on leur en veut donner, & même bien-aiſes qu'une pareille occaſion ſe preſente, taillent pour s'apprendre, & à leurs propres dépens : mais à l'égard de ces Jardiniers qui s'imaginant tout ſçavoir, ſont les plus ignorans qu'il y ait en fait d'arbres, & qui, plus qu'ils ont une demangeaiſon de ſuivre leur caprice, font davantage voir leur bêtiſe. A l'égard de ceux-là, dis-je, il me ſemble que je ne ſçaurois par trop m'élever ici contre eux, pour les obliger en cela de ſe ſoûmettre à la raiſon naturelle qu'on veut leur enſeigner, & de ne point s'opiniâtrer à vouloir être les bourreaux des arbres, qu'on veut leur apprendre à traiter doucement, & à élever dans les regles.

Voici donc un arbre ſur lequel on avoit conſervé cinq belles branches bien fortes, & où la nature ayant ſuivi ſon cours ordinaire, en a produit quantité d'autres tant belles, que nous appellons branches à bois, que de petites, qui ſont celles pour l'ordinaire qui donnent le fruit : toute cette grande confuſion a lieu de nous embarraſſer davantage, que ces branches qui auparavant ſemblent n'être venuës que pour nous amuſer. Il en faut pourtant venir à bout. Examinant les nouvelles branches de mon Eſpalier les unes apres les autres, j'en choiſis celles qui peuvent le plus contribuer à la beauté de ſa figure, & je les taille de même

R ij

longueur que j'ay taillé celles sur lesquelles elles ont pris naissance, c'est à six ou sept yeux, suivant leur longueur; puis j'en retranche les autres à un écu d'épaisseur.

J'avertis encore, qu'en taillant quelque branche que ce puisse être pour former un arbre, qu'on soit soigneux de prendre toûjours garde aux deux yeux de l'extremité : je l'ay déja dit, & je le repete encore, ne pouvant trop imprimer cette maxime dans l'esprit de ceux qui veulent se mêler de tailler les arbres : ce n'est que par cette observation qu'on sçait comme il faut remplir les vuides d'un Espalier, ou d'un buisson ; & sans elles, toutes branches ne croissent que contre l'ordre.

Lorsqu'on a choisi sur tous les arbres qui poussent vigoureusement les jeunes branches les plus propres à donner la figure à l'arbre, il faut observer, aprés avoir jugé si elles sont assez fortes pour en produire deux à l'extremité, de laisser les yeux tournez comme j'ay dit ; ou en cas qu'il en faille entierement retrancher une, qui sera toûjours la plus haute, que celle de dessous ait pris la situation d'une telle maniere, que venant à être palissée sans contrainte, elle plaise de se voir attachée si heureusement.

Observation.

De deux branches qui seront venuës à l'extremité, celle qu'on voudra couper (au cas qu'il soit à propos de le faire) sera toûjours choisie la plus haute, pour deux raisons.

Premierement, parce que c'est toûjours celle-là qui naturellement contribuë le plus à former un arbre à souhait ; joint à cette raison, que la playe qu'on fait dans une extremité, est toûjours plûtôt recouverte que celle qu'on fait ailleurs.

Et en second lieu, c'est que (comme il n'est rien de plus desagreable à la vûë, que de voir des playes sur les branches d'un arbre) on évite cet inconvenient en taillant ainsi.

DE LA CAMPAGNE. Liv. III.

Exemple.

A. Arbre. B. Cinq belles branches conservées. C. Belles branches & en quantité venuës sur les cinq premieres. D. Branches qu'on laisse pour la figure de l'Espalier. E. Où il les faut tailler. F. Branches à retrancher. G. Endroit où on doit les retrancher. H. Petites branches qu'il faut laisser entieres.

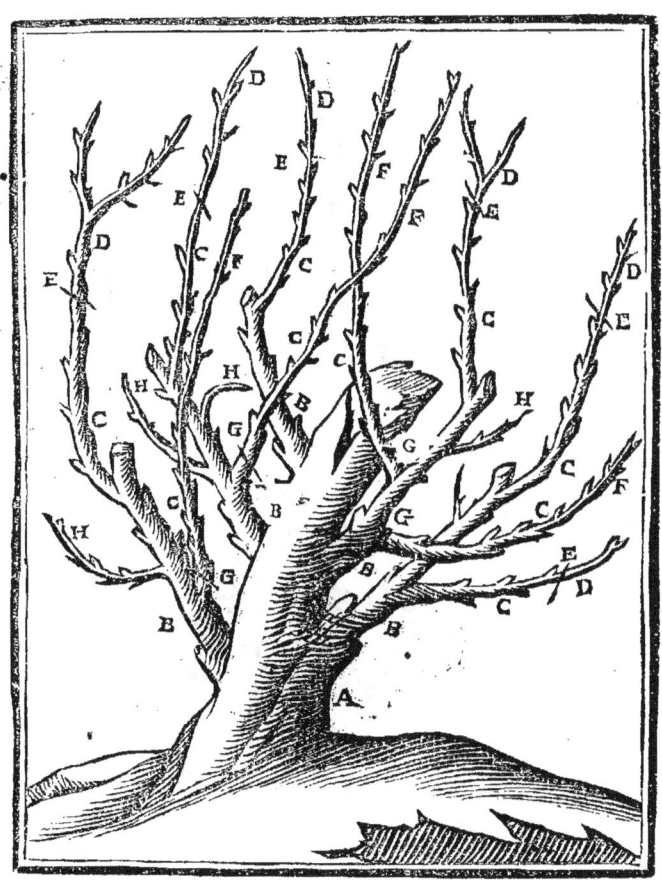

Mais si la seve monte avec tant de force dans un autre arbre de pareille nature, qu'il soit impossible de le reduire à fruit, sans de certaines précautions qui luy sont essentielles ; quelles seront cel-

R iij

les que je prendray pour lors ? car on doit sçavoir, & j'en avertis, que ce n'est point une seve abondante qui fait le fruit, mais que c'en est une mediocre : ainsi, à parler naturellement, il est necessaire de trouver des moyens pour arrêter cette impetuosité : cherchons-en donc qui y soient efficaces.

Il n'est pas que dans un tel arbre, il n'y vienne des branches tellement situées, qu'on ne les puisse conserver, non pas pour la beauté de l'arbre, ny pour l'abondance des fruits, mais seulement pour attirer à elles une partie de la seve, qui monte trop abondamment dans cet arbre.

Ces grosses branches seront choisies de telle maniere, que sur quelque arbre qu'elles soient, elles n'en pourront gâter la figure, ny nuire aux fruits qui y viendront, & ne seront considerées que comme branches auxiliaires, & dont on déchargera l'arbre, lorsque cette seve sera ralentie : ce qui fait qu'on les taille sans aucune observation, mais toûjours longues.

Pour les branches qu'on veut conserver pour la figure de l'arbre il faut les tailler à l'ordinaire, quant à la situation des yeux, mais de deux yeux plus longues que les precedentes ; les petites bonnes seront conservées, & les chifonnes ôtées.

Exemple.

A. Arbre. B. Cinq branches de l'année precedente. C. Plusieurs grosses branches cruës sur les cinq premieres. D. Grosses branches bien situées, & conservées comme branches à retrancher dans un temps. E. Branches à retrancher. F. Branches à conserver. G. Endroit où il faut les tailler. H. Petites branches bonnes. I. Branches chifonnes qu'il faut ôter.

Observation.

Si l'arbre, malgré ces premieres précautions, est toûjours en fougue, il faut l'année suivante allonger sa taille jusqu'à un pied, si on le peut faire, crainte qu'une trop grande confusion de branches, ne vienne à le rendre difforme, devant être persuadé qu'à moins qu'on ne donne à la seve dequoy s'épancher en plusieurs endroits, lorsqu'elle est abondante, elle ne peut qu'elle ne cause beaucoup de desordre, lorsqu'elle monte dans un petit espace qui la contient, jusqu'à faire changer les boutons à fruits en yeux propres à donner du bois; mais lorsque cette impetuosité sera passée, il faudra être soigneux de le remettre à sa premiere taille; c'est-à-dire de tailler au quatre ou cinquiéme œil.

Comme il n'est point de secrets qu'on n'invente pour faire prendre du fruit à un arbre, qui par une trop grande abondance de seve ne jette que du bois, voicy encore une maniere de tailler en cette occasion qui me semble assez bonne pour y réüssir.

Je suppose qu'un arbre ait cinq ou davantage de belles branches de l'année precedente, & que la seve y agissant avec impetuosité, y ait fait sur une de ces premieres conservées, quatre autres belles branches dans un ordre bon & mauvais; & que sur les autres branches, elle en ait aussi produit, mais non pas en si grand nombre, & qu'elle ait aussi garni cet arbre de beaucoup d'autres petites branches: pour lors je taille le corps de l'arbre à l'ordinaire, ne manquant point d'y faire les observations necessaires, & que j'ay déja marquées, y laissant le plus de petites branches qu'il est possible, pouvû qu'elles ne fassent point de confusion. Je pratique ainsi cette taille jusqu'à la belle branche, qui a jetté quatre autres belles, qui ne peuvent pas ny pour la beauté, ny pour la fécondité de l'arbre, demeurer toutes quatre dans leur place d'origine: il est donc question de sçavoir combien il en faut laisser, & quelles sont celles qui resteront, c'est-à-dire, les hautes ou les basses.

A l'égard du nombre qu'il en faut laisser, deux suffiront; & pour sçavoir quelles seront ces heureuses, je dis qu'il n'importe que ce soit ou les deux d'en-bas, ou les deux d'en-haut; mais quant à la maniere de les couper en l'un des deux endroits; c'est ce qu'il faut sçavoir, ces branches hautes ou basses se coupant differemment.

Car premierement, si ce sont les branches d'en-haut qu'on choisit pour rester, je fais de celles d'en-bas des crochets de deux poûces de long, soit que ces branches se jettent en dedans, ou aux côtez de l'arbre: mais si ce sont les belles que je fais sauter, je coupe celles de dessus en moignon.

Suivant la force de la branche, on peut, si l'on veut, de ces quatre nouvelles branches n'en laisser qu'une, soit en-haut, soit en-bas, & faire comme je viens de dire.

EXEM-

DE LA CAMPAGNE. Liv. III.   137
EXEMPLE.
A. Arbre. B. Plusieurs belles branches de l'année precedente. C. Branches nouvellement venuës. D. Où elles doivent être taillées. E. Branche sur laquelle il en est venu quatre belles bien & mal placées. F. Branches qu'on laisse. G. Branches ôtées & taillées en crochet.

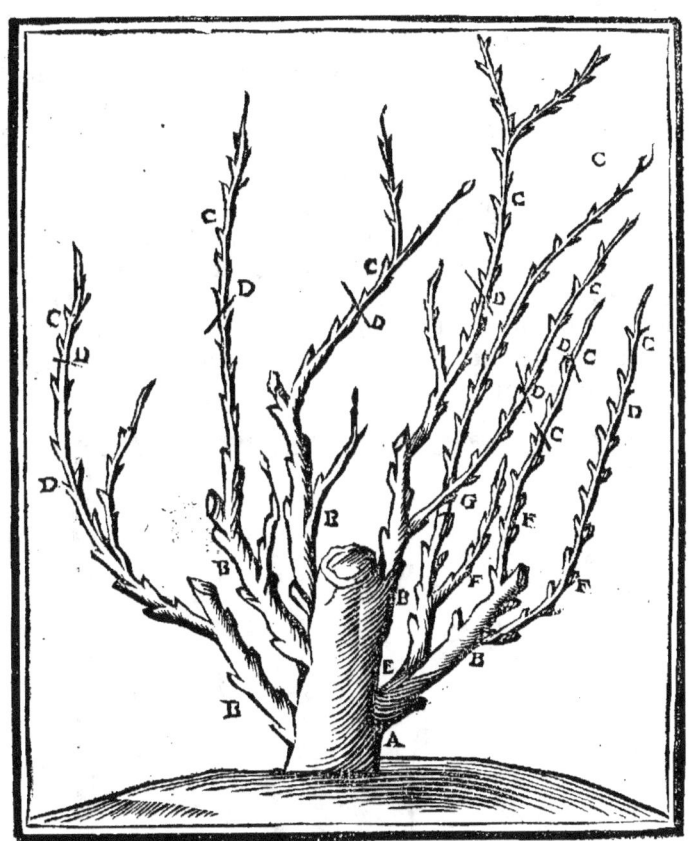

OBSERVATION.
Quand une branche laissée longue pour fruit, est devenuë extrêmement grosse, & qu'à son extrémité elle en a produit une ou plusieurs, & que celles qui étoient disposées à jetter de beau bois n'en ont donné que de fort foible; pour lors changeant de taille, comme la nature change d'ordre, il faut traiter les premieres com-

Tome II.   S

138 OECONOMIE GENERALE

me branches à bois, & les secondes comme branches à fruit.

Toutes branches, pour ne point laisser son arbre dégarni par le bas, doivent ne point être taillées trop longues, si ce n'est dans les arbres où la seve agit avec trop d'impetuosité.

Il arrive quelquefois, comme je viens de dire, qu'une branche à fruit a changé de nature, & qu'elle a poussé des branches; en ce cas, ces sortes de branches ne doivent point aussi être coupées longues : & lorsqu'une branche du genie dont est celle cy-dessus, a poussé du bois, au lieu de donner du fruit, & qu'elle est foible à cause de sa vieillesse, on observera de tailler ces branches en moignon, en telle sorte qu'il n'y revienne plus rien à son extrémité.

EXEMPLE.

A. Arbre. B. Quelques belles branches bien situées. C. Branche laissée pour fruit, à l'extremité de laquelle sont venuës d'autres branches. D. Endroits où il les faut tailler. E. Branches à bois qui ont peu profité. F. Branches venuës dessus ces branches à bois & laissées sans tailler. G. Autre branche à fruit foible, & qui pourtant a poussé des branches. H. l'endroit où ces branches doivent être coupées.

Des Buissons.

Je n'ay rien dit de la taille de l'espalier qui ne convienne à celle du buisson ; il n'y a que la forme à observer differemment, & quelques remarques qui sont propres à celuy-cy, & qui ne valent rien pour celuy là.

Lorsque j'ay parlé de ces grosses branches gourmandes que j'ay conseillé de laisser sur un espalier pour y consumer une partie de la seve qui s'y jette avec trop d'abondance, supposé que cet inconvenient arrive, j'entens avec juste raison qu'on en doit faire la même chose sur un arbre en buisson, pourvû que lorsque cette seve sera ralentie, & que de cette seconde taille il soit venu d'autres branches qui commenceront de rendre le buisson ouvert, pourvû, dis-je, qu'on ôte ces grosses branches gourmandes & qu'on reprenne sa taille comme de coûtume.

Ce que c'est que tailler à l'épaisseur d'un écu.

Couper à l'épaisseur d'un écu, se pratique ordinairement sur les grosses branches qu'on veut ravaller, & qu'on ne juge pas de couper en moignon : cette maniere de tailler est d'un grand profit, & je conseille de ne la point negliger lorsque l'occasion le requerera, puisque c'est d'elle que nous viennent tant de petites branches qui sont celles que nous appellons fecondes.

CHAPITRE XX.

De la taille des Espaliers qui ont acquis toute leur forme.

UN Espalier à l'âge de quatre ans doit avoir acquis toute sa forme, supposé qu'il ne luy soit arrivé aucun accident, & qu'il ait été bien conduit ; mais ce n'est pas assez jusqu'à cet âge qu'un Jardinier y ait apporté tous ses soins, il faut encore qu'il les continuë jusqu'à ce que la vieillesse ou quelqu'autre inconvenient l'ait rendu incapable de ne plus porter aucun fruit, & ne meriter plus par consequent que d'être arraché: car jusqu'à ce malheur, un arbre pour être fecond, demande qu'on le gouverne avec toutes les precautions qui luy sont essentielles; autrement c'est un abus d'esperer d'un espalier aucun avantage.

Mais avant que d'entrer dans un long détail des observations qu'il y a encore à faire sur la taille d'un arbre en espalier qui est tout formé, j'ay jugé à propos de donner à remarquer cinq points principaux, qui étant exactement observez feront qu'un

Jardinier ne perdra point son temps à conduire un arbre.

Premierement, il faut être soigneux de proportionner la charge de l'arbre à sa force ; autrement on court risque de le ruiner bien-tôt.

Secondement, en taillant, de prevoir aux branches qui dans l'ordre de la nature doivent venir de celles qu'on taille ; ce dont on juge par les yeux qui regardent le lieu vuide, où ces futures branches peuvent être les mieux placées pour donner une belle figure à l'espalier.

En troisieme lieu, d'arracher comme indignes de nos soins, tous arbres qui jaunissent à la fin de l'Eté sans avoir bien poussé, ainsi que ceux qu'on voit tous les ans mourir à l'extremité de leurs branches.

Quatriémement, on ne s'amusera point de garder aucuns Pêchers qu'on verra beaucoup atteints de la gomme, ni ceux ausquels les fourmis feront une cruelle guerre, jusqu'à en alterer beaucoup le corps de l'arbre : car ce seroit peine perduë.

Et enfin en cinquiéme lieu, de regarder comme arbres inutiles, ceux qui ne sont chargez que de méchantes petites branches, qu'on reconnoîtra être de faux bois ; devant être persuadé qu'en telle occasion, quelques soins qu'on pût apporter aprés un arbre, on n'en feroit jamais chose qui vaille.

Ces cinq points observez, je veux tailler un espalier qui est déja tout formé ; mais qui si-tôt que je m'en approche me presente aux yeux à la verité des anciennes branches fort bien conduites, & d'autres de l'année precedente dans une situation assez avantageuse ; mais parmi tout ce bel avantage, j'y apperçois des choses qui m'embarrassent. D'abord sur quelques branches palissées qui se portent un peu de côté, j'y en vois sortir d'autres petites que je reconnois être branches gourmandes, & desquelles je ne me puis servir pour la beauté de mon arbre, ny pour fructifier.

Pour lors rappelant tous mes principes à mon secours, je juge que naturellement je dois les couper ou en talus, ou à l'épaisseur d'un écu : ou en talus, si la branche que je veux couper est mal placée, en telle sorte que la coupant autrement, la nouvelle branche qui en proviendra se jette en-dedans ou en-dehors ; ce qu'il faut éviter : & à l'épaisseur d'un écu, si les branches étant en une bonne situation, je n'ay rien à apprehender des nouvelles futures pour la beauté de mon espalier. Ailleurs je remarque des petites branches qui sont branches à fruits, qui en poussent d'autres à leur extremité ; toute cette production me déplaît, ce qui m'oblige à couper en moignon ces nouvelles venuës à l'endroit de leur origine : &

DE LA CAMPAGNE. Liv. III. 141

si malgré moy la nature s'opiniâtre à y en vouloir faire jetter d'autres, pour la tromper, je coupe tout-à-fait cette petite branche féconde à l'épaisseur d'un écu prés de sa source.

Ce n'est pas encore assez; je trouve sur ce même arbre des argots qui sont secs, & comme c'est une mal-propreté en fait de taille de les laisser, je ne balance point aussi d'en décharger cet arbre.

EXEMPLE.

A. Arbre palissé. B. Anciennes branches bien conduites & taillées. C. Branches de l'année precedente bien conduites aussi. D. Petites branches de faux bois, sorties du dessus des branches qui se portent de côté. E. Petites Branches coupées en talus. F. Petites branches coupées à l'épaisseur d'un écu. G. Petite branche à fruit qui en a poussé d'autres à son extremité. H. Petites branches venuës à l'extremité d'autres petites fécondes & coupées en moignon. I. Argots secs. L. Endroit où il les faut couper.

S iij

Un arbre a poussé des branches mediocrement vigoureuses; ce qui est cause dans cette année qu'on n'a sçû quel espoir on devoit en attendre dans la suite : l'année suivante la nature nous trompant agreablement, a fait sortir de ce même arbre trois nouvelles branches bien nourries; voilà un changement qu'on n'esperoit pas. A quoy faut-il pour lors qu'un Jardinier se détermine ? les premieres ont des branches d'esperance, & les secondes ne sont que branches de faux bois; celles-là à la verité, comme filles aînées de leur mere par un droit qui leur est dû, ont droit de rester ; & celles-ci, si elles ont été assez heureuses que de venir dans un endroit bien situé pour contribuer à la belle figure de l'espalier, elles demeureront aussi; autrement on les fera sauter, en observant de les couper comme j'ay déja dit plusieurs fois.

Si ces nouvelles branches restent, ce n'est que dans l'esperance de s'en servir dans la suite, comme d'un secours pour renouveller cet arbre, lorsque ses branches anciennes se seront épuisées à donner leurs fruits; ce qui se pratique en coupant ces branches vieilles venuës, pour y laisser les nouvelles à leur place.

Mais si ces nouvelles branches croissent mal situées, sans balancer on les retranche entierement, afin d'en attendre quelque chose de plus avantageux.

Et pour conduire ce même arbre dans les regles veritables de la taille, si l'on voit qu'il soit garni de branches foibles, que nous avons dit être bonnes pour le fruit & devoir pour cette raison être conservées, nous n'aurons pour lors aucun égard pour elles ; la seve, qui les a negligées, pour ainsi dire, nous montrant que c'est assez qu'elles les nourrisse, sans qu'il soit besoin que le fruit vienne luy dérober une partie de cette substance qui n'est déja que fort mediocre. Ainsi, il faut soigner d'ôter telles petites branches, & de chercher le fruit dans les plus fortes.

EXEMPLE.

A. Arbre palissé. B. Branches mediocrement vigoureuses. C. Trois nouvelles branches bien nourries, sorties du pied de l'arbre dans une bonne place, & qu'il faut garder. D. Petites branches à fruit, mais trop foibles pour être conservées, coupées à l'épaisseur d'un écu.

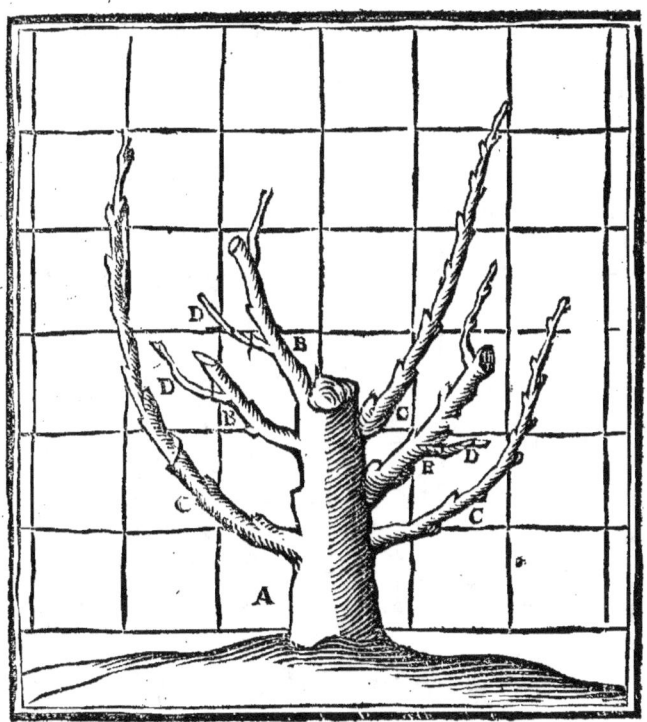

Il arrive quelquefois qu'une branche située d'une maniere, fait le dos de chat lorsqu'elle est palissée : cet aspect est fort désagreable dans un espalier, & c'est un défaut qu'on ne peut recorriger, qu'en coupant l'année d'après cette branche à un écu d'épaisseur, afin que de cet endroit il en sorte une nouvelle qui ait meilleure grace.

Il arrive encore qu'un arbre jettees de petit branches à fruit qui sont menuës par le bout : telles branches ne sont jamais bonne fin, si on ne les racourcit; excepté celles qui sont trop éloignées du cœur de l'arbre, qu'on ôte ordinairement en moignon, à cause qu'en tel endroit la seve ne les favorise gueres; à la difference des grosses qu'elle se plaît d'aller chercher loin, & qu'on doit absolument retrancher, si l'on veut que l'arbre reçoive autant de substance qu'il luy en faut pour le nourrir.

EXEMPLE.

A. Arbre palissé. B. Branche couchée en dos de chat & qu'il faut ôter. C. Endroit où il en faut couper l'année suivante. D. Petites branches dont l'extremité est menuë, & qu'il faut racourcir en les rompant avec les doigts. E. Petites branches éloignées du cœur de l'arbre & qu'il faut couper en moignon. F. Grosses branches éloignées & qu'il faut couper dans leur source. G. Endroit où il les faut couper.

DE LA CAMPAGNE. Liv. III.

Tout ce qui paroît utile, bien souvent faute de le sçavoir ménager, devient nuisible. Un arbre est chargé de quantité de petites branches d'esperance, que j'ay toûjours conseillé de conserver; mais ces branches sont toutes droites : & comme la seve qui n'aime rien tant que ces voyes-là pour monter, ne manque gueres d'y causer de la confusion, on a pour lors la precaution de retrancher celles dont la situation n'est pas bonne, & d'en racourcir une partie, sans laquelle precaution un arbre est bien-tôt en danger de se dégarnir par le bas.

Lorsqu'on taille ce même arbre, on apperçoit quelques vuides que les veritables regles de la taille veulent qu'on remplisse, & on ne trouve pour cela que des branches à fruit dont il faut de necessité se servir, ce qu'on fait : mais de dire que telles branches garnissent long-temps les endroits où on les a jugé necessaires, non ; car le genie dont elles sont, ne permet pas qu'elles se contrefassent plus de deux ou trois ans : ainsi ces branches reprenant leur premiere nature, délaissent absolument leur place, qui demeure vuide, si dés le commencement qu'on s'est apperçû de ces défauts, on n'a pris soin en taillant de leur en substituer d'autres.

Tome II.   T

146 OECONOMIE GENERALE

EXEMPLE.

A. Arbre palissé. B. Petites branches en quantité, propres à fruit & s'élevant en haut. C. Celles qu'il faut ôter. D. Celles qu'il faut racourcir. E. Vuides à remplir. F. Branches à fruit bien nourries, dont on se sert pour cela faute d'autres. G. Endroit où il les faut couper.

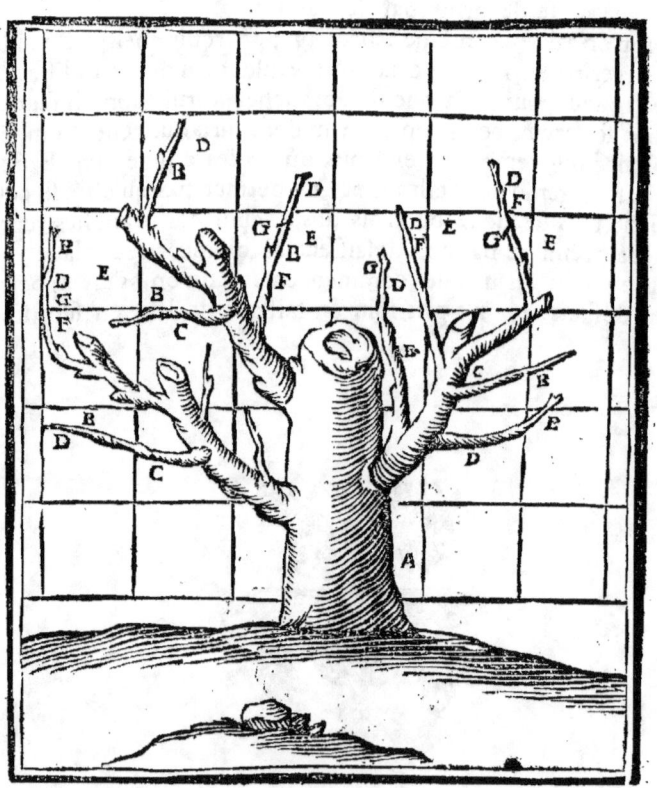

Un jour un Jardinier fort embarrassé à tailler un arbre, à cause qu'on le regardoit, apperçut dessus une grosse branche courte à l'extremité de laquelle étoit venuë une autre grosse branche. Il ne sçavoit qu'en faire; tantôt sur cette nouvelle branche il porta sa serpette à deux yeux; tantôt à trois; & enfin, suivant le raisonnement qu'il avoit fait en soy-même, il revint au premier œil, où enfin il coupa cette branche. Il croyoit avoir fait le plus beau chef-d'œuvre du monde, jusqu'à ce qu'un autre plus habile qu'il n'étoit, luy dit qu'apparemment il ne prévoyoit pas que si dans cette branche nouvellement coupée il y en naissoit une autre, elle emporteroit toute la seve, en telle sorte que donnant à la mere branche qui n'étoit pas garnie une longueur trop menuë & trop étenduë, cela seroit trop desagreable aux yeux, & même contre les regles de la taille ; qu'ainsi, pour empêcher cet inconvenient, il la falloit couper en moignon, pour obliger la seve de produire sur cette branche où cette taille seroit faite, d'autres branches qui garniroient admirablement bien l'endroit où elles viendroient bien placées. Vaincu par cette bonne raison, ce Jardinier à demi sçavant reprit donc sa branche qu'il retailla en moignon.

 Un autre embarras luy survint : l'arbre qu'il tailloit étoit un arbre vigoureux, & d'un autre côté où étoit la branche qu'il venoit de tailler ; j'en voyois une autre qui étoit forte, & à l'extremité de laquelle sortoient deux autres branches bien nourries ; rien ne manquoit par le bas de celle qui les portoit, tout en étoit bien garni ; il n'étoit donc plus question que de regarder ce qu'on feroit de ces nouvelles branches : les laisser toutes deux, ce seroit mettre en danger celles qui seroient au-dessous, d'être ruinées dans peu de temps, à cause de la seve, qui se portant naturellement en-haut, se jetteroit la plus grande partie dans ces hautes grosses branches, & délaisseroit trop, par consequent, les petites à fruit qui leur seroient inferieures : de les ôter aussi toutes deux, la forme de l'arbre ne le veut point, non plus que le bas de cet arbre, qu'il a ce qui luy faut pour être beau. Il s'agit donc d'en ôter l'une ou l'autre : Mais laquelle choisir ? voilà mon homme en peine ; à la verité d'autres que luy douteroient en pareille occasion : la plus haute de ces deux branches nouvelles venuës, est plus grosse que celle de dessous ; & jugeant que si on la laisse elle pourroit trop emporter de seve, ce qui ne se pourroit faire qu'au prejudice de celles qui seroient au-dessous d'elles, on se détermine à l'ôter, en la coupant en moignon, à cause qu'on trouve que celle qu'on laisse a pris assez de nourriture, sans qu'il soit besoin de luy en donner davantage. Voilà ce qu'un habile Jardinier fait, & ce que ne faisoit pas celuy dont je parle, qui coupant indifferemment ces deux branches, les laissoit toutes deux, voyant qu'elles garnissoient un beau vuide qu'il n'étoit pas encore temps de remplir ; ainsi en luy montrant sa faute, il tailla ces deux branches, comme je viens de dire.

T ij

Cette avanture que j'ay vûë & que je rapporte icy, servira d'instruction à ceux qui en taillant, se trouveront en même hypothese.

EXEMPLE.

A. Arbre vigoureux. B. Branche vigoureuse dégarnie. C. Autre branche forte venuë à l'extremité de la precedente. D. Endroit où il la faut couper en moignon. E. Autre branche vigoureuse d'un autre côté. F. Deux branches fortes, venuës à son extremité. G. Branche qu'on laisse. H. Où elle doit être taillée. I. Branche qu'on ôte. L. Endroit où on l'ôte, & où on la coupe en moignon. M. Branches au-dessous de ces deux grosses.

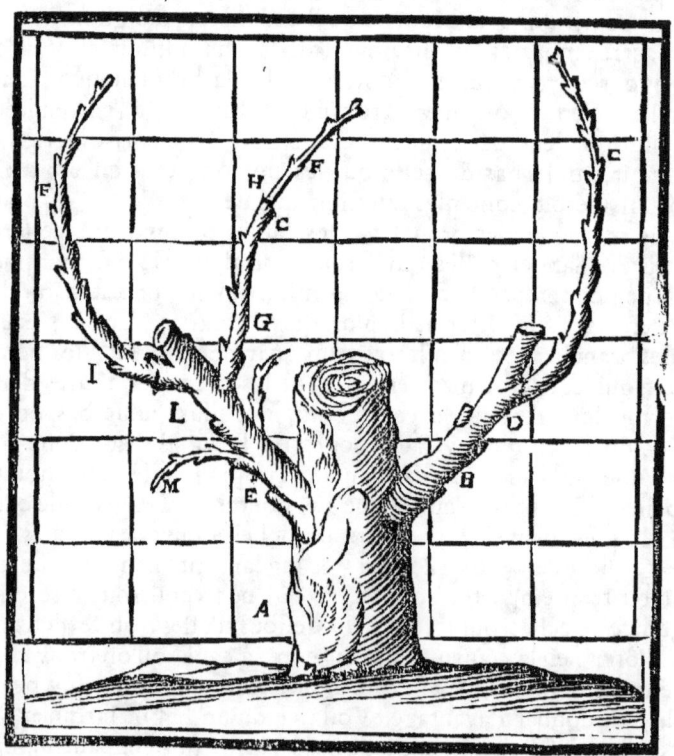

Comme les arbres jettent differemment, on voit souvent qu'une grosse branche sur un arbre en a poussé trois à son extremité, dont la plus haute est passablement grosse, la milieu branche à fruit, & celle de dessous plus grosse que les deux autres. Tel ordre de la nature donne un peu à penser à un homme qui taille un arbre. Mais voicy pour l'ordinaire ce qu'il faut faire : si la plus haute est bien placée, on s'en sert pour la figure, laissant entiere celle à fruit, & coupant en talus la plus grosse de dessous.

La raison m'en paroît assez naturelle ; premierement, parce que trouvant une branche bien placée à former mon espalier, je ne sçaurois faire plus sagement que de la laisser ; en second lieu, donnant toute liberté à celle qui est feconde, je ne fais en cela que ce que je dois faire ; & en troisiéme lieu, coupant celle de dessous qui est la plus grosse en talus, j'en agis en habile Jardinier : si je la laisse entiere, toute la seve s'y va jetter, & abandonnera par consequent les deux autres superieures. Mais vous accordez, m'objectera-t-on, que le cours naturel de cette seve étoit toûjours de monter dans les parties superieures de l'arbre ; il est vray : mais pareille à un ruisseau, qui sans se revolter contre sa source, se trace bien souvent une autre voye que celle qui luy est ordinaire ; de même cette seve s'étant ouvert un passage contre l'ordre de la nature, se porte dans des lieux où on ne s'attend pas, & ce sont ces sortes de changemens qui font connoître l'habileté d'un homme qui taille un arbre ; ainsi j'ay donc raison de dire de tailler ces branches, comme je le viens d'enseigner.

Mais au contraire, si la branche qui occupe le dessous se trouve dans une situation meilleure pour la figure de l'arbre que celle qui est la plus haute, on peut si l'on veut changer de sentiment, en taillant cette branche de dessous comme branche à bois, laissant celle du milieu entiere, & traitant la plus haute comme une branche à fruit ; mais il faut que ce soit en vûë de ne la conserver en cet endroit qu'un peu de temps, supposé que l'arbre soit vigoureux, & qu'elle ne fasse point de confusion ; autrement on la coupera en talus, au lieu de l'emporter tout-à-fait ; cette derniere façon de la couper étant dangereuse, (luy faisant trop prendre de nourriture) de changer en elle la bonne disposition qu'elle a de produire du fruit, en celle qu'elle prendroit de ne jetter que du bois.

Mais au cas qu'il faille ôter celle de dessous, d'où vient me dira-t-on la couper en talus, & non pas autrement ? c'est qu'il est question que ne l'ayant pas trouvée dans une situation assez bonne pour la figure de mon arbre, & n'envisageant plus par consequent cet endroit pour être rempli d'une branche à bois ; il est question, dis-je, d'en appeller une qui soit propre à donner du fruit ; en quoy l'on réüssit merveilleusement bien, par le moyen de la taille en talus.

EXEMPLE.

A. Arbre palissé. B. Grosse branche qui en a poussé trois à son extremité. C. La plus haute de ces trois nouvelles mediocrement grosse. D. Endroit où elle doit être taillée. E. Petite branche à fruit laissée entière. F. Troisiéme branche de dessous coupée en talus. G. Autre branche qui a aussi jetté trois branches à son extremité. H. Branche de dessous bien placée, & qu'on laisse pour la forme de l'arbre. I. Endroit où il faut la tailler. L. Petite branche laissée entière. M. Branche la plus haute taillée à l'extremité, comme branche à fruit.

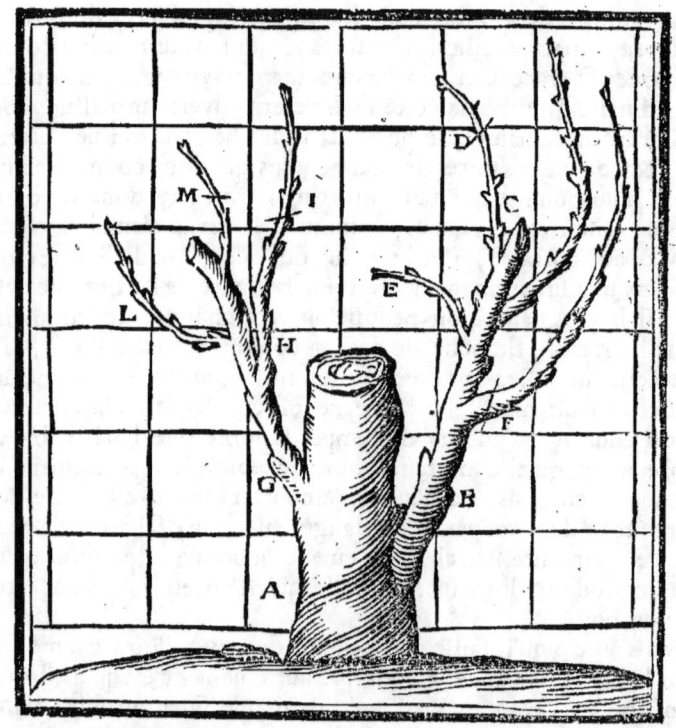

Ce que c'est que couper en talus.

J'ay déja tant de fois parlé de la taille en talus, que je ne crois pas devoir passer plus avant, sans dire ce que c'est: tailler en talus, ou en pied de Biche, c'est la même chose; c'est couper une branche en telle sorte que la coupe en soit un peu longuette, & en pente: cette taille se pratique le plus souvent à l'égard de l'extremité des branches qu'on taille, & sur les branches qu'on coupe aux côtez des meres branches, lorsque l'occasion le requiert; & cette coupe se fait de telle sorte, qu'à l'extremité d'en-bas il n'y reste aucun bois, & en-haut l'épaisseur d'un bon écu.

Ce qui doit beaucoup chagriner un homme qui gouverne des arbres, est d'en avoir qui difficilement se mettent à fruit: & lorsque ce malheur luy arrive, je luy conseille de laisser dessus beaucoup de vieux bois, & sur tout des branches à fruit, au bout desquelles toûjours l'année d'aprés cette presente taille, il en viendra encore d'autres, qu'il laissera encore sans y toucher, & à l'extrêmité aussi desquelles dernieres branches venuës, la séve abondante en fera encore naître d'autres: Si bien que voilà des branches de trois pousses, au bout l'une de l'autre de les laisser ainsi pour le coup, il n'y a pas d'apparence, car elles sont trop longues, & rendent la figure de l'arbre difforme; qu'en fera-t-il? il faudra pour lors que si les deux premieres ont trop de longueur, il fasse sa taille sur la seconde; ou bien, si elles sont comme la beauté de l'arbre les demande, qu'il taille la derniere en moignon dans l'endroit de son origine; mais qu'en observant ainsi ces choses sur cet arbre, on se garde toûjours d'y rien faire en confusion.

EXEMPLE.

A. Arbre poussant tout en bois. B. Quantité de petites branches vieilles & laissées sur cet arbre. C. Autres branches venues à l'extrêmité de ces premieres. D. Deuxiémes branches crües au bout de ces premieres. E. Endroit où il les faut tailler, à cause des deux premieres qui sont trop longues. F. Endroit où il les faut tailler en moignon, à cause de la juste longueur qu'ont ces deux premieres. G. Deux branches mal placées à ôter en moignon.

Figure

Figure d'un Espalier.

Des Buissons tout formez.

On doit être persuadé que ce que je viens de dire des espaliers tout formez, regarde aussi les buissons qui ont acquis entierement leur figure, excepté quelques observations que voicy, & qui leur sont particulieres. Par exemple, on sçait bien que les branches d'un buisson n'ont rien qu'elles-mêmes qui leur aide à supporter le fardeau des fruits qu'elles produisent ; c'est pourquoy, plus qu'à l'espalier il en faut considerer la force, afin qu'y proportionnant les boutons, ces branches, sans succomber dessous, portent leurs fruits jusqu'à leur entiere maturité.

Il faut observer qu'un buisson qui est d'une espece à rapporter beaucoup de fruits & de bien gros, doit toûjours être taillé

154 OECONOMIE GENERALE

court, pour faire en sorte qu'entraîné par la pesanteur du fardeau qu'il porte, il ne s'ouvre point trop; telle forme si ouverte n'étant point belle dans un tel arbre.

Un buisson qui seroit défectueux d'un côté, par une hauteur inégale de branches, soit par accident, ou naturellement, pour parvenir à acquerir une belle forme, se trouveroit bien heureux que la nature luy eût fait naître de ce mauvais côté-là une nouvelle branche de faux bois, & bien nourrie: car pour lors cette branche étant taillée longue, commenceroit à le rendre plus agréable à la vûë.

Toutes branches pour peu qu'elles soient mal situées, doivent être retranchées de dessus un Buisson, si l'on ne veut qu'il paroisse tout bossu.

Figure d'un Buisson.

Maximes sur la taille des Arbres.

De ce qu'il me reste encore à dire de la taille des arbres, j'ay crû devoir le reduire en Maximes, tant pour la plus facile intelligence de ceux qui les liront, que pour la necessité des preceptes qu'elles renferment.

Premiere Maxime.

Quiconque veut bien tailler un Arbre, doit retrancher de deſſus toutes les petites branches qui prennent leur naiſſance d'autres branches menuës; car il n'y a rien à en eſperer, la ſeve leur étant trop peu favorable.

II. Maxime.

Tout Jardinier, avant de couper une branche, doit toûjours regarder le lieu d'où elle ſort, afin de juger ſi elle pourra produire les effets que nous en attendons.

III. Maxime.

La premiere obſervation qu'on doit faire avant que de tailler un Arbre, eſt de jetter les yeux ſur le vieux bois, pour voir s'il n'y a point de défauts par rapport à la taille precedente, & s'il y en a les corriger.

IV. Maxime.

Toute branche qui croiſe, ſoit dans un eſpalier, ſoit dans un buiſſon, doit être retranchée, à moins que dans un eſpalier elle ne ſerve à remplir neceſſairement un vuide, ou qu'elle ne contribuë à la beauté de ſa figure, ou bien enfin que ce ne ſoit une branche à fruit, qui en quelque endroit & de quelque maniere qu'elle puiſſe être ſituée, a toûjours bonne grace.

V. Maxime.

Une des bonnes Maximes de tailler un eſpalier, eſt de le dépaliſſer tout entier, avant que d'y rien couper; autrement ce n'eſt qu'une pure nonchalance, dont on peut à bon droit accuſer un Jardinier; & il y en a même qui le font lorſqu'il s'agit au mois de May de paliſſer les jets de l'année.

VI. Maxime.

On doit remarquer, que tout arbre qui pouſſe avec trop de vigueur, doit être tenu plus long qu'un autre où la ſeve ne ſe jette pas en ſi grande abondance, ſoit à côté, ſoit en-bas, ſoit en-haut.

VII. Maxime.

J'ay déja averti, & j'en avertis encore, qu'il faut abſolument ôter de deſſus un arbre toutes les petites branches maigres, &

qui ne font bonnes à rien, comme des fujets propres feulement à prendre, & à ne rien rendre.

VIII. Maxime.

Qu'on obferve exactement lorfqu'on ôte une haute branche de deffus une baffe, de le faire le plus prés de fon origine qu'il eft poffible, afin que la playe s'en recouvre plus promtement ; & que fi c'eft une haute qu'on conferve, de couper en talus celle de deffous.

IX. Maxime.

Pour bien tailler un arbre, il faut toûjours couper une branche courte entre deux longues ; l'année fuivante la branche courte fera taillée longue, & la longue courte ; c'eft le fecret d'avoir de beaux fruits, & de conferver les arbres bien garnis.

X. Maxime.

La pouffe d'Aouft ne fait jamais de fruit, à caufe que le bois n'en eft pas aoûté ; c'eft par cette raifon qu'il le faut toûjours couper.

XI. Maxime.

Les boutons à fruit étant les fujets pour lefquels nous nous donnons tant de peine aprés les arbres, feront religieufement confervez, comme étant l'efperance des richeffes que nous en attendons.

XII. Maxime.

Si l'on defire qu'un arbre paroiffe bien garni, fes branches ne doivent avoir de diftance les unes des autres, que d'un doigt.

XIII. Maxime.

Quand on voit fur un arbre des branches à fruit, fortir d'autres branches de pareille nature, il ne faut jamais les ôter, fi ce n'eft celles qui peuvent y apporter de la confufion.

CHAPITRE XXI.

De la taille des Espaliers, & des Buissons lorsqu'ils sont vieux; & des secrets pour leur faire prendre du fruit.

IL me semble que sans outrer la matiere dont je traite, je puis icy faire le parallele d'un arbre, avec la maniere d'élever un homme, qui tel que cet arbre ne peut acquerir aucune perfection, si dés sa plus tendre jeunesse il n'a quelqu'un qui sçache le conduire.

Il est vray que la nature est la mere nourrice de toutes choses, mais bien souvent si l'art ne la perfectionne, on voit que tout ce qu'elle produit a des défauts si considerables, qu'à moins qu'une main bien habile n'ait pris le soin de les corriger, quelque estime qu'on en doive faire par rapport à la cause de son être, il devient toûjours le mépris de ceux qui le connoissent.

Et semblable à ces pierres précieuses, qui tirées nouvellement des lieux de leur origine, ne sont point estimées, si l'art d'un sçavant ouvrier n'a sçû leur donner la forme qui leur convient. De même un homme vit sans aucune politesse, lorsque sans les soins d'un habile maître, il n'a eu pour regle de sa conduite uniquement que son caprice; ainsi qu'un jeune arbre demeure, pour ainsi parler, toûjours brute, si le Jardinier ne le reduit de telle maniere, que cet arbre s'abandonnant aux soins qu'il a de luy, prend telle & telle figure qu'il luy plaît de luy donner.

Oüy, c'est ainsi qu'un enfant dans sa jeunesse est susceptible des impressions bonnes ou mauvaises qu'on luy donne, & que ses mœurs, selon ces impressions, luy attirent le plus ou le moins d'estime de tout ce qu'il y a de gens de bien, lorsqu'il vient à être connu d'eux.

Ainsi que l'homme, un arbre fruitier a ses âges distinguez; son enfance est le temps qu'il est en pepiniere; sa jeunesse est celuy où l'on reconnoît qu'il est assez fort pour être arraché de cet endroit, & mis ensuite dans une place qu'on luy destine, pour y donner des fruits dignes de luy, & dont il a obligation à l'industrie de celuy qui le conduit; ce qu'il fait quelque temps aprés qu'on s'est appliqué à l'y bien cultiver; & c'est cette production qui peut en luy prendre le nom d'âge viril, qui est celuy aussi où l'homme ordinairement donne de plus grandes marques de son sçavoir faire : enfin vient la vieillesse, si le ciel permet qu'on y parvienne, qui n'est pas un âge moins naturel aux arbres, qu'il l'est aux hommes.

 Chaque âge dans un arbre, ainsi que dans un homme, demande des soins tout differens les uns des autres ; dans son enfance on ne fait que se joüer avec un enfant, prenant neanmoins toûjours garde qu'il ne s'abandonne pas tout-à-fait aux mouvemens de la nature ; ainsi agit on à l'égard d'un arbre : cet enfant commence-t-il d'entrer dans sa jeunesse, on change cette premiere maniere de l'élever, en une autre qui est de plus d'application & plus étroite ; cet âge étant celuy où le sang est le plus boüillant dans l'homme, & par consequent plus capable de le dissiper au-dehors, & de le laisser échaper par trop, si on n'étoit soigneux de le tenir en bride : & ne voyons-nous pas arriver le même effet dans les arbres, qui deviendroient, pour ainsi parler, des volontaires, si l'on ne sçavoit les réduire malgré eux ? & comme tout ce qui est violent ne dure pas long-temps, aussi ces esprits vifs qui animent l'homme dans sa jeunesse, s'émoussant peu à peu, se ralentissent, & font que dans cet âge qu'on appelle viril, il en paroît plus moderé, & qu'il ne semble plus se porter qu'à vouloir écouter la raison ; un arbre en fait la même chose ; car dans le temps qu'il est parvenu à bien faire, l'on peut dire qu'ayant changé de genie, sa fougue s'est passée, & qu'au lieu de bois qu'il avoit coûtume de jetter, il ne donne plus que du fruit.

 Tandis que tel âge se passe insensiblement, l'homme est tout surpris de se voir atteint de la vieillesse, qui est bien differente des âges d'auparavant ; l'on en sçait les suites, sans qu'il soit besoin que j'en dise rien icy : & un arbre sujet à toutes sortes d'inconveniens, parvient aussi à ce point, où lorsqu'il y est arrivée, ainsi que l'homme, il demande pour l'y maintenir, des traitemens tout autres que ceux qu'on luy a faits cy-devant ; & la seule difference que je trouve entre un homme & un arbre qui sont vieux, est que celuy-cy, à moins qu'il ne soit malade, est toûjours fort vigoureux, & que celuy-là n'a plus que la foiblesse pour partage : cependant, comme les regles & les principes de la taille des jeunes arbres ont quelque difference entre celle des vieux arbres, qui sont sur l'âge ; voyons aprés avoir parlé de ceux-là, les observations qu'il y a à faire sur ceux-cy.

DE LA CAMPAGNE. Liv. III. 159

Des vieux Espaliers.

Un Espalier qui est vieux, est ou vigoureux, ou foible, ou bien il est dans un état à ne rien demander davantage de luy.

Des Espaliers vigoureux.

Il n'y a point de Jardinier qui ne doive non-seulement être persuadé que plus un arbre a de vigueur, plus doit-il être chargé de branches, tant en bois qu'à fruit ; mais encore sçavoir en quel endroit, & de quelle maniere il les luy faut laisser.

Les branches qui composent la figure de l'arbre, doivent toûjours être laissées longues d'un pied & demi, ainsi qu'une partie de celles que ces mêmes branches ont produites, & qui sont grosses aussi, & sur tout celles qui ont leur sortie en-dehors.

Aprés qu'on a choisi ces sortes de branches, comme les mieux placées ; il reste à voir ce qu'on fera des autres qui les accompagnent : on les laisseroit encore volontiers toutes, si la figure de l'arbre ne s'y opposoit pas absolument ; cela étant, je regarde celles qui ont pris naissance en-dehors, pour les couper en talus, ou à deux yeux de longueur ; & au contraire, si elles sont du côté de la muraille, je les taille à trois yeux prés de leur sortie, à condition lorsque l'arbre viendra à prendre du fruit, de les emporter tout-à-fait de cette place, comme n'y étant d'aucune utilité.

Des Espaliers foibles.

La foiblesse de cet arbre demande qu'à son égard on agisse tout au contraire : sa maladie luy vient ou de ses racines, dans lesquelles, à cause de sa vieillesse, la séve ne fait pas les mêmes fonctions qu'auparavant ; ou du défaut du fonds, qui par certaine qualité maligne, & contraire à sa nature, luy refuse en partie la substance dont il a besoin pour se nourrir comme il faut : & comme nous avons dit qu'à celuy-cy dessus, à cause de sa trop grande vigueur, il le falloit charger de beaucoup de branches, tant à fruit qu'à bois ; on peut juger à cause de sa foiblesse, qu'il en faut tenir celuy-cy déchargé entierement & des unes & des autres, & tailler celles qui resteront de la longueur de cinq à six poûces seulement.

Ces sortes d'arbres, pour avoir trop peu de séve, sont fort sujets d'avoir des branches usées, & c'est à quoy on doit prendre garde, afin de les en décharger entierement, comme des sujets inutiles, ainsi que des autres petites branches menuës, qui ne sont jamais bonnes à rien, & qui sont celles qu'on appelle branches chifonnes ; & si après tous ces soins pris, on s'appercevoit que tel arbre n'en fist pas mieux son devoir, il faudra l'arracher, & en planter un autre à sa place.

Secrets pour faire prendre du fruit à un arbre trop vigoureux.

Comme pour guerir une maladie il en faut toûjours considerer les causes premieres, afin d'y apporter les remedes efficaces ; lorsqu'on voit un arbre pousser avec trop de vigueur, & qui ne fructifie point, on appelle cette vigueur un mal qui est en luy ; car n'étant planté que pour nous donner du fruit, ce qui est le propre de sa nature, & ne poussant que du bois, peut-on attribuer cela à autre chose qu'à l'effet d'un mauvais temperament qu'il faut corriger ?

Il est sûr que ce trop de bois qui nous déplaît, ne provient que d'une abondance de seve excessive, qui se jettant dans tout le corps d'un arbre, y cause un desordre-tres-grand ; & cette seve ne prenant son origine que des racines, on doit conclure que moins se trouvera-t-il en état de recevoir de substance. Ainsi persuadé de cette raison qui est bonne, & après avoir traité cet arbre comme j'ay dit cy-dessus, il faut dans la source de ce mal, qui sont ses racines, en aller chercher la guerison, & foüillant au pied de l'arbre, en couper des plus grosses d'un côté, de telle maniere qu'il n'en reste pas la moindre partie qui puisse faire aucune fonction.

On sera soigneux, auparavant que de faire cette operation, de juger combien on devra couper de racines ; car qui iroit en retrancher beaucoup d'un côté, tandis que de l'autre il y en auroit tres-peu, mettroit sans doute l'arbre en danger de pousser avec tant de mediocrité qu'il pourroit bien en mourir.

J'ay vû pratiquer une autre chose à l'égard des arbres qu'on sçait être d'un genie à donner naturellement beaucoup de bois, tel qu'est la virgouleuse avec autres ; après que tels arbres ont été plantez deux ou trois ans, & qu'on voit qu'ils prennent leur train ordinaire, on les arrache de leur place, pour les planter ailleurs : j'en ay vû par ce moyen être réduits à la raison.

Il y en a, pour prevenir cet inconvenient, & ne point être obligez à replanter des arbres de cette nature, lorsqu'ils les plantent, qui ne les étêtent point, & les laissent en cet état pendant

dant deux ans ; de telle forte que la feve dans ces commencemens n'étant pas beaucoup forte, par rapport aux branches qu'elle a à nourrir, & fe faifant pendant ces deux premieres années comme une efpece de raifon de fe moderer dans la fuite, à caufe d'un certain épuifement qu'elle reffent; de telle forte, dis-je, que venant après ce temps à tailler ces arbres, elle agit dans eux comme nous le fouhaitons.

Remarques concernant les vieux Efpaliers.

Je fuppofe qu'un arbre ait été bien conduit jufqu'à fa vieilleffe, & je veux même que cela foit : cependant, fi l'on n'y prend garde, c'eft pour lors qu'il eft dangereux qu'il ne tombe dans de grands défauts; en vain jufques-là auroit on confervé dans un efpalier une égalité de branches : je dis encore, fi l'on n'y foigne, fes maîtreffes branches voudront tellement dominer, qu'il eft à craindre, fi l'on ne fçait les reduire, qu'elles ne rompent cette égalité qui fait fa beauté, & fans laquelle il eft toûjours défectueux.

Il arrive quelquefois que des arbres vieux, pour avoir été negligez, font montez trop vîte, & qu'ayant en cet état été laiffez trop confus, la feve ne pouvant pas y fuffire, en aura abandonné tout le haut. Si l'on veut pour lors prevenir leur perte entiere, il faut d'abord remarquer fi dans le bas il n'y a point quelques bonnes branches, dont nous puiffions nous fervir pour les renouveller ; & fi cela eft, ravallant ces branches hautes délaiffées, on agit à l'égard de celles qui dans telle occafion fe prefentent favorablement à nous, fuivant les regles de la taille que j'ay établies cy-devant.

Lorfqu'un efpalier vient fur l'âge, & qu'on prevoit que quelque remede qu'on puiffe apporter à telle maladie, il faut qu'il periffe ; on ne doit plus le regarder que comme un arbre à la place duquel il en faut planter un nouveau : & fi par les derniers efforts que la nature fait en luy, elle y donne des marques d'abondance, pour lors, fans en retrancher aucune, on fera du mieux qu'on pourra à cet arbre, jufqu'à ce qu'étant tout-à-fait épuifé, il tombe dans une impuiffance de produire aucune chofe, dans lequel temps on ne balancera point de l'arracher.

Un vieil efpalier tombe encore dans un autre défaut que voicy ; mais c'eft par la mal-habileté du Jardinier qui le conduit, qui luy ayant laiffé trop de faux bois, a caufé le defordre qu'on y voit, & qu'il ne fçauroit rétablir, à moins que pendant trois ou quatre ans de fuite, il n'en ravalle une branche ou deux par chaque année.

Des vieux Buiſſons.

Tout ce que je viens de dire des vieux eſpaliers, peut convenir aux buiſſons, à la reſerve de quelques obſervations que voicy, & qui ſont propres à ces derniers arbres.

Quand un vieux buiſſon n'eſt point rond, c'eſt une choſe en luy qui eſt bien défectueuſe, & qui n'eſt cauſée que par l'ignorance des Jardiniers. Ce défaut dans un tel arbre, eſt ſemblable à ces gros pechez d'habitude que commettent les hommes, & dont ils ont une peine terrible à ſe défaire, quand ils en prennent le chemin : c'eſt ce qui fait que je trouve une perſonne bien empêchée, quand approchant d'un vieux buiſſon pour le tailler, elle y remarque ce défaut de rondeur qu'elle ne peut corriger, (quelqu'habile qu'elle puiſſe avoir la main) que par de grandes précautions, & une eſpace de trois ou quatre années de temps, en taillant les branches de cet arbre de telle maniere, que des groſſes branches il en naiſſe d'autres groſſes branches qui ſortent du côté qu'il faut remplir ; telle correction d'un pareil défaut n'eſt pas l'ouvrage d'un apprentif, mais bien d'un maître Jardinier, qui taillant ce buiſſon, doit prevoir l'ordre que la nature doit tenir ſur les branches qu'il taille, en y laiſſant les yeux de l'extremité, regarder les côtez qu'il faut remplir, fournir, ou arrondir.

Enfin, un buiſſon n'eſt point beau quand il n'eſt pas rond, qu'il n'eſt point ouvert dans le milieu, qu'il eſt dégarni de beaucoup de bonnes branches dans ſa rondeur, & quand il eſt trop haut de tige ; défauts conſiderables dans cet arbre qu'il faut prévoir toutes les fois qu'on le taille.

CHAPITRE XXII.

De la taille des fruits à noyau.

POur le peu de difference qu'il y ait entre les tailles des fruits à pepin, & celles des fruits à noyau, il me ſemble à propos, pour ne point troubler l'ordre que je me ſuis preſcrit dans cet ouvrage, d'en faire un chapitre particulier, afin de donner par là facilement à connoître quelle eſt cette difference, & que ſe conformant à la nature de ceux-cy, on quitte en les taillant l'idée qu'on devoit se former de ceux-là.

La premiere observation qu'il faut d'abord faire en taillant un Pêcher ou un Abricotier, est que devant être instruit que les branches à fruit de ces arbres sont de fort peu de durée, on est obligé d'en décharger l'arbre plus souvent qu'on ne fait pas aux Poiriers; mais auparavant que d'en venir à cette execution, il faut connoître ces branches, crainte de s'y tromper.

Il y a des Pêchers qui sont sujets à la gomme, ou par droit de nature, ou par les mauvaises qualitez du fond où ils sont situez: cela étant, on sera soigneux d'abord de regarder si celuy qu'on veut tailler, est atteint de cette infirmité, qui se manifeste assez dans les branches à fruit de cet arbre, lesquelles on ne considere plus que comme branches inutiles, à moins qu'elles ne soient raisonnablement grosses, ou qu'elles n'ayent poussé quelques belles branches à fruit pour l'année suivante; en ce cas on les laissera, persuadé cependant qu'on doit être, qu'au bout de deux ans elles periront & qu'il les faudra par consequent entierement ôter.

Ces petites branches deviennent encore inutiles par d'autres accidens qui leur arrivent, comme par les roux-vents & les gelées du Printems qui les perdent; c'est pourquoy, lorsqu'on s'apperçoit que ce malheur est tombé sur elles, on se détermine aussi à les couper toutes entieres.

Avant de passer outre, je suis bien-aise d'avertir, que quand je diray de couper des branches, j'entens qu'on se souvienne de les couper dans les regles: c'est-à-dire en talus ou en moignon, &c. suivant que l'occasion le demandera.

Si j'ay établi pour maxime sûre, à dessein d'avoir de beaux arbres, qu'il falloit tailler court les Poiriers; c'est avec bien plus de raison qu'il la faut observer icy à l'égard des Pêchers, & des Abricotiers, qui étant beaucoup plus dénoüez, sont sujets à s'échaper bien davantage.

La plus belle ouverture d'abord qu'on peut se donner en taillant un arbre à noyau, est d'en ôter les vieilles branches qui sont seches, ou celles qui pour être trop foibles sont dans l'impuissance de donner du fruit. Cela fait, on a un champ sur lequel un Jardinier peut facilement exercer son industrie, & qui ne trouvant plus que de deux sortes de branches à ménager, n'a qu'à appeler sa science à son aide pour sçavoir de quelle maniere il se comportera en les taillant.

De ces deux sortes de branches, les unes sont branches à bois;

& les autres branches à fruit, qui se connoissent aux boutons à fleurs qui sont tout formez sur elles ; lesquelles branches il faut religieusement conserver fort longues, pour leur faire joüer de leur reste ; aussi-bien telles branches ne sont-elles jamais propres qu'à couper entierement aprés qu'elles ont porté.

Quand je dis conserver fort longues, je suppose qu'on proportionne cette longueur à la grosseur dont elles sont : car autrement ce seroit les forcer à ne produire chose qui vaille.

Pour les grosses branches, elles seront donc taillées courtes pour deux raisons ; la premiere, pour les obliger de jetter d'autres grosses branches, qui servant à donner de plus, en plus une grande étenduë à un espalier, contribuent aussi à la justesse de sa figure ; & la seconde, dans l'intention que sa nature ne pervertira point son ordre, ces grosses branches en produiront de petites qui viendront à propos pour remplir les places de celles qu'on aura ôtées.

Mais voicy un écueil où bien des Jardiniers tombent lorsqu'ils taillent des fruits à noyau ; qui est que voyant des branches chargées de boutons, ils les croyent indifferemment toutes bonnes. Mais ils se trompent : car il est de ces branches qui étant estimées pour branches à fruit, à cause des signes apparens qu'elles en portent, ne sont neanmoins que branches de nulle valeur : telles sont celles qui sont longues & menuës, & dont les boutons à fruit ne sont que seuls chacun dans leur lieu d'origine : car on doit sçavoir que toute branche de Pêcher, ou d'Abricotier qu'on laisse pour porter du fruit, n'est jamais bonne, si les boutons qu'elle porte ne sont doubles, avec un œil à bois au milieu : si ce n'est des Pêchers de Troye, ou des avant-Pêches. Mais je crois jusqu'icy avoir assez parlé de la taille des Pêchers & Abricotiers, pour que je donne un exemple démonstratif des observations que j'ay dit qu'il y falloit faire. C'est un Pêcher, dont les boutons sont déja gros, & tels qu'ils doivent être quand on les taille. Ce que je conseille de ne faire aussi que fort tard à cause de cela.

EXEMPLE.

A. Gros Pêcher palissé. B. Grosses branches. C. Endroit où il les faut tailler. D Vieilles branches qu'on doit ôter. E. Branches à fruit qu'il faut laisser. F. Boutons doubles avec un œil à bois sur les mêmes branches au milieu. G. Branches foibles & sur lesquelles sont de simples boutons, & qu'il faut ôter aussi. H. Endroit où il faut couper les vieilles branches.

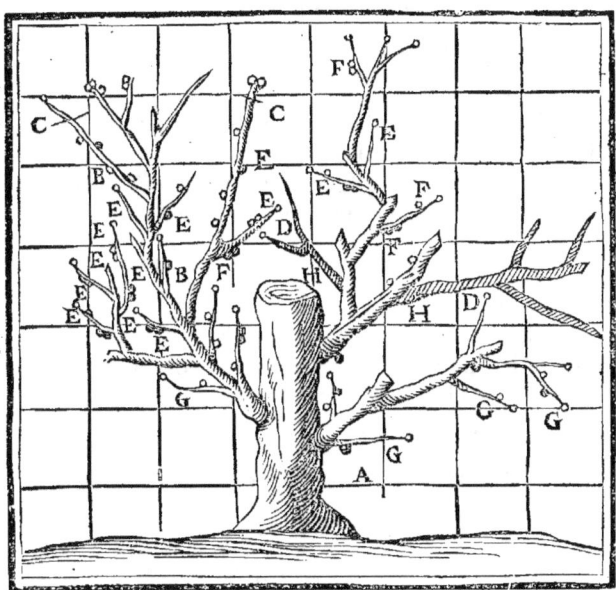

Le genie de ces arbres est un peu capricieux ; car étant fort sujets, comme j'ay dit, de s'éloigner de leur origine, il arrive que leur pied se trouve en danger d'être dégarni faute de grosses branches, si l'on ne sçait y remedier d'ailleurs ; & le seul remede qu'on y trouve est, qu'au cas que nous voyions qu'un Pêcher nous menace de ce défaut, de se servir de quelques branches à fruit que nous remarquerons être venuës en un lieu fort à propos pour cela ; & devenant pour lors sans pitié pour quelques boutons qui y seront, de racourcir ces branches, autant que nôtre prudence nous dira de le faire.

Observations.

Il est necessaire d'observer que tous Pêchers qui ont été ravallez, lorsqu'ils ont jetté de nouvelles branches doivent être taillez comme des arbres qui sont tout jeunes, en leur laissant neanmoins les branches un peu longues, crainte de la gomme.

On ne se fera point de scrupule d'ôter quelques boutons à fruit, lorsque la trop grande abondance le permettra.

Si l'on n'a à garnir que des murailles de six pieds, on observera dans les commencemens de tailler les Pêchers ou les Abricotiers, un peu longs, pour ne les point obliger à ne donner que du faux bois, si on les tailloit autrement.

C'est une chose inutile de ravaller une vieille branches de Pêcher ou de Prunier, en vûë d'en esperer des nouvelles : car leur écorce est trop dure pour faire que la seve s'y puisse ouvrir un passage convenable à cet effet ; il n'y a que l'Abricotier pour fruit à noyau, de qui on peut esperer un tel avantage.

Des Abricotiers & Pruniers.

Lorsque j'ay parlé de la taille des Pêchers, j'ay entendu aussi traiter de celle des Abricotiers & des Pruniers. C'est pourquoy ne trouvant point que ces arbres ayent des observations qui leur soient particulieres, le Lecteur veut bien que je les renvoye cy-dessus pour s'y rendre habile.

CHAPITRE XXIII.

Comme il faut palisser les Arbres.

LA science de bien palisser les arbres en espalier, n'est pas moins importante que celle de les tailler ; d'autant que c'est d'elle que dépend toute leur beauté. Je ne me suis point voulu icy étendre sur les differentes manieres de dresser des palissades, ayant jugé que cela ne contribueroit en rien à leur figure, laissant ces manieres differentes à être choisies par chacun en particulier suivant sa fantaisie. Il s'en fait avec des échalas de quartier ; ce sont celles aujourd'huy qui sont les plus à la mode : & l'autre se façonne avec du cloud, & du cuir, ou des lisieres de drap ; ainsi du reste. Venons au fait.

Pour donc paliſſer comme il faut, aprés avoir laiſſé pouſſer les arbres en toute liberté; la premiere année on doit, lorſqu'ils ſont taillez, les attacher aux paliſſades, ſans les contraindre, d'autant que ces premieres branches qu'ils jettent ſont ſi tendres, qu'on ne les pourroit forcer ſans les alterer beaucoup; la beauté de paliſſer conſiſtant à ſçavoir arranger avec ordre à droite, & à gauche, les branches qui peuvent venir à chaque côté, en ſorte qu'il n'y ait rien ni de confus, ni de croiſé, ni de vuide.

Pour parvenir à ce bel ordre que demande un arbre auquel on veut donner la forme d'un eſpalier, on commence par la maîtreſſe branche, qu'on place toute droite, en l'arrêtant par le haut plus ou moins que la force de l'arbre le demande.

A l'égard des branches les plus baſſes & qui ſont à côté, le plus bas qu'on les peut baiſſer c'eſt toûjours le meilleur, juſqu'à un demy-pied de terre, s'il eſt poſſible, afin qu'en cet endroit la muraille ſoit couverte; laquelle maniere de paliſſer contribuë beaucoup à la beauté d'un eſpalier: & pour en donner une idée parfaite, je diray qu'il faut qu'un arbre qu'on paliſſe, ait la figure d'un éventail ouvert.

Mais comme le défaut de vuide eſt plus conſiderable & plus voyant que les autres, j'avertis qu'il vaut mieux croiſer, quand on ne peut autrement éviter cet inconvenient.

Pareille à un ruiſſeau qui coule, la ſeve veut avoir ſon cours libre, ou bien elle ſe jette en des endroits où elle cauſe du deſordre; c'eſt ce qui arrive lorſque courbant une branche en dos de chat, cette ſeve venant à monter, s'arrête ordinairement dans le deſſus de ce dos, où elle trouve un obſtacle; & là faiſant un faux jet, elle s'y jette entierement, & abandonne par ce moyen le reſte de la branche, qui s'uſe en peu de temps manque de nourriture.

Pour cette même raiſon, l'extremité des branches ne ſera jamais attachée plus baſſe que le lieu d'où elles prennent leur origine, mais il faut que ce ſoit en montant toûjours un peu.

Cependant il arrive quelquefois qu'on eſt obligé de tomber dans ce défaut, ſur tout à l'égard des vieux arbres, qui pour avoir été mal conduits, ſont dégarnis dans le milieu, ce qui ôte toute la beauté d'un eſpalier; & pour la rétablir il faut de neceſſité renverſer les petites branches, & les faire retourner contre la tige.

Cette neceſſité de paliſſer ainſi, n'arrive gueres (comme je viens de dire) qu'aux vieux eſpaliers, où ces petites branches à la verité ne soпt pas si alterées, que si c'étoit de jeunes arbres qu'on traitât ainsi. Et tel inconvenient n'est causé que par l'ignorance du Jardinier, qui dans sa taille a mal gouverné ces sortes d'arbres.

Si l'on veut en palissant tenir un arbre bien garni, il faut entre deux branches longues en laisser une courte; & la raison de cela est, que toutes les fois qu'elles sont toutes arrêtées d'une hauteur égale, l'arbre est sujet à demeurer vuide dans le milieu, d'autant que la seve qui ne cherche qu'à monter & ne se porte ordinairement qu'aux branches les plus hautes, & que dans celles qui sont les plus grosses, forme au haut de l'arbre une confusion de branches, qui en absorbe inutilement toute la nourriture.

CHAPITRE XXIV.

Ce que c'est qu'ébourgeonner & pincer en fait d'arbres, & la maniere de le faire.

SI-tôt que les arbres sont palissez, on les laisse en liberté de pousser jusqu'au mois de May, que vient le temps qu'on doit les ébourgeonner; & cette operation se fait aussi en Juin, Juillet, & Août, suivant que la seve a plus ou moins agi dans les arbres pendant ces quatre mois.

Ebourgeonner (à proprement parler) est ôter des jets de l'année inutiles, qui attirant à eux toute la seve, empêchent qu'elle ne s'employe à en nourrir d'autres qui sont venus à la bonne heure pour faire fructifier un arbre, & pour luy faire acquerir une belle figure.

De dire precisément où il faut ôter ces jets, c'est ce qu'on ne peut; mais pour le sçavoir il n'y a qu'à se figurer quelles sont les choses essentielles à tel & tel arbre pour luy conserver sa beauté, & l'obliger à donner du fruit; cela étant, on verra bien à l'égard de la figure, que tous jets qui sont venus contre l'ordre de cet établissement, doivent être retranchez; ainsi que ceux qui, quoy qu'on les juge bons à fruit, menacent l'arbre d'une abondance ruineuse, par leur trop grande confusion. Car, par exemple, si considerant un Poirier dés le commencement du mois de May, je vois qu'auprés d'une taille faite en talus ou autrement, il croît une branche en dehors & que je la demande à côté pour la figure d'un espa-

espalier, ou si pour celle d'un buisson je l'attens en-dehors & qu'elle vienne en-dedans, pour lors je ne balance point de l'arracher toute entiere, prevoyant le tort qu'elle peut faire à ses voisines que je remarque être venuës plus à propos pour mon dessein.

Ny les vieux ny les jeunes arbres ne sont point exempts de cette espece de taille ; elle se pratique sur les uns & sur les autres, lorsque l'occasion s'en presente.

Il arrive souvent que d'un même œil il sort deux ou trois branches ; & pour lors laissant celle qui convient le mieux à la figure de l'arbre, j'ôte les deux autres, ou avec la main ou avec la serpette, soit que ce soit celle du milieu qu'on veüille conserver, soit que ce soit l'une ou l'autre de celles des deux côtez.

Cependant, si cette branche qui a poussé d'un même œil ces trois autres branches est vigoureuse, & que de ces trois nouvelles celle du milieu paroisse nous accommoder le moins, on ne fait point pour lors de difficulté de l'ôter.

La taille des arbres vigoureux en ce temps, ne nous porte pas à moins de considerations à leur égard, que celle qui se pratique en Mars : le trop de seve nuit aux arbres, aussi-bien que le trop peu ; ainsi, si au mois de May je vois qu'un arbre en vigueur a poussé trop de branches vigoureuses, je me détermine à en ôter quelques-unes des plus fortes, pour conserver les moindres, pourvû qu'elles paroissent bonnes ; & comme la confusion est toûjours à craindre sur les arbres, & que ceux dans lesquels la seve monte avec impetuosité y sont fort sujets, il faut être soigneux d'en décharger leurs branches, taillées avec telle précaution aussi, que jugeant, si on en ôte trop, que cette seve se portant en trop grande abondance dans celles qui restent, n'y cause du desordre : telles branches étant regardées en cet endroit comme branches à fruit, & devenant après branches à bois, à cause de la trop grande nourriture qu'elles sont obligées de prendre.

Si c'est un arbre qui soit foible, c'est pour lors nôtre prudence jointe à nôtre raisonnement que nous devons écouter, & qui ne manque pas de nous dire en termes generaux, qu'il faut que nous sçachions qu'un arbre foible se doit ébourgeonner tout autrement qu'un arbre vigoureux.

Toutes branches qui dans le fort de la vegetation sont presque venuës, pour ainsi parler, malgré la nature ; telles branches, dis-je, comme trop menuës, incapables de produire aucun bon effet, & pour éviter la confusion, seront ravallées à un œil de leur origine.

Souvent une nouvelle branche de pêcher venuë depuis la taille de Mars, en produira une autre nouvelle. Cet ordre quelquefois, auquel on ne s'attend pas, peut embarrasser l'esprit d'un curieux, mais non pas tant qu'il ne trouve bien-tôt le moyen de sortir d'un tel embarras; & pour cela il n'a qu'à considerer si ces nouvelles branches promettent quelque chose de bon par leur grosseur, & par leurs yeux qui doivent être doubles, comme j'ay dit, pour être estimez; & pour lors il se donnera bien de garde de les ôter : mais si ces branches sont foibles, & qu'il ne puisse rien esperer d'elles, il ne faudra pas qu'il manque de les ébourgeonner toutes.

Une branche nouvelle venuë, peut encore en produire une nouvelle grosse ou à sa partie superieure, ou à son inferieure; celle qui vient au premier endroit, est à rejetter; ainsi on doit l'ébourgeonner, comme une branche qui nuit à sa mere, qui n'a pas besoin d'une fille d'un genie à ne donner que du bois, tandis qu'elle est toute disposée à produire du fruit : mais si cette seconde nouvelle branche qui sera grosse, prend naissance au second lieu, pour lors on la regardera comme bien venuë; & prevoyant qu'aucun inconvenient ne luy arrive, pourvû qu'elle puisse servir pour branche à bois, on la conservera dans cet endroit fort précieusement.

Comme l'ébourgeonnement n'est pas inventé non-seulement pour les branches mal-placées, ou celles qui sont en confusion, mais encore pour retrancher quelques fruits des endroits où ils ont cru trop prés les uns des autres ; je suis bien-aise d'avertir que telle operation n'est pas moins importante pour contribuer à leur beauté que celle qu'on fait du bois ; mais auparavant que d'enseigner cette methode, il faut achever celle que nous avons commencée, & qui regarde les branches.

Il n'est pas nouveau qu'une branche apporte en même-temps, & du bois & du fruit, & ce n'est même qu'une bonne marque, & dont on doit être bien bien-aise ; pour lors si l'on remarque que ces branches soient bonnes, bien placées, & qu'elles ne soient point trop confuses, & par ce moyen en état de nuire au fruit, on n'y touchera pas : mais si au contraire il y en a de mal placées, ou bien qu'on les juge incommoder le fruit qui les avoisine, on sera soigneux de les ébourgeonner.

Si au contraire une branche donne bien du fruit & du bois;

DE LA CAMPAGNE. Liv. III.

mais que ce bois soit fort mince, telle production nous doit d'abord porter à une reflexion qu'il est necessaire de faire avant que de toucher à cette branche ; car beaucoup de fruit sur une branche qui jette du bois fort chetif, est une marque que la seve n'y est pas abondante : cela étant, peut-on prendre pitié de tout ce fruit sans luy faire tort ? Non : ainsi ne laissant que peu de ces petites branches, & celles qui sont en meilleure place, on ôte la plufpart de ce fruit; j'entens ceux qui sont les plus petits ; puis on racourcit la branche jufqu'à un œil au-dessus du fruit.

Toutes branches ou tous fruits qu'on ôte, doivent toûjours être retranchez au haut des branches de dessus lesquelles on les retranche, comme les plus éloignées de la seve, & les sujets d'un arbre par consequent qui reçoivent le moins de nourriture.

On remarque sur des arbres des branches qui à la verité n'ont poussé aucun fruit, mais bien de petites branches nouvelles, qui pour peu qu'elles soient dans une bonne situation, semblent humblement nous supplier de ne les point ôter de leur place ; telle grace est trop pleine de justice pour la leur refuser, lorsqu'on voit sur tout qu'elles ne soit point confuses : mais comme parmi celles qu'on laisseroit, il y en auroit peut-être quelqu'une plus favorisée de la nature que les autres, & qui flatée d'un tel avantage recevroit au préjudice de ses sœurs toutes les faveurs qui luy viendroient de cette mere commune, ce qui feroit qu'elle seroit beaucoup plus forte que les autres ; pour empêcher telle branche de se tant énorgueillir, on l'arrache entierement ; ou bien, si moins portée pour elle seule, les petites branches qui sont auprés d'elle ne souffrent gueres des bien-faits qu'elle reçoit plus qu'elles, on se contentera seulement de la pincer. Je vas dire bien-tôt ce que c'est que cette operation.

Une autre branche à fruit malheureusement n'a poussé qu'une petite branche & point de fruit, apparemment que la seve n'y est pas montée comme on l'esperoit ; ce qui fait que prevenant un plus grand inconvenient, on la ravalle à un œil au-dessus de celle qu'elle a produit, qui devant être preferée à elle-même, en sera par ce moyen mieux nourrie.

Dans un autre endroit une branche a apporté bien du fruit, & une petite branche à son extrémité, & d'autres mêlées parmi le fruit : si elle paroît branche à fruit, on la laissera entieres ; au lieu que si l'on reconnoît qu'elle soit disposée à donner

Y ij

du bois, on la pincera, & les autres petites branches seront toutes taillées.

On observera aussi d'ôter toutes les petites branches qui seront venuës sur une branche à fruit qui n'aura fait que fleurir, & à l'extrémité de laquelle sera cruë une bonne petite branche qu'on laissera.

AVERTISSEMENT.

On prendroit ces instructions que je viens de donner volontiers pour une espece de seconde taille dans le mois de May, & quand on le feroit à l'égard de quelques articles, on ne se tromperoit pas : mais qu'importe de donner tout-à-fait le nom aux choses, pourvû qu'enseignant la maniere avec laquelle on les doit pratiquer, elles nous soient d'une utilité telle que nous la demandons ?

Ce que c'est que pincer ; & la maniere de le faire.

Pincer n'est autre chose que de rompre avec les doigts l'extrémité d'une branche qu'on juge devoir être traitée ainsi ; & cette operation, comme elle cy-dessus, se fait aux mois de May, Juin & Juillet, & ne se pratique que sur les hautes branches, & jamais sur celles qui sont basses.

Les petites branches qu'on a reservées comme branches à fruit, ne sont exemtes de ce pincement ; car naturellement la séve ne s'y jettant pas en trop grande abondance, de branches de la nature dont elles sont, elles courreroient risque de devenir branches chifonnes, ce qui causeroit du préjudice à l'arbre : mais telle operation dépend d'un grand jugement, lorsqu'il s'agit de pincer ; car on ne doit pas generalement se comporter ainsi sur toutes ces sortes de petites branches.

AVERTISSEMENT.

Il est bon d'avertir que le temps de pincer les pêchers, est toûjours celuy où l'on juge qu'ils se peuvent facilement casser au moindre effort qu'on leur fait ; au lieu que si on les laisse devenir plus durs, on est obligé de se servir de la serpette pour faire cette operation, qui est un inconvenient à éviter ; l'experience nous ayant appris jusqu'icy, que toute extremité de branches de pêcher ainsi coupée, est sujete à noircir, & à mourir incontinent. Pour les poiriers, on les peut indifferemment pincer d'une & d'autre maniere, n'apprehendant pas tant le coûteau que les pêchers.

CHAPITRE XXV.

Du trop de fruit, & de la maniere d'en décharger les arbres, avec le secret de les faire devenir beaux jusqu'à parfaite maturité.

ON dit qu'il y a deux choses qui contribuent beaucoup à la beauté d'un arbre, sçavoir la figure sans défauts, & l'abondance des fruits.

Sous ce nom d'abondance, on entend une quantité raisonnable, qui soient beaux, & placez sans confusion ; avantages que la nature donne d'elle-même rarement ; & il n'y a que la main de quelque curieux qui se mêlant de les accommoder, puisse les faire paroître dans la perfection que nous les demandons icy.

La beauté des fruits ne se trouve jamais sur un arbre avec la trop grande abondance ; le dernier effet emporte ce dont le premier a besoin, qui est cette substance qui les nourrit, qui les fait grossir, & qui étant partagée à beaucoup de sujets, ne peut y operer de la même maniere que si elle en avoit un nombre moindre à entretenir.

De plus, l'intention aussi qu'on doit avoir en cultivant des arbres, ne doit pas uniquement être d'avoir quantité de fruits ; mais il faut particulierement qu'elle soit de les avoir beaux & gros, parce que nous attendons de là, qu'ils en seront d'un goût bien plus exquis ; la bonté ne manquant gueres d'y être, quand la beauté & la grosseur s'y trouvent : & comme tout ce que nous avons enseigné cy-devant, n'est pas suffisant de faire acquerir aux fruits ces deux qualitez, les habiles Jardiniers ont jugé à propos que pour les y faire parvenir, il falloit les éplucher. Reste maintenant à sçavoir de quelle maniere il se faut acquitter de ce travail ; c'est ce que je vas apprendre.

Ce n'est pas bien souvent qu'il n'y ait de ces terribles éplucheurs de fruits, qui nous épargnant la peine de faire la plus grande partie de cette operation, nous donnent le chagrin de voir qu'ils en on mis à bas plus que nous n'aurions souhaité ; j'entens par ces terribles éplucheurs, les gelées du Printems, & les roux-vents qui se font sentir quelquefois, même dans le mois de Juillet.

Y iij

Mais pour s'acquitter de l'ouvrage dont voicy les veritables regles, je suppose, non pas que l'année soit toûjours abondante en fruits, mais qu'il y en ait beaucoup sur des branches, de telle maniere que si on les y laissoit, il seroit impossible qu'ils y pussent devenir beaux.

Soit donc abondance de fruits generale, soit une trop grande quantité seulement sur quelques branches restées des accidens qui seront survenus aux arbres, la bonne maxime veut qu'on en décharge la nature d'une partie, comme d'un fardeau qui luy est trop onereux, & dont elle veut absolument qu'on la décharge, si l'on souhaite qu'elle s'acquitte de son devoir en cette occasion.

Toutes choses précipitées ne réüssissent jamais, *precipitata ruunt*, c'est pourquoy avant que de vouloir décharger les arbres du fruit qui nuit à la beauté & à la grosseur de ceux qui y doivent rester, il faut se donner patience jusqu'à ce que ces fruits ayent pris une forme raisonnable, afin de garder ceux qu'on jugera les mieux faits & les plus gros; & le veritable temps est d'ordinaire à la fin de May, ou au commencement du mois de Juin, excepté les abricots qu'on épluche de meilleure heure.

Il faut en ôtant les fruits qu'on trouve comme superflus, user de précaution, c'est-à-dire, laisser à chaque fruit & suivant sa grosseur, assez de place pour pouvoir s'étendre à mesure qu'il grossira; car ce ne seroit travailler qu'à moitié, si profitant à foison des bien-faits de la nature, ce fruit étoit contenu dans un espace qui le tiendroit trop resserré; précaution que demandent sur tout les pêches & les abricots, qui ayant la queüe courte, grossissent naturellement tout prés de leur origine.

Tels fruits à noyau naissent toûjours bien accompagnez, sans qu'il y ait rien qui les separe, si ce n'est quelquefois une petite branche, qui étant assez belle suffit pour empêcher qu'on n'ôte un de ces fruits, pour laisser grossir l'autre; mais à moins de cette separation, il faut être soigneux, quand ils sont si prés l'un de l'autre, d'en abatre le plus petit.

Les soins qu'on doit prendre à éplucher les poires, doivent principalement regarder les fruits d'Hyver, & sur tout ceux qui sont gros, comme les bon-Chrétiens, les Beurrez & autres: car à l'égard de ceux d'Eté, ils n'ont gueres besoin de cet épluchement, étant presque tous d'une grosseur mediocre, & tous bons à manger, lorsqu'ils sont parvenus à une maturité parfaite.

La maniere d'ôter ces poires, est de prendre des ciseaux avec lesquels on leur coupe le milieu de la queüe ; car pour les pêches & les abricots, on les abat avec le doigt : voilà la maniere de décharger les arbres de cette abondance qui leur est ennemie, & qui est cause de la langueur où nous les voyons bien souvent tomber.

Du secret d'avoir de beaux & bon fruits.

Quand je parle icy du secret d'avoir de beaux & bons fruits, c'est que je ne pretens pas que leur beauté consiste seulement en leur grosseur ; mais encore en leur couleur, qui est un avantage, qu'ils ne peuvent pas tous également acquerir, n'étant pas tous de la même maniere regardez du soleil, qui est l'astre qui contribuë le plus à les faire parvenir au point de perfection qu'ils demandent.

Tout arbre, comme on sçait, ne donne point de fruits qui ne soient accompagnez de feüilles, qui dans le commencement que ces fruits naissent, leur servent comme d'abri pour les garentir des injures de l'air. Ce secours ne dure qu'un temps, aprés lequel toutes Poires ou Pêches, sont hors de la portée de telles injures, à la reserve de la grêle ou des vents impetueux, qui sont des accidents qu'il est difficile d'éviter.

Nôtre but, en épluchant ces fruits, n'a été en leur donnant beaucoup d'étenduë de tous leurs côtez, que pour aider à les faire grossir ; mais comme cette qualité ne suffit pas dans un fruit pour être parfaite, & que le coloris est encore necessaire à d'aucunes, il faut petit à petit ôter de ces feüilles, qui par leur ombrage les empêchent de profiter des ardeurs du soleil dont ils ont besoin pour cela.

Outre ce coloris que cette operation fait acquerir aux fruits, c'est qu'elle leur est encore d'un grand secours pour meurir ; l'experience nous faisant voir tous les jours, qu'un fruit ombragé ne parvient jamais si-tôt qu'un autre à sa maturité.

Jamais un Jardinier, quelque operation qu'il fasse, ne doit quitter de vûë sa prudence ; elle luy est toûjours necessaire, & sur tout lorsqu'il veut ôter les feüilles qu'il croit nuisibles aux fruits, à cause de l'ombrage qu'elles leur portent : tous fruits ne veulent point qu'on les découvre qu'ils n'ayent à peu prés leur grosseur, encore faut-il que ce soit à deux ou trois reprises pendant cinq ou six jours ; autrement ; c'est-à-dire, qui le feroit plûtôt, ou avec trop de precipitation, mettroit ces fruits en danger d'être incommodez du grand air, auquel ils ne feroient pas encore accoûtumez; d'une telle maniere, que croyant lorsqu'ils feroient cueillis qu'ils feroient en état de se pouvoir garder, qu'aucontraire ils se gâteroient & pourriroient peu de temps aprés qu'on les auroit portez dans la serre.

Ayant dit tout ce que j'ay jugé à propos de dire sur les espaliers & buissons de toute espece de fruits, & ayant appris le secret de faire devenir ces fruits beaux & bien colorez, il me semble qu'avant de parler du temps de les cueillir, je dois traiter des arbres de tige, puisque ceux-cy ne nous apportent pas moins de profit que ceux-là, & qu'ils ne meritent pas moins qu'eux d'être plantez, cultivez, & gouvernez, jusqu'à ce qu'étant dans l'impuissance de produire aucune chose, ils ne soient plus propres qu'à être arrachez.

CHAPITRE XXVI.

Des Arbres de tige.

Ayant traité assez amplement de la maniere de planter, élever & gouverner les arbres nains, jusqu'à ce que leurs fruits soient parvenus à une parfaite maturité; je juge necessaire à present de parler des arbres de tige, comme étant même ceux qu'on estime le plus dans une maison de campagne, là plupart, à l'aide des labours seulement, étant conduits au gré de la nature qui les fait beaucoup fructifier.

Du choix des Arbres de tige.

Un bon choix n'est pas moins essentiel à un arbre de tige, qu'à un arbre nain; & comme nous avons dit, les observations qu'il y avoit à faire sur celuy de la seconde espece, expliquons quelles sont les choses necessaires pour qu'un arbre de la premiere soit bien choisi.

Les arbres de tige, pour être beaux, doivent être bien droits, avoir au moins six pieds de hauteur, avec cinq à six poûces de tour par le bas, & trois ou quatre par le haut; leur écorce doit être luisante, ce qui est une veritable marque de la bonté de la terre d'où on les a tirez; au lieu que lorsqu'elle est sombre, on reconnoît par là que ces arbres sortent d'un fond dont le temperament étoit

étoit mauvais, & enfin leur tige doit être peu rabouteuse.

Comme il faut preparer les arbres de tige, avant d'être plantez.

Quant aux racines je n'en diray rien ; les leçons que j'ay données pour preparer celles des arbres nains, suffiront pour cela; elles sont assez amplement expliquées, on peut y recourir : mais quant à la tête, ce n'est pas la même chose ; car à la difference des arbres nains, il est bon de laisser aux arbres de tige une partie des branches les meilleures, que leurs têtes avoient dans la pepiniere; cela les oblige d'en donner plus promtement du fruit.

Des fruits propres à mettre en arbre de tige.

Aprés avoir examiné la conduite qui étoit à tenir à l'égard des fruits qui convenoient être mis en espalier, & en buisson, je juge, pour empêcher qu'on ne soit trompé dans son attente, qu'il est à propos que je dise les especes de Poires qui réüssissent mieux sur les arbres de tige; afin que ne faisant rien contre les regles du Jardinage, on n'ait aussi rien à se reprocher, si après bien des soins donnez, le malheur vouloit qu'on n'eût gueres de fruits : ce qui n'arrive pour lors jamais que par des cas imprevûs, & ausquels on ne peut apporter de remede.

Ainsi que sont les plans de buissons, & d'espaliers, je compose celuy des arbres de tige des fruits des trois saisons; c'est-à-dire de ceux d'Eté, de ceux d'Automne, & de ceux d'Hyver.

Fruits d'Eté.

Les fruits d'Eté sont pour l'ordinaire, le Rousselet, la Cuisse-Madame, le gros Blanquet, le Blanquet musqué, la Poire sans peau, l'Orange musquée, le Bourdon, le Muscat-Robert, la Poire de Pendart, la Fondante de Brest, & du Bon-Chrêtien d'Eté, avec de l'Amiral.

Fruits d'Automne.

Pour les fruits d'Automne, on choisit les Poires de Lansac, celles de Vigne, la Rousseline, les Beurrez, la Verte-longue, les Oranges, &c.

Fruits d'Hyver.

A l'égard de ceux d'hyver, on prend des arbres de Martin sec, d'Ambrette, de Rousselet d'Hyver, de Rouville, de Bezy-Quessoy, de Certeau, de Franc-real, d'Angobert, & de Douville.

Des observations qu'il y a à faire quand on plante des Arbres de tige.

Aprés ce choix fait, & qu'il n'est plus question que de planter ces arbres, supposant que la terre soit assez bonne pour les y bien nourrir, il faut avoir eu soin de leur choisir une situation qui ne soit point trop exposée aux grands vents; car de telle mauvaise exposition il leur en arrive deux fâcheux inconveniens.

Le premier, que les deux vents de Galerne & de Septentrion sont fort sujets à faire perir leurs fleurs, lorsqu'au Printemps, qui est la saison où elles sont écloses, elles viennent à geler, & par consequent à devenir à rien.

Et le second, que l'impetuosité des vents qui s'élevent lorsque les fruits sont tous gros, est fort dangereuse, non seulement d'en abbatre la plus grande partie de dessus les arbres, mais encore de rendre ces mêmes arbres défectueux, & de les fatiguer quelquefois de telle sorte, que n'y pouvant resister qu'à peine, ils sont obligez de luy ceder, au prejudice de quelques branches qu'elle leur arrache.

De la maniere de planter les Arbres de tige.

Ces deux points exactement observez, l'ordre de planter les arbres de tige, est pour l'ordinaire en Quinconce, ou bien en Quarré: cette science n'est pas un grand mistere à sçavoir; & pour faire connoître entierement ce que c'est, voicy une figure de chacune de ces manieres.

Quiconce.   *Quarré.*

```
o   o   o   o          o   o   o   o

  o   o   o            o   o   o   o

o   o   o   o          o   o   o   o

  o   o   o            o   o   o   o

o   o   o   o
```

Et c'est ainsi que d'égale distance, les trous pour y planter les arbres seront alignez, & cette distance sera de trois toises de l'un à l'autre ; ces arbres ne devant pas être espacez davantage, pour se mieux soûtenir les uns les autres, contre la violence des vents.

Les trous ainsi marquez, on les fait creuser jusqu'à six pieds en quarré, & de profondeur trois pieds, si la bonté du fond le permet, pour cette terre être mise séparément de celle qu'on retirera encore au-dessous, jusqu'à un pied environ ; qui est une terre qui ne vaut rien, & dont on ne se sert point absolument pour les remplir.

Les sentimens sont partagez sur les qualitez de la terre dont il faut combler ces trous lorsqu'on veut planter ces arbres ; les uns sont d'avis, supposé que le fond ne soit pas bien bon, de mettre au fond de ces trous un pied de fumier, puis un pied de terre ; & ainsi continuer jusqu'à ce que ces trous soient tout-à-fait remplis, en observant que ce fumier qu'on employe pour engraisser cette terre, soit convenable à sa nature.

Et les autres condamnent cette maniere de mettre ainsi du fumier, alleguant pour raison, sur tout à l'égard des Poiriers sur francs, que le fumier ainsi mis est non-seulement dangereux d'engendrer des vers dans les racines de ces arbres, mais encore d'attirer à luy ces mêmes branches, & d'en obliger la maîtresse de jetter un pivot, qui consumant une bonne partie de la substance, empêche que la tête de ces arbres ne pousse de belles branches, & ne donne de beaux fruits. J'approuve cette condamnation, & suis du sentiment de ces gens-là, qui disent que si l'on veut fumer ou des tranchées, ou des trous destinez pour y planter des arbres, il faut en les y plantant mettre le fumier au-

Z ij

deſſus des racines, afin que ce qu'il y a de ſels dans cet amandement, par le moyen de l'humidité de la terre, deſcendent ſur ces racines pour les faire croître chacun ſuivant leur nature, & qu'agiſſant ainſi on évite les deux inconveniens dont je viens de parler cy-deſſus.

Heureux qui dans une pareille occaſion n'a pas beſoin de ces ſecours étrangers pour ameliorer ſa terre : celuy-là, dis-je, après avoir bien preparé le pied de ſon arbre, n'a directement qu'à le planter, en obſervant tout ce qu'il y a à faire là-deſſus.

Si j'ay dit qu'il ne falloit donner de diſtance aux arbres que trois toiſes, c'eſt que je ſuppoſe que ce ſoit un Verger qu'on en veüille faire, & dans lequel, après que ces arbres ſeront devenus grands, on ſera déterminé de ne rien mettre deſſous : car ce ſeroit temps perdu, l'ombrage & les racines de ces arbres empêchant de croître tout ce qu'on y auroit ſemé, ou planté.

Si c'eſt dans un champ qu'on veüille faire un plan de Pommiers, comme le genie de ces arbres eſt de jetter de grandes racines, on ſoignera de les eſpacer de huit en huit toiſes. Tels arbres dans une telle diſtance profitent beaucoup, & leurs fruits en viennent en grande quantité; & de plus, c'eſt qu'ils n'empêchent point qu'on n'employe la terre à rapporter toutes ſortes de grains, & le labour qui ſert à l'un, eſt auſſi d'une grande utilité à l'autre.

Il faut obſerver quand on fait des plans d'arbres de tige, de mettre toûjours ſeparément, autant qu'il eſt poſſible, les fruits à pepin de ceux à noyau ayant toûjours quelque choſe entre eux qui les oblige de ſe contrarier les uns les autres, & cette diſtinction étant toûjours plus agreable aux yeux, qu'un mélange qu'on en auroit fait, ou à deſſein, ou ſans y penſer, & dont on retireroit beaucoup moins d'avantage.

Que ce ſoit donc Poiriers, Pommiers, ou Pruniers qu'on plante, leur diſtance étant ainſi reglée, leur diſtinction faite, & leurs trous ainſi creuſez, on les met dedans un pied avant dans terre, & non davantage; d'autant que les racines trop enfoncées ne reçoivent jamais aſſez les influences du ciel.

Lorſqu'on plante des arbres (je l'ay dit bien des fois) il faut faire enſorte que la terre dans laquelle on les met, ſoit meuble, & non en motte, & la faiſant couler entre les racines de telle maniere qu'elle n'y laiſſe aucun vuide; on évitera l'inconvenient de la pourriture ou de l'évent auquel elles ſont pour lors ſujetes. Pour le reſte qui regarde la maniere de les planter, il ne conſiſte plus qu'à presser un peu cette terre avec le pied, pour l'obliger de mieux joindre les racines, & ensuite d'achever de remplir les trous. Pour le tems de les planter, c'est toûjours au mois de Novembre dans les terres qui ne sont point trop humides, & au mois de Mars dans celles où l'humidité seroit dangereuse d'en faire mourir les racines.

Des soins qu'il faut donner aux arbres de tige lorsqu'ils sont plantez.

Les grands Amateurs des arbres, ces curieux qui pour prevenir jusqu'aux moindres inconveniens qui leur peut arriver, prennent sur tout le soin de les entourer de paille jusqu'à une certaine hauteur, crainte, disent-ils, que leurs tiges qui ont encore l'écorce fort tendre, ne s'altere par l'ardeur du soleil, & ne viennent par ce moyen à rider, ce qui les rend fort désagreables à la vuë; & qu'à couvert des humiditez qui pourroient s'attacher à cette écorce encore fort delicate, ces mêmes tiges ne soient sujetes de prendre la mousse, qui n'a pas sur elles un aspect plus beau que les rides.

Les tiges de ces arbres, quelques bien plantez qu'ils puissent être, ne sont pas exemtes des secousses des grands vents; ce qui fait que pour faire qu'elles y resistent, on les appuye d'un pieu fiché en terre, auquel on les attache : mais en prevenant ainsi cet inconvenient, il y a deux choses à remarquer; la premiere, que ce pieu ne soit point quarré, ny noüeux, étant dangereux de cette maniere de blesser l'arbre, ou de l'écorcher; ainsi il faut qu'il soit rond, & uny : & la seconde, est de prendre garde que lorsqu'on attache ce pieu à cet arbre, de ne l'y point trop serrer, depeur qu'à mesure que l'arbre croîtroit, il ne se fît une espece de bourrelet autour de la ligature, & une enfonçure dans l'écorce, à l'endroit où poseroit le pieu; ce qu'on évite en mettant du foin entre deux.

AVERTISSEMENS.

Mon dessein étant de ne rien oublier de tout ce qui peut contribuer au plaisir de ceux qui ont de l'inclination pour les grands plans; je suis bien aise d'avertir (au grand contentement de ceux qui ont des fonds peu remplis des qualitez qui composent une bonne terre) qu'ils peuvent en faire qui ne leurs seront pas infructueux, pourvû qu'ils observent ce que je leur vas enseigner.

Premierement, que pour corriger les défauts de leur terroir, ils doivent être soigneux d'abord d'ouvrir des trous de huit pieds en quarré, & de quatre de profondeur, & de jetter la bonne terre d'un côté, & la mauvaise de l'autre.

Ces trous creusez ainsi, sont dans le fond remplis de la terre qu'on a tirée de la superficie, & qui est ordinairement la meilleure; & comme elle ne suffit pas pour venir jusqu'au niveau du terrain lorsque les arbres sont plantez, il faut avoir eu soin d'amasser d'autres terres étrangeres qui soient bonnes; comme, par exemple, des curures de mare, pourvû qu'il y ait plus d'un an qu'elles ayent été tirées; autrement leur trop d'humidité pourrira les racines des arbres : ou bien d'autres terres mêlées de fumier consoumé, ou des amassis des boües lorsqu'elles sont bien égoutées; se conformant toûjours dans ce mélange de terre, autant qu'on le peut, à la nature de celle pour laquelle on destine cette mixtion. Cela étant, & n'ayant rien oublié des soins necessaires pour faire qu'un arbre soit bien planté, on pourra esperer que dans la suite du temps on aura du fruit.

L'on me dira que c'est une grande dépense à faire : il est vray; mais à qui s'en prendre, si ce n'est à la nature du fond, qui, s'il n'est corrigé de ses défauts, est dans l'impuissance (comme l'experience nous l'apprend tous les jours) de produire aucun bon effet, n'ayant jamais assez de substance pour fournir à des plans toute la nourriture qui leur est necessaire pour parvenir à un juste accroissement?

Ce n'est pourtant pas encore tout : il est vray que pendant six à sept ans les arbres qui sont plantez dans des trous preparez comme j'ay dit, & remplis de bonne terre; que ces arbres, dis-je, jettent de belles branches, à cause du profit qu'ils ont fait des bons sels dont les terres qui les environnent étoient pleines, & qui les ont penetrez jusqu'à ce temps; mais ces sels s'usent, & se dissipent à la fin; deux ou trois ans aprés que ces arbres ne sentent plus en eux ce même secours, on s'apperçoit visiblement qu'ils diminuënt : car il faut s'imaginer qu'ils sont presque dans ces trous comme des arbres plantez dans des caisses, qui consumant en peu de temps toute la substance de la bonne terre qu'on leur y a donnée, demandent, si l'on veut qu'il y profitent, que de nouveau on les couvre d'autres terres, dont la substance ne soit point épuisée; qu'autrement ils periront. C'est ainsi qu'en agissent les arbres dont nous parlons, & ausquels il ne faut pas manquer, six ans aprés qu'ils ont été plantez, de donner de nouvelle nourriture, en faisant autour de ces arbres des cernes de la largeur de trois pieds, & de la profondeur que le demanderont les premieres racines qui se presenteront aux yeux, qu'on recouvrira des terres qu'on leur aura preparées, & par l'aide desquelles les arbres se maintiendront toûjours beaux & donneront quantité de fruits.

Des Labours, & du temps de les donner.

Les labours n'étant pas moins necessaires aux grands plans pour les faire profiter, qu'aux arbres nains; les bonnes regles du jardinage veulent qu'on leur en donne quatre par an. Le premier, au Printems, pouvû que la terre ne soit pas trop humide; car en ce cas c'est s'exposer à la rendre pesante, au lieu qu'on doit rechercher l'occasion de l'ameublir; & s'il arrive qu'elle soit de ce temperament, au lieu du Printems, on attendra le mois de May, pendant les huit premiers jours duquel mois il ne faudra pas manquer de le faire, toûjours par un beau-temps, & jamais par la pluye, si ce n'est dans les terres extrêmement legeres, qui ne demandent jamais mieux pour la santé des plans qu'elles contiennent, que d'être remuées par un temps humide.

Le deuxiéme labour des terres qu'on aura labourées dans la nouvelle saison, se fera à la fin de May; le troisiéme, à la fin d'Aoust; & le quatriéme enfin, au commencement de l'Hyver. Deux de ces labours se donneront le plus profondement qu'on pourra; sçavoir, celuy du Printems, & celuy qui se donne à l'entrée de l'Hyver : car pour ceux d'Eté, ils doivent être plus legers, crainte que la chaleur ne penetre trop au dedans, & n'incommode les racines des arbres.

De la necessité des Labours.

L'experience nous fait voir tous les jours, que la terre de dessus, recevant tous les jours sa fécondité par la mixtion & participation qui se fait entre elle, & les parties de cette matiere qui sort continuellement des Astres, & que nous appellons influences, est toûjours meilleure que celle de dessous; qu'ainsi en la tournant l'une sur l'autre, on expose la plus sterile à recevoir ces mêmes influences, qui la rendent substantielle, tandis que celle qui l'étoit, communique ses sels aux racines par le moyen des humiditez qui les y font descendre, jusqu'à ce qu'on juge qu'ayant assez bien fait son devoir, cette même terre a besoin de se rengraisser pour produire ainsi de bons effets; lequel avantage on ne doit point luy refuser, par le moyen d'une pioche, d'une bêche, ou d'une houë, qui l'expose à l'air, pour faire qu'à son tour celle qui étoit dessus, aille travailler comme a fait celle qui étoit dessous. De là on doit juger de la necessité qu'il y a de donner des labours à toutes sortes de plans; autrement la terre ne pouvant pas toûjours fournir à leur nourriture, ces plans sont reduits à languir, & par consequent à donner peu de satisfaction à ceux qui en ont fait la premiere dépense.

Oüy, il est bon, & je le conseille même, qu'on fasse des plans particuliers de chaque espece d'arbres; un verger d'un côté, rempli de Poiriers seulement, est beau, quand ces arbres y ont toûjours été bien conduits: une Prunelaye de l'autre, n'est pas moins agreable; & l'on n'a pas moins de contentement à voir une Cerisaye bien venuë, qu'on a de plaisir à se promener dans les deux plans cy-dessus: sur tout que ces arbres ne manquent point de culture.

De la taille des Arbres de tige.

Cette figure, comme on sçait, est celle qui est la plus naturelle aux arbres; & pour preuve de cela, on n'a qu'à les laisser en liberté, d'abord ils montent en haut, & se forment une tige qui est plus ou moins grande que l'espece du fruit le demande.

A l'extremité de cette tige est leur tête, sur laquelle croissent plusieurs branches bien & mal situées, quelquefois venuës suivant l'ordre de la nature, & quelquefois non: au premier cas, c'est bien de la peine épargnée; mais au second, c'est du travail à faire.

La nature, il est vray, tend toûjours, autant qu'il luy est possible, à sa perfection; mais rarement y arrive-t-elle, si elle n'est aidée de de l'art; & pour réüssir dans la taille des arbres de tige, il faut comme aux arbres nains commencer dés leur jeunesse à leur faire sentir le coûteau lorsqu'il en est besoin: ce n'est pas qu'ils y soient si sujets que les espaliers, & les buissons; mais c'est que, quelques disposez qu'ils puissent être d'eux-mêmes à la figure qui leur est la plus avantageuse, il ne se peut qu'en croissant ainsi que les arbres nains, ils ne poussent en même-temps des branches dans une bonne & dans une mauvaise situation, ou toutes bonnes par elles-mêmes, ou toutes mauvaises.

Or comme toutes branches n'y viennent pas dans un ordre regulier, on peut donc déja juger de là qu'il en faut retrancher

celles

celles qui en gâtent la tête, & que cela ne se peut sans y porter le coûteau pour les tailler, ou couper, comme on voudra dire: ce qui fait que telle operation se peut appeller taille.

Oüy, on taille les arbres de tige, mais differemment des espaliers & des buissons, puisqu'on coupe les mauvaises branches des premiers dans leur origine, pour leur faire acquerir une belle figure, en y laissant les plus fortes toutes entieres ; & que dans les derniers, c'est le propre de la taille de racourcir les branches de cette nature, & n'en retrancher jamais dans leur source, s'il ne leur est arrivé quelque cas imprevû.

De l'idée qu'on doit se former de la beauté d'un arbre de tige.

Pour faire que des arbres de tige ayent la beauté qui leur convient, je trouve qu'il est necessaire que leur tige soit droite, bien unie, qu'elle ait l'écorce luisante : que sa hauteur soit de six pieds, & que sa tête bien chargée de branches d'une belle longueur, paroisse bien garnie, & que sans aucune confusion elle les porte toutes dans une agréable situation.

Attendre que la nature nous donne ces arbres dans cette perfection sans le secours de l'art, c'est un abus ; c'est pourquoy il faut qu'un Jardinier y donne ses soins, s'il veut joüir du plaisir de les avoir tels que les curieux habiles les demandent.

Pour bien tailler un arbre de tige, trois outils principalement sont necessaires ; premierement, une serpette; secondement, un ciseau de Menuisier, qu'on appelle fermoir ; & en troisiéme lieu, un maillet de bois. La serpette sert pour retrancher les branches lorsqu'elles sont encore jeunes ; & le ciseau avec le maillet, pour ôter celles qui sont grosses.

Il ne faut point toucher aux arbres de tige la premiere année qu'ils sont plantez ; il suffit dans ce commencement, sans souhaiter d'eux autre chose, qu'ils nous fassent voir qu'ils sont repris, devant être pour lors assez heureux qu'ils nous donnent des branches ; car il est assez temps deux ans aprés qu'ils ont été mis en places, de commencer de les assujetir à la taille, si l'on voit qu'ils en ont besoin.

Les premieres années qu'on y fait cette operation, il n'est pas encore necessaire de se servir du ciseau, la serpette suffit ; mais voyons quand il faut mettre l'un & l'autre de ces deux instrumens en usage.

Tome II. Aa

Il est difficile de prescrire des regles certaines pour la taille de ces grands arbres ; l'œil & le jugement du Jardinier doivent luy en servir ; mais on doit avancer pour certain, que devant avoir égard à la figure, il en faut ôter les branches qui la rendent difforme : par exemple, si un arbre de tige, la deuxiéme année d'aprés qu'il a été planté, avoit poussé à sa tête plusieurs branches, dont quatre ou cinq seroient placées avantageusement pour cette figure, & qu'il y en eût deux ou trois au-dessous qui choquassent la vûë, & qui dans l'ordre de la nature ne fussent pas venuës si grosses que ces branches de dessus ; pour lors on ne balanceroit point de les retrancher dés leur origine, n'étant pas dans un lieu où l'on en puisse encore esperer quelque chose de bon.

Quand je dis cinq branches bien placées, ce n'est pas à dire pour cela qu'il y en vienne toûjours autant : quelquefois il n'y en croît que deux dans une bonne situation, quelquefois trois, ou bien quatre ; & du plus petit nombre de ces branches, jusqu'au plus grand, on en peut tres-bien former la tête d'un arbre, quand dans la suite on prend soin de les conduire comme il faut.

Il arrive bien souvent que laissant une trop grande confusion de branches sur les arbres, on tombe dans deux défauts tres-considerables ; le premier consiste à rendre un arbre de tige désagréable à la vûë, & le second fait que les fruits qu'on en cueille sont toûjours insipides, à cause du trop d'ombrage qui les empêche de joüir des ardeurs du soleil, & par consequent de parvenir à une maturité parfaite. Or pour conduire regulierement un tel arbre, il faut être soigneux de retrancher les branches qui causent cette confusion, soit qu'elles naissent au-dessus ou au-dessous de celles qu'on aura laissées l'année precedente comme bien placées.

De ces mêmes branches situées avantageusement, l'année d'aprés qu'elles ont été taillées il en est sorti d'autres, dont les unes sont jugées bonnes à garder, parce qu'elles donnent une belle figure à l'arbre, tandis que la veritable maxime de la taille veut qu'on condamne les autres à être retranchées comme branches inutiles ; cela paroît visiblement sur un arbre, sur tout lorsque dans un qui est vigoureux, la seve a produit de grosses branches qui se jettent de travers, & qui croisent trop considerablement pour qu'on les souffre dans une si mauvaise place, si bien qu'on les coupe en talus.

Toutes petites branches n'étant pas bonnes à garder, il en est de ces chifonnes dont nous avons déja parlé, & qu'on retranche absolument : il en est aussi une infinité d'autres petites qui se jettent en dedans de l'arbre, & qu'on doit entierement ôter, sur tout lorsqu'elles s'offusquent l'une l'autre ; car la pluspart ne sont que branches gourmandes, qu'on connoît pour telles à leur origine, n'y ayant aucune marque qui les puisse faire appeller branches d'esperance.

J'ay assez expliqué l'utilité qu'il y avoit de tailler les branches en talus, & à l'épaisseur d'un écu ; j'espere qu'icy on n'oubliera pas de le faire, lorsque l'occasion s'en presentera ; c'est-à-dire, qu'on coupera une branche en talus, quand on jugera à propos que l'ôtant, une autre petite venuë de tel ou tel côté conviendra mieux, soit pour la figure de l'arbre, soit pour contribuer à sa fecondité, ou bien qu'on la taillera à l'épaisseur d'un écu, afin qu'à un tel endroit n'ayant point besoin de grosses branches, la seve trouvant son passage ordinaire fermé, & étant obligée de se partager, n'en produise que deux petites de l'un & de l'autre côté.

Pour la coupe en moignon sur ces arbres, elle se fait sur les grosses branches, qu'on retranche dés leur source, soit avec la serpette, soit avec le ciseau.

Je suppose qu'auparavant que d'en venir à cette grande operation on aura été soigneux d'émonder la tige des arbres, au cas qu'on y ait apperçû naître quelques petites branches, ce qui arrive ordinairement dans le commencement qu'ils sont plantez.

Des vieux arbres de tige.

La vieillesse est une étrange chose, & se gouverne bien differemment de la jeunesse ; & ce n'est pas seulement dans l'homme que nous voyons telles observations à faire ; mais encore dans les animaux, & dans les plantes, du nombre desquelles les arbres sur tout sont les plus sujets à vieillir.

Il n'y a point d'arbre qui dans son jeune âge ne souffre facilement le coûteau, & qui ne se réjoüisse même d'être déchargé de ses brances superfluës ; mais ce n'est pas la même chose quand il est vieux : car excepté le poirier, une partie des arbres fruitiers s'en trouvent incommodez, & le pommier principalement, qui lorsqu'il est un peu sur l'âge, se fâche qu'on le décharge de son bois, à cause de la peine qu'il a de se recouvrir ;

ce qui est souvent cause que la pourriture se met à l'endroit où on le coupe.

Il faut bien aussi se donner de garde pour cette même raison, d'émonder l'abricotier, le cerisier & les bigarreautiers : quand ces arbres sont un peu vieux, il vaut mieux lorsqu'on voit dans un tel temps qu'ils jettent trop de bois inutile, ce qui est dangereux de leur détruire leurs maîtresses branches ; il vaut mieux, dis-je, se resoudre à les étêter, que de les tailler d'autre maniere : & se formant pour lors une tête nouvelle, on sera soigneux dans les commencemens de s'en rendre maître, afin que la conduisant à sa guise, on luy fasse acquerir une figure où il n'y ait rien à redire.

Des défauts des vieux arbres de tige.

Si nous voyons un arbre de tige défectueux, nous ne pouvons nous prendre de ses défauts, qu'à celuy qui a pris soin de le conduire dans les premieres années qu'il a été planté ; & souvent s'il est trop vieux, il est difficile d'y remedier sans tomber dans le fâcheux inconvenient de luy détruire entierement la tête ; ce qui l'éloigne par cette operation de donner du fruit de plus de quatre ans après : ce n'est pas que je voye qu'il y eût beaucoup de gens qui voulussent se déterminer à ce coup, si ce n'est de ces curieux délicats, qui se trouvant les yeux choquez de certains defauts incorrigibles dans les arbres de tige, n'ont point d'autre parti à prendre que de remettre les choses dans leur premier état, pour les guider après à leur fantaisie.

A la verité cette détermination me paroît un peu rigoureuse ; & sans en venir à cette extremité, je conseille à ceux qui auront des arbres en pareil cas, de se contenter, s'ils ne peuvent venir à bout de tous, de recorriger le plus qu'ils pourront de ces défauts, en commençant par ceux qui frapent le plus la vûë ; & pour le reste de laisser agir la nature, en luy aidant neanmoins, pour l'empêcher de ne point trop s'abandonner.

Dans tels arbres mal conduits, il n'est plus besoin de serpette ; ce n'est plus qu'avec le ciseau de Menuisier qu'on peut avec propreté retrancher les branches superfluës.

Comme il n'est point de défauts qui soient plus apparents dans un arbre de tige, que la trop grande confusion de branches dans le milieu, ny que celles qui s'écartant trop des autres, se jettent aussi trop en-dehors, & y paroissent même sans la com-

pagnie d'aucune autre ; tels défauts, dis-je, doivent être absolument retranchez, pour trois raisons, dont la premiere est, que
tout arbre confus dans sa figure ne produit jamais beaucoup de
fruit ; la seconde, que s'il en donne, il est toûjours insipide ; &
la troisiéme enfin, que toutes branches mal situées, comme je
viens de le dire, ne sont point à souffrir dans un arbre de tige;
& pour empêcher qu'il ne rejette du faux bois en ces mêmes endroits, on soignera de couper toutes ces branches en moignon.

Voilà tout ce que j'ay à dire sur le fait de la taille des arbres
de tige; ce qui doit être suffisant, par le moyen des frequens
labours, pour leur faire prendre une belle figure : Les principes
en sont courts, puisqu'on peut se contenter d'y toucher seulement une fois ou deux dans les commencemens ; c'est-à-dire,
les trois ou quatre premieres années, & cela pour retrancher quelques branches du milieu, capables d'y apporter de la confusion, ou
pour rapprocher celles qui s'écartent plus que de raison.

CHAPITRE XXVII.

Des maladies des arbres, & des moyens d'y remedier.

IL n'est rien qui ne soit sujet aux maladies ; l'homme, les animaux, & les plantes sont tous obligez de s'y soumettre lorsqu'elles leur arrivent, comme à une loy universellement établie
à leur égard : Il est vray que ces infirmitez sont differentes ; mais
n'étant question icy que de guerir des arbres fruitiers de celles ausquelles leur nature les a beaucoup assujetis, je laisse la guerison à
faire à ceux dont la connoissance est versée entierement dans l'art
d'y sçavoir apporter les remedes à propos.

Et je dis à l'égard des arbres, que lorsqu'ils sont malades,
ils le font voir par la jaunisse de leurs feüilles, & par leurs branches qui sont extrêmement alterées, pleines de rides, & qui ne
font que languir.

Pour lors, semblable à un Medecin qui avant que d'entreprendre de guerir un malade, s'informe de la cause de sa maladie;
de même un Jardinier doit-il faire à l'égard d'un arbre, & recherchant d'où luy provient sa langueur (à cause qu'il ne peut

A a iij

pas le luy dire) il ira d'abord à ſes racines, comme au prnicipe indubitable de cette infirmité.

On ſçait que ce ſont les racines qui recevant de la terre toute la ſubſtance dont elles ont beſoin pour nourrir le corps de l'arbre, luy communiquent les bonnes ou les mauvaiſes qualitez de cette terre qui les contient.

Si elle eſt bonne, ils y profitent à vûë d'œil ; & au contraire ſi elle manque de ſubſtance, ils n'y font que languir : c'eſt donc pourquoy un arbre malade donne à connoître que le fond où il eſt luy eſt contraire, ainſi qu'il en faut abſolument corriger le défaut ; ce qui le rétablit, & luy fait prendre de nouvelles forces, à moins que ſa langueur ne ſoit cauſée par la mauvaiſe eſpece du plant ſur lequel il aura été greffé : pour lors je n'y trouve point d'autre remede que de l'arracher, & d'en replanter auſſi tôt un autre à ſa place.

Des remedes aux mauvaiſes qualitez des terres.

Or lorſqu'on voit un arbre jaunir, cela ne provient que d'une trop grande humidité de la terre, ou d'une trop grande ſechereſſe ; il eſt aiſé d'y apporter du remede.

Si la terre eſt trop humide, on la deſſeche, ou avec des pierres, ou avec du fumier de cheval peu conſumé, obſervant que ce fumier ne touche point aux racines ; & au contraire ſi elle eſt trop ſeche, il faut au mois de Novembre ſoigner de déchauſſer les arbres, découvrir doucement toutes leurs racines, & mettre deſſus des curures de mare, des amaſſis des boües bien conſumées, ou bien de la bonne terre, qui étant d'une nature à mieux faire que celle où ils ſont plantez, les ravive en peu de temps, & produit en eux des effets qui nous contentent.

Si l'on juge qu'elle ſoit trop froide, le même fumier de cheval y ſera mis fort à propos : ces terres nouvelles, & ces amandemens ainſi apportez, ſeront par le moyen des labours mêlez avec la mere terre ; & ſoignant de tailler court ces arbres foibles dés le mois de Novembre, pour les raiſons que j'en ay dites, on obſervera en les paliſſant de ne les point gêner du tout, car telle gêne pour lors leur eſt contraire.

Des remedes pour les arbres malades à leurs racines.

Quelquefois auſſi, comme la maladie des arbres ne provient pas toûjours de la mauvaiſe qualité des terres, mais qu'elle ne prend ſa ſource que dans leurs racines, il eſt bon d'en découvrir une partie, puis les fondant un peu avec la ferpette, fi l'on voit qu'elles foient noires, il les faut couper le plus prés qu'on peut du bois vif, ce qui les oblige de jetter de nouveau chevelu : & cette operation faite, on eft foigneux de recouvrir incontinent ces racines avec du terreau bien confommé, qu'on mêlera avec le deffus de la terre ; quand je dis incontinent, c'eft qu'il eft à craindre que ces racines ne s'éventent, ce qui perdroit l'arbre fans aucune efperance d'y pouvoir remedier.

Des maladies des arbres par rapport aux terres qui ne leur font point propres.

Si un arbre qui auroit été greffé fur coignaffier, & qu'on auroit planté avec toutes les précautions imaginables, & dans une bonne terre ; fi neanmoins cet arbre jauniffoit, & qu'il n'y pouffât que languiffamment, on ne pourroit d'un tel inconvenient deviner autre chofe, finon que c'eft que le coignaffier ne fe plairoit pas dans un tel fond ; pour lors le feul remede qu'on y pourroit apporter, ce feroit de l'arracher, & d'en planter en fa place un autre greffé fur franc, qui ne manque point d'y réüffir : & au contraire fi c'eft un arbre fur franc qui foit malade, quoy que planté auffi heureufement que celuy cy-deffus, on l'arrachera auffi, pour luy en fubftituer un autre greffé fur coignaffier.

On voit quelquefois un pêcher malade : cela chagrine, d'autant que c'eft d'une efpece qu'il nous fâche de perdre, & pour trouver les moyens de le guerir, on cherche la caufe de cette maladie; on fe tourmente pour cela, & enfin aprés une exacte recherche, on voit que c'eft qu'il eft greffé fur amandier, & que la terre où il eft planté ne convient point du tout à cette forte d'arbre, qui par le trop d'humidité qu'il y rencontre, eft entierement fuffoqué de la gomme ; cela eft fâcheux, car l'unique remede qu'il y a, eft d'arracher cet arbre, & d'en mettre un autre greffé fur prunier : & fi d'autre côté l'on voit que des pêchers entez fur prunier, ne réüffiffent pas dans les terres fabloneufes, on n'y en plantera que de ceux qui feront greffez fur amandier.

Des maladies des arbres causées par une trop grande fecondité de fruits.

Une grande abondance de fruits n'est pas toûjours ce qui maintient le mieux un arbre, ny qui le fait durer plus long-temps; elle perd les espaliers, & les buissons, d'autant qu'elle absorbe toute leur substance; c'est pourquoy, lorsqu'on s'apperçoit qu'une telle abondance est la cause de la langueur des arbres, il faut se déterminer à ne leur laisser des fruits toûjours que le moins qu'ils en peuvent nourrir, afin que cette production n'épuise pas toute leur force, étant autrement dangereuse qu'elle ne les fasse perir entierement. J'ay dit la maniere de les en décharger, on peut y recourir si l'on ne s'en ressouvient plus.

L'orange d'Eté, & le caillot-rosat sont sujets de tomber en langueur, à cause de cette fecondité de fruits; c'est la raison pourquoy il est non-seulement necessaire de les décharger de ces fruits, mais de soigner encore, les traitant comme arbres langoureux, de les tailler court, & de commencer dés le mois de Novembre.

Des arbres malades du tuf, & de l'argile.

Entre toutes les maladies qui surviennent aux arbres, celles qu'ils contractent du fond de la terre sont les plus dangereuses, comme étant celles qu'on peut les moins approfondir, & qui sont par consequent les plus difficiles à guerir: ces maladies sont ordinairement une langueur qui leur provient du tuf & de l'argile; pour lors, quand n'usant pas d'assez de précaution en plantant des arbres, on remarque que leur mal est causé par là, il n'y a rien à faire autre chose qu'à les arracher; car quelques remedes qu'on y pourroit apporter, ce seroit autant de peines perduës.

Maxime generale pour les arbres malades.

Pour quelque inconvenient que ce puisse être qu'un arbre devienne malade, on doit être persuadé que le moins de branches qu'on luy peut laisser est toûjours le meilleur; il en a moins de peine, & le peu qui luy reste en est toûjours mieux nourri.

Un arbre qui languit, est semblable à un homme qui est en même état; il agit lentement, à cause du peu de seve que luy envoyent ses racines, ce qui est cause que ses branches souffrent, que son bois en devient dur, & son écorce alterée: si bien que
le

le plus sûr expedient pour prevenir la perte d'un arbre, est de le décharger autant que la prudence permet de le faire ; car par ce moyen tout arbre se ravive, jette du bon bois, & devient plus vigoureux. Maxime generale qu'il faut observer, non-seulement sur les jeunes arbres qui tomberont infirmes, mais encore sur les vieux qui paroissent tout rabougris, à cause de la seve qui y est rare, & qui ne pouvant plus fournir à sa carriere ordinaire, est obligée d'abandonner une partie des extremitez des branches de ces arbres, qui pour lors étant beaucoup racourcies, ne manquent point de pousser de beau bois.

Du chancre, & de son remede.

Il est encore d'autres maladies qui arrivent aux arbres, comme le chancre, qu'on guerit en ôtant avec la pointe d'un coûteau toute la partie atteinte de ce mal jusqu'au vif, puis y appliquant un peu de bouze de vache qu'on envelope de linge ; ce remede est fort efficace.

De la mousse, & des moyens de la prevenir.

La mousse nuit extrêmement aux arbres, & ne provient que de quelque malignité que la terre cache au-dessous, comme du tuf, ou d'une trop grande humidité, qui sont deux choses qui font que leurs tiges se couvrent de cet excrément de la nature.

Or pour prevenir cet inconvenient, il faut en détournant la cause du mal dans sa source, & qu'on remarque qu'il leur peut arriver du tuf, il faut, dis-je, au commencement de l'hyver déchausser cet arbres jusques à leurs plus grosses racines, & laisser ainsi le trou ouvert jusques aprés que les gelées seront entierement passées, afin que la terre se fertilise, & se meurisse : Puis lorsque le Printemps sera venu, on le comblera de cette même terre, qu'on mêlera avec du fumier consommé qui conviendra le mieux à la nature de la terre où les arbres seront plantez.

Si c'est d'une trop grande humidité qu'on craigne que la mousne ne provienne, il faudra chercher les moyens de dessecher la terre, & s'en servir comme j'ay dit cy-dessus ; & ces soins qu'on apportera aux arbres, empêcheront que cette maladie ne les attaque.

On empêche que la mousse ne vienne autour de la seve des arbres de tige, en les empaillant comme j'ay dit.

Des moyens de l'ôter.

Mais si ce vilain mal paroît déja, il faut avec un coûteau de bois ou le dos d'une serpe aprés une pluye, grater les arbres d'où cette mousse tombera facilement ; après quoy on prendra un torchon de paille, avec lequel on frotera bien la tige.

Quand je dis aprés une pluye, c'est que j'ay raison : car qui choisiroit pour faire cette operation un temps bien sec, ne feroit chose qui vaille, à cause que le hâle l'attache tellement au corps de l'arbre, qu'on ne sçauroit pour lors l'en ôter, sans causer quelque dommage à leur écorce ; & ce soin de détacher ainsi la mousse est d'autant plus d'importance, qu'elle est aux arbres ce que la galle est aux animaux.

De la Pourriture, & des moyens de l'ôter.

Chaque arbre a sa nature differente, ce qui fait que la seve lorsqu'elle y agit, n'y produit pas les mêmes effets ; par exemple, un Poirier souffre mieux le coûteau que le Pommier ; ainsi du reste. Le premier, à quelqu'age & dans quelque temps qu'on luy puisse couper des branches, ne s'en trouve jamais incommodé ; mais le second veut qu'on use avec luy de plus de precaution : car lorsqu'il est vieux il n'aime point qu'on luy coupe aucun bois, les playes qu'on luy fait en ce temps étant fort susceptibles de pourriture ; & lorsque ce mal luy est arrivé, il faut pour l'en guerir, avoir soin de l'ôter avec une espece de ciseau creux que les Menuisiers appellent une gouge ; cet outil est fort propre pour entrer dans le corps de l'arbre, & pour en tirer tout ce qui y est sec, & pourri, sans qu'au reste cela luy puisse porter aucun dommage.

De plusieurs Annimaux ennemis des Arbres, & des moyens de les détruire.

Ce n'est pas assez que les arbres soient sujets à plusieurs maladies, soit du côté des mauvaises qualitez des terres, soit par quelqu'autre accident ; il est encore d'autres petits ennemis qui leur font la guerre au dehors, tels sont les chenilles, les Hannetons, les Cantarides, les Fourmis, les Tons, les Tigres, les Guespes & les Limats ; & au dedans les Mulots, les Taupes, & de certains vers blancs qui gâtent les racines, ainsi que d'autres qui s'engendrent entre le bois & l'écorce, & bien souvent aussi les

Rats. Oüy, tous ces animaux perdent differemment les arbres, si l'on n'a soin de les en bannir.

Des Chenilles.

On ne sçauroit exprimer le dommage considerable que ces vilains insectes rampans causent aux arbres, lorsque le malheur veut que les années y soient sujetes : car non contens de les dépoüiller de toutes leurs feüilles, ils en perdent encore non-seulement tous les nouveaux jets qui viennent pour contribuer à la beauté de leur figure, mais même les fruits dans le commencement qu'ils naissent; ce qui est une terrible desolation pour un maître, lorsque par negligence il n'a point prevenu ce desordre dans le temps qu'il est aisé de le faire.

Ainsi pour s'éviter ce chagrin, il faut auparavant que la nouvelle saison fasse remuer ces animaux, c'est-à-dire pendant l'Hyver, il faut, dis-je, être soigneux de les éplucher, & d'ôter tous les paquets dans lesquels cette vermine s'engendre. Ce qui se fait sur les grands arbres avec de certains petits crochets de fer faits exprés, & qu'on appelle échenilloirs, pour ensuite ces petits paquets être jettez au feu, crainte que si l'on venoit à les laisser sur la terre, elles n'y germassent aussi-bien que sur les arbres ; ce qui seroit pour lors une peine inutile, d'autant que venant à s'épancher on auroit de la peine à les détruire.

Mais si par un manque de soin de les ôter, on avoit laissé éclore ces chenilles, & qu'elles vinssent à courir sur les arbres, on ne pourroit trouver le moyen d'exterminer cette vermine, si avant le Soleil levé, ou après une pluye, on n'alloit aux arbres où elles sont pour lors en pelotons, & fort aisées à détruire, en prenant une tuile sur laquelle on les fait tomber, pour les y écraser avec une petite palette de bois.

Il faut aussi que ce soin s'étende jusques aux hayes, ou aux autres arbres qui se trouveront à l'entour : car autrement cette maudite engence viendroit au plûtôt perdre ceux qui en seroient voisins.

Outre ces chenilles qui se forment dans ces paquets dont je viens de parler, il en est encore d'une autre espece, qui s'engendre dans des petits anneaux qui environnent les petites branches, & qui sont comme du chagrin gris dont on couvre les Livres. Cette sorte de chenilles est plus difficile à ôter que les autres, se dérobant facilement à la vûë, si l'on n'y prend bien garde : car au Printems comme les autres, elles ne manquent pas de remuer ; &

de commencer à courir sur les arbres.

Voicy encore d'autres moyens d'éloigner des arbres cette peste qui les infecte : on lie quelques branches de ces arbres avec du segle verd, ou bien on y attache des branches de sureau, ou d'hieble, & cela produit l'effet qu'on en attend.

D'autres pour détruire ces chenilles arrosent les branches & les feüilles des arbres avec de l'eau dans laquelle on a infusé du salpêtre, ou mis tremper de la rhüe concassée, ou fait mourir des Ecrevisses : on dit que ce remede est efficace pour les détruire.

Des *Hannetons*.

Les Hannetons perdent aussi les fruits ; mais il n'est pas si difficile à s'en défaire que des Chenilles, puisqu'il n'y a qu'à secoüer les arbres sur lesquels ils sont pour les obliger de tomber, puis les écraser aussi-tôt.

Des *Cantarides*.

Pour exterminer les Cantarides, il faut dans de l'eau faire boüillir de la sauge, ou de la rhüe qu'on laisse refroidir, pour en arroser les arbres ausquels elles seront attachées ; cela réüssit tres-bien, je l'ay éprouvé.

Des *Fourmis*.

Ces animaux quoyque petits, sont terriblement dangereux pour les arbres, sur tout pour les Pêchers dont ils épuisent une partie de la seve : on les en chasse de plusieurs manieres. Premierement, pour empêcher qu'ils ne montent sur ces arbres, on prend de la laine fraîchement tirée de dessous le ventre des moutons, avec laquelle on entoure le bas de leur tige de la largeur de quatre doigts : ces petits insectes haïssant cette odeur, s'en éloignent, dit-on, le plus qu'ils peuvent.

Secondement, on prend d'une gomme dont on se sert pour faire guerir la galle des moutons, & qu'on appelle tare, dont on frote aussi le bas de ces arbres, & par ce moyen on empêche que ces bestioles ne les endommagent.

Le son de la scieure de bois répandu aux pieds des arbres qu'ils veulent assieger, est tres-bon pour les en détourner, d'autant que cette sorte d'insecte craint d'en approcher quand elle sent mouvoir sous elle cette poudre ; & le charbon de terre avec lequel on tire une ligne à l'entour de la largeur de quatre doigts de la tige des arbres, produit le même effet ; les Fourmis n'ayant point de prise pour monter dessus, à cause que ce charbon rend lice la place où il est appliqué.

Enfin, pour tâcher d'exterminer ces petits mais dangereux ennemis des arbres, qui engendrant un excrément sur leurs nouveaux jets, les étouffent & les perdent, on prend une bouteille de verre dans laquelle on met du miel, puis on l'attache à l'arbre, & ces animaux attirez par cette douce liqueur qu'ils aiment, s'y jettent tous ; puis soignant de boucher cette bouteille lorsqu'on voit qu'il y en a beaucoup dedans, crainte qu'ils ne s'en échapent, on fait chauffer de l'eau dont on la remplit, & pour lors toutes les Fourmis meurent, & l'on continuë ainsi à attacher cette bouteille aux pieds des arbres, jusqu'à ce qu'elles soient toutes détruites : de la gluë mise en forme de cercle à lentour de la tige des arbres, est encore une embûche où elles tombent facilement.

Des Tons.

Les Tons, qui sont comme on sçait une espece de grosses mouches, sont sujets de rendre les arbres malades, lors qu'étant logez au pied de leurs racines ils les rongent ; ainsi si-tôt qu'on s'apperçoit que la maladie vient de là, il faut foüiller le pied de l'arbre, pour les en bannir entierement, & y remettre ensuite de la terre nouvelle aprés qu'on aura raccommodé les racines endommagées de ces arbres en les taillant plus courtes.

Des Tigres.

Les Tigres sont une maladie aux arbres en espalier presque incurable ; ils les succent tellement, que leurs branches en deviennent une partie toutes seches ; & quand une fois ces animaux se sont engendrez en quelque endroit, on peut dire que c'est un malheur presque pour toûjours : car quelques remedes qu'on y puisse apporter, quelques eaux mêlées d'ingrediens dont on les puisse froter, & quelque fumée d'odeur forte dont on puisse se servir pour les détruire, tout cela ne fait rien, cette semence ne se perd point, quelque soin qu'on prenne de retailler les branches où elle a coûtume de s'attacher ; & l'on dit que le plus sûr expedient seulement pour en ôter le grand nombre, est aprés que les feüilles sont tombées, de les faire brûler tous les ans, & de nettoyer les arbres le mieux qu'on peut.

Des Vers.

Il n'y a rien qui desseche plus un arbre, que de certains vers qui s'engendrent entre le bois & l'écorce, & qui venant à le percer en fuccent toute l'humeur qui l'entretient.

Le Poirier de Bon-Chrétien d'Hyver, eft celuy de tous les arbres qui en eft le plus attaqué; ainfi donc, lorfqu'on en voit qui languiffent, & qu'après avoir recherché la caufe de leur mal, on n'en trouve point, fi ce n'eft qu'on juge que ce peut être les vers qui les rongent; & pour s'en rendre certain, on le reconnoît à l'excrément qu'ils rendent, & qui tombe au pied de l'arbre : il eft de couleur tannées & reffemble à la fcieure de bois.

Cet indice déja trouvé, il n'eft plus queftion que de chercher les trous de ces vers, dont on vient à bout en découvrant la furface de l'écorce; & ils ne fe prefentent pas plûtôt aux yeux qu'il faut les tirer, à caufe du danger qu'il y a que ces infectes ne tüent l'arbre, empêchant que l'humeur radicale ne monte dans les branches pour les nourrir.

Des Taupes.

Les Taupes ne font dangereufes que pour les petits arbres plantez de deux à trois ans, leur endommageant beaucoup leurs racines, lorfqu'elles viennent à pouffer ou fous elles, ou contre elles. Ce n'eft pas qu'on ne puiffe fe garentir de ces animaux fans beaucoup de myftere; car on les chaffe des lieux qu'elles gâtent par la vertu d'un certain fimple, qu'on appelle *horti palma*, qu'on plante dans les endroits par où elles ont fait leur traces ; le Sureau en fait de même, ou bien on prend un maillet fait exprés, remply de pointes de cloud de la longueur d'un doigt, & emmanché de trois pieds de long, puis lorfque les Taupes travaillent, on en frape le plus fort qu'on peut la Taupiniere, & auffi-tôt on foüille avec la bêche, où fans doute on les trouve étourdies, ou bien mortes. Voilà les moyens dont on fe fert pour en purger un jardin.

Des Rats.

Si ce font des Rats qui font la guerre aux fruits, & qui attaquent l'écorce des arbres, on fera foigneux de leur tendre des pieges ; & l'on dit que des branches d'hiebles coupées fraîchement, & mêlées parmi celles des arbres, empêchent que ces animaux n'en approchent.

Des Mulots.

Il ne faut point fouffrir auffi que les Mulots ravagent quelque chose dans un jardin, & pour les en exiler, on prend du foarre avec lequel on forme une petite hutte en guise d'une Ruche, qu'on met sur une terrine pleine d'eau jusqu'à quatre doigts prés du bord, en jettant par-dessus l'eau un peu de paille d'avoine pour la cacher; & ces pernicieuses bestioles y venant pour y chercher à manger, ne manquent point de s'y noyer.

Des Puçons verds.

Si l'on frote les arbres de chaux vive, détrempée dans de l'eau ce remede empêchera que les Puçons verds n'endommagent les jeunes jets des arbres, ce qui leur fait courir risque de se dessecher une partie.

Des Limats.

Les Limats, quoyqu'ennemis des arbres, ne sont pas ceux à qui sont les plus à craindre, ny les plus difficiles à combattre, puisque pour les détruire il n'y a, par-tout où on les voit attachez, qu'à les ôter, ils sont assez visibles, pour qu'il n'en échape aucun.

CHAPITRE XXVIII.

Du temps de cueillir les fruits, & de la maniere de le faire.

On sçait qu'il y a divers temps de cueillir les fruits, chacun suivant son espece, & suivant les saisons ausquelles ils veulent être mangez, les uns dans leur maturité parfaite, tels sont ceux d'Eté, tant à pepin qu'à noyau; les autres un peu auparavant, comme sont les fruits d'Automne; & les autres enfin long-temps auparavant qu'ils soient meurs, & tels sont ceux qui se mangent en Hyver, & même aprés l'Hyver. Mais commençons à parler des fruits d'Eté, & marquons l'importance qu'il y a de les cueillir ny trop tôt ny trop tard, mais dans le point de leur maturité parfaite.

Tous fruits d'Eté ne sont jamais bons qu'ils ne soient meurs comme il faut, & leur maturité n'a jamais sa perfection, que ces fruits ne soient quasi prêts à tomber en pourriture: c'est ce qui fait qu'il est besoin que le jardinier use de precautions, quand il veut faire telle recolte, autrement il les a ou mous, ou tous cotoneux; & ces fruits étant pour lors hors d'état de faire connoître leur merite, ont le malheur d'être regardez comme fruits de peu de consequence, & dont personne ne fait cas.

Les uns, pour connoître si un fruit est meur, le tâtonnent d'abord; c'est ce qu'en matiere de fruit on ne sçauroit approuver: il est d'autre signes qui font juger de leur maturité; par exemple, à l'égard de tous les fruits rouges, comme Cerises, Framboises, Fraises & autres, il suffit de les voir; & du moment que cette rougeur qu'ils ont naturellement quand ils sont meurs, se montre par-tout également sur eux, il est temps de les cueillir; au lieu que si elle manque en quelqu'endroit de ces fruits, on peut veritablement juger qu'il faut encore attendre.

Si je viens de condamner le tâtonnement à l'égard des fruits, j'entens que ce sont ceux qui se font avec ces grossieres mains, qui pour juger de la maturité d'un fruit, enfoncent tellement leurs poûces dedans, que meur ou non il faut qu'il leur obeïsse, à son grand dommage. Car je suppose qu'il ait pour lors atteint une juste maturité, une pareille contusion ne manque jamais de luy rendre la peau tannée à l'endroit où elle a été faite, ce qui luy ôte sa beauté; ou bien s'il n'est pas meur, telle impression du doigt ne peut contribuer qu'à le faire pourrir en meurissant: deux inconveniens fâcheux qui arrivent pour tâter trop rudement les fruits, & dont il est necessaire de s'abstenir.

Je ne pretens donc blâmer cette maniere de juger des fruits par le toucher, que par rapport à ces grossiers dont je viens de parler: car vouloir bannir la main de cette decision, c'est un abus; oüy il faut qu'elle s'en mêle, sur tout dans les Pêches, les Abricots, les Prunes, les Poires tendres, & les Beurrez; mais il faut que ce soit si peu que rien, & toûjours auprés de l'endroit où est la queüe.

De plus, on connoît qu'une Pêche est meure, lorsque pour peu qu'on y touche elle quitte sa queüe, & cette marque est plus sûre que tout le beau coloris qu'elle peut montrer.

L'œil est encore necessaire pour décider de cette perfection; car dans une Poire d'Eté nous voyons un coloris mêlé quelquefois avec jaune doré, ce qui fait que nous devons porter pour elle comme une espece de jugement de sa maturité; aprés cela vient l'odorat, qu'on employe sur tout aux fruits musquez, qui nous confirme dans nôtre opinion.

Toutes

DE LA CAMPAGNE. Liv. III.

Toutes ces connoissances établies pour la juste maturité des fruits d'Eté, on peut sans precipitation les cueillir tous successivement les uns aux autres.

Des Fruits d'Automne.

Comme la recolte des fruits d'Automne n'est pas d'attendre qu'ils meurissent sur l'arbre, & que même ils en valent mieux d'être cueillis de cette façon, s'en gardant plus long-temps, & étant plus doux, & moins âpres au goût lorsqu'ils acquierent leur pleine maturité dans le fruitier, suivant les années plus ou moins chaudes ; on soignera donc au mois de Septembre de les cüeillir, & sur tout les Messire-Jean, les Beurrez, la Bergamotte commune, & la Verte-longue.

Des Fruits d'Hyver.

Pour les fruits qui se mangent pendant l'Hyver, ou aprés, soit Poires ou Pommes, veulent autant qu'il est possible, demeurer sur l'arbre jusqu'à la fin du mois d'Octobre, qui est le veritable temps de les cueillir ; & pour ce faire, on fera toûjours choix d'un beau jour & d'un beau Soleil, afin qu'ils en soient plus secs & non humides, ce qui les rendroit sujets bien-tôt à la pourriture.

Tous fruits donc doivent être jugez avoir acquis un certain point de maturité suffisant pour être cueillis, afin de parvenir dans la serre au periode de leur durée ; au lieu que si l'on se precipite trop de le faire, on a le chagrin de voir des fruits qui se rident, & qui se gâtent en peu de temps.

De la maniere de cueillir les Fruits.

J'ay dit que lorsque les Pêches & les Abricots quittoient leurs queües, c'étoit une marque de leur juste maturité ; il est vray aussi : c'est pourquoy, lorsqu'on les cueille en les tâtonnant de la maniere cy-dessus, on ne se met point en peine de ces queües, car elles ne leur sont d'aucun ornement.

Mais pour les autres fruits, comme Prunes, Cerises, ou Figues ; tous pour être cueillis comme il faut, doivent être accompagnez de leurs queües, & ôtez de dessus l'arbre bien delicatement, perdant beaucoup de leur lustre & de leur agrément s'ils viennent à être meurtris, & défleuris.

Les precautions qu'il faut apporter en cueillant les Poires, ne doivent pas être moins grandes, sur tout à l'égard de celles

Tome II.   Cc

qui font tendres : car il ne faut qu'une mal-habile main, qui venant à les manier trop rudement, les blesse & leur fait prendre d'abord des marques noires, ce qui les rend défagreables. Pour les Poires caffantes, elles ne font pas fi fujetes à cet inconvenient.

J'avertis fur tout à l'égard des fruits qu'on cueille pour conferver, & principalement le Bon-Chrêtien d'Hyver, qu'il faut bien fe donner de garde de leur rompre la queüe, cette petite partie de leur corps étant un ornement pour elles ; & qu'y portant la main on les manie fi doucement, que leur peau n'en puiffe être endommagée; car la Poire de Bon-Chrêtien d'Hyver l'a fi delicate, que pour peu qu'on y touche, cette peau eft fujete à acquerir des taches de marques noires, ce qui diminuë infiniment de la beauté de ce fruit lorfqu'il eft meur.

La cueillette des fruits faite, il ne refte plus qu'à fçavoir la maniere de les conferver ; mais comme j'ay jugé qu'il étoit à propos de referver ce traité pour être mis dans mon quatriéme livre, j'ay paffé à la lifte generale des fruits, que j'ay marquez dans quels mois ils font bons à manger, afin que ne s'y trompant point, on n'aille pas les fervir avant leur maturité parfaite.

CHAPITRE XXIV.

LISTE GENERALE,

Tant des Fruits à noyau, que de ceux à pepin, felon l'ordre de leur maturité.

Des Cerifes.

SI je commence par les Cerifes, ce n'eft pas qu'il faille pour cela que ce fruit fe prevale d'emporter le prix fur tous les autres; mais c'eft feulement à caufe qu'il eft celuy qui paroît le premier fur nos tables : & fous ce nom de Cerifes, on comprend les Guignes, les Bigarreaux, les Griotes, & les Cœurets.

Les Cerifes, j'entens les fruits qu'on appelle veritablement de ce nom, font de plufieurs efpeces. Les premieres qu'on mange, ce font les cerifes precoces, qui viennent au commencement de Juin, & qui ne doivent leur merite qu'à la nouveauté : car étant aigres comme elles font (ce qui ne peut plaire qu'au goût de quelques femmes) & ayant auſſi peu de chair qu'elles en ont, leur peau étant ſi épaiſſe, & leur noyau ſi gros, il eſt impoſſible que ce fruit ſoit beaucoup recommandable, ſi ce n'eſt en compote, où il acquiert un relief aſſez paſſable.

Guignes.

Les Guignes ſont de trois ſortes, ſçavoir les blanches, les rouges, & les noires, & ces ſortes de ceriſes ſuivent les précoces; & leur goût qui eſt fade, plaît aux uns, & eſt peu eſtimé des autres.

Des Ceriſes hâtives.

On n'a pas plûtôt mangé les guignes, que les ceriſes hâtives leur ſuccedent; leur beauté eſt paſſable, mais leur goût contente peu celuy des délicats en fruits, ſi ce n'eſt en compotes.

Des Ceriſes tardives.

De toutes les ceriſes, celles-cy ſont les plus eſtimées, ayant plus de chair, & le noyau plus petit que les autres, & leur goût étant d'un relief admirable, ſoit qu'on les mange crües ou en confitures. Il y a de ces ſortes de ceriſes qu'on appelle ceriſes de Montmorancy, & d'autres qui ne ſont pas tout-à-fait ſi groſſes, qu'on appelle en Bourgogne ceriſes ſimplement.

Des Bigarreaux.

Cette eſpece de ceriſe eſt ferme, & croque lorſqu'on la mange; ſa figure eſt longue & preſque quarrée, & la douceur qu'elle a eſt une qualité en elle qui la rend tout-à-fait recommandable.

Des Griotes.

Les griotes ſont noirâtres; elles croquent auſſi, & ſont fort eſtimées, à cauſe qu'elles ſont d'un doux qui n'eſt point fade comme celuy des guignes.

Voilà les eſpeces de ceriſes qu'on juge dignes d'être placées dans un Jardin; quant aux autres, telles que ſont les ceriſes à grape & les cœurets, n'étant pas en ſi grande recommandation, on en pourra planter ſi l'on veut dans des endroits qui ſeront moins utiles, & moins précieux.

Des Abricots.

Les abricots viennent peu de temps après les cerises, & commencent à se manger dés l'entrée du mois de Juillet : ce sont ceux-là qu'on appelle abricots hâtifs ; car pour ceux qui sont ordinaires, on ne les cueille qu'à la moitié de ce mois ; ainsi que la troisième espece, qu'on nomme le petit-abricot. Ces fruits sont délicieux, beaux, pleins d'odeur & beaucoup exquis, & estimez de tout le monde, à cause de leur nouveauté.

Des Pêches.

Sous ce mot de pêches nous en comprenons trois especes, sçavoir les pêches de plusieurs sortes, les pavis & les brugnons.

Les pêches sont celles qu'on voit couvertes de poil sur leur peau, & qui quittent agréablement bien le noyau.

On appelle brugnon tout ce qui est lice, c'est-à-dire, toutes les especes de pêches qui ayant la peau rase, ne quittent point le noyau.

Et enfin, les pavis sont ces sortes de pêches, qui ayant la peau un peu veluë, & chargée de quelque couleur que ce soit, jaune, blanche ou rouge, ne quittent point aussi le noyau.

Toutes ces sortes de pêches ont leur merite ; mais pour être bien établi, il faut qu'elles ayent la chair un peu ferme, & jamais grossiere, la peau fine, luisante & tirant sur le jaune ; elles doivent fondre si-tôt qu'elles sont dans la bouche, & l'eau qui en sort doit être sucrée, d'un goût relevé, & qui soit vineux.

La marque d'une bonne pêche, est celle qui est peu veluë de poil, car celles qui en paroissent bien chargées & qui l'ont grand, ne passent que pour des pêches communes, c'est-à-dire qu'elles sont d'un relief mediocre : voilà les qualitez necessaires à une pêche pour être bonne.

Aprés ce petit discours, il n'est plus question que de sçavoir quelles sont ces pêches, ces pavis & ces brugnons, qui meritent des places dans les espaliers des Jardins ; car je ne pretens parler icy que des especes de ces fruits, qui valent la peine qu'on les cultive, étant en assez grand nombre pour contenter les curieux, qui ne doivent point faire consister leur curiosité à en planter de celles dont on ne fait aucun cas. Voicy donc les plus délicates, décrites chacune suivant l'ordre de leur maturité.

Petite avant-pêche blanche, bonne au commencement de Juillet.

Pêche de Troye, bonne à manger à la fin de Juillet, & au commencement d'Aouſt.

Pêche-alberge jaune, & ſe mange en Aouſt.

Petite pavis-alberge jaune. *Idem.*

Pêche-Magdelaine blanche, bonne à la my-Aouſt.

Pêche-mignonne, en même temps.

Pêche-d'Italie, ſe mange auſſi à la my-Aouſt.

Pavis-blanc, eſt meur dans ce même-temps.

Pêche-alberge rouge, meurit plus tard, & ſe mange à la fin d'Aouſt.

Petit pavis-alberge violet, ſe cueille de même.

Pêche-bourdin, à la fin, d'Aouſt auſſi.

Pêche-ceriſe à chair jaune, eſt bonne à la fin d'Aouſt.

Pêche-ceriſe à chair blanche, bonne auſſi dans cette ſaiſon.

Pêche-Roſſane, donne des marques de ſa juſte maturité au commencement du mois de Septembre.

Pavis-roſſane, meurit en même temps.

Pêche-perſique, n'eſt point bonne qu'à la my-Septembre.

Pêche-violete hâtive, commence à ſe manger dans ce temps, & elle eſt de deux eſpeces, ſçavoir la groſſe & la petite.

Pêche-belle-garde, va auſſi juſques-là, avant qu'on la mange.

Brugnon-violet, ne ſe mange auſſi qu'à la my-Septembre.

Pêche-pourprée, tout de même, & ne vaut rien avant ce temps-là.

Pêche-admirable, eſt admirablement bonne dans le quinze de ce mois.

Pêche-nivette, va juſqu'en Octobre, & eſt merveilleuſe dans les terres ſeches.

Pêche de Pau, eſt bonne auſſi au commencement de ce mois.

Pêche-blanche d'Andilly, ne vaut rien dans les terres humides, à cauſe qu'elle n'y meurit pas non plus qu'ailleurs, ſi elle n'eſt dans l'expoſition pleine du midy. Octobre.

Groſſe pêche tardive, autrement, pêche-admirable jaune, veut qu'on uſe envers elle des mêmes précautions que celle cy-deſſus, ne ſe mangeant auſſi qu'au mois d'Octobre.

Pêche-royale, de même.

Pêche-violete tardive, bonne ſeulement au mois d'Octobre.

Pêche de Pomponne, tout de même.

Des Prunes.

Il y a un si grand nombre de prunes, que si l'on vouloit parler de chacune en particulier, on trouveroit dequoy remplir un volume ; mais mon dessein n'étant icy de traiter que de celles qui sont les meilleures & les plus recherchées, je laisseray les autres à devenir ce qu'elles pourront.

Ce fruit commence à être bon dés le mois de Juillet, jusqu'en Octobre ; mais passé ce mois, les prunes, faute de chaleur, ne sont plus qu'insipides : les unes se mangent crües & cuites, & les autres cuites seulement.

Une prune, pour être de valeur, doit avoir la chair fine & tendre, & fondant lorsqu'elle est dans la bouche ; l'eau en doit être douce & sucrée, & avoir en elle certain je ne sçay quoy qui la releve ; & voicy la liste de celles qui sont en estime parmi les plus fins connoisseurs.

Prune de Catalogne, est une prune hâtive.

Prune de S. Cyr, se mange en même-temps.

Prune de Damas de Tours, tres-excellente.

Prune de Damas noir : quoy qu'elle ne soit pas des plus fines, cependant elle sied bien dans un verger.

Prune de Taureau, bonne en confiture & en marmelade seulement.

Prune de Damas d'Italie, tres-bon fruit.

Prune de Damas violet, fort excellente à manger crüe.

Prunes-d'abricot : la jaune, & la rouge, & toutes deux fort estimées.

Prunes-Diaprées, toutes prunes délicates, & beaucoup recherchées.

Prune-mirabelle meilleure en confiture que crüe.

Prune de Drap-d'or, cette prune a l'eau fort sucrée, & est d'un relief tres-fin.

Prune de Perdrigon, est excellente crüe, ainsi qu'en confiture.

Prune de Perdrigon-Normand, bonne prune, mais tardive.

Prune de Perdrigon violet, fort sucrée, & se mange en Octobre.

Prune-Imperiale, de quatre sortes, meilleures les unes que les autres.

Prune-royale, belle, grosse, bien ronde & tres-bonne.

Prunes de Damas de toutes sortes, bons fruits à manger, à la reserve du Damas verd qui est meilleur en confitures.

Prune de moyeu de Bourgogne, tres-recherchée pour la confiture.

Prune Damasquinée, belle &

bonne, & qui tire une partie de son merite de ce qu'elle est tardive.

Prune œil-de-bœuf, bonne cuite, & non autrement.

Prune de Montmirel, meilleure en pruneaux que crüe.

Prune-d'Ilvert, tres-recherchée pour faire confiture.

Prune de Cœur-de-bœuf, fort grosse, & passablement bonne.

Prune de Maugeron, est estimée de tous ceux qui la connoissent.

Prune d'Atille, de deux sortes, blanche & violete, fort exquises.

Prune de cœur-de-Pigeon, bonne à manger à la fin de Septembre, jusqu'à la fin d'Octobre.

Prune de Rhode, d'un bon goût, & tardive.

Prune de Monsieur, se mange tard, & est fort estimée.

Prune de Damas-dronet, tres-excellente & tardive.

Prune de Damas d'Espagne, de deux sortes, l'un rond, & l'autre long, & tres-excellent.

Prune de Diaprée noire, qui se mange bonne en Octobre & Novembre, lorsqu'elle est plantée dans un terrain sec.

Prune-d'Imperatrice, rare & tardive, & n'est bonne que dans un fond chaud, où elle devient excellente.

Prune-Virginale, d'un goût exquis, & qui est tres-recherchée.

Prune-Mignonne, dont l'eau est fort sucrée, ce qui luy donne un grand merite.

Prune de Reine-Claude, tres-bon fruit, au sentiment de tout le monde.

Prune de Pologne, toute blanche : elle est d'un goût excellent.

Prune de Suisse, se mange tard, & merite bien d'être mangée.

Prunes-dattes, rouge & blanche, l'une & l'autre bonnes crües, & meilleures en pruneaux.

Prune de Sainte-Catherine, fruit dont on ne peut être trop fourni pour faire des pruneaux.

Prune de S. Julien, bonne pour avoir du plan pour les pepinieres.

Prune Norbette, excellente à faire pruneaux.

Prune de Damas rouge de Tours, tardive, & d'un goût insipide dans les terres humides.

Prune de gros Damas violet, se mange fort tard, & est bonne dans les terres seches.

Prune de gros Damas noir : cette prune est la plus tardive de pas une, & devient excellente dans les terres legeres.

REMARQUES.

Je puis dire que de toutes les prunes dont je viens de parler, il n'y en a point dont on ne puisse remplir une prunelaye, avec satisfaction de trouver les unes excellentes en les mangeant, & les autres admirables ou en pruneaux ou en confiture : Oüy, un pere de famille en peut garnir de grands lieux, sûr qu'il sera d'en retirer bien de l'argent ; car ce ne sont que des prunes qui valent la peine de les cultiver : mais on remarquera que si la curiosité porte d'en vouloir planter en espalier, il n'y en a que quatre ou cinq sortes qui soient dignes d'une telle place ; sçavoir, les deux Perdrigons blanc & violet, la Sainte-Catherine, la Prune d'Abricot, & la Roche-Courbon. Passons aux Poires.

Des Poires.

En fait de Poires, je ne suis pas de l'avis de ceux qui ayant un grand terrain, font consister leur curiosité à y en mettre de toutes sortes, c'est-à-dire, de bonnes & de mauvaises : non, ce n'est point là mon sentiment ; car étant fondé sur la raison qu'il ne coûte pas plus de peine à élever un fruit de consequence, qu'un qu'on peut appeller fruit de rebut, je dis que c'est peine perduë d'en agir indifferemment ; cependant combien voit-on tous les jours de gens poussez par la demangeaison d'en avoir de toutes les especes generalement, farcir leur Jardins de ces fruits qui ne sont propres que pour des bouches grossieres, des rustauts qui mettent en compromis une poire de Râteau avec un bon Chrétien d'Hyver ? combien voit-on de ces prétendus curieux, se laisser attaquer de cette maladie jusqu'à un tel point, que bien loin de s'en vouloir guerir, ils croyent que c'est en eux une inclination, pour qui tout le monde doive avoir de l'estime ? Non, les uns prennent pitié de ces gens-là, & les autres rient de leur ignorance aveugle, qui lorsque ces petits Docteurs en jardinage sont enfin parvenus à recüeillir du fruit de leurs peines, ne veulent point avoüer qu'ils ont en vain perdu leur temps & leur argent, crainte de devenir la risée de ceux qui sçavent mieux qu'eux ce que c'est que la bonne ou mauvaise qualité d'une poire, & le profit qu'on en peut tirer ; c'est ce qui fait que je conseille à un Pere de Famille qui aura de grands plans de poires à faire, de ne se charger toûjours que de celles dont il puisse avoir un promt debit, par rapport à la délicatesse de leur espece, qui les fait rechercher plus que toute autre chose. En voicy une liste qui aura lieu de contenter un veritable curieux, quelque ambition dont il puisse être rempli, de passer pour un homme garni d'une grande abondance de fruit de toutes sortes.

Liste

LISTE.

JUILLET.

Poire de Cuisse-madame, bonne au commencement de Juillet.

Poire de gros Blanquet, tout de même, & est fort estimée.

Poire de Muscat-robert, autrement dit Poire à la Reine, se mange à la mi-Juillet.

Poire d'Ambre, excellente à manger en même-temps : cette Poire a plusieurs noms ; on l'appelle le gros musqué de Coué, la Princesse, la pucelle de Flandre, ou bien la pucelle de Xaintonge.

Poire sans peau, fort bonne poire, & se sert dans le vingtiéme Juillet.

Poire de Blanquette à longue queüe, bonne dans ce mois.

Poire de Bourdon musqué, se cueille à la fin de Juillet, & au commencement d'Aoust.

Poire d'épargne, autrement dit beau present, fin de Juillet.

Poire Magdelaine, fort hâtive, & se mange à la mi-Juillet.

Poire de petit blanquet, dite aussi la Poire de Perle, est fort recherchée, & est bonne à manger à la fin de Juillet.

Poire de Cuisse-Madame, fort estimée, & bonne en Juillet.

Poire de du Bouchet, bonne à la mi-Aoust.

Poire de petit Muscat, ou sept en gueule, au commencement de Juillet.

Poire d'Amiré roux, poire fort musquée & sucrée, bonne dans ce mois.

Poire de Portugal d'Eté, autrement appellée Poire de Prince, ou Amiral, excellente à manger en Juillet.

Poire de Parfum d'Eté, fruit délicat, & se mange en Juillet.

Poire de gros Blanquet, *idem*.

AOUST.

Poires de gros & petit Rousselet, tres-excellentes à manger au mois d'Aoust.

Poire Robine, tres-bon fruit, & fort recherchée pour être servi dans le mois d'Aoust.

Poire d'Orange verte, bonne dans ce mois.

Poire de Cassolette, dite Poire de Leschefrion, ou Friolet, ou Muscat vert, se mange en Aoust.

Poire d'Orange brune, autrement dite Poire de Monsieur, excellente à manger en Aoust & Septembre.

Poire de Bon-Chrétien d'Eté, autrement Graccioli, *idem*.

Poire Crapaudine, autrement poiré Grise-bonne, ou Ambrette d'Eté, bonne en ce mois.

Poire de Jassemin ou Franchipane, quoiqu'un peu sujete à la pierre, ne laisse pas que d'être bonne, & se mange en Aoust.

Poire de Caillot-Rozat, Aoust & Septembre.

Poire Rose, a la chair un peu dure, mais bonne Poire à manger en Aoust.

Poire de Milan de la Beuriere, ou Bergamotte d'Eté, bonne à la mi-Aoust.

Poire de Brutte-bonne, ou Poire de Pape, excellente à servir au vingtiéme Aoust.

Poire de fin or d'Orleans, bon fruit quand on soigne de le cueillir un peu vert, afin qu'il en ait plus d'eau, & se mange en Aoust.

Poire de Beurré blanc, se mange aussi au mois d'Aoust.

Poire Jargonelle d'Eté, passable; c'est pourquoy il en faut peu avoir, & ce fruit se mange dans ce mois.

SEPTEMBRE.

Poire de Bergamotte commune, se mange dés la mi-Septembre & en Octobre.

Poire de Beurré gris, mi-Septembre, & au commencement d'Octobre.

Poire de Pendar, tres-bon fruit, & qui est meur à la fin de Septembre.

Poire d'Inconnuë-Cheneau, *idem.*

Poire de Doyenné, mi-Septembre, & va jusqu'en Octobre.

Poire d'Angleterre veut être cueillie un peu verte, autrement elle passe, & mollit promtement, & se mange au mois de Septembre.

Poire de Parfum de Berny, bonne au vingt-troisiéme Septembre.

Poire Tulippée, autrement appellée Poire aux Mouches, est une excellente Poire à manger dans ce mois.

Poire de Morfontaine, meure dans le même temps.

OCTOBRE.

Poire de Verte-longue, ou Moüille-bouche d'Automne, bonne en Octobre.

Poire de Marquise: ce fruit est admirable, & merite d'être cultivé; il se mange dans ce même mois.

Poire de Messire-Jean, qui se sert aussi à la mi-Octobre.

Poire de Muscat fleury, se meurit à peu prés dans le même temps.

Poire de Bezy de la Motte, bonne à manger à la fin d'Octobre.

Poire sucré-vert, fort estimée & recherchée des curieux, pour être servie aussi à la fin de ce mois.

Poire de Lansac, ou Dauphine; c'est un fruit fondant & des plus exquis, bon à la fin du même mois d'Octobre.

Poire de Vigne ou de Demoiselle, bonne à la mi-Octobre.

Poire de Rousseline, d'un beuré tres-fin & delicat, & exélente à manger dans le mois Octobre.

Poire de Chat-brûlé, qui vaut

mieux qu'elle ne se prise, est bonne dans ce mois.

Poire d'Ambrette de Bourgueüil, ou Graville, bonne au troisiéme Octobre.

Bezy-d'Hery, tres-bonne à cuire dans ce même mois.

Poire de Vilaine d'Anjou, se mange au mois d'Octobre.

Poire de Chat, de la même grosseur, couleur & figure d'un Martin-sec, est meure à la mi-Octobre.

NOVEMBRE.

Poire de Virgouleuse, bonne poire qui se mange pendant trois mois, sçavoir, Novembre, Decembre & Janvier.

Poire d'Échasserie, fort estimée par-tout, & se mange de même que la Virgouleuse.

Poire d'Ambrette a l'eau fort relevée: c'est un bon fruit qui se sert comme les deux cy-dessus.

Poire d'Epine, toute la même chose, & est aussi une poire fort estimée.

Poire de Saint-Germain, autrement l'Inconnuë la Fare, tout comme celles cy-dessus.

Poire de Colmar, *idem*: ce fruit est des meilleurs, & des plus exquis.

Poire de petit Oing, Novembre & Decembre.

Poire de Crassane, *idem*.

Poire de Loüise-bonne, se sert pendant les mois de Novembre & Decembre.

Poire de Martin-sec, bon fruit, & se mange depuis la mi Novembre jusqu'au mois de Mars.

Poire non-commune des défunts, est meure en Novembre.

Poire Amadotte, commence à être bonne en Novembre, & va jusqu'en Decembre.

Poire de Londres, se mange aussi dans ce mois.

Poire de Pastourelle, ou Muzette d'Automne, excellente à manger en Novembre.

Poire de Bon-Chrétien d'Espagne, autrement Poire de Janvry, est meure dans ce mois.

Poire de Jasmin, tres-estimée & recherchée beaucoup dans ce mois.

Poire de Bezy-Quessoy, ou Roussette d'Anjou, bonne en Novembre.

Poire d'Oignon musqué, bon fruit & recherché dans ce mois.

Poire de Citron, excellente dans les mois de Novembre & Decembre.

Poire d'Ambrette sans épine, bonne à manger au mois de Novembre.

Poire d'Or d'Automne, fruit tres-excellent & qui se mange dans ce mois.

Poire sans nom, de Monsieur le Jeune, bonne en même tems.

DECEMBRE.

Poire de Saint-Augustin, se mange à la fin de Decembre.

Poire de Topinambour, ou

fin-or musqué, de même.

Poire de Sucrin noir, bonne en Decembre & en Janvier.

Poire d'Etranguillon-vibray, meure en même-temps.

JANVIER.

Poire de Portail, bonne au mois de Janvier quand elle commence à piquer, c'est-à-dire, qu'elle semble qu'elle va pourrir; elle dure jusqu'en Fevrier.

Poire de Satin vert, fruit fondant tres rare, & particulier, bon en Janvier.

Poire de gros Musc, excellente & propre à servir au mois de Janvier.

Poire de Ronville, ou Martin-sire, excellente dans ce mois.

Poire de Milan rond, espece de Bergamotte, bonne dans Janvier, & va jusqu'en Fevrier.

Poire de la Reine d'Hyver, bonne en Janvier.

FEVRIER.

Poire de bon-Chrêtien d'Hyver, depuis Fevrier jusqu'en May.

Poire de Bugi, Bergamotte tres-excellente, & bonne dans ce mois.

Poire de Stergonette, excellente à manger en Fevrier.

MARS.

Poire de Muscat l'Allemand, bonne en Mars, & va jusqu'en Avril.

Poire de Saint-Lezin, delicate à garder, & se mange en Mars.

Poire d'Archiduc, poire fondante, & se sert fort proprement au mois de Mars.

Poire de Naples, espece de beuré, qui n'est meure que dans ce même mois.

Poire de Carmelite, est une poire musquée qui se peut servir crüe, mais meilleure cuite, & va jusqu'au mois de Mars.

Poire d'Orange d'Hyver, bonne à manger dans ce mois, & va jusqu'en Avril.

Poire de Double-fleur, se mange aussi au mois de Mars.

Poire de Tibivilliers, ou Bruta-marna, tout de même.

Poire de Gourmandine, bonne à cuire dans ce mois.

Poire Angelique, autrement appellée Saint-Martial, est un fruit fort estimé, & qui se mange dans ce mois.

Poire de Florentine, poire bonne à cuire en Mars.

AVRIL.

Dans le mois d'Avril se mangent les poires Mascaires, la Bernardiere, qui va jusqu'au mois de May, la Gambaye & autres.

AVERTISSEMENT.

Si j'avois voulu faire une liste generalement de tous les fruits qui se mangent, sans aucune distinction des bons d'avec les mauvais, elle feroit bien encore une fois auſſi longue que celle que je viens de décrire ; mais mon deſſein n'étant pas de faire icy comme ces charlatans de profeſſion, qui pour établir le merite d'une méchante drogue, ne ſe laſſent jamais de dire choſe qui vaille : J'ay penſé icy qu'il ſeroit mal à moy, aprés avoir fait montre de mauvaiſes choſes, de vouloir perſuader qu'elles ſeroient les meilleures du monde : Oüy, & j'en avertis même, il y a encore quantité de poires que je paſſe ſous ſilence ; & n'ayant fait choix que de ce qu'il y a de plus fin, de plus exquis & de plus recherché en matiere de poires, je n'ay pas jugé à propos d'en inſerer d'autres, eſtimant que ſi on vouloit en garnir un jardin, il y en auroit ſuffiſamment, quelque grand qu'il pût être ; mais enfin, ſi l'on ſouhaite ſçavoir le nom de pluſieurs autres : & apprendre à les connoître par les deſcriptions au naturel, qui en ſont fort ingenieuſement faites ; j'invite le Lecteur à avoir recours à un livre intitulé, *l'Abregé des bons Fruits, par le ſieur Merlet* : il eſt curieux, & merite d'être lû ; & le prix qu'il coûte eſt ſi peu de choſe, qu'on peut dire à l'égard d'un curieux, que c'eſt une eſpece d'avarice de s'en paſſer. Je vas me comporter de la même maniere à l'égard des Pommes, qui lorſqu'elles ſont d'une bonne eſpece, ont, par rapport à elles-mêmes, des qualitez qui les font eſtimer.

Des Pommes.

Oüy, les Pommes ont leur merite particulier : ce ſont des fruits excellens, & qui ſe gardent ; ce qui eſt cauſe que nous ne devons point les oublier dans nôtre Jardinage, & même que nous devons avoir grand ſoin de les y cultiver. Toutes Pommes à faire du cidre ſeront bannies de ce traité, comme les jugeant indignes d'occuper dans un enclos, des places que d'autres de meilleures eſpeces meritent mieux qu'elles. Voicy donc les Pommes dont je fais cas avec les plus habiles Jardiniers.

LISTE.

Pomme de Reinette griſe, qui ſe mange preſque toute l'année.

Pomme de Reinette blanche, tout de même.

Pomme de Calville d'Eté, blanche & rouge, ſe mange aux mois d'Aouſt & Septembre.

Pomme de Calville d'Automne, depuis Octobre juſqu'en Fevrier.

Pomme de Fenoüillet, bonne pomme, & qui ne ſent point lorſqu'on la mange dans le mois de Decembre jusqu'en Mars.

Pomme de Courpendu : l'eau en est fort relevée, & est bonne depuis Decembre jusqu'en Mars.

Pomme d'Api, pour l'avoir belle & bonne, doit être laissée sur l'arbre jusqu'à la Toussaints, se mange crûe, seulement depuis Decembre jusqu'en Avril.

Pomme Violette, est fort exquise, & est bonne à manger depuis le mois de Novembre jusqu'en Fevrier.

Pomme de glace, passablement bonne.

Pomme de Francatus, fruit de garde, & peu de merite outre cela.

Pomme Sans-fleurir, autrement appellée Pomme-Figue, plus curieuse que bonne, & est de garde, qui est la seule bonne qualité qu'elle ait.

Pomme Lazarelle, tres belle Pomme, & d'une eau tres-sucrée, & elle est fort estimée.

Pomme de Rambour, dit Nôtre-Dame, bonne à manger en Aoust.

Pomme Coussinotte, excellent fruit, & se mange depuis la fin d'Octobre jusqu'en Fevrier.

Pomme d'Orgeran, de deux sortes, la hâtive & la tardive.

Pomme d'Etoile, se mange en Fevrier, & va jusqu'en Avril.

Pomme de Jerusalem, a l'eau assez sucrée, & se garde long-temps.

Pomme de Drüe-Permein d'Angleterre, tres-bon fruit.

Pomme de Haute-bonté, son nom publie son merite, & elle se garde long temps.

Pomme de Touvezeau, passable.

Pomme de Châteignier, tres-bonne Pomme, & estimée.

Pomme de Petit-bon, d'un suc excellent, & veut être cultivée.

Pomme Rose, presque semblable à la figure, mais non à la bonté.

Pomme de Paradis : quelques-uns des Pommiers de cette espece, en quelque coin perdu du jardin, non pas à cause de son fruit, mais à cause des boutures qu'on tire de dessus pour garnir les Pepinieres.

Aprés les traitez assez amples que je viens de faire sur chaque espece d'arbres fruitiers, tant pour ce qui regarde la maniere de les greffer, planter, tailler & gouverner, que de celle de contribuër à la grosseur & à la beauté de leurs fruits; il me semble que je puis bien dire que j'ay donné des preceptes assez suffisans pour se rendre habile en cet art, ou du moins que j'ay fait mon possible pour en venir à bout; c'est pourquoy, j'espere que ceux qui les liront, dans la pensée d'en tirer du profit, y trouveront la plus grande partie des lumieres qu'ils chercheront en fait d'arbres & de fruits : Mais comme à une maison de Campagne il ne suffit pas d'avoir des fruits, & qu'il est d'autres choses qui n'y sont pas moins necessaires, en partie pour la subsistance ; il faut passer au Jardin potager ; & convaincu de la grande utilité dont il est, donner des moyens d'y faire croître toutes les legumes dont un ménage a besoin. Mais avant que d'en venir là, je m'avise qu'il manque encore dans nôtre jardin des groseliers, & des Framboisiers, qui sont deux especes d'arbrisseaux, comme on sçait, qui apportent du fruit qu'on est bien aise de manger dans un temps où la saison ne permet pas qu'il y en ait quantité d'autres.

CHAPITRE XXX.

Des Groseliers, & des Framboisiers.

JE croirois à la verité avoir un reproche à me faire, si aprés avoir icy traité de tous assez amplement, j'avois omis à parler des groseliers, dont le fruit paroît comme un secours le plus agreable du monde pour être servi sur nos tables, dans un temps où les autres ne sont pas encore parvenus à leur maturité parfaite pour être mangez.

On compte de deux especes de Groseliers, la verte & la rouge ; & comme celle-cy n'est pas si-tôt meure que l'autre, je commenceray à parler de la verte, & à dire de quelle maniere elle s'éleve ; puis je donneray des preceptes pour apprendre à gouverner la rouge.

Des Groseles vertes.

Il n'y a personne qui ne sçache que cette espece de grosele a le bois piquant ; il est vray qu'elle n'est pas rare, puisque dans les champs on en voit des hayes toutes entieres ; mais elle n'est pas également grosses : car la plûpart de ces groseles dont on se sert pour faire des clôtures, sont ordinairement fort petites, & peu moëleuse ; au lieu que celles qu'on cultive dans les jardins sont grosses, & beaucoup charnuës.

L'avantage qu'il y a d'avoir de ces sortes de groseliers est qu'ils ne sont point d'une nature délicate, venant également bien dans quelque terre qu'on les puisse mettre, pourvû qu'on les entretienne de labours de temps en temps.

Ces labours leur font neceſſaires, en ce que portant ſucceſſivement une nouvelle nourriture à leurs racines, ils font qu'ils en donnent leur fruit plus beau, plus gros & d'un meilleur goût.

Cet arbriſſeau vient de plant enraciné, & ſe met ordinairement dans un lieu écarté du jardin; & la maniere de le planter eſt de le mettre en rigole, comme on fait une haye vive : on peut le voir dans le ſecond livre de la premiere partie.

La groſele verte eſt utile en trois manieres: Premierement, en ce qu'au lieu de verjus on s'en ſert dans les ſauſſes, lorſqu'elle eſt encore toute verte: Secondement, en ce qu'on en fait une confiture qui vient à propos au Printemps : Et en troiſiéme lieu, en ce qu'elle eſt agreable au goût quand elle eſt meure.

Cette eſpece de groſele charge extrêmement; & quoique ſon bois ſoit d'un genie aſſez retenu, pour peu cependant qu'on voye qu'il s'échape, on prend ſoin de l'arrêter avec les ciſeaux de Jardinier. Voilà tout le myſtere qu'il y a à garder à l'égard de la groſeille verte: Voyons la rouge.

Des Groſeles rouges.

Les groſeles rouges qui viennent peu de temps aprés, ſont plus eſtimées, & ſont de deux ſortes; l'une qu'on appelle groſele commune, & l'autre groſele d'Hollande : celle-cy, à cauſe qu'elle eſt plus belle & plus curieuſe, a fait negliger la culture de celle-là, quoiqu'on eſtime plus la premiere en confiture que la ſeconde.

Ces ſortes de groſeles réüſſiſſent mieux de boutures, que de plant enraciné, & veulent toûjours, pour être d'un fin relief lorſqu'elles ſont meures, être expoſées au midy, ou au levant. De plus, c'eſt que telle expoſition empêche que la commune ne coule, étant ſur toute autre fort ſujete de tomber dans cet inconvenient, qui ſurvient aſſez ſouvent à celle de Hollande, lorſqu'elle n'eſt pas dans une terre forte, ou humide.

La commune ſe met ordinairement en bordure; mais celle de Hollande veut être plantée de diſtance en diſtance, pour en former des buiſſons.

En cet état on a ſoin de leur donner deux ou trois labours par chacun an, ou autrement elles n'acquierent pas ce haut point de perfection qui leur eſt eſſentiel pour être bonnes.

Elles deviennent encore inſipides, lorſque par une trop grande confuſion de branches, leur fruit ne peut joüir des rayons du

Soleil,

Soleil; & c'est à quoy l'on remedie par le moyen de la taille qu'on leur donne.

Cette taille, ainsi qu'aux arbres, leur est jugée necessaire pour les obliger à donner de plus beaux fruits, & pour les rendre en tout temps plus agreables à la vûë, qu'ils ne seroient si l'on avoit negligé de le faire.

Les groseles communes, comme j'ay déja dit, se plantent en bordure, & forment ainsi comme une espece de petite haye fort plaisante, sur tout lors qu'elle est conduite comme il faut; au lieu que celles de Hollande se mettent en petits buissons, qui étant gouvernez dans les regles, produisent des effets qui sont les plus agreables du monde.

Un groselier en buisson doit être d'une forme ronde, & bien évuidé dans le dedans: pour sa tige, elle est touffüe dans le bas, & plus ou moins grosse qu'il sort des branches du pied pour former le corps de ce buisson; car telle est la nature de ces arbrisseaux.

Il faut observer que les deux premieres années on ne doit point les tailler, afin de conserver le jeune bois qui donne le fruit; mais pour les suivantes, il ne faut pas manquer de faire cette operation.

La bonne maxime de tailler les groseliers, est toûjours de couper leurs branches fort courtes, pour deux raisons; la premiere, c'est à dessein d'avoir du bois qui ne manque point de donner du fruit l'année d'aprés; & la seconde, est qu'ils produisent ce même fruit plus gros, mieux nourri, & moins sujet à couler.

Des Groseles blanches, autrement dite Perlées.

Il y a encore des groseles de cette espece qui sont blanches, & qu'on nomme groseles perlées communes, & de Hollande, étant chacune de la nature des rouges, auxquelles elles ressemblent en qualitez. On fait de ces dernieres, des confitures en gelée, en grains ou en grappes qui sont excellentes; mais qui pour être belles, veulent être cueillies un peu plus vertes que meures.

Observations.

Les groseles, tant communes que celles de Hollande, ne tirent pas tout leur merite, non seulement de leur nouveauté, mais encore de ce qu'on peut en manger jusqu'aux gelées, pourvû qu'on observe deux choses; la premiere, qu'on mette de ce plant à l'ombre, entre deux buissons, assez grands pour être moins frapez du Soleil ; & la seconde, au cas que l'ombrage de ces buissons ne suffisent point, de les couvrir de paille, comme on fait des paniers à mouches : & étant ainsi accommodez, on parvient au but qu'on se propose de manger fort tard de leur fruit.

Des Framboises.

La framboise est au goût de bien des gens, un fruit fort agreable, il paroît peu de temps après les fraises.

Elle est dans une grande estime, non-seulement à cause de sa délicatesse en la mangeant ; mais encore à cause de son odeur qui cause un plaisir singulier à celuy qui en approche.

La maniere de cultiver ce fruit délicieux ne contient en soy aucune difficulté ; elle vient de plans enracinez, en separant une souche en plusieurs brins.

Elle se plante en rayons tirez au cordeau, éloignez l'un de l'autre de deux pieds, & profonds d'un fer de bêche, & large d'un pied.

Ces brins sont mis dans ces rigoles, à quatre doigts les uns des autres, puis recouverts d'une terre qui doit être meuble, & dont on soignera de bien garnir les racines, crainte qu'elles ne s'éventent.

Ces plans ainsi mis, seront trois ou quatre fois tous les ans, fort soigneusement labourez : pour ce qui regarde la maniere de les gouverner, il faut toutes les fois qu'on les taillera, ne pas oublier de couper le bois mort, & d'ôter les jets qui poussent dans les sentiers.

Les framboisiers, lorsqu'ils sont plantez en bonne terre, sont d'un naturel à pousser beaucoup de bois, de telle maniere quelquefois qu'ils en sont étouffez. Or pour les décharger de cette abondance qui leur nuit, on doit observer d'arracher tous les petits jets, & le vieux bois qui est mort, d'autant que c'est le gros bois de l'année qui rapporte le plus de fruit, & que c'est celuy-là aussi qu'on doit rabatre de moitié en le taillant.

Ce fruit, non plus que les autres, n'est pas à couvert de tout inconvenient ; il a comme les Poires & les Pêches des ennemis qui luy font la guerre : ceux-cy sont attaquez des Tigres & des Fourmis ; & les Framboises sont sujetes aux punaises, qui les rendent desagreables si l'on ne sçait les en défendre.

Ces animaux s'attachent à ce bois, si-tôt que la seve com-

DE LA CAMPAGNE. Liv. III.   219.

mence à remüer; mais pour empêcher ce defordre, il faut en taillant les Framboifiers au Printemps, prendre de la chaux délayée avec de l'eau, & en froter le bois avant qu'il pouffe: ce remede eft efficace.

AVERTISSEMENT.

Je n'aurois point oublié de faire icy un traité des Figues, comme étant un fruit des plus eftimez; mais comme il y a des auteurs qui en ont fuffifamment parlé, & d'une maniere à n'en pouvoir rien dire de plus, j'ay crû qu'il étoit pour moy inutile d'entreprendre de donner des preceptes, qui jufqu'icy ont été fi bien établis: & pour preuve de ce que j'avance, il n'y a qu'à lire un livre, qui porte pour titre, Nouvelle inftruction facile pour la culture des Figuiers, & qui fe vend chez le fieur de Sercy. On trouvera dequoy fe fatisfaire pleinement fur une telle matiere. Paffons au Potager.

CHAPITRE XXXI.

Du Jardin potager, & des erreurs populaires touchant la Lune.

Heureux font ceux qui faifant leur demeure à la Campagne, peuvent fe flater d'avoir des jardins fituez dans un bon fonds; c'eft là que tous legumes viennent à fouhait, & qu'en en retirant en abondance, ces perfonnes font en droit de dire qu'elles ont dequoy chez elles nourrir leurs domeftiques pendant une bonne partie de l'année, qui eft une douceur bien grande dont ils joüiffent, & que beaucoup d'autres qu'eux voudroient avoir.

Mais comme à bien des maux il y a du remede, fi le terroir où l'on habite n'eft pas tout à fait fertile, ce n'eft pas à dire pour cela qu'il faille fe priver d'avoir un potager; les fumiers de toutes fortes font d'un fecours tres-grand pour corriger les défauts aufquels une terre peut être naturellement fujete: il eft vray qu'avec tous ces amandemens, ce feroit un abus de croire que les herbages y vinffent fi beaux, que dans une qui feroit féconde d'elle-même: mais enfin, de quelque nature qu'on l'ait, on s'en fert du mieux qu'il eft poffible; & ne luy épargnant point l'engrais qui luy est le plus propre, on y plante ce qu'on juge à propos y pouvoir le mieux venir.

La plûpart de ceux qui ont écrit des potagers, obligent à de telles precautions à l'égard de ces terres, qu'il semble à les oüir discourir là-dessus, qu'à moins qu'on n'ait un fond de terre tout-à-fait heureux, & d'une profondeur de trois pieds, il est impossible d'y avoir de bons legumes, ou des herbages raisonnables. Je leurs passe la premiere proposition, qui est la bonté de la terre; mais quant à la seconde, qui est la profondeur, comme une chose essentielle aux Artichaux, Salsifix & autres, ils veulent bien que je leur dise, que j'ay vû en plusieurs endroits de ces gros legumes venir tres-beaux dans des fonds qui n'avoient pas plus d'un pied & demi de profondeur; & cela est fondé sur telles experiences, que je soûtiens qu'il suffit qu'une terre soit bonne ou d'elle-même, ou par le moyen des amandemens, pour faire que tous herbages y acquierent une belle croissance.

De plus, à quoy bon par de grands verbiages, qui en fait de Jardinage établissent des loix qui semblent ne pouvoir être rejettées qu'au préjudice de ceux qui s'y rendroient rebelles; à quoy bon, dis-je, par des effroyables conditions rebuter des esprits qui poussez d'une noble inclination d'avoir des potagers, s'en dégoûtent tout d'un coup, dans la crainte qu'ils ont de n'y pas réüssir, leur terre n'étant pas de la qualité ny de la profondeur que ces Ecrivains veulent absolument qu'elles soient?

Pour moy, je declare encore un coup, que pourvû que ces terres soient comme j'ay dit cy-dessus, & qu'elles n'ayent point d'odeur mauvaise qu'elles puissent communiquer aux plans qu'on y met; oüy, j'assûre que sans crainte on en peut dresser un potager.

Pour ce qui regarde la connoissance des terres, on peut voir ce que j'en ay dit au premier Chapitre de la Pepiniere, page 3. cela suffira : & à l'égard des fumiers, j'en ay assez amplement parlé dans le traité du labourage, sans qu'il soit besoin que pour cela j'use icy de redite.

Erreurs Populaires, touchant la Lune.

Toutes les fois que je me declareray Antagoniste de ces grands, & scrupuleux observateurs de la lune, je ne doute pas qu'avec eux je ne me fasse de grosses affaires : je sçay que je m'y dois attendre; c'est pourquoy, toûjours prêt à parer les coups qu'ils me pourront porter, je soûtiendray toûjours contre eux, qu'il est indifferent de semer quelque graine que ce soit en décours comme en pleine lune.

Je sçay que tout ce qui est sublunaire est sujet aux influences des astres, & qu'il n'est point de plante qui au-dedans d'elle agisse de telle & telle maniere, qu'on ne sçache comment; que ces mouvemens plus ou moins lents ne sont point des choses occultes pour nous, puisque nous sommes persuadez qu'il sort continuellement des astres une matiere par le moyen de laquelle nous nous sommes convaincus de cette verité; que cette matiere dans les vegetaux est ce qui fait mouvoir la seve, mais d'une maniere si peu sensible, qu'on ne sçauroit s'en appercevoir, & qui dans les temps qu'elle doit agir, monte par des voyes, ou nouvelles ou ordinaires, des racines à l'extremité d'un arbre.

Mes ennemis là-dessus, ne vont point manquer de m'objecter, sçavoir si cette seve agit dans les vegetaux en décours comme en nouvelle lune: je leur répondray qu'il n'y auroit plus de dispute là-dessus, si le mouvement étoit égal; & prevenant leurs sentimens, je veux que toutes parties subtiles, tous esprits qui concourent à la vegetation, soient plus agitez lorsque la lune croît, que lorsqu'elle s'éloigne, & que par consequent les effets qui sont produits dans ces premiers temps soient beaucoup plus gros, & plus forts que ceux qui prennent leur naissance dans le second.

Sur cet aveu que je fais de ce qu'ils pensent sur cette matiere, il me semble les voir élever contre moy, & me dire si de là je ne dois pas conclure, que si une plante ayant besoin de peu de seve pour faire l'operation que nous demandons d'elle, ne doit pas être semée en décours; & que si pour la même raison il n'en faut pas semer en nouvelle lune, une autre à laquelle une seve abondante convient pour devenir ce que nous souhaitons : c'est positivement ce que je nie quant aux temps.

Premierement, posons le cas qu'on seme des Laitües, à l'intention de les replanter pour les faire pommer: n'est-il pas vray que d'abord on dit qu'il les faut semer en décours, à cause que si on les semoit en pleine lune, la seve étant trop forte pour lors, elles seroient en danger de changer de genie; c'est-à-dire, au lieu de pommer, qu'elles pousseroient à graine? Cette raison pour y adherer me paroît trop specieuse; car je voudrois bien sçavoir si pendant le temps que ces laitües ont à être en terre, soit un mois, soit deux mois, ont plus ou moins de momens d'action depuis le commencement de ce mois ou de ces deux mois, jusqu'à la fin, lorsqu'elles sont semées en décours, & replantées par conséquent de même, que lorsque c'est en pleine lune qu'on s'est donné ce travail : ainsi les influences des Astres ayant la domination sur elles, pendant une égale distance de temps, n'est-il pas vray de dire, que si ces laitües sont semées en décours, & que pour lors la seve qui leur donne la vie n'est pas beaucoup dans l'action, n'est-il pas vray, dis-je, qu'après ce décours vient la nouvelle lune, qui faisant pour lors prendre à cette seve un mouvement plus fort, fait que dans cette seconde quadrature, les laitües produisent des effets que cette seve n'a pû leur faire produire dans la premiere, supposé qu'on dût ajoûter foy à ces influences ? Ainsi après ces deux mouvemens differens, ces laitües ont donc la même croissance, semées & plantées en décours, comme si elles l'avoient été en pleine lune, puisque mises en terre dans l'un ou l'autre temps, elles ont également senti les matieres qui les font agir.

Cela étant, qu'on me donne donc une raison pour laquelle on doit faire choix de ce décours, ou de cette nouvelle lune. Je m'attens d'abord qu'on me va repartir, en me demandant d'où vient que de ces laitües, il y en a qui pomment, & d'autres qui ne pomment pas. Ma réponse sur cela n'est pas bien loin : il est constant, & l'on n'en sçauroit disconvenir, que toutes plantes en naissant acquierent de certaines dispositions à recevoir la substance, de telle sorte que les unes ayant leurs fibres moins transverses que les autres, en sont par consequent plus susceptibles ; ce qui fait que la seve s'y jettant avec trop de precipitation, à cause des larges passages qu'elle y trouve, les empêche de devenir telles que nous les desirons : au lieu que les laitües qui naissent avec des corps dont les parties sont plus resserrées, sentent en elles circuler cette seve, qui se rarefiant leur fait prendre cette forme qui est toute l'esperance que nous en attendons.

Il en est de même de tous les autres légumes & herbages, comme des laitües, que j'ay seulement rapportées icy pour servir d'exemple.

C'est pourquoy l'on doit conclure par le raisonnement que je viens de faire, que toutes plantes sortant du sein de la nature avec telles & telles dispositions à recevoir la seve qui les nourrit, il n'est pas au pouvoir des influences de la lune ny des autres Astres, qui ne leur donnent que l'accroissement seulement, de leur faire prendre des formes comme nous nous l'imaginons, quelques naturelles qu'elles leur puissent être, puisqu'on ne sçauroit revoquer en doute, comme j'ay dit, qu'elles ne se les acquierent que par la maniere avec laquelle la seve monte en eux.

Aprés cela, que nos pretendus sçavans dans le jardinage, pour vouloir me pousser à bout, me viennent dire que l'experience qu'ils en ont faite les a convaincus du contraire: je leur répondray que c'est une imposture, puisque aujourd'huy tout ce qu'il y a d'habiles gens en fait de jardinage, sont revenus de cette erreur populaire, & qu'en quelque temps qu'ils puissent semer ou planter, le décours ou la nouvelle lune leur est égal; & tels jardiniers n'en agiroient pas ainsi, si aprés avoir éprouvé l'une & l'autre maniere, leur experience, sur laquelle on peut plus faire de fond que sur celles de tant d'ignorans en cet art, ne leur avoit fait connoître que ces maximes pretenduës sûres, n'étoient qu'une erreur dont le peuple peu instruit dans l'Agriculture, s'étoit mal-à-propos laissé prevenir l'esprit: c'est pourquoy j'invite ceux qui liront ce livre, de s'en défaire, comme d'une doctrine tout-à-fait erronnée, & d'experimenter si ce que je dis n'est pas vray.

CHAPITRE XXXII.

De l'année du Jardiner potager.

CE n'est pas peu que de voir un Jardinier qui sçait à propos employer son temps pendant toute l'année; & l'on peut dire, lorsqu'il s'acquitte bien de ces sortes de soins, que son industrie luy fait tirer de son jardin une partie de sa nourriture & de sa subsistance; mais pour parvenir à ce point, il ne faut pas que l'oisiveté luy commande, puisqu'il n'est point de mois de l'année qui ne luy fournisse suffisamment dequoy travailler; c'est ce qu'il est question de montrer, en commençant par celuy de Janvier.

JANVIER.

Quoyque dans ce mois tout semble s'opposer à la culture des jardins, à cause des gelées qui s'y font sentir rudement, & des neiges qui sont sujetes en ce temps de couvrir la terre; cependant nos habiles jardiniers ont sçû, pour ainsi dire, l'art de vaincre tous ces obstacles: ce n'est pas que ces sortes d'entreprises ne causent beaucoup de peines, & de dépense ; c'est ce qui fait que nôtre pere de famille, bien aise peut-être de sçavoir seulement ces secrets, s'en servira si bon luy semble ; & faisant pratiquer par ses domestiques tous les autres travaux qui conviennent à un jardin, il sera assez bon ménager pour ne point remettre dans un autre temps ce qu'il y a à faire dans celuy-cy.

Les curieux, dés le commencement de ce mois, font faire des couches pour y planter des Concombres & des Melons : à la verité, lorsqu'on fait ces sortes de tentatives, c'est s'attirer de terribles soins sur les bras, soins qu'on peut appeller indispensables ; car pour peu qu'on y manque, tout le travail devient inutile ; l'ennemy que nous voulons braver (qui est le froid) ne perd pas l'occasion de tout détruire, pour peu qu'il trouve de passages favorables à y introduire ses aquilons ; c'est pourquoy il ne faut point oublier de mettre en usage tout ce qui peut luy en empêcher.

De la maniere de faire les premieres couches.

Ces premieres couches se font ordinairement sur terre, & se construisent de cette maniere, aprés qu'on a avisé de l'endroit où l'on veut qu'elles soient placées.

Prenez des jallons, c'est-à-dire, des bâtons aiguisez par un bout ; marquez avec eux à l'aide d'un cordeau, la longueur & la largeur que vous souhaitez qu'ait vôtre couche ; aprés cela, faites apporter du grand fumier de cheval ou de mulet ; observez qu'il soit sortant de l'écurie, & à mesure que hottée à hottées on le chariera, employez-le promtement avec une fourche de fer, ou un râteau ; & pour plus de propreté, faites que tous les bouts du fumier se trouvent en-dedans la couche, & que l'ayant retroussé il montre une espece de dos en-dehors. Le premier lit étant fait quarrément, commencez le second ; & n'oubliant rien de ce que vous avez déja fait, continuez de construire ainsi tous les autres lits, en les batant du dos du râteau ou de la fourche, ou les trépignant, afin que ce fumier entassé conserve plus long-temps sa chaleur : prenez garde que cette couche soit également garnie par-tout, autrement c'est un défaut qu'il ne faut pas manquer de corriger ; enfin, continuez ainsi vôtre couche, jusqu'à ce qu'elle ait atteint la hauteur qu'elle doit avoir, qui est ordinairement de deux à trois pieds, à cause qu'en s'échauffant elle se réduit à moitié ; puis aprés couvrez-la d'un bon demi-pied de terreau, &

vous

vous aurez une couche faite, pourvû que ce terreau soit accommodé comme je vas dire.

De la maniere d'accommoder le terreau sur les couches.

Prenez un ais large d'environ un pied, placez-le du côté de la couche, environ un poûce du bord & touchant le terreau ; soûtenez fermement cet ais tant de la main gauche que du genoux, & ensuite avec la main droite, commencez par un bout à presser ce terreau contre l'ais, & pressez-le si bien, que cet ais étant ôté il se puisse soûtenir luy seul : cela fait, de la longueur de tout l'ais, changez-le de place, pour vous en servir encore pour dresser ainsi le reste du terreau ; & aprés que le tout est achevé, prenez garde, pour que l'operation soit bien faite, que ce terreau paroisse sur vôtre couche aussi uni & quarré que si c'étoit une planche dressée en pleine terre ; autrement cela est ridicule : & l'on sçaura que l'on ne donne cette forme à ce terreau sur la couche, quoy qu'il y soit grossierement jetté, que lorsqu'on juge que la grande chaleur de la couche est passée, ce qui va pour l'ordinaire jusqu'au septiéme ou huitiéme jour.

On destine les premieres couches, les unes pour semer des melons & des concombres, & les autres pour y mettre des petites salades avec leurs fournitures, qui sont la corne-de-cerf, le baume, le cresson alanois, le cerfeüil &c. elles servent aussi pour y faire venir des raves.

Comme il faut semer ces sortes de graines sur ces premieres couches.

Des Laituës.

Comme on ne seme pas à plein champ ces premieres laituës, & qu'il y a d'autres précautions à prendre pour faire qu'on réüssisse dans une telle entreprise ; il faut d'abord faire tremper dans l'eau la graine de laituës pendant vingt-quatre heures, & pour cela on la met dans un petit sac de toile, & aprés être trempée on la pend dans un lieu où la gelée n'ait point d'accés pendant deux ou trois jours, où tandis qu'elle s'égoute, elle commence à germer ; ce temps passé, on la prend, & on la seme fort épaisse dans des rayons enfoncez d'environ deux poûces, & faits de cette façon.

Comme on doit faire les rayons sur les couches.

Prenez le manche d'une bêche, ou quelque autre bâton à peu prés de cette grosseur, couchez-le sur le terreau, appuyez fortement dessus, de telle maniere qu'il y soit presque tout à-fait entré; cela étant ainsi fait, vous aurez des rayons de deux poûces de profondeur, & d'autant de largeur, qui seront faits tels, qu'ils doivent être.

Aprés cela on prend cette graine qu'on seme sur ces rayons, & il faut l'y semer si épaisse qu'elle en couvre tout le fond, aprés quoy on la couvre d'un peu de terreau, qu'on y épanche fort legerement avec la main, sur lequel terreau on met incontinent des cloches, pour empêcher que la chaleur ne s'évapore, & que le froid usant pour lors d'un pouvoir tyrannique, n'en perde la semence.

Comme les cloches qu'on met sur ces rayons ne suffisent pas pour les couvrir tous, & que dans les espaces qui sont à découvert, il seroit dangereux que cette graine ne fût en proye aux oiseaux, on soigne de couvrir ces couches avec des paillassons qu'on ôte lorsque la graine commence au bout de cinq ou six jours à lever, comme on l'espere; & cette semence au bout de douze jours nous donne des laituës bonnes à manger en salades, pourvû que le froid ne soit point trop violent. Les premieres laituës qu'on seme sur couches, sont la coquille, les crêpes vertes & blondes, la royale & la rouge: pour le cerfeüil, la corne-de-cerf, & le cresson alanois, levent assez aisément sans être trempez, & veulent aussi être semez en rayons comme les laituës.

Des Raves.

On seme encore des raves sur ces nouvelles couches, & dont la graine germe assez d'elle-même, sans qu'il soit besoin de la faire tremper. On peut dire que c'est une des plantes du potager qui flate le plus le goût, & dont la culture est la moins difficile; car il n'est question que d'avoir des premieres couches pour les y mettre; & pour y réüssir, on prend un ais avec lequel on bat le terreau pour le rendre un peu solide, & faire en sorte qu'il ne retombe pas dans les trous qu'il faut y faire pour les y semer: cela pratiqué on a un bâton tout prêt, de la grosseur de deux poûces, qui est rond & pointu, & dont on se sert pour faire ces trous, ou sans ordre, ou pour plus grande propreté sur des lignes tirées au cordeau, distantes les unes des autres de trois à quatre poûces : ces trous seront éloignez de même, & l'on mettra dedans trois graines & non davantage, afin d'avoir plus de navet que de feüilles ; autrement on auroit plus de feüilles que de navet : & comme ce mois est sujet à donner de grands froids, on prend le soin, pour faire que cette graine leve plûtôt, c'est-à-dire dans six ou sept jours, & pour défendre ces raves de l'aprêté des aquilons, on prend soin, dis-je, de les couvrir toutes les nuits, non-seulement avec de la grande paille de seigle de l'épaisseur d'un poûce, mais encore avec des paillassons soûtenus sur des traverses d'échalas, observant d'en boucher aussi les côtez, & d'ôter de dessus ces couches pendant le jour & ces paillassons & cette paille lorsque le soleil paroît, ou que le froid leur est supportable ; car cette paille principalement nuit à cette plante lorsqu'elle commence à lever : & si au contraire on s'appercevoit que la rigueur du froid redoublât, il faudroit pour lors, au lieu d'ôter ces paillassons, mettre dessus une nouvelle charge de grand fumier, après qu'on auroit ôté de dessus les couches la paille de seigle, qui les couvriroit au cas que cette gelée vint à durer, & que les raves voulussent commencer à lever sous ces paillassons ; c'est par le moyen de ces précautions dont on use, & de telles peines qu'on prend, que les mois de Fevrier & de Mars nous donnent des raves bonnes à manger.

Des couches à Champignons.

Les champignons, au goût de bien gens, sont une des productions du jardin qu'on estime le plus ; ils ne viennent ny de graine ny de plant, mais ils sortent d'une certaine humeur du fumier chanci, qui venant à se condenser, forme un corps qui se modifiant dans son principe, prend la rondeur & la blancheur d'un champignon.

Et pour faire que nous profitions, s'il faut ainsi parler, du tresor que du fumier ainsi consommé renferme au-dedans de luy, il faut non pas faire ces couches dans des melonieres, mais dans une terre ordinaire du jardin ; si elle est sabloneuse, à la bonne heure, les champignons y viendront en plus grande abondance ; mais si elle ne l'est pas, on s'en servira telle qu'on l'aura.

Toutes couches à champignons n'agissent que trois ou quatre mois apres qu'elles sont faites, qui est le temps ordinairement que leur chaleur est entierement finie, & qu'elles sont chancies au-dedans.

Ces couches se font en creusant une tranchée d'environ six pouces de profondeur & trois ou quatre pieds de largeur, à cause qu'il faut qu'elles soient en dos-d'âne : pour la hauteur elle sera de deux bons pieds, ou davantage si l'on veut.

Le fumier dont on se servira pour faire ces couches, sera employé au sortir de l'écurie, & non pas faire comme de certaines gens que j'ay vû, qui prenoient du fumier tout chaud, & l'entassoient dans un lieu couvert, jusqu'à ce qu'ils jugeoient qu'il étoit assez chanci pour en faire leurs couches.

Cette remarque faite par eux, ils désentassoient tout ce fumier, qu'ils portoient ou faisoient porter dans des tranchées faites exprés, pour y construire leurs couches : la hauteur y étoit observée à la verité, la largeur tout de même, la terre neuve mise dessus comme il faut, & le dos-d'âne nullement oublié, & avec tout cela ils ne faisoient chose qui vaille.

Premierement, ils pechoient contre les regles de faire des couches à champignons, en mettant chancir leur fumier dans un lieu couvert, ôtant par là la faculté à ce fumier de produire des champignons en abondance, en ce que de quelque nature que puisse être ce fumier à faire telle production, il faut que l'humidité y concoure, sans laquelle toutes plantes s'aneantissent dés le premier principe de leur vegetation : il est vray que ce fumier chancit dans un tel endroit, par le temperamment humide dont il est ; mais ne recevant point d'humidité d'ailleurs, & étant obligé d'employer tout ce qu'il en a pour en venir à ce point de chancissure, outre sa chaleur qui en consomme beaucoup, c'est qu'il arrive que cette humidité ne pouvant s'entretenir d'elle-même, perit en luy, & luy fait par consequent perdre cette vertu d'engendrer des champignons ; car c'est en vain qu'un fumier paroît chanci, si en luy il n'a quelque chose qui fomente & fasse mouvoir le premier principe de la generation qui vient de la nature, qui luy en donne bien les dispositions, mais qu'on luy fait perdre, faute de sçavoir l'employer suivant les bonnes maximes.

En second lieu, je veux que ce fumier entassé dans un tel endroit, prenne les meilleures dispositions qu'il soit possible à produire des champignons : n'est-il pas vray que les Jardiniers qui en agissent ainsi n'ont pas raison de le faire, puisqu'ils ne peuvent pas disconvenir qu'en remuant ce fumier, ils renversent tout l'ordre que la nature y avoit établi pour cette production, & par ce moyen qu'ils luy en font perdre les dispositions qu'il en avoit acquises

DE LA CAMPAGNE. Liv III.

de cette même nature ? Raisons incontestables, & qui doivent par consequent obliger ceux qui veulent faire des couches à champignons de prendre d'autres mesures, en suivant les leçons que j'ay commencé d'en donner, & que je vas poursuivre.

Ces couches faites donc comme j'ay dit cy-dessus, & ne restant plus qu'à les couvrir, on y met de la terre naturelle du jardin, à l'épaisseur de deux ou trois poûces seulement ; car il seroit dangereux, si on y en mettoit davantage, que les champignons, dont le naturel n'est pas de s'élever bien haut, ne demeurassent en chemin, & n'y vinssent à pourrir, à moins qu'on ne fût soigneux de remuer à l'avanture doucement la terre de ces couches, pour tâcher d'en découvrir ; ce que nous voyons pratiquer tous les jours par ceux qui ignorent le danger qu'il y a d'en agir de cette maniere.

Soit en Hyver, soit en Eté que ces couches soient faites, il faut pour garentir les champignons des gelées qui les perdent, ou du grand chaud qui les brûle, couvrir ces couches de cinq à six poûces de grand fumier sec.

Si les chaleurs sont bien grandes, on sera soigneux de les arroser deux ou trois fois la semaine, ne manquant point toûjours de les recouvrir de fumier aprés ces arrosemens ; sinon, & que l'Eté soit temperé, une fois suffira.

J'ay déja dit, qu'il ne faut pas que l'impatience d'avoir des champignons prenne ceux qui font de ces sortes de couches, de plus de quatre mois aprés qu'elles sont faites, car ce temps leur est necessaire avant qu'elles se chancissent, & qu'elles se disposent à donner du fruit ; mais quand une fois elles ont commencé, elles peuvent produire des champignons cinq ou six mois de suite, pourvû qu'on les soigne comme je viens de le dire, & pendant les froids, & durant les grandes chaleurs.

Avertissement.

Qu'on se donne bien de garde de semer aucune chose sur ces couches ; car les racines des plans qui y viendroient ne manqueroient point de faire tort aux champignons : & de plus, quand je dis de faire ces couches en dos-d'âne, il faut observer que c'est avec le fumier qu'on doit leur donner cette figure, & y épancher la terre également par-tout de l'épaisseur dont j'ay dit ; & non pas faire comme il y en a, qui font leurs couches toute plate, & forment leur dos-d'âne avec la terre seulement ; maniere d'agir qui les trompe dans leur attente.

De plusieurs autres ouvrages que ceux cy-dessus à faire dans ce mois.

Les uns sement encore dans ce mois des concombres & des melons, mais je dis d'attendre au mois qui suit.

Ceux qui ont des arbres les taillent ou les font tailler, il n'y a rien à apprehender, & aprés qu'ils sont taillez on peut les palisser.

Si l'on a remarqué quelque infirmité dans un arbre, & que pour le guerir on veüille recourir à la source, on choisit ce temps pour foüiller au pied de celuy qui a paru malade.

De la maniere de réchauffer les Asperges.

Tous ceux qui ont la commodité des fumiers, réchauffent leurs asperges; & pour y réüssir, ils creusent entierement les sentiers d'entre-deux planches, jusqu'à la profondeur de deux bons pieds; cela fait, ils les remplissent de grand fumier chaud, dont ils couvrent aussi les asperges de deux pieds d'épaisseur : tels réchauffemens ne manquent point d'échauffer la terre, en telle sorte que la seve sentant cette chaleur, commence à se remuer, & petit à petit oblige les asperges de monter ; & lorsqu'elles paroissent, il faut d'abord mettre des cloches sur chaque pied, & couvrir ces cloches ou de fumier ou de paillassons, afin de conserver long-temps cette chaleur, qui doit faire agir ces plantes, observant de renouveller souvent le fumier des sentiers, qui pour lors étant fort sujet à se refroidir, devient en peu de temps de nul effet, si l'on ne soigne de luy en substituer du nouveau.

Mais je ne conseille pas de se servir de tels réchauffemens, à moins qu'on n'ait quantité de planches d'asperges dont on en veueille détruire quelques-unes en peu de temps ; car ces fumiers mis ainsi, devant être d'une chaleur violente pour pouvoir penetrer une terre froide, alterent & gâtent tellement le pied de ces asperges, qu'au lieu de bien faire leur devoir pendant quinze ans, elles perissent au bout de trois ; & du moment qu'on aura commencé d'en cueillir, on ne cessera point d'y regarder.

L'ozeille, comme un herbage dont on use beaucoup, se réchauffe aussi dans ce mois, de la même maniere que les asperges.

Dans ce temps, ou l'on fait, ou l'on raccommode des treillages pour les espaliers, & l'on défait les vieilles couches dont on met le terreau en monceaux, & enfin on porte de ces fumiers pourris aux endroits du jardin qu'on croit en avoir le plus de besoin. Pere de famille, qui que vous soyez, vous n'avez qu'à vous égayer l'esprit là-dessus.

FEVRIER.

On fait dans ce mois les mêmes ouvrages que dans l'autre, outre que si les gelées le permettent, on commence à donner le premier labour à la terre, afin de la bien disposer à s'ameublir.

Sur la fin de Fevrier, si l'on a des laitües semées dès l'Automne, on les replante sur couches, sous cloches, pour les obliger de pommer plûtôt.

Le quinze du mois étant arrrivé, ou au plûtard le vingt, on seme les premiers melons & concombres sous cloches, & sur des couches preparées sept ou huit jours devant, & comme j'ay dit cy-dessus.

On commence en même-temps à mettre le celeri en terre, & à semer du pourpier vert sous des cloches, le doré étant d'une nature trop délicate pour resister aux inconveniens de la saison : on seme la chicorée sauvage & la pimprenelle.

Et comme on a dû à l'égard des choux en avoir semé dès le mois d'Aoust, & replanté en Octobre en pepiniere, on n'oubliera point de les replanter en place, & d'en semer encore sur couche, ainsi que des choux-fleurs; ce qui se fait ou en rayons, ou en plein champ. Les pois hâtifs se sement encore en ce mois.

Observations pour les Melons & Concombres pendant ce mois.

Ce seroit un petit avantage de sçavoir qu'il faut semer des melons dans cette saison, si l'on ne sçavoit prevenir les inconveniens qui leur peuvent arriver.

La chaleur des couches, qui est la chose qui contribuë entierement à faire germer les semences qu'on y jette, pour aprés devenir en leur espece telles que nous les desirons; cette chaleur, dis-je, ne dure dans ces couches que dix ou douze jours, lequel temps passé, les plantes qui sont dessus languiroient, si l'on n'étoit soigneux d'y apporter du secours, & ce secours n'est autre chose qu'une nouvelle chaleur qu'on leur fait succeder à la premiere, par le moyen de nouveaux fumiers dont on les environne; & cet ouvrage, en termes de Jardinage, s'appelle réchauffement, & voicy de la maniere qu'on s'y prend pour le faire.

On se fait apporter du fumier recemment pris de dessous les chevaux, qu'on met dans les sentiers qui sont au milieu des couches, lesquels sentiers contiennent pour l'ordinaire un bon pied de largeur, & qu'on remplit jusqu'à niveau de ces couches ; peu de fumier suffit pour faire cette operation, à cause que les espaces de l'un à l'autre couche sont fort petits : mais à l'égard des côtez du dehors, on sera averti que ce réchauffement doit être plus étendu, & avoir au moins deux pieds de large, sur toute la hauteur & largeur des couches ; & tel faut-il mettre le fumier autour d'une couche lorsqu'elle est seule : c'est ce que je prie d'observer.

Huit ou dix jour après que ce réchauffement est fait, on doit juger que la chaleur du fumier est passée ; & pour luy en faire reprendre une nouvelle, sans qu'il soit besoin d'y en mêler du neuf, on n'a qu'à le remuer de fond en comble, & ce remuement suffit pour renouveller en ce fumier qui a déja servi, une autre chaleur qui durera encore pendant huit ou dix jours : après, s'il commence à pourrir, ce qui est une marque en luy qu'il n'est plus bon à réchauffer, on l'ôte, pour en remettre d'autre à sa place, si les plans qui sont sur ces couches demandent encore qu'on les rechauffe, pour venir à une belle croissance malgré la rigueur de la saison.

La greffe en fente se fait en ce mois : on commence à planter des arbres, si la terre paroît assez meuble ; & l'on construit encore de nouvelles couches, pour y semer de la poirée, de la bourache & de la buglose, pour replanter dans le temps.

MARS.

Si pour y avoir eu trop d'ouvrages dans les mois precedens, il en est resté à faire, on les achevera dans celuy cy, tant à l'égard des arbres que des legumes & herbages ; & la saison pour lors n'étant plus à redouter pour le froid, on seme en pleine terre toutes sortes de legumes & herbes potageres, comme laitües, tant du Printemps que pour être replantées à la fin d'Avril, & au commencement de May ; l'alphange & le chicon sont de ce nombre, & la precaution seulement qu'on doit prendre en cela, est de choisir quelque bon abri pour les y mettre.

Les choux-fleurs & les choux-pommez se sement aussi dans ce mois, pour les replanter en place à la fin d'Avril, & au commencement

cement de May ; & s'il arrivoit que pour avoir été semez trop forts, ils fussent trop épais & trop resserrez, il en faudroit arracher pour les replanter en pepinieres, afin de leur faire prendre des forces.

Les raves qui cy-devant se semoient sur couches, se mettent dans ce mois en pleine terre, & se sement parmi d'autres semences, étant toûjours bonnes à manger avant que les herbes qu'on a semées avec elles les puissent incommoder.

Les ozeilles, le cerfeüil, le persil & la ciboule, tout cela se met en pleine terre, & y vient fort bien ; supposé, ainsi qu'à l'égard de toutes les autres semences, que cette terre soit bien labourée, & amendée de beaucoup de bon terreau : l'on seme aussi en ce temps les porreaux & les oignons, & l'on multiplie la cive d'Angleterre, autrement dite appetits.

Des Laitües.

Mais comme il ne suffit pas de planter, qu'on ne sçache si ce qu'on plante réüssira, j'ay cru avant que de passer outre, qu'il étoit bon de dire quelque chose des laitües, qui plantées indifferemment par bien des gens, les croyent d'une méchante espece, lorsqu'elles ne réüssissent pas comme ils le souhaitent ; tel manque de perfection ne venant toûjours que pour avoir semé ces laitües dans un temps, au lieu de les semer dans un autre ; car il faut qu'on sçache qu'il est des laitües de differentes saisons, de maniere que celles qui sont bonnes pour certains mois de l'année, ne valent rien pour d'autres, & c'est de quoy il faut instruire ceux qui l'ignorent, afin que démêlant les especes qui sont en grand nombre, les unes d'avec les autres, ils ne se trompent point en les semant.

Sous le nom de laitües, on comprend ordinairement les chicons & les alphanges : ainsi, jointes à ces deux sortes, voicy celles qu'on mange ordinairement.

Liste des Laitües.

Laitües à Coquille.
Laitües de la Passion.
La crêpe blonde de deux especes, sçavoir, la laitüe George, & la laitüe Mignonne.
Laitües Belle-gardes.
Laitües de Genes blondes.
Laitües Capucines.

Laitües Imperiales.
La Crêpe-verte.
Laitües Rouges.
Laitües Courtes.
Laitües Royales.
Laitües d'Aubervilliers.
Laitües Perpignannes vertes & blondes.

Laitües Romaines vertes, autrement dites chicons, & autrement appellées alphanges.
Laitües de Genes vertes.

Les laitües à coquille, autrement appellées laitües d'Hyver, se sement en pleine terre en Septembre, & se replantent en Octobre, ou bien sur couche & sous cloches dans les mois de Fevrier & de Mars, & sont bonnes à manger en Avril & en May.

Les laitües de la Passion, est une espece de laitües qui est un peu rouge, qui ne réüssit pour l'ordinaire que dans les terres legeres: elle vient dans le même-temps que les laitües à coquille.

Les laitües crêpe-blonde succedent à celles de la passion, & pomment admirablement bien au Printemps, lorsque les chaleurs ne se font encore trop sentir, & veulent aussi des terres legeres.

Les laitües george, & les mignonnes, sont faites comme les crêpes-blondes, à la difference seulement qu'elles ne pomment pas si serré, & se plaisent seulement dans les bonnes terres sablonneuses.

Les crêpes-vertes viennent presque en même-temps, mais elles ne sont pas au manger si tendres ny si délicates.

Les laitües courtes sont estimées, quoy que leurs pommes ne sont pas si grosses que celles des laitües cy-dessus, & demandent aussi de bonnes terres sablonneuses.

Les laitües royales, les belles-gardes, les genes blondes, les capucines, les aubervilliers & les perpignannes, sont les salades ordinaires de la mi-Juin & de tout le mois de Juillet, ne craignant point, comme celles cy-dessus, que les grandes chaleurs les fassent monter à graine; les terres fortes leur conviennent tresbien, pourvû que les pluyes ne soient point trop frequentes.

Les chicons & alphanges, autrement dits laitües romaines, & les laitües Imperiales qui sont une espece de laitües d'une grandeur extraordinaire, fournissent les mêmes mois, à la reserve des chicons verts, qui ne sont bons à planter qu'au Printemps, à cause que les trop grandes chaleurs les font grainer trop aisément.

Pour les sortes de laitües dont la fin de Juillet & tout le mois d'Aoust sont remplis, ce sont les genes vertes, qui resistent fort bien à l'âpreté des chaleurs. Les autres genes blondes & rouges sont plus délicates.

OBSERVATIONS.

Toutes graines de laitües ne doivent point être tirées que de celles qui pomment le mieux, ce qu'on observe en les distinguant des autres avec des marques.

Toutes laitües qui sont pommées, doivent aussi-tôt être mises en usage, autrement nous les avons plantées en vain.

Les laitües qui donnent les plus grosses pommes, doivent être sur planches espacées l'une de l'autre de dix à douze pouces, au lieu qu'il suffit que les moindres le soient de sept à huit.

Toutes laitües qui sont assez fortes de feüillages pour pouvoir pommer, & que le défaut de chaleur empêche de tourner, doivent être liées; c'est le veritable secret pour les obliger de pommer malgré elles.

Des Choux.

Les choux ne sont point d'une nature si délicate que celle des laitües, car on peut dire que de toutes les herbes potageres il n'y en a point qui soient plus aisez à reprendre lorsqu'ils sont plantez, de même que les laitües : il y en a aussi de plusieurs especes.

Liste des Choux.

Choux blancs pommez, ou choux capus, comme on voudra dire, bons pour la fin de l'Eté, & pour l'Automne.

Choux frisez.

Choux pancaliers, autrement dits choux de Milan : ces deux especes font une petite pomme, & se mangent en Hyver.

Choux rouges.

Choux à larges côtes, fort délicats en potages ; & le temps de les manger est ordinairement les vendanges.

Choux verds ; ceux-là ne sont bons que lorsque la gelée a donné dessus.

Choux-fleurs : cette espece de choux demande plus de soins dans sa culture que les autres, c'est ce qui m'obligera d'en parler plus amplement.

Toutes ces sortes de choux, comme je viens de dire, ne demandent point une culture penible ; & l'on sçaura seulement que pour en retirer de la graine, la coûtume est, au sortir de la serre, où on les avoit mis pour les preserver des gelées, d'en replanter au Printemps de ceux qu'on a jugez les plus beaux & les meilleurs, & c'est pour lors qu'ils montent dans les mois de May ou de Juin, & forment ainsi leur graine jusqu'en Juillet & Aoust, qu'on a soin de la recueillir.

Remarques.

Toutes branches de choux qui sont montées à graine, doivent être attachées à des échalas debout, crainte que les vents ne les brisent avant que cette graine ait acquise une maturité parfaite.

On n'attend jamais que la graine de choux seche sur pied pour la serrer ; il suffit qu'elle y meurisse, pour après l'exposer ailleurs pour l'y faire secher.

Des Choux-fleurs.

Ces choux icy, comme plus nobles, & venans d'un étrange païs, veulent une culture de plus de soin que les autres ; ce n'est pas que quant à la maniere de les semer, ce ne soit de même que celle des choux communs ; mais quant au traitement d'ailleurs, il y a un peu de différence.

Les choux-fleurs, premierement, ne grainent point en France ; & en second lieu, le froid est leur mortel ennemi.

Si-tôt que la tête des choux-fleurs commence à se former, il ne faut point negliger de la couvrir avec ses feüilles, qu'on lie par dessus de quelque lien de paille ; & par le moyen de ce travail, on évite un inconvenient auquel cette espece de choux est est sujete, qui est la gelée qui la gâte & la fait pourrir : & comme ces choux ne se servent que l'Hyver, on est soigneux de les arracher en motte, & de les porter en cet état dans la serre, où ils achevent d'y former leur tête.

De l'Ozeille.

L'ozeille est une herbe potagere fort estimée : il y en a de deux sortes, l'une qu'on appelle ozeille de la grande espece, & l'autre qu'on nomme ozeille ronde : la premiere se seme ou en plein champ, ou pour plus grande propreté par rayons dans une planche, ou bien en bordure ; & en tous ces cas on se souviendra de la semer toûjours un peu épaisse, d'autant que cette graine est sujete une partie à perir.

Il faut observer que la terre où l'on voudra la mettre, soit bonne de sa nature, ou bien on soignera que le fumier n'y manque pas ; & toutes ces précautions prises contribueront entierement à ce qu'elle leve avec succés.

Lorfque l'ozeille eft levée, fi l'on veut qu'elle nous donne de la fatisfaction, il ne faut point être pareffeux à la farcler, car elle craint le voifinage des méchantes herbes ; & étant d'une nature affez délicate dans le commencement, il eft dangereux qu'elle ne s'altere par de grandes chaleurs qui la font languir, fi l'on ne previent cet inconvenient en l'arrofant toutes les fois qu'on juge qu'elle a befoin d'eau.

Quand on a befoin d'ozeille, la coûtume eft de la couper bien ras de terre ; & cette herbe aprés telle operation eft fi fufceptible de hâle, que fi pendant les grandes chaleurs, on ne foignoit à la couvrir de terreau, elle coureroit rifque une partie de devenir à rien ; ainfi c'eft ce qu'il ne faut pas oublier dans fa culture.

Ce terreau ainfi épanché, non-feulement empêche cet inconvenient, mais encore il fert à luy redonner de nouvelles forces, & le temps de l'y mettre eft dans les mois de l'année où les chaleurs font les plus fortes.

Les uns multiplient l'ozeille de fouches écartées, & les autres de graine. Les Maîtres Jardiniers font plûtôt pour la premiere methode que pour la feconde ; c'eft affez qu'on la choififfe comme la meilleure.

La feconde efpece d'ozeille qui eft la ronde, demande la même culture ; & au lieu de fe femer, elle fe replante de brins enracinez, qui réuffiffent tres-bien.

Du Perfil.

Il y a de deux fortes de perfil, fçavoir le perfil ordinaire, le perfil frifé, tous deux utiles non-feulement par leurs feüilles, mais encore par leurs racines dont on fe fert dans les meilleures cuifines.

Ces deux fortes de perfil fe fement, ou en planche, ou en bordure, & toûjours épais : un froid mediocre ne les fait point perir ; mais lorfqu'il eft âpre, il eft à craindre pour eux : c'eft ce qui fait que pour prevenir leur perte, on a foin de les couvrir pendant l'hyver de grand fumier fec ; & comme ils font fujets d'avoir foif pendant les grandes chaleurs, on ne neglige point en ce temps de les fecourir d'un peu d'eau ; c'eft ce qui fait auffi que l'une & l'autre efpece de perfil vient fort bien dans un endroit un peu à couvert du grand foleil.

Leur racine eft fort en ufage parmy les cuifiniers, & plus groffe elle, vient meilleure elle eft : c'eft pourquoy pour la faire arriver à cette grosseur, il faut être soigneux de les éclaircir.

Des Ciboules.

Comme on n'ignore point ce que c'est que des ciboules, il n'est plus question que de sçavoir quelle est leur culture : on peut dire qu'elle consiste en bien peu d'observations, puisqu'il n'y a qu'à les semer sur planches à plein champ, les recouvrir legerement de terre, les arroser au cas qu'on s'apperçoive qu'elles en ayent besoin, les éclaircir en pareille conjoncture, & puis quand elles sont venuës se servir de leurs montans pour donner goût aux choses auxquelles nous les jugeons propres.

Cette espece de legume s'arrache pour être replantée en planches sur des lignes tirées au cordeau, à six poûces de distance l'une de l'autre, laquelle distance est aussi observée à l'égard des ciboules lorsqu'on les plante.

Outre tout ce que dessus, on seme encore dans le mois de Mars, la Bonne-dame, & de la chicorée pour en avoir de blanche à la Saint Jean.

De la Bonne-Dame.

La bonne-dame, est une herbe potagere qui dure peu, & ne vient que de graine, & on la met en usage presque aussi tôt qu'elle est sortie de terre ; elle n'est point delicate de sa nature, reüssissant bien en toutes sortes de terres, toûjours pourtant mieux dans les bonnes, que dans les mauvaises ; elle se seme en rayons sur planche, où elle ne reste gueres de temps, étant sujete à monter à graine dés le mois de Juin.

On seme encore en ce mois, de la chicorée sauvage & de la pimprenelle ; & cela se pratique dés les premiers jours.

De la Chicorée sauvage.

On seme la chicorée sauvage en Fevrier & en Mars, comme j'ay dit ; & quand on y veut réüssir, on doit la semer en planche dans une terre bien preparée & amandée, & soigner que la semence soit jettée bien drüe,

Cette herbe qu'on éleve pour servir en salade, a besoin de prendre des forces pendant tout l'Eté, pour faire qu'on la puisse faire blanchir l'Hyver suivant ; & elle n'acquiert ces forces qu'on luy donne, que par le moyen des arrosemens dont on ne luy laisse point avoir faute, & en la rognant tres-souvent.

Pour faire blanchir cette espece de salade, on se sert de deux voyes differentes. Premierement, aprés qu'on a rogné cette chicorée tout ras de terre, on accommode fur la planche des traverfes d'échalas, fur lefquelles on met du grand fumier, en telle forte que de tous les côtez il n'y entre aucun jour; & c'eft dans cette obfcurité que cette falade pouffe de petits jets tout blancs & fort tendres, & propres à être mangez. En fecond lieu, on arrache avant l'Hyver de cette chicorée, qu'on porte dans une ferre, ou dans une cave qui doit être tres-obfcure, pour y être plantée dans de la terre ou dans du fable, & là elle y fait le même effet que fur fa planche; & lorfqu'elle monte à graine, qui eft environ la fin du mois de May, bien des gens en mangent les montans quand ils font encore tendres, & nouvellement produits.

De la Pimprenelle.

La graine de Pimprenelle fe feme un peu épaiffe, foit en planches en plein champ, foit en bordure; & pour la faire devenir belle, on a foin pendant l'Eté de l'arrofer, & c'eft tout ce qu'on y fait.

Les citroüilles fe fement à la mi-Mars, fur couches, pour être replantées au commencement de May.

Toutes racines qui font longues à venir fe fement dans ce mois; tels font les carrottes, les panais, les cherüis, les betteraves, les fcorfonneres, les feconds pois, les féves, & les falfifix communs.

Des Carrottes.

Parmy les legumes qu'on mange, on peut dire que les carrottes font d'une grande utilité dans une maifon de Campagne; elle fe fement fur planches, en rayons tirez au cordeau, & toûjours à claires voyes; & au cas, lorfqu'elles font levées, qu'on les juge trop épaiffes pour pouvoir devenir belles, on prend foin de les éclaircir: elles veulent que la terre où on les met foit bien preparée & bien émeflée de bon amandement.

Il ne faut pas dans les commencemens oublier de les farcler: car lorfqu'on les laiffe dominer par les méchantes herbes, elles s'étiolent, & deviennent de peu de confequence. La graine s'en recueille au mois d'Aouft ou de Septembre de l'année qui fuit, aprés qu'on en a planté au mois de Mars quelques-unes de l'année precedente.

OECONOMIE GENERALE

Des Panais & des Betteraves.

Etant plus question icy de preceptes que de verbiages, je diray, pour ne rien dire d'inutile, que les panais & les betteraves se sement & se cultivent de même que les carrottes; on peut y recourir, ce n'est pas encore loin.

Des Salsifix d'Espagne, autrement Scorsonnerre; des Salsifix communs, & des Cheruis.

Toutes ces racines, pourvû qu'elles soient en bonne terre, viendront toûjours; & à la reserve de quelques arrosemens, il n'est pas besoin de plus de mystere avec elles qu'avec les carrottes, les panais & les betteraves.

Des Pois.

Il me semble qu'il ne faut pas de grands sortileges pour semer des pois, puisqu'on n'a qu'à les jetter en pleine campagne dans une terre labourée, puis les recouvrir avec une herse, & puis les laisser venir à l'avanture, soignant seulement lorsqu'ils sont levez de les ramer: car ce ramage contribuë beaucoup à leur abondance. Voilà comme fait le Païsan qui ne se soucie pas de les manger de bonne heure; mais ceux qui souhaitent devant la Saint Jean avoir des pois verts, ils s'y prennent d'autre façon, & voicy comment.

Ils choisissent d'abord pour les mettre, un abri de quelque muraille du midy, qui puisse contribuer par le moyen de cette chaleur à les faire lever plus promtement: & pour aider encore à ces pois à profiter de cet avantage, les Jardiniers les font germer dans l'eau, cinq ou six jours auparavant, & puis les sement à la fin d'Octobre, en rigoles faites avec un gros plantoir de bois, & éloignez environ d'un bon poûce l'un de l'autre dans une terre beaucoup amandée, & là ces Pois commencent à devenir bons à la fin de May.

D'autres, pour en manger fort tard, s'avisent d'en semer à la Saint Jean, pour en avoir à la Toussaints.

Des Féves.

Qui sçait semer des pois hâtifs, ne manquera en rien en pareille operation à l'égard des féves, pour lesquelles un abri si recherché n'est pas necessaire.

On seme aussi des melons en ce temps, aussi-bien que des citroüiltrouïlles, comme j'ay dit.

On dresse en ce temps des planches de fraises, tirées des pepinieres qui en avoient été faites ; ce fruit rouge est trop bon, pour passer sous silence la maniere d'en élever le plant.

Des Fraises.

Les fraises viennent de trainasses enracinées, & le meilleur & le plus sûr plant qu'on puisse avoir pour s'en garnir, est celuy qui vient des fraisiers des bois ; il réüssit mieux que celuy des jardins, & la terre où l'on doit les mettre doit être bonne, bien ameublie & beaucoup amendée.

Deux observations sont à faire en les plantant, par rapport aux terres, d'autant que cette sorte de plant ne veut être humecté ny trop, ny trop peu ; ainsi pour l'obliger de croître avec succés, il faut, si c'est en terre de sable qu'on le met, que les planches ou bordures qu'on luy destine, soient un peu plus enfoncées que les sentiers, afin que (tels fonds étant trop secs de leur temperament) les eaux des pluyes ou des arrosemens y soient retenuës : au lieu que si c'est en terres fortes ou humides, on doit au contraire faire en sorte que ces planches ou ces bordures soient plus hautes que les sentiers, crainte que la trop grande humidité n'en pourrisse les racines.

Le temps de planter les fraisiers est pour l'ordinaire pendant le mois de May, ou bien dans le commencement de Juin. Ce n'est pas qu'on n'en puisse planter pendant tout l'Eté, aprés des pluyes & par un temps bas.

Ce plant se met deux ou trois pieds dans un même trou, & en l'espace de neuf à dix poûces l'un de l'autre. Et voicy quelle est sa culture.

Premierement, on soigne de les arroser pendant les grandes chaleurs, lorsqu'on juge que les fraisiers en ont besoin.

Secondement, comme ce n'est point le grand nombre de montans qui les fait fructifier le plus, on observe de ne leur en laisser que quatre sur chaque pied.

Et en troisiéme lieu, il faut pincer sur chaque montant toutes les fleurs qu'on y voit, à la reserve de quatre seulement, d'autant que ces fleurs qu'on ôte des queües de celles qui ont déja fleury ou qui sont encore en fleur, sont toûjours sujetes à couler.

Ce plant, comme bien d'autres, a ses ennemis qui le détruisent ; & ce sont de certains vers blancs, qu'on appelle des tons, qui leur rongeant entre deux terres le col de la racine, les font perir :

& c'est pendant les mois de May & de Juin que ce funeste sort arrive souvent aux fraisiers, qui ne le pouvant cacher jaunissent incontinent, & meurent de même. Pour lors, crainte que les voisins de ces malheureux ne tombent dans un pareil inconvenient, il ne faut point perdre de temps à faire recherche de ces vers, qu'on ne manque point de trouver à leurs pieds, & à les les exterminer sur le champ.

Les Fraisiers font fort bien l'année d'après qu'ils ont été plantez, si c'est en May ; mais si c'est en Septembre, ce n'est qu'à la deuxiéme année qu'on s'apperçoit de leur abondante production.

Tout plant de fraises veut qu'on le renouvelle tous les deux ans, ou bien ils ne donnent que des fruits tout-à-fait chetifs ; & il demande pour prix de son travail, après que les fraises sont finies, qu'on luy coupe tous les ans la vieille fane, & qu'au mois d'Août on en arrache la trainasse, pour conserver les vieux pieds plus vigoureux.

Dans le commencement de ce mois, on seme de la chicorée, afin d'en avoir qui soit blanche à la Saint Jean.

Les sentiers des couches qu'on a rechauffez, peuvent en ce temps avoir perdu de leur chaleur, tandis que ces mêmes couches en auroient encore besoin ; pour lors, si on le juge à propos, il ne faut point manquer, lorsqu'il fait un beau jour de Soleil, de jetter de l'eau dessus raisonnablement, & cette paille ainsi mouillée, se rechauffe aussi-tôt.

Pour avoir du celery hâtif, on a coûtume de le semer sur couche ; & crainte que l'impatience ne prenne ceux qui en sement & qui ignorent le temps qu'il doit rester en terre, avant que de lever ; ils sçauront qu'il ne paroît jamais qu'un mois après qu'il a été semé.

On découvre petit à petit les artichaux ; & si le temps est un peu doux, on commence à semer sous cloche un peu de pourpié doré, ne discontinuant point pour cela d'en semer du verd.

Les choux de Milan, & les choux pommez semez dés l'Automne, & en pepiniere dés le mois de Novembre, sont pour lors replantez.

On seme dans ce mois des asperges, & on plante ce qu'on souhaite en avoir pour sa provision : & puisque nous voicy sur cet article, je ne passeray point outre, que je n'aye dit la maniere de les semer, & de les planter.

Des Asperges.

Lorsqu'on veut semer des asperges, il faut d'abord avoir eu le soin de leur preparer une terre dans les regles du jardinage, c'est à dire une terre bien ameublie, & mêlée de beaucoup de terreau.

Cette premiére precaution prise, on dresse une ou plusieurs planches, sur lesquelles on les seme à plein champ, & toûjours fort claires. Cela fait, on les couvre de terre en les hersant avec les dents du râteau; & cet ouvrage se pratique au commencement du Printemps.

Ce plant demeure dans ces planches pendant deux ans (supposé que la terre ait été telle que je viens de le dire) & qu'on ait soigné pendant ce temps-là de les bien arroser en Eté, & de les bien sarcler.

Au bout de ces deux ans, on les arrache de ces planches pour les replanter dans d'autres, ce qui se fait à la fin de Mars, & même pendant tout le mois d'Avril.

Ces planches qu'on leur destine doivent avoir été creusées de la largeur de trois à quatre pieds, & éloignées de trois les unes des autres, & de la profondeur d'un fer de bêche, si c'est dans une terre seche ou legere que le Jardin soit situé; mais si c'est dans une terre forte ou humide, à cause que l'humidité est l'ennemie mortelle des asperges, un tres-habile Jardinier m'a dit que bien loin de creuser ces planches, il falloit les tenir plus élevées que les sentiers, & que c'étoit ainsi qu'on le pratique partout où les terres étoient d'un tel temperament. Je l'en croy, & deplus le maître qu'il sert par le choix qu'il en a fait, donne assez de poids à son merite, pour faire qu'on adhere à son sentiment; ainsi on suivra donc cette maxime.

Aprés qu'on a dressé ces planches, il faut que la terre sur laquelle on doit mettre ces asperges, soit naturellement bonne & bien labourée, sinon on y en met de telle, soit dans celles qui sont creuses, soit sur celles qui sont élevez.

Le tout ainsi bien disposé, on arrache son plant, qu'on pose sur ces planches à un bon pied & demy, si c'est pour y rester jusqu'à ce qu'il soit hors d'état de ne plus rien produire; mais si c'est à dessein de le rechauffer, on ne les espace que d'un pied; & en ces deux cas on le place toûjours en echiquier.

On observera qu'en plantant des asperges, on ne doit point leur rogner l'extremité des racines, ou du moins que tres peu;

Hh ij

& lorſqu'elles ſont poſées ainſi que j'ay dit, on les recouvre d'environ deux à trois poûces de terres: & comme tout ce qu'on plante d'aſperges perit en pluſieurs endroits, en ce cas il faut être ſoigneux de reconnoître les places vuides, & de les marquer avec de petits bâtons, afin de les remplir un mois ou deux aprés.

La culture principale des aſperges aprés qu'elles ſont plantées, eſt dans les commencemens de ne point être pareſſeux de les tenir toûjours bien nettoyées des méchantes herbes.

REMARQUES.

Si c'eſt en terre ſeche qu'on ait dreſſé les planches deſtinées pour mettre des aſperges, & que par conſequent elles ayent été creuſées d'un bon fer de bêche, il faut que la terre qu'on a jetté ſur les ſentiers y ſoit miſe en dos-d'âne, pour ſervir à recouvrir petit à petit, & d'année en année le plant des aſperges; mais revenons aux autres ſoins que demandent les aſperges.

On recouvre donc tous les ans les aſperges d'un peu de terre qu'on prend dans les ſentiers dont je viens de parler, & toutes les deux années on ne manque point de les fumer.

Les deux premieres années qu'elles ſont plantées, doivent ſe paſſer ſans qu'on en cueille aucune; aprés cela ſi l'on voit qu'elles ſont groſſes, on ne les épargne point: & ces aſperges étant bien gouvernées durent quinze ans, ſans qu'il ſoit beſoin de les renouveller.

Lorſque la Saint Martin eſt venuë, on coupe tous les montans des aſperges, qui ſont plus ou moins nombreux ſur des touffes que ſur des autres; & ſi-tôt que le mois de Mars eſt venu, on ne manque point ſur la fin de donner à chaque planche un labour de trois à quatre poûces de profondeur, qui rendant la ſuperficie de la terre meuble, facilite par ce moyen la ſortie des aſperges.

On ſeme encore des raves ſur couches faites exprés, & on replante en ce temps les porreaux & les oignons qu'on deſtine pour avoir de la graine: on plante les gouſſes d'ail, celles d'échalottes, de rocamboles, les choux blancs & les Pancaliers.

De l'Ail.

L'Ail étant en luy tout ruſtique, ne demande point une culture ſuivie de grands ſoins: pour le planter ou ſemer, comme on on voudra dire, il n'y a qu'à dreſſer une ou pluſieurs planches,

& aligner dessus des rayons de quatre poûces de distance l'un de l'autre; & on plante les gousses, tout de même, dans des petits trous d'autant de profondeur. Ce reveille-apetit des Païsans vient également bien en toute terre, & y croît depuis le temps qu'on l'y seme, jusqu'au mois de Juillet qu'on l'en sort, pour être mis secher dans un lieu non sujet à l'humidité.

Des Echalottes, & Rocamboles.

Les échalottes, & les rocamboles, quoyqu'un peu plus du goût des honnêtes gens, ne demandent pas de plus grandes assiduitez après elles que l'ail, la culture de l'un étant celle de l'autre, à la reserve seulement que c'est la graine qu'on mange dans les rocambolles, & la gousse dans les autres.

On lie dans ce temps les laitues qui ne veulent point pommer, & ce lien les force de le faire; & comme il n'y a plus rien à retarder, on donne aux jardins potagers les derniers labours, qui sont ceux, lorsqu'ils sont donné à propos, qui rendent la terre meuble.

AVRIL.

C'est pour l'ordinaire dans ce mois, que les ouvrages differens du jardinage viennent en foule. Car il y faut planter & semer des laitues de la saison, de la porrée, des choux pommez, de la bourrache, de la buglose, des artichaux, de l'estragon, du baume, la corne-de-cerf, & l'on multiplie encore les appetits.

Les melons & les concombres ont déja assez poussé pour être taillez; & l'on rechauffe encore les vieilles couches, au cas qu'elles en ayent besoin.

On seme les concombres, pour en avoir à replanter en pleine terre qui puissent donner sur la fin de l'Eté, & sur le commencement de l'Automne; mais c'est assez dire quels ouvrages se doivent faire en ce mois, voyons comme ils se pratiquent.

De la Porrée.

La porrée, autrement appellée bette-blonde, est une herbe potagere qui est d'une grande utilité dans une maison: elle se seme comme j'ay dit, ou sur couche pour en avoir de bonne heure à planter, ou sur planche au mois de Mars, pour être plantée plus tard. Une maison de Campagne n'en sçauroit être trop fournie; & sa culture consiste premierement, à luy donner une bonne terre bien preparée & bien amendée; à luy dresser des planches pour mettre font plant deffus, efpacé l'un de l'autre d'un pied & demi, & fur des alignemens de pareille largeur. Et en fecond lieu, de l'arrofer pendant l'Eté, & les cerfoüir une fois tandis qu'il eft jeune.

Il faut qu'on foit averti que l'Hyver, lorfqu'il eft rude, eft dangereux de détruire la porrée : c'eft pourquoy on foignera de prevenir cet inconvenient en les couvrant pendant cette faifon, ou de grand fumier fec, ou de grande paille ; & la graine de la porrée qu'on plante, ne fe recueille que l'année d'après, au mois de Septembre.

Des Oignons.

Il faut bien que les oignons des environs de Paris, ne foient pas fi bons que ceux qui croiffent dans un Bourg proche d'Auxerre nommé Appoigny, puifque beaucoup de Communautez qui fe fourniffent de vin en Bourgogne, y font auffi leur provifion d'oignons ; c'eft pourquoy l'on peut dire que ce Bourg a des terres d'une qualité fi propre à produire cette forte de legume, ainfi des raves, qu'en quelque part qu'on puiffe aller on n'en trouve point qui foient d'un fi bon goût.

Les oignons ne fe multiplient que de graine, & ne fe plantent point, & veulent une terre bien meuble, dont on a foin d'en recouvrir la femence, en herfant cette terre avec les dents d'un râteau de fer.

Ce legume fe feme fort clair ; & au cas, malgré cette precaution, qu'on voye qu'il leve trop épais, on l'éclaircira.

Comme c'eft le genie de la feve de monter toûjours, & d'abandonner par confequent le bas de la plante qu'elle nourrit, pour fe jetter dans le haut, il ne faut pas manquer, lorfqu'on voit que les oignons ont acquis une belle groffeur, de les fouler c'eft-à-dire, de rompre leurs montans en frapant deffus avec une planche, & pour lors l'oignon s'entretient beau ; au lieu qu'autrement il devient tout alteré.

De la Bourrache, & de la Buglofe.

Ces deux herbages demandant une même culture, je n'ay point jugé à propos de les feparer l'un de l'autre ; & pour couper court à en dire les circonftances, on fçaura qu'ils fe gouvernent comme la Bonne-Dame, hors qu'ils ne levent point fi épais. Leur ufage eft de garnir des falades de leurs fleurs violettes, & & leurs feüilles ne font bonnes que lorfqu'elles font tendres :

c'eſt ce qui fait qu'on en ſeme pluſieurs fois pendant l'Eté ; & leur graine étant dangereuſe à tomber, ſi-tôt qu'elle eſt meure, on previent cet inconvenient en coupant leurs tiges encore un peu vertes, qu'on expoſe aprés au Soleil, pour ſecher.

Des Artichaux.

On compte de trois ſortes d'artichaux, ſçavoir le verd, le violet & le rouge : le verd eſt celuy qui ſe mange le premier, & les deux autres viennent aprés.

Ce legume ſe multiplie de graine dont on fait proviſion, au cas que les plus fortes gelées faſſent perir tous les vieux pieds; car autrement & pour le mieux, on ſe ſert pour cette multiplication des œilletons que jette d'ordinaire chaque pied, lorſque le Printems eſt arrivé, & que les veritables maximes du jardinage veulent qu'on ôte toutes, à la reſerve des trois plus fortes qu'on laiſſe pour apporter du fruit.

On les plante diverſement; les uns dans des trous creuſez en rond & profonds d'un demi-pied, mettant du terreau pour y planter aprés ces œilletons; & les autres ſe contentent, lorſque leur terre eſt bonne, de planter à champ uni ces œilletons avec un gros plantoir de bois : l'une & l'autre maniere peuvent heureuſement ſe pratiquer; ſçavoir la premiere, dans des terres ſabloneuſes ; & la ſeconde, dans celles qui ſont d'un temperament trop humide.

Ces trous deſtinez pour y mettre ces œilletons, ſeront par rangs dreſſez au cordeau, & eſpacez de trois pieds l'un de l'autre, ſoit ſur planches de quatre pieds de largeur, & ſeparées l'une de l'autre par un ſentier d'un grand pied, ſoit à plein quarré, aprés avoir obſervé que ces trous entr'eux compoſent la figure d'un echiquier.

Cela fait, on plante les œilletons, qu'on ſoigne incontinent d'arroſer, pour obliger la terre de ſe joindre aux racines, afin que par ce moyen elles commencent plûtôt d'agir; & pour aider encore à ces jeunes artichaux à faire ce que nous ſouhaittons d'eux, il ne faut pas manquer de leur donner pendant l'année deux ou trois petits labours, ſur tout dans les terres ſeches, aprés qu'il eſt tombé une pluye, ou qu'on juge qu'il en doit bien-tôt tomber.

Si pendant l'Eté, au défaut des pluyes, on eſt ſoigneux d'arroſer les jeunes artichaux, & de les bien labourer, on ſera aſſuré que ceux qui auront été plantez au Printemps apporteront du fruit en Automne; aprés quoy ils auront encore assez de temps de se fortifier avant l'Hyver, pour pouvoir resister aux rigueurs du froid, en soignant neanmoins de les couvrir de grand fumier, le plus tard qu'on peut se dispenser de le faire, mais aussi-tôt que les gelées invitent à le faire; & les tenir ainsi cachez jusqu'à la fin de Mars, qu'il les faut petit-à-petit découvrir, pour leur faire prendre l'air, & par ce moyen pousser de nouveaux œilletons, qu'on arrache de leurs pieds lorsqu'ils sont assez forts pour être plantez, comme je viens de dire.

Cette operation qu'on fait pour lors, s'appelle œilletonner, & elle se pratique en faisant aux pieds des artichaux un petit cerne; puis examinant les trois plus beaux œilletons qu'on doit laisser sur le pied pour apporter du fruit, & qui doivent être, pour bien faire, un peu éloignez les uns des autres; on prend tout le reste l'un aprés l'autre par l'extrémité d'en-bas, & portant le poûce du côté de la mere racine, on le presse contre l'œilleton, en le séparant de son origine, & par cette maniere d'agir on l'emporte avec de la racine, qui est la chose qui luy est essentielle pour reprendre.

Tous œilletons ne s'arrachent pas également beaux; mais étant maître du choix, on ne prendra pour planter que les plus forts, les moyens pour les mettre en pepinieres, & les plus miserables pour jetter.

Les pieds d'artichaux ainsi traitez, on recouvre aussi-tôt leurs racines de bonne terre mêlée de fumier, puis on laboure entierement le quarré où ils sont plantez, le plus uniment qu'il est possible; & ces soins qu'on prend aprés eux leur font prendre tellement des forces, qu'y joignant une ou deux fois la semaine les arrosemens, on les voit commencer à la fin de May à donner des fruits, qui pour lors demandent absolument de nous que nous redoublions nos assiduitez à arroser amplement leurs pieds pendant plus de quinze jours, c'est-à-dire, de donner à chacun une cruchée d'eau trois fois par semaine, aprés quoy ils produisent de beaux artichaux & en quantité.

Les artichaux n'ont rien à craindre, outre le froid, que les mulots; mais on n'a jusques icy pû trouver aucun remede pour empêcher que pendant l'Hyver ils ne rongeassent leurs racines, à moins qu'on ne plante parmi eux de la porrée, autrement dit des bettes blondes, qui ayant de grosses racines fort tendres, font que ces mulots s'y attachent, & qu'ils épargnent par ce moyen celles des artichaux qui sont plus dures. Cet expedient n'est n'est pas mauvais, puisque ce ne sont que des bettes qu'on hazarde, pour conserver un legume qu'on considere davantage.

De l'Estragon.

L'estragon est une petite herbe qui releve beaucoup une salade, elle se seme & se multiplie de pieds enracinez ; il est comme l'ozeille qui rejette aprés avoir été coupée plusieurs fois : il se moque de l'Hyver, & brave les chaleurs de l'Eté, pour peu d'eau qu'on luy donne pendant ce temps, & lorsqu'on le plante sur planche, il le faut espacer l'un de l'autre de huit à neuf poûces.

Du Baume.

Pour les gens qui cherchent le parfum dans les salades, le baume est excellent : il vient de boutures, & se plante à un pied l'un de l'autre, produisant des touffes qui servent à le multiplier ; & il suffit que cette herbe soit en bonne terre pour qu'elle y réüssisse, ne demandant point d'autre culture particuliere que d'être coupée rase tous les ans à la fin de l'Automne, pour l'obliger de rejetter de nouveaux jets qui soient tendres dans le Printemps qui suit, & que d'être renouvellée tous les trois ans.

De la Corne-de-cerf.

Comme la graine de la corne-de-cerf est extrêmement petite, il faut prendre garde de ne la pas semer drüe, quoique malgré cette précaution il soit difficile de s'en empêcher ; elle veut une terre bien meuble, & être bien sarclée, & quelques petits arrosemens pendant les grandes secheresses luy sont d'un grand secours ; cette fourniture de salade merite bien tous ces soins, sçachant l'agréable relief qu'elle donne à une salade.

Des Cives d'Angleterre, autrement dites Appetits.

Les cives d'Angleterre se multiplient par touffes, qu'on separe en plusieurs petites pour en faire des bordures, & qu'on plante à neuf ou dix poûces l'une de l'autre ; elles viennent mieux en terre sablonneuse qu'en terres fortes, & veulent être renouvellées tous les quatre ans.

Des Melons & des Concombres.

Je suppose qu'on ait dressé les couches à melons dans un endroit propre à faire une melonniere ; que ces couches ayent été faites comme il faut, & qu'enfin leur chaleur soit assez ralentie pour qu'on juge y pouvoir à coup sûr semer de la graine de melon.

Cela étant, auparavant que d'en venir à l'operation, on choisit la graine qu'on veut semer, puis on la met tremper dans un verre plein de bon vin pendant vingt-quatre heures, observant toûjours avant de la semer de tâter avec le doigt si la couche a passé sa plus grande chaleur; & si l'on sent qu'elle est tiede, pour lors on se met en disposition de le faire.

Pour y réüssir, il faut, de la largeur d'une cloche de verre, de deux doigts en deux doigts de distance, faire sur le terreau de petits trous peu avant, puis y jeter la graine & la recouvrir aussi-tôt; & continuer ainsi tant qu'on en souhaitera garnir la couche, & tant qu'elle pourra contenir de cloches, qui sont les instrumens dont il faut d'abord se servir pour couvrir cette graine, crainte que ce qui reste de chaleur dans le fumier, ne s'exhale trop vîte, ce qui les feroit perir.

Les fraicheurs de la nuit leur sont extrêmement contraires, & pour les en défendre il faut soigner de couvrir cette couche de paillassons, crainte qu'il n'y survienne quelque gelée ou quelques frimats qui les feroient languir; & ces paillassons servent aussi-bien de jour que de nuit lorsqu'il y arrive les mêmes inconveniens.

Lorsqu'au mois de Janvier que ces melons sont semez, on juge que les couches n'ont plus assez de chaleur pour aider aux melons à produire un bon effet, on doit user des réchauffemens dont j'ay parlé cy-dessus, & les faire de la même maniere que je l'ay enseigné. Voyez page 231.

Ces soins ainsi pris, & huit jours étant passez, si la graine ne leve pas, c'est une marque ou qu'elle a brûlé, ou que par quelqu'autre cause secrete, elle n'a pû germer; pour lors & sans retarder on en seme une seconde fois, qui vient encore bien, à cause des réchauffemens qu'on fait à la couche; enfin, si on voit que les melons levent, à la bonne heure, il n'est plus question après cela que de sçavoir les gouverner.

Si-tôt donc que ces melons paroissent, il ne faut pas manquer d'élever un peu les cloches, crainte que ces plans qui sont encore foibles n'étouffent faute d'air & ne viennent à perir; cette maniere de les conserver d'abord doit durer jusqu'à ce qu'ils soient bons à replanter, ce qu'on reconnoît lorsqu'ils ont quatre à cinq feüilles, & pour lors on se dispose de le faire.

Mais auparavant de les planter, il eſt beſoin d'avoir d'autres couches preparées lorſqu'on les plante de bonne heure, ou des rayons de terreau ſimplement, lorſqu'on fait tard cette operation.

Pour réüſſir à planter des melons, il faut d'abord choiſir un beau-temps, & attendre que le ſoleil veüille ſe coucher, d'autant que le plan qui pour lors eſt extrêmement tendre, en vaut mieux, & ne ſouffre point.

Ce temps ainſi choiſi, on prend une houlette de Jardinier avec laquelle on leve les melons avec la plus groſſe motte & le plus adroitement qu'il eſt poſſible, puis on les porte dans des trous qu'on a fait ſur le terreau des nouvelles couches, les y accommodant fort artiſtement, & n'oubliant pas de les arroſer auſſi-tôt, pour les obliger à reprendre plus vîte.

Les cloches de verre pour les couvrir ne ſeront pas oubliées, & on les laiſſe ſur ces pieds de melons, qui ſont eſpacez l'un de l'autre de deux pieds & demi, juſqu'à ce qu'elles ne les puiſſent plus contenir.

On obſervera, ſi le temps n'eſt point trop froid, & que les melons ſoient un peu forts, de lever les cloches de deſſus depuis dix heures du matin juſqu'à trois heures aprés midi, afin qu'ils apprennent en amaſſant des forces, à ſe défendre des injures de l'air, & ſoigner de les recouvrir quand cette heure eſt paſſée.

Il arrive quelquefois que les melons ne profitent point, ce qui ne peut provenir dans ce temps que d'un manque de chaleur qui leur eſt neceſſaire; & pour corriger ce défaut, il n'y a que le réchauffement auquel on puiſſe avoir recours.

Ce remede apporté, & les melons ayant pris de nouvelles forces, on choiſira les principales branches qu'on jugera à propos de conſerver, qu'on commencera de tailler lorſqu'on verra qu'il y aura des melons de noüez.

Toutes branches, lorſqu'elles ſont bonnes, en prennent trois ou quatre, & pour lors, ainſi que toute autre, on arreſte ces branches aprés le melon qui eſt à l'extrémité, & ces branches ainſi taillées ſont étenduës aprés de côté & d'autre ſur la couche, pour faire que le fruit prenne mieux nourriture.

On a ſoin d'arroſer de temps en temps ces melons, juſqu'à ce qu'étant parvenus à la groſſeur du poing, on ceſſe ces arroſemens qui leurs ſont préjudiciables, à moins que les chaleurs ne ſoient ſi exceſſives que les plans en ſouffrent; alors, & avec moderation on leur donne de l'eau, ſans pourtant moüiller le fruit.

Tout petit jet nouveau sera rogné, à cause qu'il consume la substance dont le pied a besoin pour nourrir son fruit, à moins qu'on ne voye que le fruit n'en ait besoin pour se défendre des trop grandes chaleurs qui l'alterent.

Et pour faire que les melons parviennent à une juste maturité, & une bonté où l'on ne trouve rien à dire, il faut mettre des tuileaux dessous, afin que le soleil y puisse refléchir, & que par cette reflexion de ses rayons il en rarefie la matiere, & luy donne sa derniere perfection : outre que ce fruit étant ainsi posé ne contracte rien de la mauvaise qualité du fumier sur lequel il est.

Il ne suffit pas d'avoir apporté tous ses soins à bien planter des melons & d'en sçavoir gouverner le fruit, il est encore bon de connoître lorsqu'il faut le cueillir.

Je veux que le temps general de la maturité de chaque espece de fruit, soit connuë de bien de gens versez dans le jardinage ; cependant il est vray de dire que chaque fruit a en particulier des marques singulieres de celle qui luy est propre : car, par exemple, une figue est meure lorsqu'on la voit d'une couleur jaunâtre, d'une peau ridée & un peu déchirée, d'une tête panchée & d'un corps tout rapetissé, & qu'en la touchant du doigt étant encore sur l'arbre, elle vient à quitter pour peu qu'on la souleve, ou qu'on la baisse. Ce n'est pas de même d'un melon, & pour en juger nous avons besoin de deux de nos sens, sçavoir la vûë & l'odorat ; car aprés avoir approuvé leur couleur, leur queuë & leur belle figure, & avoir examiné leur pesanteur, il n'est pas inutile de les flairer devant que de les entamer, pour pouvoir, à ce qu'on croit, juger avec plus de certitude de leur maturité & de leur bonté.

Par la queuë on connoît qu'un melon est meur, lorsqu'elle semble vouloir s'en détacher ; par sa couleur lorsqu'il commence à jaunir par dessous, ou quand le petit jet qui est au même nœud se desseche par sa pesanteur, lorsque suivant sa grosseur on juge qu'il y a de la proportion ; & enfin par son odeur, quand en le flairant on luy sent comme un goût de goudron : ainsi à mesure que les melons meuriront, il faudra les cueillir, crainte qu'ils ne se passent. Mais si l'on veut les garder quelque-temps, on observera de ne les couper que lorsqu'ils commencent à tourner ; & sur tout qu'on se donne bien de garde en cueillant un melon, de ne luy point arracher la queuë, car tel fruit est sujet de s'éventer par cette ouverture.

La melonniere veut être visitée souvent, lorsque les melons

commencent à meurir, crainte qu'ils ne deviennent aqueux ; &. l'entrée pour lors en doit être fermée à toutes filles & femmes sujetes à leurs mois, comme à une contagion capable de perdre une melonniere entierement.

Les concombres se gouvernent de la même maniere, & avec les mêmes précautions que les melons ; à la reserve que ceux-cy, comme j'ay dit, se taillent immediatement après le melon ; & que ceux-là se coupent au troisiéme nœud.

Il est encore temps dans ce mois, de faire des couches de champignons : j'en ay dit tout ce qu'il en faut dire.

On commence dans ce mois à sarcler toutes les semences qui sont levées ; on seme un peu de chicorée blanche dans le quinze d'Avril, pour y blanchir en place, pourvû qu'elle soit claire-semée.

On seme les cardons d'Espagne, & encore de l'ozeille, si on n'en a pas assez pour sa provision.

Des Cardons d'Espagne.

Ce legume est noble & important ; il n'entre point au potage, mais il se sert aux entre-mets : il se multiplie de graine, & s'éleve & se cultive de la maniere que voicy.

Lorsqu'on veut semer des cardons d'Espagne, on creuse de petites fosses rondes de la largeur d'un pied, & profondes d'un demi, qu'on remplit de bon terreau.

Ces fosses sont par rangs tirez au cordeau, & espacées l'une de l'autre de deux pieds, & placées en échiquier : la terre où on les met doit être bonne, bien amendée & preparée par de bons labours.

L'ordinaire, en les semant, est de mettre dans chaque trou cinq à six graines, à condition d'en ôter la moitié au cas qu'elles viennent toutes à lever, pour employer le surplus à regarnir des places fautives si on en a besoin, sinon on les jette ; & quand au bout de trois semaines on s'apperçoit que ces graines ne levent point, on en reseme d'autres ; car on peut juger dans ce temps que si elles ne paroissent pas, c'est qu'il y a quelque inconvenient qui les empêche de germer.

La mi-Avril est la saison de semer les crdons d'Espagne, car de le faire avant ce temps, c'est les rendre sujets à monter à graine aux mois d'Aoust & de Septembre, & à ne devenir par cette production que bons à jetter.

Deux ou trois labours suffisent pour les bien entretenir pendant l'année ; & en leur donnant de l'eau durant les grandes chaleurs de l'Eté, on leur fait prendre une croissance belle, & qui les rend en état d'être liez vers la fin d'Octobre qu'on commencera à les faire blanchir : & pour y réüssir,

Prenez vos cardons, liez-les de trois liens en trois differens endroits, & quelques jours après enveloppez-les entierement de paille, en telle sorte que l'air n'y entre point, si ce n'est à l'extrémité d'enhaut que vous laisserez libre ; qu'ils demeurent quinze jours ou trois semaines en cet état, & après ce temps arrachez-les pour vous en servir, & ils seront blancs.

Mais comme on seme des cardons pour la provision d'Hyver, on n'en lie qu'une petite partie dans le temps que je viens de dire, & l'on reserve l'autre à relier lorsque l'Hyver s'approche, & pour lors on les enleve en motte pour les replanter dans la serre, où ils achevent de se perfectionner.

Si l'on veut en tirer de la graine, on laisse quelques-uns de ces cardons qui sont dans la serre pour être replantez au Printemps, où pour lors ils se disposent à monter, & montent effectivement tant que les mois de Juin & de Juillet soient arrivez, pour donner en ce temps la semence qu'on attend d'eux.

On peut, si l'on veut, pour tirer de la graine des cardons, en laisser quelque pied passer l'Hyver en pleine terre sous du grand fumier sec qui le garentira des fortes gelées, & tel pied durera trois à quatre ans s'il est bien conservé.

Dans le mois d'Avril se sement le fenoüil & l'anis ; & c'est aussi dans ce temps qu'on commence d'aërer un peu les melons si le temps est doux.

Du Fenoüil.

Le fenoüil est une petite herbe qui n'est point délicate de sa nature, venant bien en toutes sortes de terres. On s'en sert en salade lorsque ses jets sont encore tout nouveaux & tout tendres ; elle se seme en bordure, se moque de l'Hyver, & donne sa graine dans le mois d'Aoust.

De l'Anis.

La culture de l'anis étant pareille à celle du fenoüil, je n'en diray rien davantage, sinon que j'avertis que pour en avoir de plus beau, il faut le renouveller tous les deux ans ; & lorsqu'on veut avoir de nouvelles feüilles du fenoüil & de l'anis, on a soin avant l'Hyver d'en couper les tiges, & cela fait fort bien.

DE LA CAMPAGNE. Liv. III.

Dans le mois d'Avril on arrache des raves pour replanter, à dessein d'en tirer de la graine ; & tel legume se met sur planches, à un pied l'un de l'autre, & par rangs tirez au cordeau, & dans la même distance d'un pied : on soigne de les arroser en Eté ; & la graine à l'aide des soins qu'on se donne à luy faire prendre une bonne forme, se prodigue à tous ceux qui ont eu soin de l'élever.

On plante aussi des laitues convenables à la saison, & qu'on prend de dessus les couches, où elles ont été semées.

Si l'on souhaite planter des bordures de Thim, de Sauge, de Marjolaine, d'Hissope, de Lavande, de Rhüe, & d'Absinthe ; c'est le mois d'Avril qu'on choisit pour tels ouvrages.

Il faut observer que si dans ce temps les roux-vents ont leur regne, on doit être soigneux d'arroser tout le potager.

On plante des melons sur couches nouvellement faites, & on en seme d'autres dans des trous remplis de terreau, creusez à deux pieds l'un de l'autre, de largeur d'un, & de la profondeur d'un demy

On cherche des fraises dans les bois pour être replantées en planches, comme j'ay dit cy-dessus.

On œilletonne les artichaux, s'ils sont assez forts pour souffrir cette operation, & on en plante aussi-tôt les œilletons autant qu'on en a besoin ; ainsi que des asperges qu'il fait encore bon mettre en planches.

S'il est quelque espece de laitues qui ne veuille point pommer, par quelque cause inconnüe, on prendra soin de les lier, & elles seront forcées pour lors de le faire.

On seme encore dans ce mois du persil, de la chicorée sauvage, des pois d'haricots, & des féves pour la seconde fois.

Des Pois d'Haricots.

Les pois d'haricots, sont un legume tout-à-fait rustique ; & comme j'ay dit qu'il falloit semer & gouverner les féves, telle est la culture des haricots. Je n'en parleray pas davantage.

On soigne au mois d'Avril, de retrancher tous les coucous des fraisiers.

Des Coucous, & ce que c'est.

Comme ce n'est rien dire d'ôter les coucous des fraisiers, si l'on n'enseigne ce que c'est, de quelle taille, & de quelle figure ils sont, on sçaura donc que les coucous sont de certains jets des fraisiers, qui paroissent un peu velus & plus verdâtres que les bons; & tels jets ressemblans à de certaines femmes qui donnent tous les mois des fleurs-blanches & ne produisent rien, ne sont que jets inutiles, & par consequent indignes d'être en la compagnie de ceux qui font voir leur fruit dans leur temps.

Au dix ou au douze du mois d'Avril, on seme les derniers concombres: j'en ay dit ce qu'il en falloit dire à l'article des melons.

MAY.

Dans le mois de May, l'on plante les choux-fleurs, les choux de Milan, & la porrée, autrement dite Bette-blonde; & c'est aussi dans le quinze de ce mois que se sement les choux d'Hyver: & si l'on n'a pas dans le mois precedent œilletonné les artichaux, il ne faut pas manquer de le faire dans ce temps.

Tout œilleton d'artichaux, quand il est blanc & gros, est toûjours bon à planter, quoy qu'il n'y paroisse point de racine.

On seme des laituës de Genes, & on en replante; on seme encore de la chicorée, pour en avoir de bonne à la fin de Juillet.

De la Chicorée.

On peut dire que cette herbe potagere a son merite particulier, étant d'une aussi grande utilité qu'elle est. Elle vient de graine, & est de trois sortes; sçavoir, la verte, la frisée & la non-frisée: la verte resiste mieux à l'Hyver, mais elle n'est pas si delicate que les autres; la frisée est fort tendre lorsqu'elle est bien blanche, & la non-frisée tout de même.

Terre bonne, ou terre mediocre, l'une & l'autre également les accommode; & pour les y semer, on attend la mi-May, où il ne faut en gueres semer encore, à cause que cette herbe est sujete à monter en graine: & si l'on en seme en ce temps, il faut qu'elle soit toûjours jettée en terre fort claire, & l'éclaircir encore si l'on voit qu'étant levée elle est trop épaisse; & cette façon qu'on luy donne, c'est afin de la faire blanchir sans la transplanter: Mais lorsque les mois de Juin, Juillet & Aoust sont venus, on en seme à foison, principalement dans le dernier de ce mois, afin d'en faire grande provision le reste de l'Automne, & pour une partie de l'Hyver.

En quelque temps qu'on seme de la chicorée, il la faut toûjours semer fort claire, afin de la rendre plus forte, & par consequent meilleure à planter: & quand malgré cette precaution elle leve trop drüe, on doit pour lors ou la couper, ou l'éclaircir,

cir, pour l'obliger de se fortifier.

La chicorée se replante sur planches, à un bon pied l'une de l'autre, & sur des alignemens faits de la même distance.

Cette plante veut beaucoup d'humide pour atteindre à la perfection qu'on la souhaitte, c'est ce qui fait qu'il ne faut point luy épargner les arrosemens; ou bien on la met en danger, faute d'eau, de contracter une amertume qui la rend désagreable au goût: & après les bons soins qu'elle demande de nous jusques-là, il n'est plus question que de la faire blanchir.

Il est temps de faire blanchir la chicorée, l'orsqu'avec ses compagnes on voit qu'elle couvre sa terre, & pour lors on lie cette plante en deux ou trois endroits, observant pour faire cet ouvrage que le temps ne soit point pluvieux, car l'humidité renfermée au-dedans, la fait pourrir; & quinze jours ou trois semaines après, elle a acquis cette blancheur qu'on recherche.

On observe quand on lie la chicorée, de ne lier dans une planche que celles qui sont les plus fortes; laissant croître les plus foibles qui s'avancent en peu de temps, à cause de la liberté qu'on leur donne de s'étendre en liant celles qui les incommodent par leur voisinage trop prochain: On observera en la liant que le lien d'en haut soit toûjours plus lâche que les autres; autrement elle creve par le côté en blanchissant.

Les chicorées de toutes especes, craignent beaucoup l'approche de l'Hyver, qui s'oppose tout-à-fait à ce qu'elles puissent blanchir. Mais comme il est des remedes à bien des choses, en voicy deux fort souverains, & qui font que cette espece de salade devient blanche malgré qu'elle en ait.

Premierement, si-tôt que le froid commence à venir, on la couvre de grand fumier sec; soit qu'elle ait été liée, soit qu'elle ne l'ait pas été, elle blanchit pour lors également en cet état.

En second lieu, on lie les chicorées, puis huit ou dix jours après & du moment que le froid commence à se sentir, on les arrache & on les enterre ensuite dans une vielle couche, en faisant un petit rayon à travers, de la hauteur de la plante qu'on couche dedans à côté l'une de l'autre.

Cela fait, on met dessus du terreau de la couche qu'on tire d'un second rayon qu'on fait pour une seconde rangée de chicorées; & continuer ainsi tant qu'on en a à y mettre.

Sur ces chicorées ainsi couvertes de terreau, on épanche du grand fumier sorti recemment de l'écurie, & par ce moyen elles blanchissent en peu de temps.

Tome II. K k

La maniere de les faire blanchir dans le sable à la cave, ou dans la serre, les fait durer plus long-temps, c'est pourquoy il est bon de s'en servir.

On replante encore en ce mois de la porrée, des melons, & des concombres en pleine terre, & cela dans des petites fosses pleines de terreau, ou sur des rayons de terreau de la largeur d'un bon pied & demy.

C'est aussi dans ce mois que se plantent les citroüilles, les bonnets de prêtres, les trompettes d'Allemagne & les courges, qu'on doit avoir semées en même-temps que les citroüilles.

Des Citroüilles, Bonnets de Prêtres, Trompettes d'Allemagne, & Courges.

Les citroüilles sont une espece de fruit dont les branches qui les produisent s'étendent fort loin. C'est la raison pour laquelle il faut que ceux qui en veulent élever ayent un grand terrain pour les y mettre en pleine terre & dans des trous faits exprés & remplis de bon terreau.

Ces trous doivent avoir entr'eux trois toises d'espace; & avant qu'on en seme la graine, les regles du jardinage veulent qu'on la fasse tremper vingt-quatre heures dans du lait.

Toute la differerence qu'il y a à gouverner les bonnets de prêtres, les trompettes d'Allemagne & les courges, d'avec les citroüilles, est seulement que ces premiers fruits veulent qu'on leur donne des appuis pour monter, au lieu que les derniers se plaisent à ramper sur terre.

Pour faire que ces sortes de plantes reprennent plûtot lorsqu'on les met en trous, il faut être soigneux de les couvrir de quelque chose pendant cinq ou six jours, à moins que quelque pluye ne vienne à propos pour nous en épargner la peine; car étant d'une nature pour lors fort susceptible du grand chaud, il est dangereux lorsque le soleil frape dessus, qu'il ne les altere & ne leur cause la mort.

On ne perd point ce mois sans y semer de gros pois, & l'on doit aussi pour lors ramer ceux qui sont levez.

Lorsque la fin du mois est arrivée, on commence à planter du pourpier pour en tirer de la graine : on taille encore les melons; mais l'on n'en plante plus, au lieu qu'il fait encore bon planter des concombres.

DE LA CAMPAGNE. Liv III.

A la fin du mois de May se plante le celery de la maniere que voicy.

Du Celery.

J'ay dit qu'il falloit semer du celery au commencement d'Avril, mais ce premier semé étant bien souvent sujet à monter à graine, on a coûtume d'en semer pour la seconde fois à la fin de May, ou au commencement de Juin ; ce dernier devient meilleur & plus tendre, & cette salade se mange ordinairement en Automne & pendant tout l'Hyver.

Pour le semer comme il faut, à cause que la graine en est tres-menuë, on doit toûjours le semer fort clair ; encore, quelque précaution qu'on puisse prendre en le semant, il se trouve quand le celery leve, qu'il est toûjours trop épais, & en cet état dangereux de s'étioler, si l'on ne soigne de l'éclaircir, & de le rogner pour luy faire prendre des forces avant de le replanter.

Ceux qui sçavent le métier du Jardinage, observent avant de mettre le celery tout-à-fait en place, d'en faire des pepinieres ; ce qui se pratique en le plantant en pleine terre à trois doigts l'un de l'autre, & en le mettant dans des trous faits avec le doigt seulement ; & si-tôt qu'il s'est fortifié en cet endroit, ils le replantent à demeurant.

Il y a deux manieres de replanter le celery ; la premiere en tranchées profondes d'un fer de bêche, & larges de quatre pieds, dans lesquelles on met quatre rangées de celery éloignées d'un pied l'une de l'autre, & le plant qui est dessus d'égale distance. Cette façon de planter le celery est propre pour les terres legeres, mais pour les terres humides on fait autrement ; on le met sur des planches non creusées aussi larges que les tranchées cy-dessus, & dans les mêmes distances tant à l'égard du plant que des rangées sur lequel est le celery, & qui sont tirées au cordeau ; & voilà la seconde maniere. Reste à present, ainsi planté, de luy aider à arriver à sa perfection.

Pour faire que le celery soit tel qu'on le souhaite, deux choses luy sont absolument essentielles, sçavoir la tendreur & la blancheur ; & pour luy faire acquerir la premiere de ces deux qualitez, il n'y a qu'à ne le point laisser manquer d'eau pendant tout l'Eté ; l'experience fait tous les jours voir la verité de ce que je dis. Cet expedient n'est pas bien difficile à pratiquer, qu'on ne l'oublie donc point.

Quant à la blancheur, on réüssit à luy faire prendre cette couleur

K k ij

en le liant de deux liens lorsqu'on juge qu'il est assez fort pour souffrir cette gêne ; cela fait, on luy butte le pied de terre prise de celle qu'on a tirée des tranchées qu'on a creusées, & qui est sur les sentiers, ou bien d'un autre endroit ; d'autres le couvrent entierement de grand fumier sec : l'une & l'autre maniere de le cacher est fort bonne.

Le celery ainsi butté, parvient aux deux degrez de perfection qu'on attend de luy, en trois semaines ou un mois de temps ; mais comme il est dangereux de pourrir, quand aprés qu'il est blanchi on le laisse trop long-temps dans terre, il faut que nôtre prudence ne nous en fasse mettre en cet état, qu'autant qu'elle jugera que nous en aurons besoin pour nôtre provision, à moins qu'on ne soit d'un état à en faire trafic. Voilà tout ce qu'il y a à observer au celery, jusqu'à ce que l'Hyver soit arrivé, qu'on le couvre tout-à-fait pour-lors de grand fumier, de l'épaisseur de plus d'un pied, pour le garentir des gelées, qui ne manqueroient point de le gâter s'il en étoit atteint.

L'experience m'a appris que cette maniere de luy faire passer l'Hyver, réüssissoit tres-bien dans les terres seches & sabloneuses ; mais qu'elles ne valoit rien pour les fonds d'un temperament humide, où le celery étant fort sujet à pourrir, même avant qu'il blanchisse, trompe l'esperance de celuy qui s'y donne toutes ces peines ; si bien qu'en telles terres je juge à propos de les couvrir seulement de fumier quinze jours avant le froid, & aprés ce temps de le lever en motte, & le porter dans une cave ou dans une serre pour l'y laisser acquerir sa derniere perfection, qui est la blancheur : il se conserve long-temps dans ce lieu, pourvû qu'il n'y entre aucun jour.

La graine de celery se recueille de dessus les vieux pieds qu'on replante aprés l'Hyver, & qui est en état d'être serrée dans les mois de Juin & de Juillet.

La fin du mois de May est le vray temps de semer les choux blonds pour l'Automne & pour l'Hyver.

Pour ménager son terrain, on seme des raves dans ce mois parmi d'autres semences, sans qu'elles se puissent nuire les unes aux autres.

Tout ce qui est sujet à la couverture des cloches est découvert dans ce mois, à la moindre petite pluye qui survient ; & l'on plante les laitües crêpe-vertes, les aubervilliers, les imperiales & les chicons dans ce même temps.

A la fin de May, si l'on s'apperçoit que les racines soient levées trop drues, on prendra le soin de les éclaircir pour replanter celles qui auront été arrachées.

JUIN.

On acheve de faire dans ce mois tout ce qu'on n'a pû faire dans le precedent.

On dreſſe des couches pour les champignons & pour les concombres tardifs; & on replante encore des artichaux, qu'il faut bien ſoigner d'arroſer, ſur tout dans les terres ſeches & ſablonneuſes; & on replante les porreaux, lorſque le quinziéme de Juin eſt arrivé.

Des Porreaux.

Les porreaux, comme j'ay dit, veulent être ſemez à la fin de Fevrier ou au commencement de Mars, en terre bien preparée, en planches & à plein champ; & cette terre bien preparée & ces planches leur ſont auſſi neceſſaires lorſqu'il s'agit de les planter : ce qui ſe fait en tirant ſur ces planches des alignemens au cordeau eſpacez l'un de l'autre d'environ un demi pied, ſur leſquels on fait des trous avec un plantoir de bois, de la profondeur de ſix bons poûces, dans leſquels on met les porreaux ſeul à ſeul, dans une diſtance d'un demi-pied auſſi l'un de l'autre, aprés en avoir un peu rogné tant leurs racines que leurs feüilles, ſans prendre le ſoin d'approcher la terre de ce porreau, comme on fait à toutes les autres plantes qu'on met en terre avec un plantoir, y en tombant toûjours aſſez pour l'obliger à faire de nouvelles racines; & tout le ſoin qu'il y a à leur donner lorſqu'ils ſont plantez eſt de les cerfoüir de temps en temps, & de les arroſer pendant les plus grandes ſechereſſes, afin de leur faire acquerir une groſſe tige, & la blancheur qu'on recherche en eux.

On en conſerve pour l'Hyver, ou en les arrachant de leurs planches pour les replanter tout prés les uns des autres en pepiniere, & les couvrant de grand fumier ſec, ou bien en les portant dans la ſerre, où il faut les enterrer dans du ſable.

La graine des porreaux ſe recueille en en replantant au mois de Mars de ceux qu'on a conſervez pour l'Hyver, & eſt bonne au mois d'Aouſt.

L'on continuë à ſemer de la graine de laitüe de Genes, & de la chicorée; on recueille la graine de cerfeüil, on en ſeme du nouveau, & on replante la porrée.

Les méchantes herbes, comme nuisibles aux bonnes, seront soigneusement ôtées avant qu'elles montent à graine.

Du Cerfeüil.

Cette petite fourniture vient si aisément, qu'il n'importe de l'endroit où on la mette : elle se seme tous les mois, soit sur planche en rayons éloignez de quatre poûces l'un de l'autre, soit en bordure ; & pour en avoir de bonne heure on en seme sur couche dés le mois de Janvier. Pour sa culture, je n'en sçache point qui merite la peine d'en dire quelque chose : on luy coupe les feüilles, pour luy en faire pousser de nouvelles dont on se sert toûjours pour mettre dans les salades jusqu'à ce qu'il monte à graine, ce qu'il fait aisément, & qu'on prend soin de recueillir à la mi-Juin.

Dans ce temps que les chaleurs commencent à se faire sentir, on est soigneux de donner d'amples arrosemens aux concombres sur couches & d'arroser avec prudence les melons, & cela deux ou trois fois la semaine, en jettant une demi cruche d'eau à chaque pied.

On continuë de semer des pois à la fin de ce mois, pour en avoir de bons à manger en Septembre.

Et enfin dans ce mois de Juin, on n'oublie point de ramer les haricots.

JUILLET.

Si l'on n'a pû faire tous les ouvrages du mois de Juin, on les achevera en Juillet ; & continuant l'application qu'on doit avoir toûjours pour les jardins, on previendra par les frequens arrosemens les inconveniens dans lesquels les chaleurs excessives de la saison pourroient faire tomber un potager.

On seme dans ce mois beaucoup de chicorées pour la provision d'Automne, & d'Hyver ; & comme dans ce mois la plûpart des herbes potageres, & des legumes sont montez à graine, on est soigneux de les recueillir.

On seme des laituës royales.

Les raves sont une espece de plante qui plaît trop au goût, pour qu'on n'en seme pas pendant tous les mois ; & lorsqu'on ne laisse point passer celuy-cy sans y en semer, on en a de bonnes au commencement d'Aoust : mais comme il est dangereux que les chaleurs de la saison ne les fasse corder, on a la precaution de les semer dans un lieu un peu sombre, où l'on soigne de les arroser fort souvent, & fort amplement.

On continüe de semer de la porrée pour l'Automne, & des ciboules aussi.

On plante les choux blonds pour être mangez à la fin de l'Automne & au commencement de l'Hyver.

On seme des pois quarrez.

AOUST.

Vers le dix ou le quinze d'Aoust, on commence à semer les épinards pour être bons à manger en Septembre.

Des Épinards.

Quand on regarderoit les épinards comme une maniere de manne de nos jardins, on ne rendroit à leur merite que ce qu'on leur doit; & si l'on veut qu'ils croissent avec succés, on n'a qu'à faire choix pour les mettre d'une terre bien meuble, bien bonne de sa nature, & bien amendée : car sans cela, on ne recueille que des chifons d'épinards.

La terre qu'on leur destine étant telle que je viens de le dire, on dresse des planches de trois ou quatre pieds de large, sur lesquelles on aligne avec un cordeau des rayons, éloignez l'un de l'autre d'un demi-pied, & de la profondeur de deux poûces, dans lesquels on seme cette graine qu'on recouvre aussi-tôt.

Et toute la culture que demandent les épinards, est d'être sarclez, & arrosez lorsqu'on s'apperçoit que la trop grande secheresse les rend alterez.

On seme des mâches pour les salades d'Hyver, & de la laitüe à coquille, pour en avoir de bonne sur la fin de l'Automne & pendant l'Hyver.

De la Mâche.

On me dira peut-être dequoy je m'avise de faire entrer dans le potager, la mâche qu'on sçait être une herbe extrêmement grossiere & rustique. Il est vray : mais je répondray en sa faveur, qu'étant un secours pour les salades dans un temps où la saison permet qu'elles sont fort rares; son merite peut ne pas tout-à-fait être méprisé : de plus, c'est que sa culture n'est point penible, puisqu'il n'y a à la fin du mois d'Aoust qu'à la semer à plein champ sur une planche, & la laisser croître à sa fantaisie : elle sçait tres-bien se défendre de la rigueur de l'Hyver, à la fin duquel elle se mange : elle monte aisément en graine, qu'on recueille pour l'ordinaire au mois de Juillet.

C'est dans ce mois que se recueillent les graines de raves, & de laitües.

Celles de porreaux, de cerfeüil, de ciboules, de rocamboles & d'oignons, & qu'on arrache les échalottes.

On n'oublie point de semer des raves qui sont bonnes en Automne.

On seme des choux pommez, à la fin de ce mois, pour être mis en pepiniere pour y passer l'Hyver en cet état.

On seme aussi dans le mois d'Aoust des oignons, afin d'en avoir de bons l'année suivante au mois de Juillet.

On ne s'épargne point en ce temps à planter des chicorées; ainsi que des laituës royales & des perpignannes.

C'est dans ce temps qu'on lie la chicorée, & qu'on replante des choux d'Hyver. Comme pendant toute l'année on a coupé l'ozeille ras, & que cela ne peut qu'elle n'ait besoin de forces pour repousser de nouvelles feüilles, on soigne pour luy en faire acquerir, de la couvrir d'environ un bon pouce de terreau, & non davantage, crainte de la pourriture.

On seme des ciboules, de l'ozeille, du cerfeüil, & encore des épinards à la fin de ce mois.

On arrache les oignons, qu'on met pendant huit ou dix jours à l'air auparavant que de les porter dans le lieu où on veut qu'ils passent l'Hyver, & on fait de même de l'ail.

Le commencement du mois d'Aoust est le veritable temps de fouler les feüilles des betteraves, des carottes, des panais, & des oignons; ou bien on en coupe les feüilles.

Voilà tout pour ce mois, passons au suivant.

SEPTEMBRE.

Tout un potager doit être garni dans ce mois; autrement un jardinier ne sçait pas son métier.

Les champignons sont trop precieux dans un jardin, pour laisser passer aucun temps sans travailler aux choses qui peuvent contribuer à leur abondance; ainsi on sera soigneux dans ce mois de faire des couches pour en produire.

On replante force chicorées à un demy pied l'une de l'autre; & pour la troisiéme fois, on seme des épinards à la fin de Septembre.

On seme de l'ozeille, ou on en replante de la vieille.

On lie les cardons d'Espagne, ou quelques pieds d'artichaux, pour blanchir.

On fait des pepinieres de choux, pour les replanter incontinent après l'Hyver.

On plante des laituës à coquilles.

On

On lie le celery, & on le butte, comme j'ay dit lorsque j'ay parlé de la maniere de le cultiver.

Si parmi les choux-fleurs qu'on a plantez, il y en a quelques uns qui pomment déja, on sera soigneux de leur lier les feüilles.

On seme encore de la mâche ; & au cas qu'on ait oublié dans le mois d'Aoust de recouvrir l'ozeille de terreau, on le fera dans celui-cy.

OCTOBRE.

Les ouvrages de ce mois sont pareils à ceux du precedent.

On ne s'endort point à disposer le celery à passer l'Hyver sans danger.

On en fait de même des Cardons.

On plante des laitües à quelque bon abri.

Jusqu'au douze de ce mois, on peut encore semer des épinards; ainsi que du cerfeüil.

Au commencement de ce mois, on détruit les vieilles couches, dont on met le terreau en meules, pour s'en servir au besoin dans la saison des nouvelles.

On laboure, pour la derniere fois les terres fortes & humides, pour en bannir tout-à-fait les méchantes herbes.

Si l'on a du vieux cerfeüil, on le coupe tout pour le faire repousser à la saison nouvelle.

NOVEMBRE.

On commence dans ce mois à faire de nouvelles couches pour élever de petites salades de laitües, de cresson alanois & de cerfeuil. Pour lors on plante aussi sur ces couches des laitües pour pommer, du baume, de l'estragon, & tout cela sous cloche, ainsi que de l'ozeille, de la chicorée sauvage & du persil de Macedoine.

Du Persil de Macedoine.

On seme le Persil de Macedoine dés le Printemps, & c'est une herbe qui sert de fourniture pour les salades qu'on mange en hyver ; on le seme sur planche au Printemps, & on le plante au mois de Novembre sur couche pour le faire blanchir : sa culture pendant toute l'année ne consiste qu'à le tenir net des méchantes herbes : les grandes chaleurs ne luy font point peur ; & il croît aisément, pour peu que la terre où on l'ait mis soit bonne, & ait été bien ameublie.

Les Jardiniers des Grands sement sur couches pendant ce mois des pois, des féves, du persil, de la pimprenelle.

C'est en ce temps qu'on soigne de couvrir de grand fumier, les chicorées, les artichaux, la porrée, le celery, les porreaux, & quelques racines.

On butte les artichaux dans les terres seches, mais dans les terres humides je n'ay que trop éprouvé le danger qu'il y a de le faire.

On acheve en ce mois de lier les chicorées qui sont assez fortes, & on les couvre de fumier, ainsi que les plus foibles qui n'ont pû être liées: elles ne laissent pas comme les autres de blanchir sous ce fumier.

On coupe les montans des asperges, & on en recueille la graine qui est meure en ce temps.

Le mois de Novembre est la saison de porter dans la serre toutes les racines qu'on a élevées pendant toute l'année; sçavoir, carrottes, panais, betteraves, les cardons d'Espagne, les choux-fleurs, les chicorées, tant blanches que sauvages, les porreaux, & le celery.

On fait des couches à champignons.

On prepare en ce temps des paillassons au cas de besoin.

A la fin du mois, on commence à réchaufer les asperges qui ont au moins trois ou quatre ans.

On seme des raves sur couches dés la mi-Novembre, pour en avoir de bonnes à Noël, & à la Chandeleur.

On couvre les laitües d'Hyver, si l'on voit que les gelées blanches s'obstinent à vouloir continuer de se faire sentir; non pas avec du fumier, mais avec de la grande paille.

DECEMBRE.

On a soin de serrer & de couvrir dans ce mois, si on ne l'a pas fait dans le precedent, les chicorées, les cardons d'Espagne, le celery, les artichaux, les racines les choux-fleurs, les porrées & les porreaux; & il faut veiller à ce que les pois, les féves, les laitües pommées, & les petites salades qu'on a semées, ne soient endommagées du froid, qui étant leur mortel ennemi, ne manqueroit pas de les faire perir.

On commence à semer les petits pois, à la pleine exposition du midy.

Comme les sels de la terre s'épuisent à force de trouver des plants qui les consument, il faut pour les reparer, porter dessus du fumier pourri & l'y répandre: pour lors, l'eau des pluyes & des neiges venant à le traverser avec ses sels qu'il porte au-dessus de la superficie de cette terre. Ce fumier l'engraisse de nouveau, & luy fait acquerir de nouveaux fels dont les legumes, ou les herbes potageres qu'on y met, s'apperçoivent tres-bien; & c'est dans ce mois qu'il faut faire cet ouvrage.

On prepare les treillages pour les espaliers.

On fait des couches pour semer des laitües sous cloches; & si un Jardinier à qui rien ne manque de tout ce qu'il faut pour les ouvrages du Jardinage, met en pratique tout ce que je viens de dire pendant toute l'année, on peut s'assûrer que son maître (s'il est à maître) aura lieu d'être content de luy.

CHAPITRE XXXIII.

De la Vigne.

JE m'étonne, que parmi le grand nombre de ceux qui ont écrit du Jardinage, il n'ait pris envie à personne de traiter de la Vigne en particulier: je ne sçay si c'est par le manque de sçavoir comme elle se gouverne, & comme elle s'éleve; ou si c'est par une espece d'indifference qu'on a pour elle, ne la regardant seulement que par rapport à son nom, & non par rapport au jus charmant qu'elle produit.

Dans le premier cas, je pardonne volontiers à ces gens qui poussez du desir d'en traiter, ne le font pas parce qu'ils en ignorent la culture; mais dans le second, je ne puis que traiter d'une extrême ingratitude envers la vigne, ceux qui sçachant la maniere de la gouverner & de l'élever, ont negligé jusques-icy d'en donner des instructions; ingratitude d'autant mieux fondée, que que persuadez qu'ils sont du plaisir qu'il y a de boire du vin, ils tiennent à indifference d'apprendre la methode de le faire venir.

Peut-on, encore un coup, jusques-icy avoir tant foüillé dans les operations les plus cachées de la nature pour en tirer des consequences justes & certaines, sur lesquelles il soit permis d'établir des regles pour donner la forme à un arbre, & pour luy faire prendre du fruit, sans qu'on ait daigné se donner le moindre de ces soins, pour faire connoître par quels moyens & comment la vigne produit le raisin? est-elle moins un effet de la nature que les arbres? cette même nature agit-elle avec moins de caprice que dans les autres plantes? & peut-on dire (puisque nous voyons tous les jours le contraire) que cette vigne cultivée par les mains seules de cette mere commune de toutes choses, nous donne son fruit dans la perfection, à moins que l'art ne vienne à son secours?

Les arbres ont leurs fruits qu'ils produisent: c'est quelque chose à la verité; mais la vigne est-elle moins à estimer en nous offrant son raisin, d'où sort cette liqueur qui fait les delices des meilleures tables? & n'est-on pas justement en droit de donner à ce fruit la préseance sur tous les autres? Un Jardinier employe toute son application, pour faire en sorte qu'une poire vienne au point de perfection qu'on la souhaite; il n'est point de precaution qu'il ne mette en usage pour y réüssir: & pour un raisin on se contente de le voir gouverner par la plûpart des gens qui luy aident à venir, plûtôt par une ancienne routine de traiter la vigne, & dont ils sont imbus, que par une certitude qu'ils ont que ce qu'ils luy font, puisse l'obliger de produire de telle ou telle maniere les effets qu'ils en attendent.

Cela posé, & puisque nous sçavons d'experience que la vigne est d'une si grande utilité, j'invite ceux qui l'ont jusques-icy tant negligée, de vouloir s'appliquer davantage à en connoître le genie; afin que luy donnant tout ce qui luy convient, ils ayent le plaisir de la voir fructifier en abondance & donner des raisins d'une bonté achevée: & pour parvenir à cette science que bien des gens ignorent à fonds, je me flate que les preceptes que j'en vas donner leur en applaniront le chemin, pour peu qu'ils veuillent les suivre.

Il est donc question icy de faire venir la vigne depuis son origine, jusqu'à l'âge auquel elle peut naturellement aller; & pour cela je trouve qu'il y a cinq choses qui me portent là-dessus à des considerations tout-à-fait essentielles, & ces cinq choses sont la terre, l'exposition, la maniere de l'élever, la taille & la culture qui luy convient d'ailleurs.

CHAPITRE XXXIV.

Des Terres pour planter la vigne.

JE commence par les terres où l'on veut planter de la vigne, comme par la chose qui fait en ce cas, ainsi que dans tout autre plant, la premiere consideration.

Les terres, à les prendre en bon Vigneron, eu égard à toutes les petites parties qui les composent, sont des corps qui par le moyen de l'humidité & de la chaleur unies ensemble, deviennent propres à la production des vegetaux ; deux qualitez, chaud & humide, sans lesquelles ces terres deviendroient inutiles, & comme mortes.

Je sçay que je n'apprends rien de nouveau quand je dis qu'il y a plusieurs sortes de terres, la vûë nous le découvre tous les jours ; mais tout le monde ne sçait pas les bonnes ou les mauvaises qualitez qu'elles renferment chacune en particulier, ce qu'il est pourtant necessaire de sçavoir, lorsqu'il s'agit d'y planter de la vigne.

On me va d'abord dire, qu'il semble qu'en fait de terres je veux établir des loix, pour mettre les curieux d'avoir des vignes, dans l'embarras d'en pouvoir planter : non, & pour faire qu'on quitte cette fausse prevention, c'est que je dis d'abord, que je sçay qu'en tous climats, toutes les influences du Ciel ne sont pas également favorables pour faire qu'un raisin parvienne au degré de perfection qu'on demande de luy ; & qu'ainsi étant obligez de planter dans celuy que nôtre état, nos biens & nôtre famille permettent que nous habitions, il n'est question entre les terres que l'on a, que de choisir celles qu'on jugera les plus propres à la parfaite maturité d'un raisin, & dont le discernement sera facile à faire, lorsqu'on sçaura les instructions que je vas donner pour s'y connoître.

Ce que la vigne a davantageux, c'est qu'il n'est pas besoin comme à un Jardin, de se donner tant de peines de luy preparer des terres pour y être plantée ; car telles nous les trouvons propres à cela dans une Campagne, telles nous nous en servons sans beaucoup de mystere.

Je dis donc qu'il y a des terres de plusieurs especes ; sçavoir les terres sablonneuses, les terres grasses & les terres pierreuses.

Des Terres sablonneuses.

Sous les terres sablonneuses nous comprenons les sables steriles, tels que sont ceux qui sont dans les sablieres, sables propres seulement à écurer la vaisselle, & à rien autre chose. Nous entendons ces sables qui ayant un peu plus de corps & de substance, nourrissent mieux que les premiers les plants qu'on leur confie ; & tels sont ceux dans lesquels on seme le segle. Cette sorte de sable peut contenir de la vigne ; elle y croît assez, mais le raisin n'y acquiert jamais la douceur qui luy convient pour faire du bon vin : & outre ces deux sables cy-dessus, il y en a un autre d'un corps plus solide, fort substantiel, & d'un sel bien plus efficace ; & c'est dans celuy-là que la vigne vient bien, & que le raisin y meurit comme il faut, lorsque l'endroit est bien exposé.

Tous sables qui sont dans les fonds, & sur tout ceux qui sont trop humides, doivent être rejettez pour y planter de la vigne; d'autant qu'une vigne plantée en pareille situation, ne produit jamais que du vin à faire secoüer les oreilles, & à agacer les dents. Voilà donc déja des regles établies pour les sables ; passons aux terres des autres especes.

Des terres fortes & terres franches.

Il est des terres qu'on appelle terres fortes, ou terres franches, parce qu'elles sont rudes & difficiles à gouverner ; & ces deux especes de terres ne different entre elles que du plus ou du moins, étant toutes les deux d'un corps rempli d'une certaine onctuosité qui fait que les parties dont elles sont composées adherent les unes aux autres ; si bien que celles qui ont cette onctuosité mediocre, sont celles qu'on nomme terres fortes; au lieu que celles en qui cette qualité domine beaucoup plus, sont appellées terres franches.

Dans les terres de la premiere espece, la vigne s'y plaît beaucoup, y dure long-temps, & y est fort abondante. Tous ces avantages à la verité nous excitent à bon droit d'y en planter; mais je voudrois que telles terres fussent toûjours situées sur des côteaux & dans une bonne exposition ; car autrement étant naturellement froides & sujetes à trop d'humidité, le vin qui y croît est toûjours d'un tres-bas relief, quelques années chaudes qui puissent arriver.

Pour les terres franches, je dis absolument qu'en quelque climat qu'on puisse être, c'est abus d'y mettre de la vigne. On me dira qu'en tel endroit elle y croît belle, y jette de beau bois, y a toûjours la feüille bien verte, & y donne beaucoup de raisin : d'accord, mais de quelle qualité sont ces raisins dans leur maturité la plus parfaite ? Y a-t-il rien de plus insipide lorsqu'on en mange ? & le jus qui en sort par consequent peut-il jamais produire de bon vin ? Non, & c'est pourquoy je soûtiens qu'il n'y a que les entêtez d'avoir des vignes, qui puissent prendre la resolution d'en édifier dans des terres d'un pareil temperament; & j'en dis de même des terres d'argille, & de celles qui sont glaises, qui ne sont bonnes que pour les ouvrages à Potier.

Des terres fertiles.

Nous avons encore de certaines terres qu'on peut appeller terres fertiles, 'tant à cause de la bonne substance dont elles sont remplies en quantité, que de la profondeur qu'elles ont toûjours d'une même égalité de bonté. Heureux sont ceux qui en possedent beaucoup de cette nature : car telles terres qui ne sont pour l'ordinaire situées que dans des vallons, sont capables de mettre un homme à son aise, en y recueillant des moissons abondantes, mais non pas en y plantant des vignes. Il est vray qu'en peu de temps elles y parviennent à une croissance fort belle, & y donnent beaucoup de fruit : personne ne doute de cela ; mais c'est que jamais ce fruit parmi ces grands avantages, n'y acquiert une eau assez sucrée, ny d'un relief assez convenable à faire du bon vin ; & voicy les raisons pourquoy.

Quoy que ces terres en elles n'ayent que de tres-bonnes qualitez, que le froid ny l'humidité trop grande ne soient point les temperamens qui les dominent, qu'enfin les sels qu'elles renferment, ne possedent rien que d'avantageux pour la vegetation ; cependant l'experience nous fait voir tous les jours, qu'un raisin n'y vient point au degré de la perfection qu'on le demande : & pourquoy donc cela ? C'est que la seve s'employant dans des fonds de cette espece à faire beaucoup de bois, & à jetter quantité de feüilles, il ne se peut que le fruit n'en soit ombragé de telle maniere, que n'étant point frapé des rayons du soleil, la plûpart des raisins qui y sont, & qui s'ombragent encore eux-mêmes, n'y sçauroit contracter qu'une eau d'un goût mediocre. On peut objecter là-dessus, qu'en éfeüillant telles vignes, il est possible de rendre les raisins tels qu'on les souhaite. Non, car telle substance quelque bonne qu'elle puisse être, n'a pas les proprietez pour faire un bon raisin. Les sels des terres de cette nature sont neanmoins penetrans, me dira-t-on ; leur humeur est tout-à-fait bien-faisante. Je n'en disconviens pas, mais c'est qu'il faut qu'on sçache que telles terres si substantielles, quoy que tres-heureuses à la vegetation, ont toûjours un certain degré de trop d'humidité, qui ne convenant pas tout-à-fait à la nature du raisin, fait qu'il n'arrive pas à cette perfection qu'on recherche en luy ; ainsi donc qu'on laisse ces terres pour y faire croître du bled.

Des Terres pierreuses.

Voicy des terres d'un temperament un peu different de celles dont je viens de parler, n'ayant point tant d'humidité ny tant de subſtance qu'elles, & n'étant pas ſi ſujetes à être froides : les terres pierreuſes ſont auſſi de pluſieurs ſortes ; j'en ſçay dont les pierres ſont groſſes & noires, & qui ſont dans un fond rougeâtre ; telles terres ne rapportant pas beaucoup de bled, & profitant mieux en vignes, peuvent y être miſes, quoy que le vin qui en ſort ne ſoit pas des plus délicat ; mais bon vin des années pour des Communautez.

Je connois d'une autre eſpece de ces terres, dont les pierres ſont blanches, & plus petites que celles des precedentes, & dont le corps de la terre qui les contient eſt moins rouge auſſi : on y plante des vignes avec aſſez de ſuccés, & le vin qui en provient a déja plus de délicateſſe que celuy qu'on recueille des vignes ſituées dans les fonds dont je viens de parler cy-deſſus, ſurtout lorſque telles vignes ſont à une expoſition qui leur eſt avantageuſe.

Autre terre encore de pareille nature ſe preſente à mon idée ; elle eſt d'un fond jaunâtre, & d'un pierrotis plus petit que celuy des deux eſpeces de terres precedentes. Les vignes y ſont fort bien, & je conſeille d'y en planter : le vin y vient bon, quand elles ſont bien expoſées, & meilleur que dans celles cy-deſſus ; cette terre jaunâtre étant naturellement remplie d'une ſubſtance qui a un certain je ne ſçay quoy de mieux-faiſant à la vigne, que celle des autres ; ce qui luy provient, je crois, du mélange de ces petites pierres, qui étant ſeches de leur nature, & ſujetes à être échauffées du ſoleil, corrompent dans les terres où elles ſont, ce degré d'humidité qui nuit à faire manger un raiſin dans ſa perfection.

Mais que vas-je dire de celles-cy, dont les pierres ſont auſſi petites & fort blanches, & dont la terre qui les ſoûtient eſt d'une couleur jaunâtre & brune ? Qu'il ſeroit à ſouhaiter que dans tels fonds les vignes y duraſſent autant que dans les terres fortes ; car on peut dire, que quiconque a des vignes ſituées ainſi, eſt aſſuré toûjours de trouver Marchand de ſon vin, ou de le boire bon s'il ne le veut pas vendre. Le raiſin dans telles terres vient toûjours à ſa perfection ; car le ſel qu'il y amaſſe, & la ſubſtance qu'il y ſucce ont de ſi grandes diſpoſitions à le rendre bon, que quelque année froide qu'il puiſſe ſurvenir, le vin qu'il produit eſt toûjours

jours d'un goût admirable ; j'entens lorsque telles terres sont situées sur des côtes bien exposées au soleil. Telles sont celles d'où nous viennent ces bons vins de Beaune, de Chablis, de Tonnerre, d'Auxerre, de Collange & de Champagne.

Je sçay encore une autre sorte de terre dont les pierres ont la couleur de crayon. Le fond en est bon, & propre aussi à donner un raisin bien sucré en le mangeant; mais il a le défaut de produire du vin qui prend le goût de ce crayon, sur tout dans les années chaudes : cependant ce vin est fort vineux & tres-bon dans les années où les chaleurs ne se font sentir que mediocrement ; c'est pourquoy on n'hesite point de planter de la vigne dans de telles terres, lorsqu'elles sont bien exposées, & sur des côteaux.

Il me semble avoir jusqu'icy assez montré le choix qu'on doit faire des terres pour y planter de la vigne ; ce n'est pas que la nature ne soit bien étrange en ses caprices : car combien voit-on de terres dans une même situation, dans un même climat & dans une portion de mediocre étenduë, differer les unes des autres, par des veines de terre qui les rendent dissemblables, en telle sorte que là le vin est bon, & qu'icy tout auprés il ne l'est pas. Ce qui fait conclure que dans le discernement qu'il en faut faire, on ne doit pour s'y rendre sçavant, que se servir de ses yeux ; & aprés ces regles de terres établies, il est necessaire presentement de parler des expositions, qui avec le fond contribuent le plus à donner du bon vin.

CHAPITRE XXXV.

Des expositions propres à la Vigne.

IL ne suffit pas d'avoir trouvé des terres propres à planter des vignes, & dans une bonne situation ; il faut encore que ces vignes soient bien exposées : on ne sçauroit dire qu'une mi-côte bien exposée soit une situation bien avantageuse. Or pour ne point se tromper en ce cas, on sçaura qu'il y a regulierement quatre expositions, qui sont, le Levant, le Couchant, le Midy & le Nord.

On sçait assez en matiere d'Agriculture ce que signifie exposition, qui ne veut dire autre chose qu'un lieu regardé du soleil, ou des vents qui viennent de tels & tels côtez : il n'est donc pas besoin que je m'explique davantage là-dessus.

Je sçay qu'on peut dire qu'en quelque situation que soit une vigne, elle joüit presque de tous les aspects du soleil, & que par consequent elle est en état de profiter de toutes les exposition : cependant, l'experience nous fait voir tous les jours, qu'il y a des vignes plus favorablement exposées les unes que les autres ; & cela s'entend particulierement de celles qui sont sur des côteaux, dont les uns regardent le Midy, les autres le Nord, les autres sont éclairez du Soleil Levant, & les autres enfin du Couchant : car pour les vignes qui sont en plaine, où je ne conseille point d'en planter, la difference de ces expositions ne se fait guere sentir.

Sçachant donc ce que c'est qu'exposition, & combien il y en a, il n'est plus question que de sçavoir quelle est la plus favorable aux vignes.

Personne ne revoque en doute que celle du Midy ne soit la meilleure, & c'est à cette exposition que toute terre propre à la vigne produit du raisin d'un tres bon goût.

Le Levant approche de cette premiere exposition ; mais, à parler nettement, elle n'est pas si bonne, & le vin qu'on y recueille n'a pas tant de délicatesse.

Pour l'exposition du Couchant, je n'en fais gueres de cas pour les vignes ; & encore moins de celle du Nord, où le raisin, quelque bien cultivé qu'il puisse être, a peine à meurir : ainsi avant que de passer outre, qu'on ne s'avise donc point de planter des vignes à ces deux dernieres expositions, à moins que ce ne soit du plant de verjus ; car on n'en sçauroit esperer autre chose.

Ce n'est pas que ces deux expositions du Midy & du Levant fassent produire à des vignes plantées dans un terroir pierreux, du vin également bon dans un climat comme dans un autre. Abus : & lorsque j'entens de certaines gens vouloir persuader qu'aux environs de Paris, il y a de certains côteaux qui produisent du vin aussi délicat qu'en donnent les côtes de la Palote, les côtes Chaudes, la Chenete, les Pied-de-rats, & tant d'autres bons endroits situez aux environs d'Auxerre, il me semble que c'est vouloir dire que prix pour prix Aubervilliers vaille bien Paris : c'est pourquoy, on ne doit pas s'attendre par-tout d'avoir du vin d'une égale bonté ; devant sçavoir pour maxime, qu'il n'y a que les degrez du plus ou du moins de chaleur qui y contribuent le plus.

Ce n'est pas qu'il n'y ait des expositions qui quoy qu'elles ne regardent pas à plein le Midy ny le Levant, ne laissent pas que de donner du bon vin ; tels font les côteaux lesquels le soleil au point qu'il est le plus haut, ne frape que de travers, & ceux sur lesquels celuy du Couchant luit de même ; car qui voudroit reduire seulement ceux qui auront envie de planter des vignes à ces deux expositions avantageuses, passeroit pour un esprit qui établiroit des loix un peu trop austere, & par consequent peu raisonnables.

Enfin, lorsqu'on voudra planter des vignes, trois choses resultent de ce petit Chapitre des expositions ; la premiere, de rejetter comme mauvaises celles du Couchant & du Nord ; de faire cas de celle du Midy, & de ne point rebuter celles que le soleil du Midy, ou celuy de Levant regardera de travers en passant. Qu'on profite de ces avis.

CHAPITRE XXXVI.

De la maniere d'élever la Vigne, & premierement des Raisins qui conviennent le mieux à de certaines especes de terres qu'à d'autres, & de son plant.

APrés avoir vû ce que c'est que la vigne, avoir choisi la terre pour y planter, & observé l'exposition qui luy convient le mieux, il ne reste plus qu'à chercher du plant, qui puisse dans la suite nous donner la satisfaction que nous en attendons.

Du choix du plant.

Ainsi qu'en fait d'arbres pour avoir de bonnes poires, il y a en fait de plant de raisins du choix à faire, si l'on veut en retirer du vin qui soit excellent.

Tout raisin ne réüssit pas également bien dans toutes terres : icy le blanc avec un peu de noir fait merveilles ; & là beaucoup de noir & un peu de blanc opere la même chose. Ainsi du reste que nous allons expliquer plus amplement, par rapport à chaque terre, aprés avoir de ces raisins donné une liste, où ceux qui voudront planter de la vigne pourront choisir le raisin qui leur conviendra le mieux.

Avant de passer à cette liste, il est bon de combatre icy une certaine erreur qui s'est depuis long-temps glissée dans l'esprit de ceux qui sont poussez d'envie de planter des vignes ; & qui est qu'en quelque climat qu'ils puissent vivre, s'il en est d'autres qui à cause qu'ils sont plus prés qu'eux du Soleil de quelques degrez rapportent du vin bien plus exquis que le leur, ils s'imaginent que tirant de ces lieux le plant dont ils ont besoin, ils recueilliront des raisins dont ils exprimeront du vin aussi délicat que celuy qu'on boit aux contrées d'où ils les ont fait venir.

Il faut pour donner creance à cette erreur, être bien peu prevenu des principes de la philosophie naturelle en fait d'Agriculture, qui dit que tout plant contractant toûjours les bonnes ou les mauvaises qualitez de la terre où on l'a mis, se défait toûjours de la nature qui luy est propre, pour en reprendre une conforme à celle du terroir où il est planté, & dont il succe actuellement la substance.

Cela posé, que me diront ceux, qui malgré eux devant être persuadez de ce principe qui détruit leur fausse prevention, voudront faire des plants de vignes ? soutiendront-ils encore qu'ils ont raison : comme si c'étoit mediatement de ce bois que le raisin acquiert son point de perfection, & non de la seve qui le fait tout ce qu'il est. Mais sans s'embarrasser de discours purement sophiques pour combatre leur opinion, donnons-leur des exemples qui tombent plus sous leurs sens, afin que ne pouvant les contrarier, ils se défassent d'un abus qui leur est plus prejudiciable qu'avantageux, à cause de la dépense qu'ils font, en tirant des plans de vigne de fort loin, pour y trouver ce que la nature leur refuse dans leur païs.

N'est-il pas vray que dans les commencemens qu'on prit fantaisie aux environs de Paris de planter des vignes, on crut y établir un second Beaune pour les vins, un second Tonnerre, un second Chablis, un second Auxerre, & un second païs de Champagne ? & tous ceux à qui vint cette envie, ne se persuaderent-ils pas de bonne foy, qu'en tirant, comme ils firent, nombre infini de plant de ces lieux, ils en recueilliroient du vin d'une aussi grande delicatesse, & d'un relief aussi fin ? & pour tâcher d'y réüssir, croyant qu'il ne dépendoit plus que de sçavoir la culture ordinaire qu'on leur donnoit en ces païs pour faire que le raisin arrivât à la perfection qu'ils en attendoient, ne tirerent-ils pas de tous côtez des memoires instructifs sur la maniere de les gouverner ? & observant soigneusement de ne point manquer en aucune circonstance, ne les éleverent-ils pas suivant ces principes, jusqu'à ce que venant à leur donner du raisin, ils furent d'abord assez sots de publier par-tout, qu'ils avoient trouvé l'invention d'avoir fait venir du vin qui égaloit en bonté tous ceux dont ils avoient tiré leurs plans? & remplis qu'ils étoient de cette erreur grossiere, n'allerent-ils pas à Paris vanter leurs vins pour tels, & n'en faisoient-ils pas déja des destinations, chacun par rapport aux païs d'où leur venoit leur plant? L'un ne disoit-il pas que son vin ne pouvoit être bû qu'à la table du Roy? l'autre que Filte ou Forelle (*fameux Traiteurs*) n'en pouvoient choisir de meilleur que le sien, pour se mettre en reputation; & ainsi du reste: & se flatant d'une pareille reüssite dans leur entreprise, ces nouveaux amateurs de vignes attendoient de jour en jour qu'un des douze Marchands de vin suivans la Cour, alloient leur enlever leurs vins à leur mot; mais ces Messieurs, qu'un bruit si peu rempli de bon sens ne seduit pas si facilement, laissant de pareils vins pour le vulgaire, leur firent connoître en n'y allant pas, qu'ils s'abusoient bien lourdement.

Ainsi donc, pour venir à la proposition que nous avons avancé, & sur l'exemple que nous venons de rapporter, & sur tant d'autres de cette sorte que nous voyons tous les jours, n'est-il pas vray de dire que ce n'est pas du plant que dépend toute la bonté d'un raisin, mais bien du climat & du terroir où il est situé? c'est pourquoy tout pineau étant pineau en quelque contrée que ce soit, il n'importe d'où on le tire, puisqu'il ne rend par-tout son fruit que tel qu'il plaît à la nature de la terre où il est planté. Voyons donc presentement quelles sont les differentes especes de raisins, afin que par rapport aux terres dont nous venons de parler, nous puissions y planter ceux qui leur conviendront le mieux pour donner du vin excellent.

Liste des Raisins.

Raisin precoce, estimé seulement à cause de sa nouveauté, & bon à mettre seulement à quelque coin de jardin bien exposé.

Raisin meûnier, à cause qu'il a ses feüilles blanches & farineuses, est bon à faire du vin, & vient bien dans les sables legers & charge beaucoup.

Raisin Pineau noir, appellé de ce nom en Bourgogne, & à Orleans, Auverna & Morillon noir.

Aux environs de Paris, ce raisin est celuy qui fait le meilleur vin, & vient bien en toutes sortes de terre.

Raisin dit la Ciouta, propre seulement en ces climats à mettre en quelque endroit de jardin à quelque bonne exposition.

Raisin Chasselas blanc, ou muscadet, est tres-excellent à

manger & à secher : on en mêle quelquefois dans les vignes d'un terroir pierreux, à cause qu'ailleurs il a de la difficulté à meurir.

Raisin Chasselas noir, a les mêmes qualitez que le precedent.

Raisin Muscat blanc, tres-excellent à manger, & n'acquiert point en meurissant la perfection qui luy convient, s'il n'est planté en espalier contre un mur exposé au midy.

Raisin Muscat noir, moins estimé que le precedent ; mais pourtant bon raisin qui ne se met aussi que dans un jardin.

Raisin dit la Malvoisie ; il est rare en nos païs, & ceux qui en ont, ne luy donnent place que le long d'un mur bien exposé, autrement il ne fait chose qui vaille.

Raisin de Corinthe ; ce raisin est fort délicieux, demande aussi le mur, & veut être taillé long, à cause qu'il est sujet à couler.

Raisin sans pepin, autrement dit, Bar-sur-Aube, n'est bon aussi que dans un jardin, & est excellent à mettre au four.

Raisin Genetin, fort connu sous le nom de Muscat d'Orleans ; il est fort sujet à couler ; à cause de cela il veut être taillé long, & ne se plante que dans un jardin.

Raisin Beaunée, dit Servinien à Auxerre, est une espece de raisin qui tire sur le Goüais ; mais beaucoup meilleur, étant fort commun & fort estimé à Beaune.

Raisin Bourguignon, autrement appellé Tresseau, est un raisin noir, fort gros, qui charge beaucoup, & qui est meilleur à faire du vin qu'à manger.

Raisin Damas, fort excellent raisin, sujet à couler, & qu'il faut à cause de cela tailler long, & mettre à une bonne exposition contre un mur.

Raisin d'Abricot, gros raisin, & fort estimé dans un jardin.

Raisin Melié blanc, bon à faire du vin, chargeant beaucoup, & étant d'un bon suc ; on en seche au four qui est tres-excelent.

Raisin Melié noir, n'est pas si bon que le blanc.

Raisin Melié vert, est un raisin qui charge beaucoup, & dont le vin ne devient jamais jaune.

Raisin Gamet noir & blanc, est une espece de raisin qui fait du vin de peu de saveur.

Raisin Goüais, ne vaut pas mieux que le Gamet pour faire du vin, & est meilleur en verjus.

Raisin Sanmoireau, autrement dit aux environs d'Auxerre, Quille de Coq, est un raisin d'un noir violet qui a le grain long, ferme & peu pressé.

Raisin Frementeau, fort connu en Champagne.

Raisin de Roche-blanche noir, est un raisin qui charge beaucoup, dont la grappe est grosse

& longue, & son grain menu, fort serré, & a peine à meurir.

Raisin Bourdelas, appellé en Bourgogne Grey, & Gregeoir en Picardie, est une espece de raisin dont la grappe est extrêmement grosse, & le grain de même. Les curieux pour avoir des raisins rares, en greffent sur cette vigne qui les empêche de couler: inconvenient auquel les raisins de Corinthe & les Muscats sont beaucoup sujets.

Raisin Rognon de Coq, autrement dit Farineau, est un raisin propre à faire du verjus.

Raisin noir, aussi appellé raisin d'Orleans, est un raisin dont le grain est serré, teint fort noir, qui a le suc fort plat, & qui ne sert qu'à couvrir du vin.

Aprés cette liste de raisins décrite, il n'est plus question que de voir quels sont ceux qui reüssissent le mieux dans de certaines especes de terres.

Des Raisins propres à de certaines especes de terres, plus qu'à d'autres.

Si nos Peres ont donné à de certaines especes de terres, des raisins qu'ils ont jugé, pour avoir du bon vin, y devoir mieux reüssir que dans d'autres, il ne faut pas s'imaginer que ce soit sans raison: car en vain en cette partie de l'Agriculture voudrions-nous nous prevaloir d'être les premiers, qui sur une simple maniere d'agir que nous aurions trouvé bonne, auroient dit pourquoy certains raisins deviendroient dans de certains fonds, meilleurs qu'ils ne sont pas en d'autres. Oüy ces mêmes Peres en sçavoient trop bien la cause, & ils ne nous en ont que trop laissé la connoissance. Mais la plûpart des hommes ne s'abandonnant ordinairement qu'à la matiere, sur tout lorsqu'elle les interesse en quelque chose, pour oublier cet esprit qui aprés l'avoir approfondie, donne des raisons de ses modifications en tels & tels cas, ne se sont plus mis en peine dans la suite de s'attacher à ce fondement, contents qu'ils ont été jusques-icy de pratiquer une chose qui leur a bien reüssi, plûtôt par une espece de routine qu'ils s'en sont fait, que par une connoissance interne de son principe, qui est la cause premiere pour laquelle cette chose agit de telle ou telle maniere.

Combien aussi voit-on de gens d'Agriculture, qui ne s'attachant qu'à l'écorce, laissent le bois qui est le sujet principal sur lequel ils ont seulement droit de fonder leurs esperances. Ce n'est pas que tout le monde generalement soit à blâmer en cela; on peut dire que s'il y en a qui tiennent cette connoissance comme indifferente; on en trouve aussi qui avec toute la passion imaginable cherchent les moyens d'en être instruits. C'est donc pour ces derniers que je vas écrire; les premiers n'étant dignes que de vivre éternellement dans leur ignorance.

Lors donc qu'on se forme le dessein de planter de la vigne dans les terres dont j'ay parlé cy-dessus, on observera que si c'est en terre forte, il ne faut faire provision que de plant de raisins Morillons, autrement dit Pineaux blancs & noirs, mais plus de ceux-cy que de ceux-là, & de celuy de Tresseau, autrement appellez raisins Bourguignons: en agir ainsi, c'est en agir avec cause; car les terres fortes étant d'une nature froide, & par consequent incapables de presser la maturité d'un fruit, on leur destine lles pineaux, comme étant de tous les raisins, ceux qui meurissent le plus facilement.

Ce n'est pas à dire pour cela que dans telles terres un Pineau monte au haut point de perfection, quelque année de chaleur qui puisse arriver. Il est vray qu'il devient meilleur & plus sucré que dans d'autres qui le sont moins; mais avec tous les secours qu'on luy peut donner, & quelque fort avant qu'il puisse joüir de l'aspect du Soleil, il luy manque toûjours ce certain je ne sçay quoy, qui est essentiel pour faire un raisin dans l'état de donner du vin délicat; soit qu'en succant la substance de la terre où il est, son eau retienne quelque chose de cette humidité qui est naturelle à cette terre & qui émousse les esprits du vin ; soit que malgré toute la chaleur qu'il puisse faire, la seve en montant d'un lieu d'un temperament froid dans le raisin, ne trouve point assez de cette chaleur pour s'y rarefier.

Voilà la raison pourquoy on ne doit point mettre dans les terres fortes, d'autres raisins que les Pineaux, qui étant plus disposez que les autres à meurir promtement, y produisent du vin qu'on appelle, vin de l'arriere saison.

On me dira d'où vient que parmi ces Pineaux, j'admets les Tresseaux, eux qui sont d'une nature à ne meurir qu'à peine. Je répondray à cela, que nos Peres (dont j'ay parlé) ayant jugé d'experience que les Pineaux dans telles terres ne pouvant pas d'eux-mêmes faire un vin qui eût assez de corps, au défaut dequoy il est sujet de tomber, ont crû necessaire d'y joindre de ces Tresseaux, qui quoy qu'ils soient d'une maturité fort lente, ne manquent pas, par leur liqueur qui est plus substantielle que celles des Pineaux, de rendre ce vin non pas plus rempli d'esprits, mais plus

materiel

materiel, qui est l'état où il faut qu'il soit sortant des terres fortes pour arriver à une bonne fin.

Est-ce dans des sables qu'on a envie de faire un plant de vigne, j'entens de ces sortes de sables que j'ay marqué? il faut pour lors se comporter de la maniere que je vas dire.

Premierement, on observera si c'est en de gros sables, ou bien en des sables legers : ce n'est pas que dans l'un & dans l'autre les Pineaux, & sur tout les blancs, n'y doivent point être oubliez; mais c'est que dans ceux-cy, le raisin Meunier reüssit tres-bien, & les Meliez, autrement dit melons, de trois sortes; sçavoir, blancs, noirs & verts viennent fort heureusement dans celuy-là.

Ces sables, quoyque naturellement plus chauds que les terres fortes, cependant ne donnent pas de si bon vin (je suppose que ces terres fortes soient telles que celles que j'ay dit de choisir, & qu'elles soient en une bonne exposition) & je crois que la raison de cela est, qu'une grande substance avec les chaleurs, contribuë beaucoup plus à la bonté d'un raisin, que beaucoup de chaleur avec une substance mediocre. C'est ce que l'experience nous découvre tous les jours à l'égard des sables, dont les sels n'ayant rien que de tres-commun en eux, ne rendent des raisins que d'une eau fade, & non point si sucrée que celle des raisins des terres fortes.

Avec ces Pineaux on met donc les Meliez, comme j'ay dit ; le blanc est un bon raisin, qui charge beaucoup; le noir n'est pas si bon : & le vin est fort estimé en un païs qu'on nomme la Vallée d'Aillans, à cause qu'il charge beaucoup & que le vin n'en devient jamais jaune. Ces sortes de raisins viennent excellens (autant qu'ils le peuvent) dans ces sables, qui étant beaucoup plus chauds que substantiels, conviennent à la nature des Meliez, qui demandent pour meurir plus de chaleur que de substance.

On sera averti de mettre toûjours dans ces sortes de sables plus des deux tiers de raisins blancs, afin qu'à cause que naturellement toute espece de raisin n'y acquiert qu'un relief tres-mediocre, ces blancs étant toûjours ceux qui donnent du vin le plus rempli d'esprits, puissent par cette qualité dédommager en quelque façon ceux qui font la dépense de les planter; la coûtume des païs où sont situez ces sortes de sables, étant toûjours de faire le vin blanc separément d'avec le noir.

Et si l'on veut sçavoir la raison pourquoy j'ay dit que dans les terres fortes il falloit observer de mettre plus de raisins noirs que de blancs, au lieu que dans les sables j'avertis d'en planter plus de blancs que de noirs; c'est premierement qu'étant besoin avec la chaleur, d'un sel succulent pour meurir le raisin noir (ce qui ne se rencontre pas dans les sables) on juge à propos que ce noir soit en plus grand nombre que le blanc dans ces terres fortes ; au contraire, le blanc étant d'une nature plus spiritueuse que non pas le noir, & ne demandant à cause de cela pour parvenir à une juste maturité, qu'une substance mediocre & dégagée de toute humidité, avec beaucoup de chaleur, on conclut de là que les sables étant à peu prés de ce temperament, on ne sçauroit plus avantageusement faire, qu'en y mettant plus de raisins blancs que de noirs.

Pour le Tresseau, je conseille en quantité raisonnable qu'il ait sa place dans les sables ; ce n'est pas qu'il y vienne jamais bon, mais c'est afin que les autres raisins qui n'y acquierent qu'une eau mediocrement sucrée, puissent avec luy donner du vin qui ait du corps, par les raisons que j'ay dites cy-dessus.

A l'égard des terres pierreuses ; il faut traiter de même que les fortes terres, celles qui ont les pierres noirâtres & grosses, & dont le fond est rougeâtre & un peu humide.

Celles qui ont aussi des pierres, mais plus petites, & qui sont blanches, & dont la terre est moins rouge, étant regardées plus favorablement que les precedentes, outre les pineaux blancs & noirs, & les tresseaux en petit nombre, on y plante encore d'un certain raisin qu'on appelle Beaunée, autrement dit à Auxerre Servinien ; toutes ces especes de raisins commencent à réüssir assez bien dans ces sortes de terres pierreuses, par le moyen d'un temperament assez substantiel qu'elles y trouvent, joint à une humidité qui n'a rien de préjudiciable, & à une chaleur que luy communiquent ces pierres, & par le secours de laquelle ces raisins deviennent assez sucrez.

L'autre espece de terre pierreuse, dont le fond est jaunâtre, & le pierrotis beaucoup plus petit, reçoit avec plus de succés les raisins que nous avons dit qui convenoient à l'espece precedente, & là ces raisins s'y perfectionnent, de telle maniere que le vin qu'ils rendent a toûjours quelque chose qui éclate beaucoup lorsqu'on le boit. On peut encore dans ces sortes de terres planter quelques seps de muscats & de chasselas ; ils y viennent à une maturité assez nette pour être gardez & servis ensuite sur la table.

Voicy enfin la derniere terre pierreuse, qui est la meilleure de toutes, & qui rend le plus délicat & le plus delicieux vin. Dans telles terres on y plante les pineaux noirs & blancs, mais beaucoup plus de blancs que de noirs ; dans celles d'où l'on veut tirer du vin gris, force Serviniens, quelques muscats & chasselas par-cy par-là, & point de tresseaux.

Dans celles de cette nature qu'on destine pour avoir des vins rouges, tels que sont ceux de Collange & des environs ; il faut planter plus de pineaux noirs que de blancs, quelques serviniens, & un peu de tresseaux, qui avec les autres qualitez au suprême degré que les raisins acquierent dans ces terres, font un vin qui porte de loin, & d'un corps tout-à-fait moëleux ; enfin un vin qui étant bû dans son temps, fait les délices des tables des premiers de la Cour.

Du choix qu'on doit faire du plant de Vigne.

Ce choix que je dis qu'il faut faire, ne regarde plus icy l'espece du raisin ; mais seulement la maniere comme doit être ce plant par rapport au bois.

La vigne se perpetüe de plant enraciné, qu'on appelle plant chevelu en des endroits, & chevelées en Bourgogne ; ou de boutures, autrement dites crossettes aux environs de Paris, & Chapons aux environs d'Auxerre. Je ne sçay pour lequel de ces mots, je voudrois voulontiers être : crossettes, me dira-t-on, sont dites ainsi, à cause de leur figure qui approche de la Crosse d'un Evêque ; il est vray : Mais chapons tout de même sont appellez de ce nom, à cause aussi que l'endroit du vieux bois où ils sont coupez, & dont l'entaille est faite en talus, formé comme un cul de chapon. Cela étant, auquel de ces deux mots donner la preseance ? pour moy je crois qu'il les faut laisser avoir leur regne tels qu'ils l'ont toûjours eu, ne pouvant pas être maître d'une décision telle que celle-là, puisque l'usage (comme a dit un sçavant homme) prevaut toûjours en matiere de langage, & qu'il suffit que crossette, & chapons, soient également de bon mots François.

Pour ne point être trompé en fait de plant de vigne, quant à l'espece, il seroit, pour ainsi dire, necessaire qu'on se connût parfaitement bien au bois qui luy est naturel. Mais telle connoissance n'étant presque jusques-icy venüe qu'aux personnes qui sont actuellement versées dans le métier, on doit s'en rapporter à des gens que nous croyons qui nous seront fideles ; mais quant à la maniere d'être du bois, c'est autre chose ; & voicy les observations qu'on y peut faire.

Si c'est du plant enraciné, autrement dit chevelu, ce sera afsez qu'on luy voye de ce chevelu bien conditionné, & en suffisante quantité; car on peut juger de là qu'il a toutes les dispositions à bien faire, pourvû que dans la suite on luy donne la culture & la terre qui luy soient propres.

A l'égard des crossettes, ou chapons, il y a plus de precautions à prendre: car ou ils seront plûtôt en état à donner du fruit; ce qui les fait connoître pour tels, lorsqu'étant coupez sur le jet de l'année precedente, ils ont à l'extremité d'en-bas du bois de deux seves, soit que celuy de la premiere y paroisse attaché en forme de crossettes, soit en forme de cul de chapon: ou bien ce même plant aura, si vous voulez, des dispositions à prendre racines, mais le succés en est douteux; ce qui se remarque dans celuy qui ayant été pris dans le bas d'un sep, a les yeux fort éloignez l'un de l'autre, & l'extremité d'en-bas de pareil bois à celuy dont est tout le reste du corps du chapon. Et de plus, c'est que tel chapon pris au pied d'un sep, ne sçauroit donner que de long-temps du fruit, à cause qu'il sort d'un lieu où la seve n'a pû en cette situation luy donner des dispositions à fructifier si-tôt que s'il avoit été placé sur la tête de ce sep.

Il faut observer sur-tout dans ce choix, que le plant de vigne soit bien aousté, ou coudré, comme on dit en Bourgogne; autrement ce bois auquel manqueroient toutes les conditions requises pour la vegetation, de quelque bonne situation qu'il pût sortir de dessus son sep, seroit dans l'impuissance de pouvoir produire aucun bon effet.

Tous chapons ou crossettes qui n'auront point l'écorce unie & luisante, & dont le bois, en y faisant une entaille, ne paroîtra point d'un verd clair, mais au contraire d'un verd brun; toutes ces sortes de chapons, dis-je, seront rebutez comme plant de nulle valeur.

Observation.

Voicy une observation qu'il est bon de faire, & qui regarde les chevelées & les chapons. Il est vray que la vigne se multiplie par l'un ou l'autre de ces deux sujets; mais il faut distinguer. Car qui indifferemment les iroit mettre dans toutes sortes de terres, pourroit bien reüssir dans les unes, tandis qu'il ne feroit chose qui vaille dans les autres. C'est pourquoy on sçaura qu'à l'égard des chapons, ils viennent bien dans tous climats; & dans des terres de quelque nature qu'elles puissent être. Mais je n'en dis pas la même chose à l'égard des chevelées, puisque l'experience nous fait voir tous les jours qu'elles ne sont propres à faire de nouveaux plants de vignes que dans des terres qui sont ou d'un temperament froid & humide, ou situées dans des climats fort temperez, tels que sont ceux de Paris, de Normandie & de Picardie, où cette sorte de plant reüssit en quelque façon. Mais quant aux païs où l'air est plus chaud, à moins que les terres ne soient telles que je viens de le dire, je declare que c'est presque toûjours peine perduë & de l'argent dépensé inutilement: & la raison de cela en est assez plausible, d'autant que ces chevelées qui ont encore leurs racines extrêmement tendres, ne pouvant voir l'air sans être susceptibles d'alteration, il est impossible qu'étant plantées dans des fonds où elles ne rencontrent pas un temperament qui leur conviennent, (qui est cette humidité & cette grande fraîcheur dont j'ay parlé) mais au contraire, un certain degré de secheresse qui les empêche d'agir ; il est, dis-je, impossible que ces chevelées viennent heureusement dans ces sortes de terres, où l'on voit que si elles y reprennent, ce n'est qu'en des endroits fort éloignez les uns des autres, & encore que la plûpart de celles qui sont reprises n'y croissent que fort lentement.

CHAPITRE XXXVII.

Des Noms differens de la Vigne; du temps & de la maniere de la planter, par rapport à chaque difference.

LEs terres propres à planter la vigne étant suffisamment enseignées, les expositions observées exactement, les especes de raisin prises convenables à la nature de chaque terroir où on les veut mettre, & le plant choisi, il ne reste plus qu'à sçavoir le planter dans les regles de la vignerie.

Il faut avant que d'en venir à cette operation, user de la precaution de mettre pendant huit jours tremper les chapons dans l'eau par l'extremité d'en bas ; & tandis qu'ils s'humectent ainsi, & que leurs fibres se dilatent & prennent dans cette eau des dispositions à recevoir la substance qui les attend dans les fonds qui doivent les contenir, on prepar d'ailleurs tous les instrumens dont il est besoin pour réüssir à les planter.

On distingue la vigne en trois differentes manieres, sçavoir en haute, moyenne & basse.

La haute est celle qui croît en païs chauds, comme en Languedoc, en Provence & en Piedmont, où les vignes n'ont pour échalas que les arbres sur lesquels elles montent ; & en France nous comprenons aussi sous le nom de vignes hautes celles que nous élevons en espalier dans nos jardins, ou dont nous formons des cabinets qu'on appelle treilles en bon François.

La vigne moyenne est celle qui se cultive à Auxerre & aux environs ; on peut dire que celle-là a plus d'obligation à son Maître que non-pas les autres, & que pour cela elle n'en n'est pas plus abondante : l'ordre qu'on y tient en la plantant est tout-à-fait agreable, & encore davantage lors qu'elle est dressée comme il faut, & que son fruit y paroît ; on tombera d'accord de cette verité lorsque je traiteray de la methode de l'élever.

Et enfin la vigne basse est cette maniere de vigne qu'on plante aux environs de Paris, à Beaune, à Tonnerre, à Chablis, &c. elle ne s'éleve pas comme les precedentes, car son fort est de ramper presque toûjours, quoyqu'elle ne laisse pas en bien des Païs de produire de tres-bon vin dans de certaines années, & en abondance.

Du temps de planter la Vigne.

Avant que de venir à la maniere de planter ces trois differentes sortes de vigne, chacune par rapport à leur figure, je crois qu'il est à propos de marquer le temps auquel on le doit faire ; & les Anciens jusques-icy ont fort judicieusement remarqué, dans les terres qui ne sont point trop humides, qu'on pouvoit commencer un pareil ouvrage depuis la fin d'Octobre jusqu'au mois de May, c'est-à-dire depuis que les vignes quittent leurs feüilles, jusqu'à ce qu'elles ayent commencé d'en pousser de nouvelles ; & dans les terres remplies de trop d'humidité, d'attendre que l'Hyver soit passé, à cause que les plants mis de trop bonne heure dans les fonds de ce temperament, sont fort sujets d'y pourrir.

Pour le temps, il n'importe quel qu'il soit, pourvû qu'il ne gele point trop fort : la terre est toûjours propre à recevoir les chapons ou les chevelées qu'on luy destine, cette terre s'ameublissant toûjours assez pour empêcher que le bois de ce plant ou les racines ne s'éventent, & pour l'obliger d'en jetter de nouvelles.

De la Vigne haute.

Pour ne point pervertir l'ordre que j'ay commencé de tenir, je parleray dabord de la vigne haute, & diray que son plant est ordinairement les raisins muscats de plusieurs espèces, la Ciouta, le

Corinthe, le Damas & le Bourdelas appellé Grey en Bourgogne: elle se plante ou pour en faire des cabinets, ou pour en composer un espalier, ou pour en dresser un plant entier, comme cela se pratique aux Païs chauds.

Dans les deux premiers cas, la vigne haute vient ou de crossettes, ou de chevelées ; & dans le troisiéme les crossettes reussissent mieux.

Les crossettes ou chevelées qu'on destine pour former des cabinets ou des palissades, sont mises en terre dans des rayons d'un pied & demy de large, & autant de profondeur, & de pareille distance l'une à l'autre ; & lorsqu'il s'agit d'en dresser des pieces de vignes entieres, outre les observations cy-dessus, planter en guise d'allées ces crossettes sur des alignemens tirez au cordeau, & espacez l'un de l'autre de six pieds.

De la Vigne moyenne.

Cette vigne que j'ay dit avoir beaucoup plus que les basses d'obligation à son Maître, se dresse de crossettes & de chevelées, suivant que le cas le demande ; je me suis expliqué là-dessus dans l'observation que j'ay faite touchant les lieux où les unes & les autres réussissent le mieux, voyez la page 284. pour ne point icy m'obliger à une redite inutile.

Le plant étant tout amassé, & n'étant plus question que de le mettre en terre, un Vigneron prend une pioche ou un autre instrument, avec lequel le long d'un cordeau qui est tendu tout du long ou du large de la piece de terre qu'il veut mettre en vigne, il fait une raye d'un bout à l'autre, puis une autre, puis encore une autre, en continuant ainsi jusqu'à ce que la terre soit ainsi toute tracée.

Ces rayes pour bien faire, doivent avoir entr'elles plus de deux pieds & demy de distance dans les fortes terres, crainte que la vigne qui y jette pour l'ordinaire plus de bois que dans les autres, n'empêche que son fruit ne jouïsse des rayons du Soleil, sans l'aide duquel il ne meurit que tres-imparfaitement : pour dans les terres legeres, il suffit de deux pieds & quelques poûces de largeur entre les unes & les autres de ces rayes.

Cela fait, le Vigneron creuse un rayon d'un pied & demi de large en quarré, & autant en profondeur, & dont le côté droit a pour borne à droite ligne la moitié de la raye le long de laquelle on le creuse, l'autre étant emportée par la pioche, ou autre instrument qui a servi à faire ce rayon.

Le tout ainsi dressé, on prend deux chevelées ou deux chapons, qu'on pose en biaisant, l'un à un des coins du rayon & qu'on adosse sur la raye, & l'autre à l'autre, avec la même precaution; puis recouvrant aussi-tôt ces chapons ou ces chevelées, on abat dans ce rayon la superficie de la terre, comme la meilleure & la plus remplie de sel; & ce rayon n'est pas plûtôt rempli, qu'on en recommence un autre de la même maniere que je l'ay enseigné; & l'on continuë ainsi jusqu'à la fin, en observant soigneusement que ces rayons soient éloignez l'un de l'autre d'un pied & demy; & cette maniere de planter s'appelle dans l'Auxerrois, planter à l'augelot : ce mot n'est pas si étrange qu'on pourroit bien s'imaginer, puisque ces rayons qu'on fait pour y mettre e plant, ont la figure d'une auge.

On plante encore la vigne d'une autre façon, qu'on appelle planter au pas; & voicy comme on la pratique.

Le Vigneron considerant toûjours son alignement comme une chose qu'il ne doit point perdre d'idée ny de vûë, & qui luy doit servir de regle dans son ouvrage, & creusant grossierement un trou de la profondeur environ d'un pied & demy, qui se termine volontiers en retressissant dans le fond, & dont l'entaille du côté & le long de la raye est un peu artistement taillé; ce Vigneron, dis-je, aprés avoir fait ce trou, prend un chapon qu'il met dedans en biaisant comme dans le rayon, puis mettant le pied dessus, il tire aussi de la superficie de la terre pour le remplir; aprés quoy il porte devant le pied qu'il avoit derriere, puis creusant un autre trou comme je viens de dire, il y plante encore un chapon de la même maniere que cy dessus; ainsi du reste jusques à la fin : & ces pas sans se gêner que le Vigneron fait, font la distance que les trous doivent avoir entr'eux.

Autre maniere encore de planter de la vigne sur des alignemens; & on employe pour cela un instrument de fer dont se servent les Paveurs pour arracher les pavez, & qu'on appelle en Bourgogne levier, à Paris pince, & taravelle en d'autres endroits; & pour y reussir on prend ces instrumens qu'on éleve à force de bras & qu'on fiche rudement dans terre à plusieurs fois dans le même trou, jusqu'à ce qu'on juge qu'il soit assez profond pour y inserer le chapon, cette profondeur devant être pour l'ordinaire d'un pied & demy; ce trou fait, on y met le chapon qu'on recouvre de terre : & pareils trous doivent être aussi espacez l'un de l'autre d'un pied & demy, & les crossettes sortir à deux yeux au-dessus de la terre.

OBSER-

Observation.

Il faut obferver que cette derniere maniere de planter ne convient qu'aux meilleures terres pierreufes, qui n'étant pas d'elles-même d'un corps bien folide, fe détachent toûjours affez pour garnir le pied de la croffette ou du chapon, afin de l'obliger de pouffer des racines; au lieu que dans les terres fortes, ou celles qui approchent de ce temperament, tel levier en faifant fon trou feroit dangereux de former dans la circonference du dedans de ce trou une efpece de couroy, qui fe tenant toûjours ferme, fur tout dans le plus profond de ce trou, où la pioche ne penetre point, laifferoit un vuide entre les pieds de ces chapons & luy; ce qui les empêcheroit d'operer un même effet que dans les terres pierreufes: & c'eft la raifon pour laquelle auffi on n'a point jugé à propos de fe fervir de cette maniere de planter dans celles qui font fortes.

Du Plant chevelu.

Ce n'eft pas affez de dire que la vigne fe multiplie de plant chevelu, autrement de chevelées; il eft impoffible d'en employer fi l'on n'en a point: & on ne peut en avoir qu'on n'en fçache élever. C'eft donc une chofe qu'il eft neceffaire abfolument d'enfeigner.

Lorfqu'on veut faire venir des chevelées, il faut d'abord choifir un endroit tant fpacieux qu'on le fouhaitera, dont la terre foit bonne & bien preparée. Cela fait, on amaffe des croffettes ou des chapons en fuffifante quantité pour garnir le morceau de terre qu'on deftine pour les mettre; je fuppofe que ces croffettes foient telles que j'ay dit cy-deffus qu'il falloit qu'elles fuffent.

Les chofes étant déja en cet état, il ne faut pas oublier de mettre ces croffettes trois ou quatre jours tremper dans l'eau, (j'ay dit la raifon pourquoy, je ne la repeteray pas icy;) & tandis que cette humectation fe fait, pour ne point perdre de temps, on creufe fur la terre preparée, des rigoles tirées au cordeau, profondes d'un demy pied feulement, larges d'un, & éloignées les unes des autres d'un pied & demy.

Si-tôt que ce travail eft achevé, on pofe les croffettes dans le fond de ces rigoles, à trois doigts l'une de l'autre & en biaifant; puis on les recouvre doucement de terre, faifant en forte qu'elles foient bien garnies en pied pour y prendre plûtôt racine.

Si je dis qu'il ne faut creufer ces rigoles que d'un demy pied, j'en ay ma raifon; & la voicy. C'eft que, ne mettant ce plant en tel endroit qu'à intention de l'en ôter pour le replanter ailleurs lorsqu'il sera enraciné ; je juge, que la superficie de la terre étant toûjours la partie qui est la plus remplie de sels, & qu'en ayant besoin de beaucoup pour faire operer à mon plant, ce que je luy demande en peu de temps ; je juge, dis-je, que ne pouvant les chercher qu'où ils sont, je ne sçaurois mieux faire qu'en approchant le plus prés qu'il m'est possible ce plant de cette superficie, où mis comme je viens de dire, il ne manque point de produire l'effet que j'en attend, par le moyen des influences du ciel, qui le penetrent incontinent qu'elles tombent, & des labours qu'il luy faut donner legerement, du moins six fois par an, observant que ces crossettes ressortent de la hauteur de trois doigts : & deux ans aprés que ces chapons ont été plantez & cultivez de cette sorte, on peut s'en servir pour en faire des plans de vigne.

De la Vigne basse.

La maniere de planter la vigne-basse, ne differe de celle de la vigne moyenne qu'en deux choses : la premiere, qu'elle ne se plante point au levier ou à la taravelle, comme on voudra dire ; mais seulement en fosses ou rayons, creusez de la même maniere que les precedens : & la seconde, que n'étant que de pur caprice, elle ne demande point d'alignemens faits au cordeau pour y creuser ces rayons par rangs, afin d'y poser les crossettes d'égale distance l'une à l'autre, & adossées de ces alignemens ; il suffit, encore un coup, qu'en ouvrant ces rayons tout à travers champ, les vignerons jugent de l'œil, qu'ils peuvent être éloignez les uns des autres d'un pied & demi, & de même profondeur ; une routine inveterée leur servant en cet ouvrage d'un tel guide, qu'il s'en faut peu que leurs plants n'ayent entre eux l'éloignement égal qui leur convient ; & à la propreté prés de celle que tiennent les Vignerons d'Auxerre à planter leurs vignes, ceux-là se contentent de leur travail, lorsqu'ils voyent qu'il leur est aussi profitable que l'ouvrage de ceux-cy.

CHAPITRE XXXVIII.

Du Travail qu'il faut faire aux Vignes, jusqu'à leur quatriéme année.

C'Eſt peu que d'avoir planté de la vigne, ſi l'on ne ſçait la methode de la gouverner dans la ſuite; car la vigne, quoyque ruſtique, a ſes infirmitez naturelles dans leſquelles elle ne manque point de tomber lorſqu'on la neglige.

Travail de la premiere année.

Le premier ſoin qu'il luy faut donner, c'eſt aprés qu'elle eſt plantée, de luy rogner ſon plant par le haut à deux yeux, ou deux bourgeons ſeulement au-deſſus de terre. Cela ſuffit pour luy laiſſer jetter ſon premier bois, & encore ne luy en laiſſeroit-on volontiers qu'un, ſi l'on ne craignoit que quelque inconvenient venant à le détruire, elle n'eût plus d'autre reſſource pour donner des marques de ſa repriſe; & cela fait, on luy donne un premier labour, qu'on appelle rompre la vigne, ce qu'on ſoigne de pratiquer ſi-tôt que le chapon eſt en terre, ſoit devant l'Hyver, ſoit aprés : & ſi c'eſt avant l'Hyver, le plant n'en reprendra que mieux, à cauſe que la terre, qui toûjours par le moyen des gelées, s'ameublit pour ainſi dire d'elle-même, ſe détache petit-à-petit, & coule aux environs du plant qu'elle contient, & luy fait ainſi prendre des diſpoſitions de pouſſer bien tôt des racines, & de donner au-dehors des indices de ſa vegetation.

La premiere année que la vigne eſt plantée, elle ne demande que de frequents labours : on ne les limite point; car le plus qu'on luy en peut donner, c'eſt toûjours le meilleur. Mais comme il eſt des temps plus propres les uns que les autres pour le faire, je trouve qu'il eſt à propos que je m'explique ſur ce qu'on ſçait d'experience là-deſſus; afin que croyant bien faire en faiſant mal, on ne ſoit point fruſtré dans ſon attente.

On ne doute point que les deux qualitez qui concourent le plus à la vegetation, ne ſoient le chaud & l'humide, & que l'une ſans le ſecours de l'autre, eſt dans l'impuiſſance de faire aucune operation : c'eſt pourquoy le plant de vigne nouvellement mis en terre n'ayant beſoin pour agir que de ces deux temperament, on doit chercher les moyens de les luy procurer.

Quelques-uns pourront peut-être dire qu'il est inutile de vouloir nous flater de luy procurer une chose qu'il trouve de luy même dans la terre : d'acord ; mais peut-on raisonnablement se persuader que ces qualitez doivent également subsister dans leur vertu, sans que d'ailleurs on y contribüe ? & ne sçait-on pas que ce chaud & cet humide n'operent que plus ou moins que les sels de la terre qui les contient, sont bons ou mauvais ?

Tout sel de la terre est bon ou naturellement, ou seulement par le secours des sels étrangers qu'on y apporte ; si cette bonté luy vient de la nature du fond où il est situé, à la bonne heure ; & s'il ne tient son efficace que des engrais dont on doit être soigneux de l'entretenir, ce n'est qu'un peu plus de peine que nous devons prendre à luy conserver sa vertu.

Ce n'est pas qu'il faille s'imaginer que celuy qui est bon naturellement puisse toûjours se conserver tel, sans qu'il ait besoin d'aucun secours. Car ou ce sel s'épuise à force d'agir, ou il demeure dans la l'inaction, faute que ses parties trouvent des passages assez libres pour se porter jusqu'à la plante que la nature leur commet.

Dans le premier cas, où les sels se consument à force de travail, l'amendement est un secours facile pour les reparer ; mais dans le second, où ces sels sont en abondance, & n'operent rien à cause de leurs parties subtiles qui n'ont pas la liberté d'agir, il n'y a que les labours qui les puissent obliger de faire leur devoir, & sans les labours tout plant perit, sur-tout lorsqu'il est nouvellement mis en terre ; & ces deux qualitez de chaud & d'humide ne sont pour lors à la terre, que deux temperamens de nom & de nul effet. L'experience nous prouve assez tous les jours, que ce que j'avance est veritable.

Aprés cette necessité des labours expliquée, on tomberoit encore dans l'inconvenient de corrompre les vertus de la terre qu'on croiroit augmenter, en luy en donnant de frequens, si l'on ne sçavoit les luy donner à propos ; & c'est une connoissance par rapport à la nature des terres qu'il est question de sçavoir, pour n'y point manquer, & que le lecteur ne sera point fâché d'apprendre.

La nature des terres qu'on veut labourer, nous dit d'elle-même comme elles souhaitent qu'on les gouverne ; en sorte que cette nature d'un côté seconde assez nos esperances, quand nôtre prudence se mêle de la traiter ; & que de l'autre aussi elle s'y rend contraire, lorsqu'on veut la regler par caprice, & à contre temps.

Il est des terres, comme on sçait, qui sont chaudes & legeres ; d'autres qui sont fortes & froides : dans celles-cy qui ont l'humidité pour partage, nous n'avons que la chaleur à considerer, & qu'il est question de leur procurer.

Pour y réüssir, il faut toûjours se donner de garde de labourer telles terres par un temps de pluye ; mais prendre plûtôt un temps chaud. C'est ce qui fait que ces sortes de terres ne sçauroient être trop souvent remuées, ny trop avant ; en vûë sur-tout qu'elles ne se fendent point par-dessus, telle dureté ne pouvant qu'endommager les racines, & empêcher que la chaleur ne penetre dans cette terre, pour y détruire le froid, qui retient les racines dans l'inaction & rend les vignes jaunes.

Les terres chaudes, au contraire, par rapport à la difference de leur temperament, & pour leur faire acquerir cette humidité dont elles ont besoin, doivent en Eté être labourées, ou un peu devant la pluye, ou pendant la pluye, ou aprés la pluye, & principalement si l'on juge qu'il en doive encore tomber ; si bien que quand les années sont humides, on ne sçauroit leur donner des labours ny trop frequens, ny trop profonds ; au lieu que par le grand chaud il faut se donner de garde de le faire.

Ces frequens labours que je dis de donner aux vignes plantées nouvellement, leur font d'une tres-grande utilité, empêchant non-seulement qu'une partie de la substance de la terre ne s'épuise, à force de nourrir & de produire les méchantes herbes ; mais encore en faisant que ces méchantes herbes mises au fond de la terre par le moyen de ces labours, y pourrissent, & leur tiennent lieu d'un nouvel amendement ; & tels soins pris la premiere année que la vigne est plantée, suffisent pour luy donner toute la croissance qu'on en attend. Voyons pendant la seconde année, ce qu'il est besoin de luy faire.

Travail de la seconde année.

Du jeune plant de vigne mis dans une terre qui aura été bien laboürée comme j'ay dit, & en la saison, ne peut qu'il n'ait donné cette premiere année la production qu'on en attendoit : cela étant, il n'est plus question que de sçavoir ce qu'on fera de ce nouveau bois ; & comme il est des seps qui poussent plus vigoureusement les uns que les autres, nôtre prudence nous doit dés-lors faire juger jusqu'à quel bourgeon de l'extremité d'en-haut nous devons le ravaller, & le sentiment des habiles vignerons est de laisser aux plus forts sarmens trois bourgeons, & deux aux plus foibles, & d'observer que l'entaille du bois qui sera faite en biais, soit de l'autre côté du bourgeon laissé à l'extremité d'en-haut, à cause du danger qu'il y a que lorsque la vigne vient à pleurer, l'eau qui sort par cette entaille, ne tombe sur ce bourgeon, & ne le noye. Cette operation faite au mois de Mars, on commence de donner à ce jeune plant le premier labour, & on luy continüe les autres autant de fois qu'on croit qu'il en a besoin, & même jusqu'à six labours.

De l'Ébourgeonnement.

La taille n'étant à la vigne qu'un retranchement de branches superflües, & qu'un racourcissement d'autres qu'on a jugées trop longues ; aussi la methode d'ébourgeonner n'est qu'une destruction des jeunes branches de l'année, soit grosses, soit menües, qui croissent en des endroits où on ne les attend pas, & qui ne peuvent que faire du tort à cette vigne.

Le temps de tailler les jeunes plantes, est pour l'ordinaire au mois de Mars, quand il fait beau : celuy de les ébourgeonner est en May & Juin ; & l'on tiendra pour maxime, qu'on ne sçauroit trop tôt faire aux vignes l'ébourgeonnement, crainte que les jets inutiles ne s'endurcissent & n'absorbent ainsi mal-à-propos une certaine quantité de seve qui pourroit servir à un meilleur usage ; de sorte que lorsqu'on a negligé ce travail, il faut s'empresser de s'en acquiter au plûtôt.

Il est fort facile dans la vigne de connoître precisément quelles sont les branches qu'il faut ébourgeonner ; & s'étant fait une idée des lieux d'où sortent ordinairement les bonnes branches à fruit, il est aisé de juger que toutes celles qui naissent au-dessous de la tête du sep, & qui poussent du tronc en confusion, que ce sont celles-là, dis-je qu'il faut abatre.

Mais comme il n'est point de regle generale qui n'ait son exception, il arrive souvent qu'un sep de vigne a beaucoup poussé en pied ; & une telle production inégale ne luy pouvant être que tres desavantageuse, on condamne d'abord toutes les branches nouvelles à être exterminées : on le juge ainsi avec d'autant plus de raison, qu'on void sa tête qui n'a jetté que mediocrement. En voyant telle chetive production dans un endroit où on l'esperoit belle pour avoir du fruit, on raisonne, sans avoir aucun égard à l'âge du sep, que sans doute ce sont ces nouvelles branches venües en-bas, qui ayant consumé la meilleure partie de la subſtance, ſont cauſe que celles d'en-haut n'ont point profité. Ce raiſonnement à la verité, pour tenir du bon ſens, n'eſt pourtant pas tout-à-fait ſûr, & cela ne vient que par le peu de connoiſſance qu'on a de l'Agriculture & de la maniere que la ſeve ſe comporte dans les vegetaux.

Si bien que lors que telle choſe ſurvient à un homme qui ébourgeonne une vigne, il doit d'abord conſiderer le ſep ſur lequel elle paroît; car ou ce ſep eſt jeune, ou il eſt vieux: s'il eſt jeune & que neanmoins il ait pouſſé ſi peu ſur ſa tête, on peut eſperer que l'année ſuivante il donnera en cet endroit du ſarment qui ſera plus beau & mieux nourri; c'eſt pourquoy on ne balancera point pour lors de l'éplucher tout en pied: mais ſi l'on remarque qu'il ſoit vieux, & que ce ſoit ſa caducité qui l'empêche de produire quelque choſe qui merite, pour lors on ébourgonnera toutes les fauſſes branches qu'il a pouſſé en-bas, à la reſerve de la plus belle qu'on laiſſe en vûë d'une branche d'eſperance, au cas que l'année ſuivante on juge qu'il ſoit beſoin de couper la groſſe, comme une branche que la ſeve a abandonnée, & qu'il faut qui periſſe.

Tel embarras arrive ſouvent aux vignes moyennes, qu'on renouvelle par cette maniere de laiſſer du bois au pied; & les Vignerons d'Auxerre appellent telle branche un recouvre; & la methode d'ébourgeonner, qui doit être le veritable mot, celle d'eſſoumaſſer: & ſi je me ſuis tant étendu icy ſur l'ébourgeonnement, c'eſt afin de n'en avoir plus rien à dire ailleurs. Revenons à nôtre jeune vigne.

Si donc au mois de May, ou dans celuy de Juin de la ſeconde pouſſe, on remarque que la plus grande partie de leur plant ait donné de beau ſarment par les yeux ou les bourgeons qu'on luy a laiſſez, & que la ſeve de ſurabondant y ait fait naître au-deſſous quelques autres branches, pour lors on met à bas tout le ſarment qui a crû au deſſous des anciens bourgeons: & quelques Vignerons habiles en leur métier ſont d'avis d'ôter une des branches nouvelles venuës de deſſus les ſeps où l'on a laiſſé trois bourgeons qui tous trois ont bien jetté, diſant pour leur raiſon, que ne regardant encore ces trois branches qu'en vûë d'en laiſſer une ſeule l'année ſuivante, il vaut autant dés ce temps en retrancher une pour donner de la nourriture aux deux autres, qui devenant belles par le moyen de cette operation, donnent du plaiſir lorſque vient la ſaiſon de les tailler.

A l'égard des ſeps qu'on a taillez à deux bourgeons de leur origine, ſi ces deux bourgeons ont jetté, on les conſervera, à quelque confideration que nous puiffe porter leur foibleffe, au cas qu'il s'en trouve qui ayent cette infirmité, d'autant que fi on en abatoit une branche pour fortifier l'autre, on courroit rifque au moindre inconvenient qui arriveroit à cette vigne, d'être privé de toutes deux ; de plus, que ce n'eft que de la jeuneffe qu'on gouverne, qu'ainfi il y a tout à efperer.

Aprés cet ébourgeonnement, fi l'on juge qu'il y a quelque nouveau farment qui ait befoin d'échalas, on luy en donne, & aprés qu'on l'y a attaché on le laiffe pouffer comme il plaît au Ciel jufqu'au mois de Mars, qu'il faudra tailler cette jeune vigne la deuxiéme fois ; & jugeant par ce que je viens de dire de l'extréme importance de cet ébourgeonnement, je convie ceux qui le feront de s'appliquer à le bien faire.

Travail de la troifiéme année.

Le travail qu'on doit faire aux jeunes vignes la troifiéme année qu'elles font plantées, eft de les tailler fi tôt que le mois de Mars eft venu, qui eft le temps où pour lors la nature commence à donne un peu à penfer à un Vigneron qui veut tailler régulierement, fur ce qu'il faut qu'il faffe dans cette operation ; & crainte qu'on n'y commette des fautes, difons avant d'aller plus avant, ce que c'eft que cette taille de la vigne, & comment elle fe pratique.

De la Taille de la vigne par rapport à fes trois differens états.

Si l'Agriculture a rendu fujets au coûteau certains arbres fruitiers pour les obliger de fructifier, & leur faire acquerir une figure que nous fouhaitons en eux, on peut dire que la vigne n'en a pas moins befoin qu'eux, puifque c'eft de la taille en partie que dépendent la fecondité, la beauté & la bonté de fes raifins

Cette vigne, il eft vray, eft fujete à mille inconveniens ; mais elle doit avoir en elle cette confolation, qu'il n'eft point de plante dont on plaigne plus les malheurs : & fi l'on n'a pû trouver jufqu'icy les moyens de l'en garentir, ce n'eft qu'au grand regret non feulement de ceux qui la cultivent, mais encore de ceux qui connoiffent le merite de fa liqueur : mais laiffons cette loüange, & reprenons nôtre fujet.

Je dis donc qu'on taille les vignes au mois de Mars quand elles font encore jeunes, & que lorfqu'elles font un peu fur l'âge on le peut faire dés devant l'Hyver lorfqu'il fait beau, obfervant feulemen seulement que les froids soient passez pour couper l'extremité du bois qu'on laisse pour apporter du fruit, crainte que le sarment à cause de sa moële ne vînt avant ce temps là à gersèr à la playe qu'on y auroit faite ; ce qui luy arrive sur tout lorsque le gevrin s'y attache, & dont il est rarement frapé qu'il ne s'en trouve fort endommagé.

Oüy, il y a des raisons qui obligent de tailler la vigne. La premiere & la plus d'importance, est celle qui regarde le motif dont on est poussé d'avoir beaucoup de raisins qui soient beaux & bons, & sans laquelle taille il seroit inutile de vouloir planter des vignes : & la seconde, qui n'est guere moins considerable, est celle qui a pour objet la durée de cette vigne, qui, manque d'être taillée, perit en peu de temps ; car j'appelle une vigne perir, celle qui jettant de son tronc quantité de branches confuses, grosses & petites, & poussant en toute liberté, n'apporte aucun fruit, ou n'en donne qui n'est toûjours que petit, & qui n'est bon ny à manger, ny à faire du vin : ainsi ayant ces deux raisons pour fondement, on ne doit rien negliger pour sçavoir quelle est cette taille, & de quelle maniere on s'y comporte.

En fait de vigne, à la difference des arbres, toutes petites branches sont à retrancher, comme étant des branches infructueuses, & qui absorbent mal-à-propos sur le pied d'où elles tirent leur naissance, une quantité considerable de seve, qui seroit employée à un meilleur usage si elles étoient hors.

Lorsqu'on taille la vigne, on observe toûjours de couper leurs branches le plus prés de leur source qu'il est possible ; car icy ny coupe en talus, si ce n'est à l'extremité des branches, ny celle à l'épaisseur d'un écu, ne sont point en usage.

La vigne qui de sa nature est extrêmement vivace, & dont les racines sont toûjours dans une tres-grande action, donne pour l'ordinaire de grandes branches nouvelles, particulierement sur celles qui ont été taillées l'année d'auparavant.

Jusqu'à cette taille qu'on luy va donner, la vigne n'a pas encore été dans un état à la pouvoir déterminer à prendre une telle ou telle figure, si bien que ce n'est qu'à present qu'on peut commencer de le faire.

Haute Vigne.

Je veux donc d'un sep de vigne planté, & auquel je donne la seconde taille, faire une haute vigne, c'est-à-dire, que je les destine, ou pour en former des berceaux, ou pour en dresser un espalier; ce sont les mêmes observations en l'un & l'autre cas.

Telle espece de vigne, n'est ordinairement composée que de raisins Précoces, de raisins Muscats, des Corinthes, & des Bourdelas, autrement dit Greys. Et pour réüssir à la tailler dans les regles, il faut avant que de rien couper, que ce travail nous porte' à deux considerations, dont la premiere regardera la vigueur du sep, & la seconde la grosseur, ou la force de chaque branche sur laquelle la taille se doit faire; principe general qui doit non-seulement regarder la vigne haute, mais encore la moyenne & la basse.

Or donc si je trouve à tailler un sep de vigne haute qui soit beaucoup vigoureux, je ne balanceray point à me determiner de luy donner une grosse charge, soit que le pied soit jeune, soit qu'il soit vieux; ainsi prenant la branche que je veux tailler, j'examine celles qui sont dessus, & en ayant besoin pour faire un berceau, ou un espalier, je fais d'abord choix des mieux placées, & autant que ma prudence me dit de le faire; je les taille toutes à trois ou quatre yeux, & coupe les petites, s'il y en a, en moignon.

DE LA CAMPAGNE. Liv. III.

EXEMPLE.

A. Sep vigoureux. B. Plusieurs branches venuës sur celles qu'on doit tailler. C. Branches laissées. D. Où elles doivent être taillées. E. Branches à ôter. F. Où il les faut ôter.

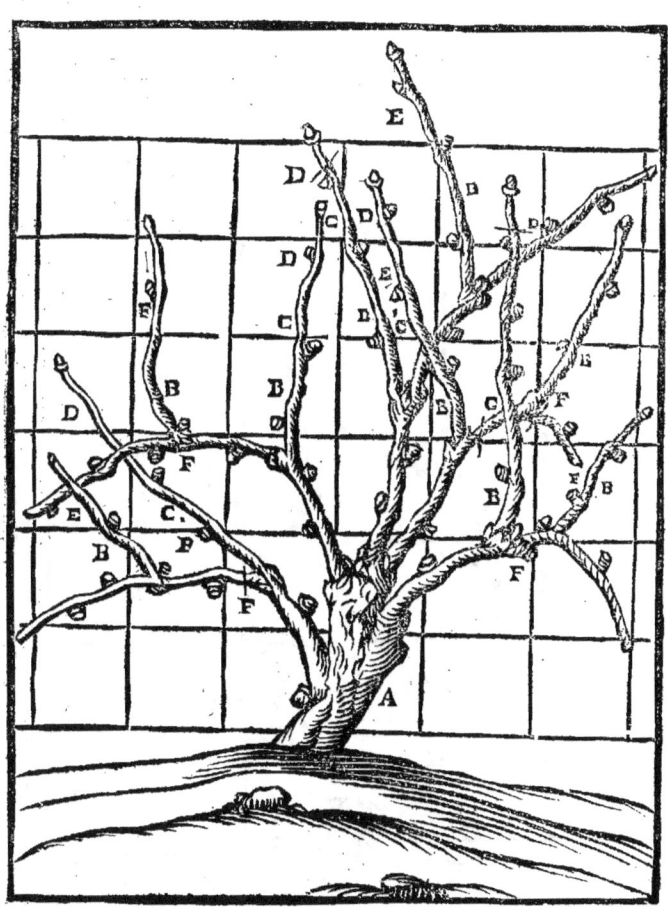

Il faut à l'égard de la taille des vignes, ainsi que de celles des arbres, être soigneux d'éviter la confusion de branches; car elle ne peut jamais, en quelque part qu'elle puisse être, causer que du desordre.

Mais si le contraire de ce que je viens de dire cy-dessus arri-

Pp ij

300 OECONOMIE GENERALE

ve, c'est-à-dire, que le sep de vigne que je me dispose de tailler, ne soit que mediocrement fort, pour lors je change de sentiment; & au lieu de laisser, par exemple, trois ou quatre coursons ou branches, sur celle que je veux tailler, je n'ay égard que pour une seule, & ôte toutes les autres.

EXEMPLE.

A. Sep mediocrement fort. B. Branches qu'on doit tailler. C. Branches venuës sur celles qu'on doit tailler. D. Branche à laisser. E. Où elle doit être taillée. F. Branches à ôter. G. Où on doit les ôter.

On observera qu'en fait de vigne, la taille pour apporter du fruit doit toûjours se faire sur les plus grosses branches, comme étant toûjours les meilleures, & retrancher toutes celles que dans l'ébourgeonnement on auroit laissées faute d'application; car ces dernieres ne sont capables, soit aux vignes hautes, soit aux moyennes, soit aux basses, que d'apporter de la confusion.

On ne plante, comme j'ay dit, de ces hautes vignes qu'à dessein d'en former des berceaux, ou d'en faire des pallissades; ainsi par le moyen de cette taille, il est question de remplir artistement ces grands vuides. C'est pourquoy se proposant une certaine longueur, & une telle largeur d'espalier à garnir, ou bien ayant un berceau plus ou moins grand à couvrir, je fais choix des plus grosses branches, & meditant sur la longueur que je dois leur donner, ayant dessein qu'en deux ou trois ans les seps de Muscat ou autres montent à la hauteur que je les demande, & garnissent tous les vuides que je veux remplir, meditant, dis-je, sur cette longueur (je suppose que le pied soit vigoureux) je taille ces branches au cinq ou sixiéme œil ou bourgeon ; mais ce n'est qu'en vûë que lors que je seray une fois parvenu, soit à cette hauteur, ou à cet espace que je me suis proposé de garnir, de m'y maintenir toûjours, si je vois que j'y reüssisse ; le pouvant facilement par le moyen de la taille que je change pour lors, & que je ne fais plus qu'au trois ou quatriéme œil.

Toute taille de vigne se doit toûjours faire à un grand poûce loin de l'œil qui doit être le dernier en montant, autrement cet œil ou ce bourgeon s'en trouveroit incommodé si cette taille se faisoit plus prés ; ce qu'il donneroit aisément à connoître par le jet foible qu'il pousseroit. Il faut aussi observer (comme j'ay déja dit) que la taille qu'on fait aux branches ait son talus ou sa pente du côté opposé à ce dernier œil, crainte que lorsque le sep vient à pleurer, l'eau de ces pleurs ne tombe dessus ; car elle luy est d'un grand préjudice.

Une branche venuë de l'année precedente sera placée sur le pied d'un sep, & qu'on aura laissée à dessein d'en tirer du secours au cas que le corps de ce sep ou soit usé de vieillesse, & par consequent en danger de perir bien-tôt ; ou jette avec trop de vigueur, ce qui fait qu'il veut exceder de beaucoup la hauteur ou l'espace dans lequel nous voulons qu'il se renferme.

Dans ces deux cas, si nous nous apercevons qu'en effet ce sep, à cause de sa vieillesse, ne promette plus rien de bon ; ou que par un genie trop dissipé, il veüille malgré nous passer les bornes que nous luy avons prescrites ; pour lors nous regarderons cette branche venuë sur le pied de ce sep, comme une branche heureuse,

& sur cette considération nous la taillons suivant que nôtre prudence nous le dit, à intention l'année suivante de ravaller sur elle tout le pied. Mais au contraire, si nôtre sep donne toûjours de belles productions, & qu'il se comporte sagement, pour lors telle branche sortie de dessus son pied, & qu'on ne considere jamais que comme un secours pour l'année suivante, au cas qu'on en ait besoin ; cette branche, dis-je, sera entierement ôtée comme fort inutile & prejudiciable.

Mais voicy quelque chose de plus important : un sep de vigne de Muscat ou d'autres raisins de cette sorte gouverné comme il faut, a heureusement fourni sa carriere, c'est-à-dire, garnit fort bien, soit en hauteur, soit en largeur son espalier, ou couvre son berceau, ainsi que nous souhaitons ; ce sep, dis-je, dans cet état de perfection, demande pour l'y entretenir, qu'on le taille : & sur les branches taillées de l'année precedente, on remarque qu'il en a jetté trois ou quatre autres belles ; voilà bien de l'ouvrage ! mais que fait-on pour lors ? d'abord parcourant des yeux toutes ces branches, on commence par en ôter toutes les plus foibles, puis eu égard au plus ou moins de force des branches, on en conserve sur chaqu'un deux ou trois, tout au plus, & toujours des plus grosses.

Mais lorsqu'on est prêt de retrancher celles qu'on regarde comme branches inutiles, il survient souvent un embarras : tantôt des deux ou des trois qu'on veut laisser, les plus grosses sont les plus basses, & tantôt les plus hautes ; si elles se rencontrent les plus basses, à la bonne heure, c'est le lieu où on les souhaite trouver, ainsi on ôte celles qui sont au dessus ; car il faut qu'on sçache qu'en matiere de vigne, les plus grosses branches venuës de l'année precedente, & lorsqu'elles approchent le plus de la tête, sont toûjours les plus estimées : mais au contraire, si sur les branches que je veux tailler, les plus grosses branches se montrent les plus hautes, quel parti prendre ? là-dessus je consulte les plus habiles en l'art de tailler la vigne ; qui me disent que telle production n'est qu'un pur caprice de la nature, qui ne nous favorisant pas comme nous le desirons, a placé ces bonnes grosses branches au-dessus de petites ; mais qu'il n'importe, & que devant toûjours considerer en fait de vigne, la grosseur des branches plûtôt que leur situation, il faut couper en moignon les petites & conserver les grosses.

DE LA CAMPAGNE. Liv. III. 303

EXEMPLE.

A. Sep de vigne en espalier. B. Branches taillées de l'année precedente. C. Branches nouvelles. D. Grosses branches qu'il faut conserver, & qui sont basses. E. Branches plus petites au-dessus qu'il faut retrancher. F. Endroit où il les faut retrancher. G. Grosses branches qu'on garde & qui sont les plus hautes venuës des branches de l'année precedente. H. Petites branches au-dessous qu'il faut ôter en moignon. I. Endroit où doivent être taillées quelques branches de l'année precedente.

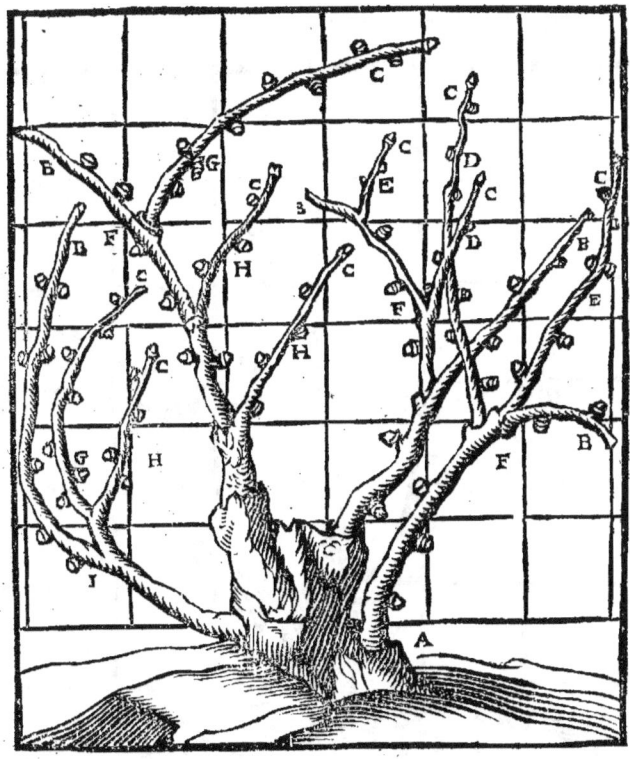

Aprés qu'avec raison on s'est déterminé, ainsi que je viens de le dire, & qu'on a retranché les plus petites branches en moignon, il n'est plus question que de sçavoir ce qu'on fera de celles qu'on conserve: on ne doute pas qu'il ne les faille tailler, mais comment?

304 OECONOMIE GENERALE

Il faut premierement obſerver, qu'il y ait entre elles une inégalité de longueur; & s'attaquant à la plus haute, on la taille au-deſſus du quatriéme œil (comme j'ay dit) puis venant à celles de deſſous, on en fait un courſon, c'eſt-à-dire qu'on ne la coupe qu'à deux yeux.

Exemple.

A. Sep en Eſpalier. B. Branches de vigne, taillées de l'année precedente. C. Deux baſſes branches nouvelles laiſſées deſſus. D. Et taillées à quatre yeux. E. Courſon ou branches taillées à deux yeux. F. Autres branches de l'année precedente. G. Groſſes branches hautes & taillées comme les precedentes. H. Endroit où les petites de deſſous ont été taillées.

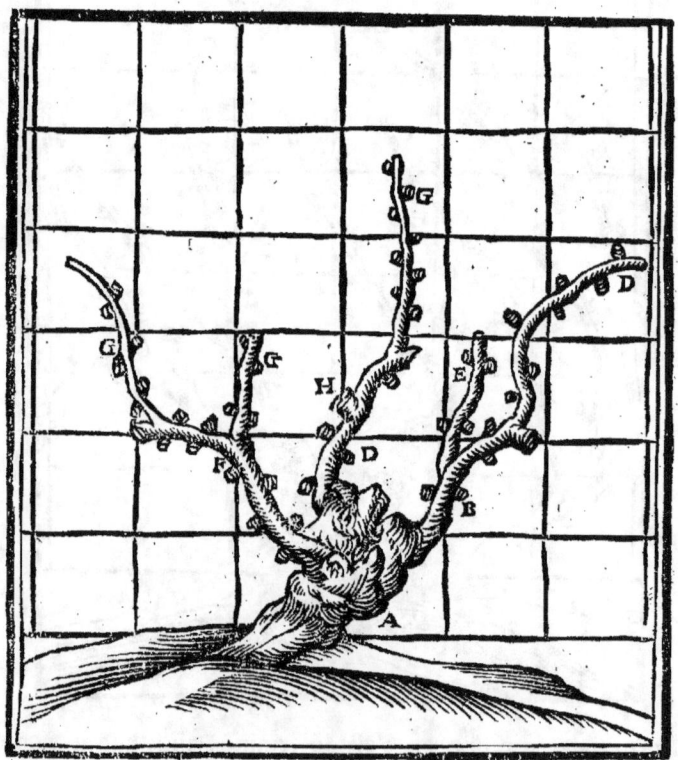

Comme jamais dans la taille, ſoit des arbres, ſoit de la vigne, on ne doit couper aucun bois qu'on n'en ſçache donner la raiſon

DE LA CAMPAGNE. Liv. III.

si l'on demande pourquoy on fait un courson de l'une des deux branches qu'on laisse & qu'on choisit toûjours pour cela la plus basse, il faut répondre que ce n'est qu'en vûë d'ôter entierement l'année d'aprés, celle de dessus, & toutes celles qui y seront venües, pour se servir uniquement des deux branches que la nature aura dû donner dans ce courson, à l'endroit de ses deux yeux : & si la nature, me dira-t-on, qui est assez capricieuse, comme on sçait, ne répond point à nôtre atteinte, & que ce courson par consequent n'ait poussé qu'une bonne branche, ou point tout-à-fait ; à quoy faut-il se resoudre ? On doit pour lors observer que si le courson n'a rien produit, on choisit pour être taillées, comme cy-dessus, les deux plus grosses & basses branches venües sur les branches de l'année precedente, & l'on ôte entierement le courson; mais si le courson en a donné une dont on puisse faire un autre courson, pour lors on se contente de dessus la branche de l'année precedente, d'en laisser seulement une pour être taillée à quatre yeux.

Tome II.   Qq

EXEMPLE.

A. Sep de vigne. B. Branche de deux ans, & sur laquelle on avoit laissé une branche taillée, & un courson. C. Branche taillée de l'année precedente. D. Quatre branches venües dessus celle de l'année precedente. E. Courson qui n'a rien jetté. F. Branches qu'il faut choisir en ce cas pour être taillées ; sçavoir la basse en courson, & la haute à quatre yeux. G. Endroit où doivent être coupées les petites branches qui sont au-dessus de celles qu'on laisse. H. Autre branche où le courson a poussé une petite branche. I. Endroit où il la faut couper pour en faire un autre courson. L. Une branche seule, laissée sur celle de l'année precedente, & qui doit être taillée à quatre yeux.

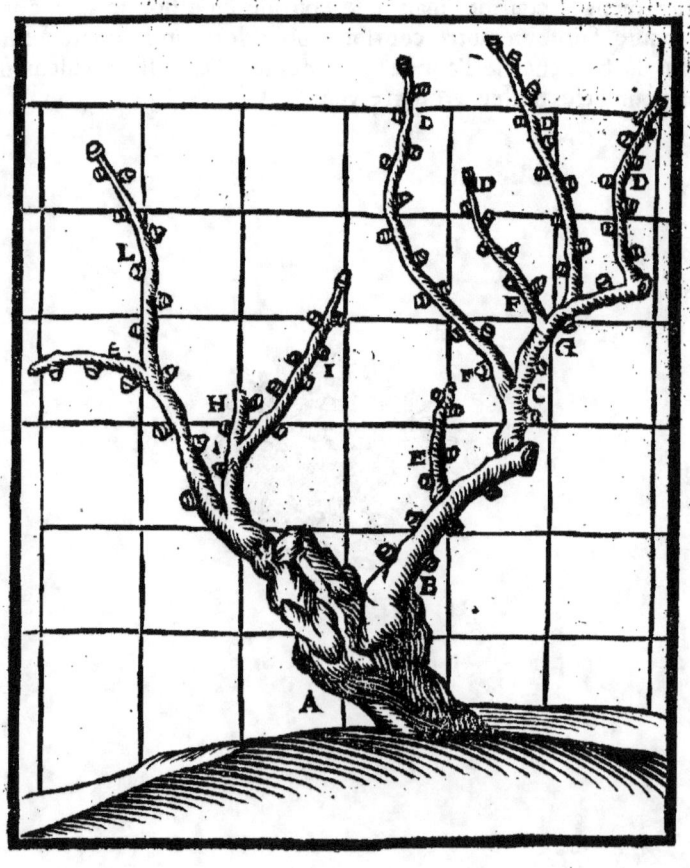

Mais s'il arrive que le sep de la haute vigne qu'on taille, soit extrêmement vigoureux, & qu'il ait poussé quatre grosses branches par les quatre yeux qu'on luy a laissez, il faut pour le ralentir un peu dont sa fougue, les luy laisser toutes quatre, dont trois seront coupées à l'ordinaire, & l'autre laissée en courson, qui sera toûjours celle de dessous.

Ou bien pour empêcher que ce sep ne pousse avec tant de furie & ne jette tant de bois que j'estime être préjudiciable au fruit, des quatre grosses branches nouvelles venües sur une branche de la taille precedente, on en choisit la plus mediocre, qu'on laisse pour la taille; à l'égard des trois autres, on fait son courson sur celle qui est la plus basse des trois; & pour les deux qui restent on les taille à un œil prés.

Les regles de la taille de la haute vigne ayant été suffisamment établies, il est presentement question de parler de celle de la vigne moyenne, & de montrer la difference qu'il y a entre ces deux operations, de qui dépend en partie l'abondance de leurs fruits & leur bonté.

De la Vigne moyenne.

Les especes des divers plans de raisins qui composent ordinairement les vignobles, n'étant pas d'un genie à donner de si gros ny de si long bois, que celles qu'on employe pour former des berceaux, ou garnir des pallissades; ces especes, dis-je, quant à leur taille, doivent nous porter à des considerations differentes de celles qu'il est besoin d'avoir, lorsqu'on taille une haute vigne.

Car en taillant une moyenne, la situation des branches est indifferente, d'autant qu'une branche est toûjours bien placée quand elle est grosse, & qu'on en peut attendre du fruit.

Ce n'est pas, aussi-bien que dans la haute vigne, qu'il ne faille examiner avant de tailler, la force ou la foiblesse d'un sep. De plus, c'est que c'est une maxime generalement établie en fait de taille, & dont il est necessaire de se souvenir.

Je me suis assez expliqué sur les differentes especes de raisins qui convenoient le mieux à rapporter du vin, & par consequent à faire des plants de vignes moyennes & basses; il est inutile de le repeter icy.

Je diray donc qu'ayant une vigne à tailler dans la troisiéme année, je me contente pour lors de choisir le plus beau brin sur chaque sep pour être gardé, & que je taille à trois yeux, en coupant en moignon toutes les autres branches qui y pourroient être survenuës, si, étant assez longues & assez fortes pour être provignées, on ne les garde pour lors qu'en vûë de s'en servir pour garnir quelques places vuides qui pourroient être proche de leur sep.

L'année suivante, cette sorte de vigne demande de vous un travail en pareille occasion, qui est de plus de precaution: c'est pourquoy je suppose que ces trois bourgeons que j'ay laissé l'année precedente, ayent jetté trois fortes branches, & qu'il en ait crû quelques-unes en pied. Comme il faut que je parvienne à faire une tige à mon sep, au lieu que dans une vigne basse, je me servirois de la plus belle des trois branches pour être taillé; icy je n'envisage que celle du milieu, que je taille encore à trois yeux, & coupe la plus belle en moignon, & ravalle la plus haute jusqu'à celle qui reste, & emporte entierement toutes les autres qui sont venuës en pied.

Mais si au contraire ces trois bourgeons n'ont donné que des chetifs jets, & que la nature en ait produit deux autres en pied qui soient plus beaux, cette production me fait penser tout autrement à l'égard de la taille que je dois y faire; & pour lors apprehendant que par quelque cas que je ne sçaurois encore prevoir, la seve n'ait dessein d'abandonner la tête de ce sep, à cause de la voye extraordinaire que je luy vois prendre, pour le traiter encore avec douceur, je trouve à propos de ravaller les deux plus hautes branches sur la plus basse, que je taille à deux yeux seulement; & à l'égard des deux qui sont en pied, j'en ôte une tout-à-fait, & fais un courson de l'autre.

EXEMPLES, *des deux explications cy-dessus.*

A. Sep de vigne. B. Branche de la taille precedente. C. Trois belles branches venuës des trois bourgeons laissez. D. Branche qu'il faut laisser. E. Branche qu'on doit couper en moignon. F. Branche qu'on doit ravaller sur celle du milieu. G. Endroit où il la faut couper. H. Branches du pied qui doivent être coupées en moignon, supposé qu'on ne les ait pas ébourgeonnées.

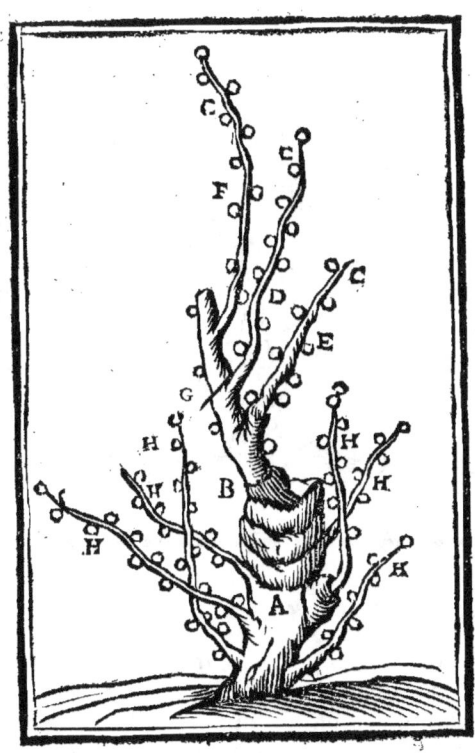

A. Sep B. Branche taillée l'année precedente. C. Trois chetives branches venües des yeux qu'on a laissez. D. Deux branches qu'il faut ravaller sur la derniere. E. Endroit où il les faut couper. F. Deux petites branches fortes venües en pied : on en ôte une entierement, & l'autre qu'on taille en courson. G. Courson.

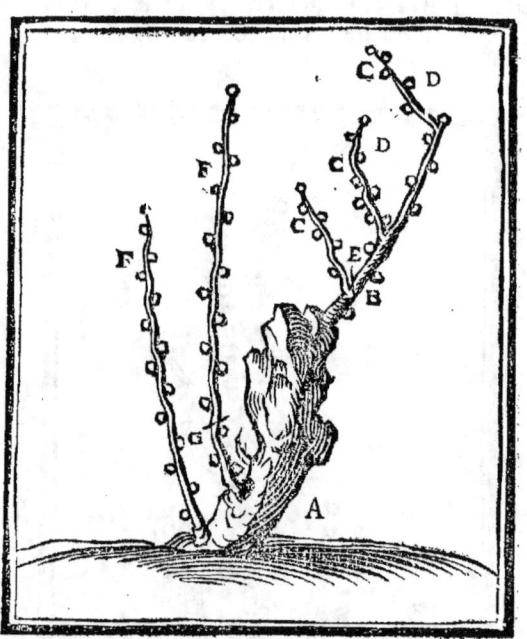

Raison des deux tailles precedentes.

A l'égard de la premiere, si je garde la branche du milieu pour être taillée, je dis que c'est qu'étant necessaire petit-à-petit de faire prendre à mon sep une tige d'une hauteur convenable à celle qu'il faut qu'ait une vigne moyenne pour être mise sur perche, je ne pouvois mieux operer qu'en choisissant cette branche, d'autant que si je taillois celle d'en-bas, je ne parviendrois pas si bien à mon but; ainsi que celle d'en-haut, qui laisseroit d'abord trop grand espace entre elle & le vieux bois : mais il faut prendre garde de ne faire cette observation de la branche du milieu, que cette fois seulement, en suivant les autres années les productions plus ou moins belles de la nature : & lorsque je ravalle cette plus haute fur celle du milieu, c'eſt afin que les yeux que je laiſſe ſur la branche taillée en jettent de plus beau bois; & ſi je coupe toutes les branches qui ſont en pied, c'eſt que je n'ay nulle raiſon qui m'oblige d'en garder aucune.

La ſeconde taille demande plus de raiſonnement: car où la nature n'agit pas dans ſon ordre, c'eſt toûjours un embarras, ou pour un jardinier qui taille, ou pour un vigneron qui fait le même ouvrage; & c'eſt à eux pour lors de deviner, pour ainſi dire, ce que cette même nature doit operer l'année d'après dans le ſujet qu'ils taillent; ou du moins, ſur ce qu'ils en peuvent prejuger, courir par des voyes ſures, au-devant d'un inconvenient qu'ils craignent, & qui peut-être ne leur arrivera pas.

En taillant le ſep qui a mediocrement jetté ſur ſa tête, mais plus fortement en pied; je dis, ſi je traite cette tête regulierement, c'eſt-à-dire, ſi au lieu d'un courſon, j'y fais une branche à quatre yeux, cette branche étant naturellement foible, m'obligera, pour luy donner de la nourriture, d'ôter toutes celles du pied qui ſont fortes: mais craignant que la nature ne me joüe d'un tour, en voyant déja quelques apparences, je change de ſentiment & aime mieux, par un peu de pitié que j'ay de la tête de ce ſep, n'y laiſſer qu'un courſon, & en faire de même de celles d'en-bas; diſant pour mes raiſons, en taillant ainſi la tête de ce ſep, pour peu que la nature change de caprice, & qu'elle veüille prendre à la ſeve ſon cours naturel, il ne ſe peut que de ces deux bourgeons que j'ay ſeulement laiſſez ſur le ſep, il n'en ſorte deux branches mieux nourries que ſi j'y en avois laiſſé trois ou quatre; ce qu'en taillant je n'aurois pû raiſonnablement faire, à cauſe de la foibleſſe des branches qui y étoient venües: mais ſi cette même nature ſuit le mauvais train qu'elle a commencé de prendre, & qu'au lieu de favoriſer le corps du ſep, elle l'abandonne pour ſe donner toute à cette branche qui eſt venüe en pied, toutes mes precautions à l'égard de la branche de deſſus auront été inutiles; car l'année ſuivante qu'elle aura été taillée à deux yeux, ſi elle ne fait encore choſe qui vaille, & qu'au contraire le courſon que j'ay laiſſé en pied produiſe merveilles pour lors il me faudra être tout-à-fait inexorable pour le corps de ce ſep, en le ravallant entierement près de la branche qui eſt en pied & qui promet beaucoup.

De là je juge donc qu'en me méfiant pour lors de la nature, j'ay eu raiſon de ne laiſſer qu'un courſon ſur la tête de mon ſep, pour les raiſons que j'en viens de dire; & qu'ayant agi prudemment d'avoir laissé en bas un autre courson, comme un secours en cas de necessité, il me vient alors fort à propos pour occuper la place de ce sep, que je suis obligé de retrancher, & laquelle seroit plus à present vuide, si je n'avois sçû y prévoir : voila donc les raisons de ces deux tailles que j'ay bien voulu donner au Lecteur, pour l'avertir qu'il ne faut jamais tailler quelque sujet que ce soit, qu'on ne soit prêt de dire pourquoy on le taille de telle ou de telle maniere.

Jamais ou ne doit laisser qu'une seule branche sur la tête d'un sep de vigne moyenne, quelque vigoureuse qu'elle puisse être; mais se conformant à sa force ou à sa foiblesse, il est loisible de tailler cette branche laissée plus ou moins longue, c'est à dire depuis deux jusqu'à quatre, & même six bourgeons.

Toutes branches qu'on aura laissées en pied en ébourgeonnant, ou par mégarde, ou manque de soins, seront toutes retranchées, comme inutiles; à moins qu'exprés dans le bon gouvernement, on n'en ait laissé une belle pour en faire un courson à la prochaine taille, le Vigneron craignant sur les apparences qu'il luy en donne, que son maître sep ne perisse bien-tôt.

Tout courson laissé à propos en pied est toûjours necessaire, & fait voir que celuy qui gouverne la vigne est habile en son Métier.

Lorsqu'une vigne ne promet plus chose qui vaille, soit pour avoir été trop negligé, soit à cause de sa vieillesse, on peut la recouper toute entiere, pour luy faire jetter de nouveau bois; cette operation à l'extremité reüssit quelquefois, & non pas toûjours, mais mieux en terres fortes qu'en terres de sables, moins dans les pierreuses que dans pas une autre; c'est pourquoy lorsque cet inconvenient y arrive, c'est plûtôt fait d'arracher cette vigne que de la couper en pied.

De la Vigne basse.

La difference qu'il y a entre la taille de la vigne moyenne & de la vigne basse n'est pas grande, puisque je trouve qu'elle ne regarde seulement que la tige qui est plus haute dans les vignes de la premiere espece que dans celles de la seconde; car je vois la vigne basse sujete à l'ébourgeonnement tout comme la vigne moyenne; les coursons en cas de besoin ne luy sont pas moins necessaires, la tige, quoyque basse, n'étant moins sujete à manquer, que celle de la vigne cy-dessus; & enfin, la nature ne la traitant pas des années ny plus ny moins favorablement que les autres vignes,

DE LA CAMPAGNE. Liv. III.

vignes, elle n'est pas moins sujete, par rapport à sa production, à donner à penser à celuy qui la gouverne, pour sçavoir de quelle maniere il la doit tailler.

Cela étant, & les principes de la taille de la vigne moyenne étant, à la reserve de la tige, pareils à ceux de la vigne basse; il est hors de propos que je m'y étende davantage, puisque je ne pourrois repeter que ce que j'ay déja dit. Continuons le travail qu'on doit donner aux vignes qui poussent leur troisiéme feüille.

Aprés qu'on a taillé les vignes, le premier soin qu'on doit prendre, est incessamment de voir à cet âge s'il y a quelque sep qui demande quelque échalas pour le soûtenir, & si on le juge à propos on luy en donnera. Je fais cette remarque pour la seconde & la troisiéme espece de vigne seulement ; car pour la vigne haute, elle a son espalier tout prêt pour y être attachée en cas de besoin.

Cela fait, on donne le premier labour à toutes les vignes; je me suis expliqué sur ces labours au commencement du traité de la Vigne Chapitre XXXIII. on peut voir ce que j'en ay dit.

AVERTISSEMENT.

Avant de tailler les vignes dans la troisiéme année qu'elles poussent après avoir été plantées, il faut considerer si elles n'ont point jetté du bois assez vigoureux pour faire des provins, au cas qu'il en soit necessaire pour garnir quelque place, que quelque sep auroit laissé vuide pour avoir manqué de venir ; & pour lors, si cela est, il ne faut pas oublier de provigner des seps autant qu'il en sera de besoin, & que leur bois le permettra, afin de garnir ces places qui coûtent autant de peine à labourer vuides, comme s'il y avoit quelque chose qui les remplît : mais au contraire, si la vigne est bien garnie, & qu'on n'ait point besoin de provins, on la taillera comme j'ay dit ; on donnera des échalas aux seps qui en demanderont, & puis on les labourera jusqu'à quatre & cinq fois cette année, si on le juge necessaire.

Aprés la taille & quelques labours donnez, vient ensuite l'ébourgeonnement, qu'on fait aux vignes comme j'ay dit dans le petit traité que j'en ay fait, page 294. mais comme en ce temps-là la vigne a dû avoir poussé de belles & longues branches par les bourgeons qu'on luy a laissez à cette intention, il faut pour lors au pied de chaque sep planter un échalas pour y attacher ces branches nouvelles venuës, & les empêcher par ce moyen de ramper à terre, dans lequel état elles n'ont point du tout bonne grace, & ne sçauroient donner de l'air pour meurir à quelques raisins

Tome II. Rr

par-cy par-là qu'elles peuvent avoir produits ; & enfin, aprés cet ébourgeonnement on continuë à la vigne les labours juſqu'au mois de Septembre, où l'on recueille ce qu'elle a donné de raiſins, ſuppoſé qu'il ſoit dans ce temps parvenu à ſa juſte maturité.

Aprés que les Vendanges ſont faites, il eſt des païs où l'on donne un labour aux vignes, ce qu'on appelle rueller ; mais ce labour n'eſt propre qu'à celles qui ſont plantées par alignemens, & ne ſe pratique que dans les terres mediocrement fortes, ou ſablonneuſes ; car dans les terres pierreuſes, & qui ſont trop legeres, il eſt dangereux d'en venir à ce travail, qui demandant une profondeur raiſonnable de terre pour être parfait & profitable à la vigne, n'en trouve qu'une mediocre, & qui pour peu qu'elle ſoit remuée de cette maniere, ne peut qu'elle ne cauſe beaucoup de préjudice aux racines de la vigne, de deſſus leſquelles on l'ôte : & ſi au mois de Novembre on void que le bois ſoit bien aouſté, ou coudré comme on dit à Auxerre, & qu'il ſoit d'une belle venuë, on pourra dés-lors commencer de faire des provins, ſi l'on juge en avoir beſoin.

On remarquera neanmoins que dans toutes ſortes de ſables, & dans les terres qui ſont humides, les provins reüſſiſſent mieux lorſqu'on les fait au mois de Mars, que lorſqu'ils ſont faits avant l'Hyver.

Des Provins, & de la maniere de les faire.

Les provins (proprement parlant) ſont des branches de vigne miſes en terre pour y prendre racine, & à intention de remplir des places reſtées vuides, ou par la mort de quelques ſeps voiſins, ou par le retranchement qu'on fait de certains qui étoient auſſi tout proches, & dont l'eſpece n'a pas été jugée digne d'être conſervée : & pour reüſſir à provigner la vigne, deux choſes ſont eſſentielles ; premierement, la bonne eſpece de raiſin & le beau bois, ſans quoy il vaut autant laiſſer des places vuides, que de ſe ſervir pour les remplir d'un ſep qui n'auroit pas ces deux avantages, ou qui manqueroit ſeulement de l'un ou de l'autre.

Aprés le choix fait d'un ſep tel qu'il eſt à ſouhaiter, on l'épluche de toutes les branches chifonnes qui ont pû y croître, & des vrilles qui y viennent ordinairement ; puis faiſant une foſſe en quarré, à commencer tout prés le ſep qu'on veut provigner, plus ou moins longue que le permettent les branches de la vigne, ou qu'on veut que cette foſſe s'étende (eu égard toûjours à la longueur des branches) juſqu'au bout, & à la largeur du vuide qui est à remplir : & cette fosse étant creusée d'un pied & demy environ dans terre, on ébranle tout doucement le sep, en le mettant du côté de la fosse où il faut qu'il soit couché avec ses branches; & enfin, aprés plusieurs secousses, lorsque sans endommager ses racines on est parvenu au point de l'étendre dans cette fosse, ce qui ne se fait pas sans quelque torture de la part du sep qu'on courbe malgré luy, à cause qu'il tient toûjours à ses racines, l'ayant couché où on veut qu'il soit, si c'est une vigne moyenne on range dans cette fosse tellement les branches de ce sep qu'elles regardent toûjours à droite ligne les seps qui sont au-dessous & au-dessus d'elles; puis étant placées ainsi, soit en les ayant courbées pour les forcer de venir où on les desire, soit en les y ayant mises comme d'elles-mêmes, on remplit le trou où elles sont de la superficie de la terre, en telle sorte que ces branches pour y prendre plus facilement racine ne s'évantent point.

Cela fait, on taille l'extremité des branches à deux yeux au-dessus de la terre, puis on les laisse là jusqu'à ce qu'il plaise au Ciel qu'ils poussent.

Tel ouvrage n'est pas celuy d'un apprenty Vigneron, puisque même les plus habiles tombent quelquefois dans l'inconvenient de perdre entierement leur sep, quelque precaution dont ils ayent usé en faisant cette operation.

Du temps de faire les Provins.

Qu'on ne s'attende point dans ce travail, ainsi que dans tous autres de la vigne, que j'aille assujetir un Vigneron à la Lune ; non, & tout l'avis, que j'ay à luy donner, est premierement, qu'il faut qu'il observe que dans les terres fortes, terres legeres ou pierreuses, les provins s'y peuvent faire depuis le mois de Novembre jusqu'au mois de May ; & dans les terres de sables humides, ils y reüssissent mieux lorsqu'on ne les fait qu'au commencement du Printemps jusqu'à la fin de May aussi : & en second lieu, que lorsque le temps est beau, il fait toûjours bon s'exercer à un tel ouvrage.

Travail de la quatriéme année.

Il est inutile, si l'on ne veut, d'attendre le mois de Mars pour tailler les vignes lorsqu'elles sont à leur quatriéme feuille, puisqu'on le peut faire sans danger dés devant l'Hyver. Quelques-uns peu instruits dans l'Agriculture diront peut-être que c'est trop avancer de ma part que de répondre que pareille taille se puisse sans peril pratiquer avant l'Hyver, puisque, poursuivront ils, l'expérience nous fait voir bien des années que les vignes gelent, & qu'ainsi n'y ayant plus sur le sep qu'une branche, quand toutes les autres en sont ôtées, on court risque lorsque ce malheur arrive, de n'en plus avoir tout-à-fait ; au lieu que si on avoit attendu après l'Hyver à tailler la vigne, dans le grand nombre de branches qui seroient sur la tête du sep, peut-être n'auroit-on pas été si malheureux qu'il n'en eût échapé quelqu'une du naufrage.

Cette raison, quelque bonne qu'elle puisse paroître, n'est cependant que specieuse : car par la même experience qu'ils objectent, & dont je me veux servir pour détruire leur erreur, je voudrois bien leur demander, lorsqu'on taille une vigne, quel bois on a coûtume de choisir dessus, & si ce n'est pas toûjours le plus gros ; & qu'ainsi, si ce plus gros est susceptible de gelée, comment à plus forte raison ne le sera pas le plus petit ? Me repartiront-ils encore que cette même experience dont nous venons de parler, leur a fait voir sur un sep de vigne des plus grosses branches détruites par la gelée, tandis que les plus petites s'en étoient garenties ? On peut leur répondre à cela, que ce qu'ils disent est faux, & que toutes les fois que le fâcheux inconvient de la trop forte gelée est survenu aux vignes, si par quelque bonheur inconnu il s'est échapé quelque branche de ce malheur, ce n'a toûjours été que des plus grosses. Et pour confirmer ce que je dis, je n'en veux appeller à témoins que les Vignerons, qui s'attachant le plus soigneusement à leur métier, confesseront, sur les observations exactes qu'ils en auront faites, que la proposition que j'avance est purement vraye, & que par consequent il est indifferent qu'on taille devant ou après l'Hyver.

Mais voicy bien d'autres visions, & ausquelles la plûpart de ceux qui ont des vignes s'abandonnent ; combien voit-on de gens qui par une scrupuleuse & sote observation, pour bien de l'argent ne voudroient pas qu'on taillât leur vigne avant la semaine Sainte, mais sur tout le Vendredy, qui, disent-ils, porte bonheur pour tout ce qu'on taille ; de maniere qu'en taillant ces jours-là en vûe d'avoir bien du raisin, les vignes qui le sont ne manquent point d'en donner à point nommé ; comme si par un profond respect qu'elles rendent à ces jours qu'on leur a fait cette operation, ces jours-là mêmes les fasoient seconder nos intentions, au lieu que les autres qui ne le sont pas ne viennent qu'à rebours ? Quelles chimeres ! Et qu'arrive-t-il de là ? que les Vignerons plus raisonnables en cela que les Bourgeois, choisissent pour eux tous les plus beaux jours qui viennent avant cette semaine ; je ne dis rien qui ne soit vray : & prevenus qu'ils sont de la folie de ces Messieurs, qui ne voudroient pas la plûpart qu'on touchât à leurs vignes avant ce temps, qui quelquefois est beaucoup pluvieux, ces Vignerons plus rusez qu'eux, & profitans de l'occasion lorsqu'enfin cette heureux temps est arrivé, se tiennent plus fiers qu'un Ecossois ; & se faisant dire, combien ? sçavent ainsi attraper leur argent, en gagnant un tiers plus qu'ils ne feroient si l'on s'abandonnoit en fait de taille à ce que la nature demande de nous en pareille occasion, qui est que quand on le peut faire, & qu'il y fait beau, il y fait toûjours bon.

Autre erreur populaire encore, qui veut que tout vendredy porte decours ; quelle sotise ! & jusques à quand les esprits (j'entends ceux qui y ajoûtent foy) se laisseront-ils prévenir de cet abus ! aussi bien que de celuy de croire que toute vigne qui n'est pas taillée en decours ne réüssit point à donner bien-tôt du fruit? Sçait-on bien comme telle erreur s'appelle dans l'esprit de ceux qui malgré les lumieres qu'ils ont, & qui les en desabuseroient tout-à-fait s'ils les vouloient consulter ; sçait-on bien, dis-je, comme telle erreur se nomme? aveuglement, & opiniâtreté : & dans ceux de qui le genie va tout comme il plaît à la nature, pure simplicité, pour ne pas dire bêtise.

Qu'on se défasse donc de cette prevention, que tout ce qu'il y a d'habiles gens en fait d'Agriculture, condamnent comme erronnée, tant pour la chose en soy, que pour le raisonnement qu'on en peut faire : à l'égard de la chose, que ce n'est qu'un vieux dire de bonnes gens, qui croyant montrer par là qu'ils sçavent quelque chose, n'ont fait voir que leur ignorance : & quant au raisonnement, que c'est une chimere de croire que l'influence particuliere d'un quartier de Lune puisse agir sur les plantes differemment d'un autre.

Enfin les vignes étant taillées, elles ont pour lors assez de grand bois pour faire qu'à chacun de leur sep on donne un échalas auquel on les lie. Ce travail ne regarde que les vignes moyennes & basses ; car pour les hautes, elles ont (comme j'ay déja dit) leur palissade à laquelle on les attache ; & la maniere de ficher ces échalas en terre consiste dans la vigne moyenne, de les placer au pied de chaque sep en ligne la plus droite qu'on peut ; au lieu que dans les vignes basses, on les fiche où les seps se trouvent, & qui sont pour l'ordinaire plantez sans aucun ordre.

Cela fait, on leur donne le premier labour, qu'en des païs on appelle hoüer, & en d'autres sombrer. Le second se fait ensuite, qu'on nomme par tout biner : & le troisiéme, qui se dit tiercer aux environs de Paris, & rebiner dans l'Auxerrois, n'est point en suite oublié d'être fait, aprés quoy on l'ébourgeonne.

Avant le second labour, qui est environ le mois de May, la vigne a assez poussé pour qu'on attache ses jeunes jets aux échalas, pour trois raisons ; la premiere, pour prevenir les degâts qu'y pourroient apporter les grands vents ; la seconde, pour donner de l'air au fruit que les vignes commencent pour lors de produire ; & la troisiéme, pour faire en sorte qu'on puisse plus facilement y donner les labours. Cette façon se dit aux environs de Paris lier la jeune vigne, & à Auxerre écouler la vigne.

Quelque temps aprés ce travail, on la bine, puis on la tierce, aprés on rogne les vignes, ce qu'en bons termes d'Agriculture on appelle pincer : cet ouvrage n'est point difficile à faire, puisqu'il n'y a qu'à rogner par le bout les branches nouvelles de la vigne ; & il est pourtant necessaire, en ce qu'empêchant que la seve ne se dissipe inutilement, il fait en sorte qu'elle ne s'employe qu'à nourrir le bois & le fruit, qui est l'objet principal pour lequel on travaille tant à la vigne.

On continüe aprés cela à donner les autres labours, ensuite dequoy vient le fruit qu'on vendange ; en quoy consiste toute l'esperance des peines qu'on a prises pendant toute l'année aprés les vignes, & tout le dédommagement de la dépense qu'on y a faite.

CHAPITRE XXXIV.

De ce qu'il faut faire aux vignes la cinquiéme année, qui est celle qui commence d'être leur année de rapport ; & de la difference qu'il y a entre la vigne moyenne & la vigne basse.

Toutes vignes à cet âge, haute, moyenne, & basse, seront pendant l'Hyver provignées comme j'ay dit en cas de necessité.

On ne negligera point de les tailler depuis le mois de Novembre jusqu'au mois de Mars, sans craindre pour cela aucun danger ; & on s'acquittera de ce travail toutes fois & quantes qu'il fera beau, sans aucune observation de Lune ; & aprés cela on garnira les vignes d'échalas, pour ensuite y lier les branches taillées, ce qu'on appelle à Auxere baisser la vigne.

On met cette année les vignes moyennes en perches, afin de leur donner la figure qui leur convient.

On commencera cette année de leur regler leurs labours, plus aux unes qu'aux autres, & suivant (comme j'ay dit) la nature des terres où elles sont plantées.

On n'oubliera point d'attacher aux échalas dans le temps les branches nouvellement venües, ainsi que de les rogner lorsqu'on jugera qu'il sera à propos. Et enfin on vendangera quand la saison le permetra.

De quelques termes dont on se sert en gouvernant la Vigne.

Baisser une vigne, est dit plus proprement, que de dire simplement lier la vigne taillée à l'échalas, à cause qu'en effet on baisse ces branches lorsqu'on les veut attacher. La mettre en perche, c'est attacher aux échalas des perches mises de travers, à la hauteur d'un pied, à laquelle on détermine celle qu'on veut donner à la tige des seps.

Garnir les vignes d'échalas, est dit paisseler, du mot de paisseau, qui est un terme synonyme à échalas, & qui est bon François : Ce qui fait que ce mot peut fort bien être admis en terme de vigne.

Pour écouler, qui veut dire lier aux paisseaux les branches encore nouvelles venües, je le laisse dans la bouche de ceux qui aux environs d'Auxerre s'en voudront servir, car n'en voyant aucune étimologie, je n'ay garde de l'autoriser.

Sombrer, pour dire donner le premier labour, n'aura gueres plus de bonheur, étant un mot dont on ignore aussi l'origine : hoüer est mieux dit, à cause du mot de hoüe qui est un instrument avec lequel on a coûtume de labourer la terre aux environs de Paris, & qui est un bon mot François.

Essoumasser, pour dire ébourgeonner, est un mot qui fait peur, & qu'il seroit à souhaiter qu'on ne mît jamais en usage.

Biner est fort bien dit, tiercer tout de même, & rebiner, qui signifie la même chose que tiercer, peut passer.

De la difference qu'il y a entre les Vignes moyennes, & les Vignes basses.

Comme j'ay déja parlé de la figure qui convenoit aux hautes

vignes, que j'ay dit devoir paroître ou en espalier, ou en berceau, je juge qu'il n'est pas necessaire que j'en dise rien icy, où il est plus expedient que je fasse voir la difference qu'il y a entre une vigne moyenne, & une vigne basse.

Il me souvient que j'ay déja dit que la premiere se plantoit par alignemens, & l'autre en confusion ; que la tige de l'une étoit plus haute que celle de l'autre, & qu'au reste, à peu de difference prés, la culture étoit toute semblable.

Mais comme tout cela ne me semble pas donner une idée assez forte pour faire concevoir ce que c'est que l'une & l'autre vigne, j'ay été bien aise d'en donner même les figures, afin que ne laissant rien à souhaiter à ceux qui me feront l'honneur de lire cet ouvrage, ces mêmes personnes-là trouvent dequoy pleinement s'y satisfaire.

Figure de la Vigne moyenne.

Plusieurs seps, mis en perche & baissez.

Figure

Figure de la Vigne basse.

Plusieurs seps plantez en confusion & baissés.

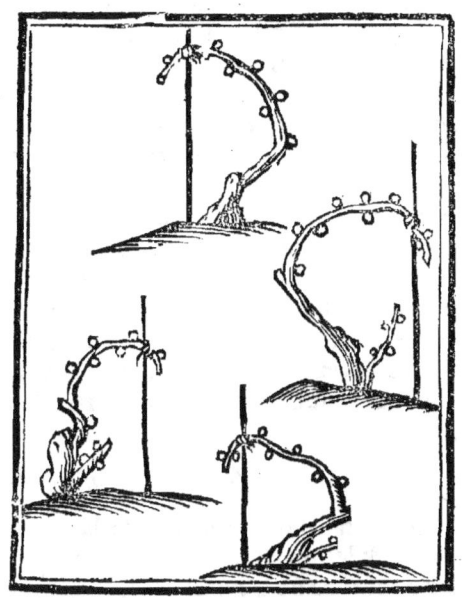

CHAPITRE XL.

Des Marcottes, & de la Greffe de la Vigne.

IL faut observer qu'à l'égard des vignes basses, la coûtume est de les garnir, non-seulement de provins, mais encore de marcottes; & cela se fait avec d'autant plus de facilité, qu'elles ont la tige basse, ce qui ne sçauroit se pratiquer à l'égard des vignes moyennes qui l'ont plus haute.

Des Marcottes des Vignes & de la maniere de les faire.

L'élévation de la vigne par marcottes est assez heureuse & fort facile à pratiquer, puisqu'on a la commodité de coucher quelle branche on veut autour de chaque sep. Je dis quelle branche on veut; car ordinairement, sur chaque sep on n'en marcotte qu'une, encore faut il qu'elle soit venüe outre la branche qui doit être taillée, & le courson qu'on doit laisser, & qui est preferable à la marcotte, d'autant que souhaitant du fruit, & en ayant de tout trouvé en apparence, il est hors de raison d'en aller chercher ailleurs qui n'est pas si assuré.

Ces sortes de marcottes se font donc en couchant la branche dans terre; mais de telle maniere qu'étant couchée ainsi, elle fasse un dos-de-chat à trois yeux éloignez de l'origine de cette branche, & cela par une espece de ménage qu'on fait du bois, en l'obligeant en cet état de faire deux pieds de vignes, au lieu qu'il n'en produiroit qu'un si la marcotte étoit couchée tout de son long; observant aussi pour réüssir en cette operation, que directement sur ce dos-de-chat il y ait un bourgeon, & que cette élevation de ce dos soit des deux côtez recouvertes de terre, & que l'extremité de la branche qui passe au-delà de ce dos, sorte de terre de deux yeux seulement.

De la greffe de la Vigne, & de la maniere de la faire.

Nous avons dit au traité des arbres, que la seve montoit entre le bois & l'écorce, & les preuves convaincantes que nous en avons sont fondées sur une infinité d'experiences; car il est certain que les greffes ne réüssissent jamais, à moins qu'étant posées dans leur sujet, leur écorce ne se rapporte à celle de ce sujet, d'une maniere que la seve qui monte du pied, puisse justement rencontrer dans son chemin le dedans de l'écorce de ces greffes; mais il n'en est pas de même à l'égard de la vigne.

La vigne se greffe sans être assujetie à cette rencontre d'écorce; ce qui nous fait connoître que la seve est beaucoup plus abondante en elle que dans les arbres, & qu'il faut que son bois soit beaucoup plus poreux, puisque cette seve y entre à travers, & se jette en si grande quantité dans toutes les parties, tant de la tige que des branches.

Elle se greffe en fente dans le milieu, & il n'y a qu'elle seule entre les plantes, sur laquelle cette operation se fasse ainsi.

On greffe un sep de vigne, lorsque poussé par la curiosité d'avoir quelque espece de raisin, on trouve un autre sep en qui la seve est beaucoup abondante, & dont le raisin est de peu de consequence; autrement on se sert des moyens que nous avons dit ci-dessus, pour perpetuer la vigne, ce dernier ne se pouvant pratiquer que sur de vieux seps qui ne sçauroient se replanter.

Pour donc y réüssir, voicy comme on s'y comporte : sur un sep du raisin que l'on veut greffer, on coupe une greffe de la longueur de quatre bons doigts, qu'on éguise par le bas en guise d'un coin à fendre du bois, en laissant de l'écorce des deux côtez.

Cela fait, on a son sujet tout prêt, qui est le pied d'un sep qu'on coupe perpendiculairement entre deux terres, aprés l'avoir dechaussé d'environ un demi-pied de profondeur, pour faire l'operation.

Le tout étant ainsi disposé jusques-là, on fend à côté de la moëlle ce sep avec une serpette, puis prenant un petit coin de bois ou d'autre matiere, on le met dans cette fente qu'on ouvre pour y faciliter l'entrée à la greffe qu'on pose dedans environ un bon poûce, & sans se mettre en peine, comme j'ay dit, de faire rencontrer l'écorce du sujet avec celle de la greffe.

Aprés cela, on prend un osier avec lequel on lie doucement le sep, puis crainte que la greffe ne s'évente, on couvre d'argile ou d'autre terre preparée la tête de ce sep, sur laquelle on fait comme une espece de poupée; & ensuite rechauffant le sep entierement, on observe que la greffe ne sorte de terre que de deux bourgeons seulement, dont celuy de l'extremité d'en-haut sera surpassée d'un bon doigt de bois, au-dessus duquel sera une taille faite en talus, du côté opposé à ce dernier bourgeon, pour les raisons que nous en avons dites.

Cette espece de greffe se veut toûjours faire au Printemps, & par un beau jour, aprés lesquelles precautions prises elle réüssit assez bien.

Diverses Observations.

Premiere Observation.

A l'égard des jeunes plantes, l'année d'aprés qu'elles ont poussé, il faut observer qu'il est bon lorsque le mois d'Octobre est venu & que les feüilles des vignes sont tombées, de les taupiner, c'est-à-dire, de faire à l'entour de chaque jet que chaque pied a produit, de petites butes de terre, en guise de celles que font les Taupes lorsqu'elles poussent, en telle sorte que ces petites branches en soient toutes environnées jusqu'à un demi doigt prés de l'extremité d'en-haut, pour demeurer en cet état jusqu'au mois de Mars, auquel temps on les découvre par un beau jour, en leur donnant le premier labour de l'année.

Seconde Observation.

On observera pareillement, que telle maniere de buter les vignes ne se pratique que dans les terres legeres & pierreuses, & dans celles qui sont fortes, & non humides ni trop grasses ; car en ce cas il seroit dangereux que cette trop grande humidité, loin de garentir ces jeunes branches des fortes gelées, ne les endommageât ; ce qui seroit pour le maître à qui telles vignes appartiendroient un inconvenient fort fâcheux.

Troisie'me Observation.

Comme dans les climats où l'air est temperé, les vignes ne sçauroient avoir trop de Soleil pour conduire leurs raisins au point de perfection qu'on les demande, il ne faut jamais (pour tirer comme on dit d'un sac deux moutures) y planter des arbres : l'experience ne nous fait que trop voir le dommage que leurs racines & leur ombre y apportent, pour s'opiniâtrer de le faire à son prejudice : & ce n'est qu'au Languedoc, à la Provence, & aux autres lieux regardez aussi fortement du Soleil, à qui sont dûs de tels avantages.

CHAPITRE XLI.

Sçavoir s'il est bon de fumer les vignes ; & de la maniere de le faire, & de les terrer.

LEs sentimens sont divisez sur cette matiere : les uns pretendent que c'est une erreur en fait de vignes, que de les fumer, alleguant pour raison, que n'en devant planter plûtôt pour avoir du bon vin, que pour en recueillir en quantité, on s'expose d'en diminuer le merite par les fumiers. Et les autres soutiennent au contraire, que la terre n'étant pas assez suffisamment fournies de sel pour nourrir tous les plants de vignes qu'elle contient, il est de necessité de la secourir par les engrais, qui sont les veritables moyens de reparer les forces qu'elle épuise après ces vegetaux ; & que si pour luy trop bien faire, la vigne communique à son rai-

DE LA CAMPAGNE. Liv. III.

fin la mauvaise qualité du fumier, ce n'est qu'un défaut qui se fait sentir si peu que rien les deux premieres années, sur tout lorsqu'elles sont chaudes, & qui se peut corriger, soit par la substance de la terre qui dominant celle du fumier la convertit toute en elle, soit par la fermentation & le boüillonnement qui se fait dans la cuve lorsque la vendange y est.

Pour moy je tiens pour ces derniers, & dis qu'il vaut mieux avoir des Vignes bien fumées (au hazard que le vin s'en ressente un peu de temps) qui rapportent bien du vin, & qui par ce moyen durent longues années, que d'en avoir qui donnant peu de vin, & un peu plus sûr du goût si vous voulez, ne croissent qu'en langueur, & perissent en peu de temps: de plus, qu'est-ce que c'est que ce goût? de trente personnes qui goûteront de ce vin, y en aura-t-il quatre qui en feront distinction? non; c'est pourquoy lorsqu'on juge que la vigne en a besoin, il la faut fumer, mais avec prudence, & luy appliquer les fumiers qui conviennent le mieux à la nature de la terre où elle est plantée. J'ay assez discouru de cette matiere, on n'a qu'à la lire dans mon second Livre, car je n'en diray icy rien de plus.

Etant donc d'avis qu'on fume les vignes, je dis que la coûtume est de fumer les jeunes plantes lorsqu'elles ont trois ou quatre ans, & ce fumage se fait de deux façons; sçavoir, par trous dans les terres qu'on ne ruelle pas; & dans celles qu'on ruelle, par rigoles longues qui se font au milieu des perchées, en en tirant de côté & d'autre la terre contre les seps, ce qui fait les deux moitiez de la terre de la perchée relevée, & jointes ensemble en dos-d'âne.

Par trous, en en creusant un au pied de chaque sep de la largeur environ d'un pied & demy, & de huit à dix poûces de profondeur seulement, dans lesquels on met du fumier, qu'on recouvre incessamment de terre.

Si je dis de ne creuser ces trous que de huit à dix poûces de profondeur, c'est premierement crainte d'endommager les racines de la vigne, dont le genie est de les pousser la plus grande partie vers la superficie de la terre; & en second lieu, qu'étant toûjours à propos que le fumier soit mis vers la superficie de ce qu'on veut amender, il suffit de cette profondeur, n'y ayant rien de plus certain que ce n'est point de la grosse substance du fumier que dépend la fertilité d'une vigne, mais que c'est de ce sel invisible qui est contenu dans cette matiere, & qui se mêlant avec les eaux qui l'humectent, les suit par-tout où leur pesanteur les entraîne, & y opere ainsi les effets qu'on en attend.

S s iij

Mais j'attends à cet endroit nos Experts lunatiques, qui ne vont pas manquer de demander en quel temps je pretends qu'on mette ce fumier : & si la curiosité les prend de le sçavoir, je leur diray, que depuis le mois de Novembre jusqu'au mois de Mars ce travail se peut pratiquer : mais quoy, point de Lune encore ? non ; & moins qu'à la taille des arbres ou de la vigne. Que c'est être insupportable là-dessus, me diront-ils ! quoy ce fumier peut être indifferemment recouvert de terre, c'est-à-dire, soit qu'il y ait de la Lune, soit qu'il n'y en ait point, & enfin en quelque quadrature que ce soit ? Oüy. Bon ! répartiront-ils, nôtre experience nous ayant fait voir le contraire de ce que vous dites, il est impossible que vous nous puissiez faire quitter nôtre opinion. Tout doux, Messieurs, leur répondray-je ; sçavez-vous bien que cette pretenduë experience dont vous vous servez pour défendre vôtre cause, n'est qu'une pure vision, & que n'ayant pour fondement aucun principe de la Physique qui la puisse faire passer pour telle que vous pretendez, vous vous exposez à la raillerie de tous ceux qui sçavent ce que c'est que la Philosophie naturelle ? C'est à vous, Esprits qui avez assez de lumieres pour comprendre la proposition que j'avance, c'est à vous, dis-je, à qui je parle ; & non pas à ces gens qui ne suivant qu'une pratique fausse que leur ont laissé leurs peres, ont peine de s'en défaire, parce que les raisons de cette science erronée ne sçauroit tomber sous leur intelligence ; à vous, qui pouvant en découvrir les erreurs, n'étes point à pardonner avec vôtre pretenduë experience, que vous n'osez pas soûtenir manque de bonnes raisons, en montrant l'importance qu'il y a, non pas si vous voulez en mettant le fumier dans les trous, (car ce n'est pas ainsi que la plus-part de vous autres visionnaires l'entendent ;) mais en les couvrant de terre : l'importance, dis-je, qu'il y a de sçavoir en quel quartier de la Lune on est, afin que ce fumier qu'on employe produise dans la vigne les effets qu'on en espere; autrement que c'est inutilement qu'on s'en sert. Oüy, & je le dis publiquement, au cas que vous puissiez faire voir qu'il soit absolument necessaire d'une telle ou telle quadrature de Lune pour recouvrir du fumier avec un bon ou mauvais succés, pour lors je suis tout prêt de retracter tout ce que je viens d'avancer, ce que je puis dire n'avoir point fait temerairement, mais avec beaucoup de certitude ; aprés quoy se défera qui voudra de cette sotte opinion.

L'autre maniere de fumer les vignes que dans des trous, sont les rigoles dont j'ay parlé, & dans lesquelles on jette le fumier à demy hottée, plus ou moins prés l'une de l'autre qu'on le juge à propos, & qu'on ne recouvre qu'à la fin du Printemps, où pour lors on a coûtume de donner le premier labour aux vignes.

De la maniere de terrer les Vignes.

Terrer est un mot qui se dit en termes de vigne ; il faut terrer cette vigne, il est à propos de terrer cette vigne, &c. Ce secours qu'on luy donne ne luy est pas moins utile que le fumier qu'on y applique, le motif de l'un n'étant point different de celuy de l'autre : car lorsqu'on terre les vignes, ce n'est qu'en vûë de rendre fertiles celles qui ne le sont pas.

Il n'y a point de terre qui ne soit sujete à s'épuiser de sels, si l'on n'a soin par quelque amendement de prevenir ce défaut, ou de le reparer lorsqu'il est arrivé : l'une en demande plus, & l'autre moins; & enfin laissant conduire le tout à vôtre prudence, ces terres qui contiennent les vignes, attendent de nous que nous leur donnions ce qu'elles nous demandent dans leur besoin.

Ce surcroît de puissance qu'on fait acquerir aux vignes par le moyen des terres portées, augmente considerablement leurs productions, par le concours des sels qui sont dans ces sortes de terres, & que l'air y réveille, les penetrant plus aisément par le grand remüement qu'on en fait, & en les purifiant des mauvaises qualitez qu'elles auroient pû avoir contractées, ce qui seroit cause que les sels venant à se détacher pour se laisser aller où la pesanteur des humiditez les emportent, tomberoient sur la racine de ces vignes, qui naturellement se portant à la superficie de la terre, vont chercher à vivre par-tout où elles peuvent trouver un aliment nouveau.

Aprés avoir montré comme la terre portée fertilise effectivement les vignes, il n'est plus question que de dire comme il faut mettre cette terre dans chaque espece de vigne.

La haute vigne déja n'a pas besoin de ce secours : car étant ordinairement mise dans des Jardins où la terre est assez bonne d'elle-même, joint à ce que le Muscat & autres raisins de cette nature, qu'on y met, sont d'un genie à ne jetter que trop, sans qu'il soit necessaire d'une culture si extraordinaire, outre les labours ; cette espece de vigne, dis-je, répondra assez à nos souhaits.

Pour la moyenne, ce transport de terre luy est extrêmement necessaire, sur tout lorsqu'on voit qu'elle ne donne plus que de chetives productions, & il se fait ainsi dans cette sorte de vigne

On prend d'un endroit destiné à amender les vignes, de la

terre qui y est, qu'on porte dans des hottes plus ou moins grandes à un bout de la vigne, observant toûjours que c'est à celuy qui est le plus haut, où cette terre étant parvenüe, est jettée sur la tête des perchées, comme on dit aux environs d'Auxerre.

On porte cette sorte de terre au haut de la vigne, à cause qu'elle descend toûjours assez dans le bas, par le moyen des labours qu'on luy donne, ce qui l'y entraîne.

Lorsqu'on terre ces vignes, on se forme plusieurs idées à cet effet; ou l'on n'y veut faire simplement que des têtes tout du long de l'extremité de leur bout d'en-haut; ou bien on les souhaite terrer tout le long des perchées.

Si ce ne sont que des têtes, on se contente de faire porter de ces terres destinées au bout d'en-haut dont j'ay parlé, & commençant à faire une tête, on jette hottée de terre sur hottée, jusqu'à ce qu'il y ait un pied & davantage de terre de hauteur, & douze pieds de longueur, le tout également haut; ce n'est pas ce qu'observent toûjours les Vignerons qui travaillent à forfait pour leurs Maîtres, ausquels le plus souvent ils en font passer un pour deux, faute de la part de ces Maîtres, ou de s'en rapporter trop à leur bonne foy qui les trompe, ou de ne s'y pas connoître lorsqu'ils vont voir l'ouvrage que ces Vignerons ont marchandé de faire, & qui est fait à la verité, mais non pas suivant les clauses du marché; car on ne porte guere de faux jugemens, lorsqu'on dit, tous Vignerons, tous fripons.

Si l'on souhaite terrer les vignes tout du long des perchées, on observra que sur le haut de chaqu'une, il suffit qu'il y ait une terre de la hauteur de terre que j'ay dit, mais seulement longue ainsi de quatre bons pieds; & que ce sera assez pour le reste, que la terre soit mise le long de chaque perchée à l'épaisseur de quatre doigts. Une perchée étant terrée de cette maniere, on en recommence une autre, & en continuant ainsi jusqu'à ce que l'ouvrage soit fini. Pour les vignes ruellées, on jette la terre qu'on porte dans les rigoles, les hottées distantes l'une de l'autre autant qu'on le jugera à propos. Voila tout ce qui regarde la maniere de terrer les vignes moyennes; voyons à present celle qui concerne les basses.

A cause de la confusion avec laquelle les vignes basses sont plantées, je ne connois qu'une seule maniere de les terrer, qui est de jetter chaque hottée de terre au pied de chaque sep, & cela fait bien; & le temps de pratiquer ce travail est depuis le mois de Septembre jusqu'au mois de Mars.

REMARQUE

Remarques.

Il faut remarquer dans l'une & dans l'autre espece de vigne, que lorsqu'on a été obligé de faire des provins, & qu'il est question la seconde année qu'ils sont repris, de les terrer pour leur faire prendre des forces ; il faut, dis-je, remarquer qu'on peut les terrer seuls, & par trous, sans qu'il soit besoin pour cela d'attendre que la vigne où ils sont demande qu'on la terre entierement.

Jamais on ne terrera une vigne delicate lorsqu'il y sera tombé de la neige ; car cela est dangereux de la faire jaunir : pour les vignes des terres fortes, on le peut faire tant qu'on peut entrer dedans, & que les gelées permettent qu'on puisse arracher de la terre.

Toutes vignes qui ont été terrées, & où par consequent la terre a été mise grossierement, seront dés le premier labour qu'on leur donnera, labourées à uny, & fort profondement.

Et enfin on remarquera, qu'en terrant quelque vigne que ce soit, plus on s'approche du bas, moins doit-on mettre les hottées de terre prés les unes des autres, à cause que cette terre descend toûjours.

Comme le temps auquel la vigne fleurit est fort dangereux pour les labours, il faut pour lors se donner bien de garde d'en faire, d'autant que la terre fraîchement remüée exhale beaucoup de vapeurs, qui, aux moindres fraîcheurs ausquelles cette saison est sujete, s'arrêtant sur les fleurs, les attendrissent d'une telle maniere qu'il en perit la plus grande partie.

Autre espece de Vigne basse que la precedente.

Voicy une espece de vigne basse, dont la culture est beaucoup differente de celle dont nous venons de parler, & c'est à la Picardie qu'elle doit sa methode.

Pour la maniere de la planter d'abord, c'est bien la même chose ; mais quant aux années suivantes qu'elle a poussé du bois assez long, cela est tout different, & voicy en quoy.

Premierement, c'est qu'il faut qu'on sçache que la methode des Vignerons Picards, est tous les ans de renouveller leurs vignes ; c'est-à-dire lorsque la saison vient de tailler les vignes, ils observent comme ailleurs le plus ou le moins de force qu'un sep peut avoir, pour luy donner la taille conforme ; & sans se mettre en peine de coursons, ils coupent leurs branches à cinq ou six yeux ; puis prenant tout le sep encore jeune, ils vont le coucher dans une fosse creuse d'un pied, & font des provins autant qu'il y a de ses branches, qu'ils recouvrent incontinent de terre, le faisant de telle maniere que l'extremité de ces provins en sorte à trois ou quatre yeux, suivant, comme j'ay dit, le plus ou le moins de force que le sep contient : un sep ainsi provigné, ils passent à l'autre & en font la même chose ; de cet autre à un autre encore, en telle sorte que toute la piece de vigne n'est entierement que provins.

Parreil ouvrage, comme j'ay dit, se recommence tous les ans au printemps ; si bien que lorsqu'on a taillé, on ne sçauroit en ce païs trouver assez de monde pour provigner, hommes, femmes, & garçons, tout s'en mêle ; & ce travail en ce païs, n'est un rien quant à la maniere d'être pratiqué ; au lieu qu'ailleurs, & sur tout aux environs d'Auxerre, c'est où paroît l'habileté d'un Vigneron.

CHAPITRE XLII.

Des Vendanges, & du temps de les faire.

PEre de famille, qui que vous soyez, rejoüissez-vous. Voicy les Vendanges qui viennent, l'Automne va bien-tôt couronner vos peines, & vous dédommager de toute la dépense que vous avez faite à vos vignes pendant toute l'année ; il est plus d'un necessaire pour réüssir à les faire : preparez vos cuves, & voyez si elles sont en état de pouvoir contenir en sureté la Vendange que vous y pretendez mettre. Faites provision de tonneaux bien accomodez, & n'oubliez point pour cela de vous fournir de cercles & d'osiers. Vous avez besoin de tines, & d'un cuvier ; que tout cela soit prêt de telle maniere, que le vin y puisse tenir sans se perdre : soignez que vôtre Pressoir soit en état, que rien n'y manque, afin que lors qu'il faudra qu'il presse vos raisins, il vous les rende secs & déchargez de toute leur liqueur ; que vos celiers soient tenus proprement, & que vos caves vuides de toutes ordures soient prêtes à recevoir le vin que vous avez à y placer.

Du temps des Vendanges.

Les regles les plus certaines qu'on puisse établir pour faire vendange, est lorsque les raisins sont meurs, ce qui arrive quelquefois en Septembre, & quelquefois seulement en Octobre, & suivant les païs & les climats où les vignes sont situées ; comme par exemple, les contrées qui approchent le plus du midy, donnent leurs raisins bien plûtôt en maturité, que celles qui sont voisines du Septentrion : & ainsi du reste.

Pour juger sûrement qu'un raisin est parvenu à sa juste maurité, nous avons d'abord besoin de l'œil, qui voyant qu'il a la couleur qui luy est naturelle, soit rouge, noire, ou blanche, fait dire que ce raisin est meur ; & le goût en decide aussi, quand l'eau en est douce, & d'un sucre d'un fin relief.

Aprés que par ces marques que je viens de dire, on a connu la maturité parfaite du raisin, on se met en disposition de l'aller cueillir, & l'on choisit pour cet ouvrage, si le temps le permet, de beaux jours ; mais si l'Automne est si dereglé qu'il ne nous donne que de frequentes humiditez, il ne faut pas pour cela laisser que de faire la recolte des raisins du mieux qu'on peut.

Il arrive quelquefois dans le temps des vendanges, quoyqu'elles soient belles, que le matin lorsqu'on est aux vignes, il s'éleve des brouillars épais, qui venant à tomber, humectent considerablement les raisins ; pour lors, & attendant que le Soleil ait paru pour en secher toute cette eau, il vaut mieux permettre aux vendangeurs de danser, que de les obliger de vendanger : car cette grande humidité mêlée avec le raisin dans le tonneau, ne sçauroit que diminuer la bonté du vin.

La coûtume est dans des païs, de cueillir les raisins noirs separément d'avec les blancs, afin de faire le vin de même ; & en d'autres on mêle & les uns & les autres : ou bien il se peut qu'en une piece de vigne on mêlera tout une année, & que dans une autre on fera une separation de ces raisins ; ou pour parler en terme barbare, & comme on dit aux environs d'Auxerre, on fera de la triange.

Ceux qui se piquent de sçavoir faire du bon vin, se donnent bien de garde de mêler les bons raisins avec ceux qui sont de peu de valeur, & ont toûjours soin de recommander qu'on en separe les especes pour les mettre à part, afin d'en faire du vin commun pour la boisson des domestiques.

Ils observent encore, sur tout dans les années de chaleur, lorsque les raisins qu'on cueille sont noirs la plûpart, & par consequent destinez pour faire du vin rouge ; ils observent, dis-je, si-tôt que les raisins hottée à hottée sont mis dans le tonneau qui est au pied de la vigne, de les fouler, puis avec les mains d'en ôter le plus de grapes qu'ils peuvent. On ne sçauroit dire combien cette petite façon contribuë à la qualité du vin, qui doit un peu rester dans la cuve pour prendre couleur.

Chaque païs (dit l'ancien proverbe) chaque guise ; dans l'un on foule la vendange dans les vaisseaux qu'on porte aux vignes avant que de la charier à la maison ; & dans l'autre on en fait le transport sans l'écraser : & il est aussi d'autres endroits où l'une & l'autre methode se pratiquent.

CHAPITRE XLIII.

De la maniere de façonner les Vins, des differentes boissons, & des Rapez.

IL est vray qu'il y a des manieres de façonner les vins, qui contribuënt beaucoup à les disposer à prendre la perfection qu'ils ont acquise, soit par la nature du terroir d'où ils sortent, soit par la maturité à laquelle les raisins d'où ils ont été exprimez, sont parvenus. Mais de dire qu'en les façonnant comme il faut, ils ayent tous une égale bonté ; non, car le plus ou le moins dépend des climats où les vignes ont leur situation.

On prefere un vin de Champagne à un vin de Beaune, & les vins de Beaune à ceux de Tonnerre ; ainsi du reste : & toute cette difference à cause des sels dont les terres qui contiennent ces sortes de vignes, sont remplies ; lesquels ayant des degrez plus ou moins de perfection, donnent aux raisins ces qualitez differentes.

Cela n'empêche pas pour cela que bien d'autres vins, quoyqu'inégaux en bonté n'ayent chacun leurs charmes en particulier : & si ceux dont je viens de parler ont certain montant qui les fait estimer plus que les autres ; les Chablis, & les fins vins des environs d'Auxerre ont aussi leur relief. Collange est assez en renom, sans qu'il soit besoin d'établir davantage son merite ; les vins des Côtes-chaudes, de la Palotte, de la Chenette, & des Pieds-derats, ne sont que trop connus par leur seve, pour qu'on en veuille icy faire l'éloge ; & enfin les Channans, les Clos de l'Abbaye de saint Germain ont jusques icy assez fait connoître leur saveur, pour faire que les Marchands s'empressent de les acheter : & si je ne parle qu'en passant des Vignobles qui sont autour de Paris, c'est que tous les fins connoisseurs de vins avoüent, quoyqu'il y ait quelques côtes qui soient passables, que ceux dont je viens de faire le détail, sont de beaucoup plus sevez : & mieux fournis.

Tous cantons ne rapportent pas du vin de même couleur : l'un en donne du rouge, l'autre du paillet, celuy-cy du gris, & celuy-là du blanc ; ou bien telle côte pourroit en mêlant tous les raisins ensemble, produire du vin un peu rouge, qui en produit du blanc & du rouge tout-à-fait, lorsque les raisins de ces deux especes sont separez ; si bien que la plûpart des manieres de donner les couleurs au vin dépendent ou de l'usage du païs, ou de nôtre prudence à le faire de telle ou telle couleur, lorsque pour sa bonté elle le juge à propos.

Quant à la maniere, en general, de faire le vin ; tout le monde qui est en païs de vignobles, sçait assez que lorsqu'il est question de tirer le moust de la cuve où l'on a vuidé la vendange, on prend un grand panier d'osier (qu'on appelle Couloir, en Bourgogne) qu'on met dans une espece de fontaine qu'on a faite avec un râteau de fer, à la moitié environ de la cuve ; pour ensuite ce moust être porté ou directement dans les tonneaux avec égalité, ou dans une autre cuve, dans laquelle on porte tout ce vin, tant celuy qu'on tire de la premiere cuve, que celuy qui vient du pressoir ; & cette maxime est afin que toute la cuvée étant bien mêlée ainsi, on le puisse après mieux égaler, en l'entonnant dans les vaisseaux. En telle sorte qu'un demy muid n'est ny plus ny moins fourni que l'autre : mais de cette methode generale, venons à des particulieres qu'il est bon de sçavoir.

Du Vin rouge.

La plus grande partie de ceux qui ont des vignes & qui veulent faire du vin rouge, s'imaginent qu'il n'y a qu'à leur donner plus ou moins de seve qu'ils desirent qu'ils ayent cette couleur ; mais ils se trompent ; l'experience nous ayant fait voir jusqu'icy, qu'il y a bien d'autres precautions à prendre pour y reüssir, c'est-à-dire pour luy donner cette rougeur au point qu'on la souhaite, sans rien diminuer de la grace que doit avoir le vin ; & ce sont ces precautions qu'on prend, qui nous font dire tous les jours qu'il y a de la façon à faire du vin : d'où vient que nous voyons bien souvent des raisins d'un merite égal, crus dans des vignes de differens maîtres, situez dans un même terroir également bon, & favorisé pareillement des rayons du Soleil ? d'où vient, dis-je, que ces raisins rendent du vin meilleur aux uns qu'aux autres, si ce n'est par la mauvaise façon qu'on luy a donné ? Ainsi pour éviter de pareils inconveniens, il faut premierement avoir égard aux années, qui étant plus ou moins chaudes, veulent que les vins qu'on veut rendre rouges, cuvent de même.

En second lieu, il faut considerer l'espece du vin, c'est-à-dire, s'il est fin ou grossier : s'il est fin, & par consequent beaucoup plus rempli d'efprits qu'un autre qui a peu de corps, quatre ou cinq heures de cuve fuffifent fi nous voulons qu'il foit bien rouge; & c'eft ainfi que fe gouvernent les bons vins de Collange, & ceux qui font aux environs, qui prendroient le goût de la grappe, fi on les laiffoit plus long-temps dans la cuve.

Si le vin eft groffier, c'eft-à-dire moins fpiritueux & moins fevé, on l'y laiffe un jour entier; & encore au bout de ce temps, fi l'on juge qu'il n'ait pas affez cuvé, on retardera encore à le mettre fur le preffoir; car ces fortes de vins n'acquierent leur merite que par le corps qu'ils prennent dans la cuve, n'ayant que très-peu de qualité d'ailleurs.

Mais foit à l'égard des vins rouges qui font délicats, foit de ceux qui ne le font point, il faut être foigneux lorfqu'ils font dans la cuve, d'en ôter avec un râteau le plus de grappes qu'on peut, foit qu'on ait déja pris cette precaution dans les tonneaux, ou qu'on ait negligé de le faire; car ces grappes font fi dangereufes de faire perdre au vin la grace qui luy eft neceffaire, qu'on ne fçauroit les y laiffer toutes, fans que le vin ne tombe dans cet inconvenient.

Il y a des gens qui par une application particuliere à façonner du vin, fçavent, pour ainfi dire, le temps & l'heure qu'il eft à propos de l'entonner, & cela par une certaine connoiffance profonde qu'ils fe font acquife du point de couleur & de feve que ces vins doivent avoir, fuivant les années aufquelles ce cas échet; fecret important qu'il feroit befoin qu'euffent tous ceux qui fe veulent mêler d'avoir des vignes, & qu'ils apprendroient aifément s'ils vouloient s'en donner la peine; fecret qui empêcheroit, fur tout aux villages, qu'on ne bût des vins fi mâtins.

Du Vin clair, & autrement Oeil de Perdrix.

Pour faire acquerir à ce vin le point de couleur qu'on luy demande, & pour le rendre bien excellent, fuivant le païs où on le fait, il s'agit de le tirer de la cuve deux ou trois heures après qu'il a été vuidé, & le porter fur le preffoir.

Il y en a qui fort curieux d'avoir du vin de cette efpece, & de belle couleur, apportent de la vigne les raifins fans le meurtrir, & les mettent tout d'un coup le preffoir; mais c'eft lorfqu'ils jugent qu'il y a un peu trop de raifins noirs parmi les blancs.

Du Vin gris.

Les raisins propres à faire cette espece de vin, ne croissent ordinairement que dans les terres pierreuses, ou c'est là du moins qu'ils viennent meilleurs pour cela que dans d'autres terres; & quoy qu'il y ait des raisins noirs parmi beaucoup plus de blancs, cependant, le vin qui est bon quand il est bien fait, est toûjours tout gris comme un gris de perle : la maniere de le façonner, est qu'aprés que les raisins sont coupez, on ne sçauroit assez tôt les mettre sur le pressoir.

Du Vin blanc.

Comme les vins blancs sont fort sujets à devenir jaunes lorsqu'ils sont mal façonnez; on doit observer, pour qu'ils ne tombent point dans cet inconvenient, de ne les faire nullement cuver; les raisins blancs, pour rendre du vin bien clair, ne voulant qu'entrer & ressortir incessamment de la cuve pour être mis sur le pressoir, où le plus souvent on les décharge tout meurtris, venant directement de la vigne; ou bien on les y met sans être écrasez.

OBSERVATION.

Lorsque je vois de ces avares qui craignant de perdre du vin, remplissent leurs tonneaux pour la premiere fois à un demi pied prés du bondon, je les appelle des gâteurs de vin. Car empêchant en boüillant qu'il ne jette son écume par-dessus ils luy ôtent les moyens de se purifier, & de s'éclaircir comme il faut. Ainsi pour éviter cette mauvaise façon, on observera pour cette premiere fois de remplir ces tonneaux, jusqu'à ce qu'au vin on touche aisément du doigt, soignant même pour cet effet de le remplir souvent.

Quand le vin a jetté sa premiere fougue, & qu'on voit qu'aprés qu'on a rempli les tonneaux il ne dise plus mot, pour ainsi parler, on commence de le couvrir de feüilles de vignes, sur lesquelles on met de petites pierres plattes ou des tuileaux, crainte qu'il ne s'y dissipe trop d'esprit; & on le laisse en cet état jusqu'à ce qu'on veüille le bondonner, ce qu'il faut toûjours faire le plûtôt qu'il est possible.

Toute cuvée de vin, pour être dans les formes, doit avoir une égalité de couleur, & de bonté; ce qu'elle acquiert lorsqu'on a tout mêlé le vin dans une cuve avant de l'entonner, ou bien en mettant également dans chaque tonneau autant de vin sortant de la cuve, que de celuy qui fort du preſſoir.

Les habiles en l'art de faire du vin, & qui n'ignorent pas la groſſiereté dont eſt celuy du dernier preſſoirage, ſe donnent bien de garde de le mêler parmi d'autres; mais le mettant dans un tonneau à part, ils le deſtinent ou pour leur boire, s'il ſort d'un vin delicat; ou pour celuy des domeſtiques, s'il vient de raiſins qui ne puiſſent rendre que du vin commun.

On doit être ſoigneux de bondonner le vin le plûtôt qu'on peut, car pendant qu'il eſt dans ſa chaleur, il eſt fort ſuſceptible d'évent; & de le tenir toûjours plein, crainte de cet inconvenient.

Qu'on ne ſuive jamais la methode de ceux qui par un certain eſprit de ménage, & ayant dequoy ſe comporter mieux en cela, ne font que patroüiller leurs vendanges, en les faiſant tirer en longueur; car deux inconveniens arrivent de ce tripotage: le premier, ſi c'eſt du vin rouge, qu'il eſt dangereux que la premiere vendange attendant l'autre, ne s'échauffe trop, & ne prenne le goût de grappe; & ſi c'eſt du blanc, qu'il ne jauniſſe: & le ſecond, ſoit vin blanc, ſoit vin rouge, que les meilleurs & les plus ſubtils eſprits ne s'en évaporent, gâtant par là leur vin, en interrompant à l'égard du vin rouge la fermentation qui s'en doit faire, & à l'égard du blanc en le forçant de prendre une couleur jaune qui ne luy convient pas: ils ſont cauſe que ces vins prennent un goût molaſſe qu'ils gardent toûjours, & qui les rend de beaucoup moins de valeur qu'ils ne ſeroient, ſi l'on avoit ſuivi une meilleure methode à les faire.

Ces gens pour excuſer leur faute en cela, vous objectent que la vendange qu'on jette toûjours nouvellement dans la cuve, rafraîchit celle qui y eſt depuis quelque temps; tel raiſonnement, à la verité, eſt à pardonner à quelque bon païſan, ou à quelque bonne femme qui ont dequoy, & qui par-deſſus les autres animaux n'ayant ſeulement acquis du Ciel que la raiſon, s'abandonnent ſans reflexion aux ſeuls mouvements de la nature, c'eſt-à-dire, que ſans approfondir les cauſes, ils ne s'attachent qu'à la matiere groſſiere, ce qui fait voir leur ſimplicité: mais à légard de ces gens qui (comme j'ay déja dit) par un eſprit de lezine plûtôt que ménage, tombent dans une telle faute; on ne ſçauroit que trop les en blâmer, puiſque croyant en cela épargner cinq ſols, ils en perdent vingt: & je n'excepte uniquement de ce défaut que ceux que l'endigence accable, & qui n'ayant pas le moyen d'agir autrement, ſont contraints de faire comme ils peuvent: défaut qui

arrive

arrive sur tout à la plûpart des Bourgeois de village, qui par une mauvaise-coûtume qu'ils tiennent de pere en fils, & dont ils seroient bien fâchez de se défaire, donnent toûjours à leurs vins cette façon contraire à leur bonté.

De la Piquette, autrement dit du demy Vin.

Comme les vins dont nous venons de parler, ne sont ou que pour faire de l'argent, ou pour la bouche du pere de famille, qui a des domestiques qu'il faut abreuver à leurs repas, d'autre liqueur que de l'eau; la bonne Oeconomie veut qu'au temps de vendange on soit soigneux de faire d'une certaine boisson qu'on appelle piquette, autrement dit du demi vin. Et voicy comme on façonne cette liqueur.

Avant que d'ôter le moust de la cuve, il faut avoir fait provision d'eau, autant qu'on juge devoir faire de cette piquette, afin qu'aussi-tôt le vin hors de cette cuve, on y jette cette eau incontinent, crainte que le marc restant sans humeur, n'acquît quelque goût desagreable qu'il ne manqueroit pas de communiquer à la liqueur dont on l'arroseroit de nouveau.

L'aigreur est le défaut principal dans lequel il pourroit tomber, si l'on n'usoit de diligence à y mettre de l'eau, autant ou peu qu'on souhaitera que la piquette soit plus ou moins bonne.

L'eau mise ainsi, on la laisse dans la cuve pour y prendre couleur tant que les années plus ou moins chaudes le permettent; & lorsqu'on juge que la fermentation du vin qui reste est suffisament faite avec l'eau, on tire tout le moust de cette cuve dont on remplit une autre cuve, puis ôtant le marc de celle où il est, on le porte sur le pressoir pour y être pressé, & en exprimer la liqueur du vin qui est encore dans les grains, pour porter ensuite ce vin pressoiré dans la cuve où l'on a jetté le moust; & le tout ainsi mêlé ensemble, est retiré pour être mis dans des tonneaux.

Autre Piquette.

Voicy une autre maniere de piquette, qui à la verité n'est pas si bonne que la premiere, mais dont on se sert avec assez de succés pour la boisson du commun; & il ne s'agit pour cela que de prendre un marc de raisins bien rouges, & qui ait déja été mis sur le pressoir.

Il est vray, qu'on observe qu'au lieu de trois coupes qu'on devroit donner, on ne luy en donne que deux; puis l'ôtant fraîchement de deſſus le preſſoir, on le porte directement dans une cuve, dans laquelle on le ſepare l'un de l'autre le mieux qu'on peut; aprés quoy on l'abreuve d'eau autant que la prudence le juge à propos.

Cela pratiqué on le laiſſe cuver quatre ou cinq jours, pendant leſquels ils ſe fait encore avec cette eau une fermentation du peu des eſprits de vin qui reſtent encore aux grappes, & qui communiquant à cette eau une qualité étrangere, luy fait acquerir la couleur qu'on luy ſouhaite.

Cette piquette, comme la precedente, eſt tirée de la cuve & miſe dans une autre; & quant au Marc qui reſte, on le porte auſſi ſur le preſſoir, où on luy donne ſeulement une ſerre pour en exprimer toute l'humidité qu'il contient, & qui eſt toûjours plus ſubſtantielle que le mouſt qu'on ôte de la cuve: raiſon pour laquelle on ne le met point dans les tonneaux que le tout ne ſoit mis enſemble, afin de mieux égaler cette piquette, qui veut être bûë inceſſamment.

Autre Piquette.

D'autres ſe contentent, pour faire de pareille liqueur, d'enfoncer dans des tonneaux, du marc qui ſoit bien rouge, juſqu'à un pied prés du bord, puis les rempliſſant entierement d'eau, les laiſſent en cet état un mois pour prendre couleur; puis au bout de ce temps, le bon païſan la met en perce, & en fait des roties.

Des Rapez.

On peut dire qu'un bon rapé eſt un treſor dans une maiſon, j'entends celuy qu'on fait ainſi avec des raiſins noirs.

Prenez un tonneau bien relié, dans le fond duquel vous mettrez un lit de ſarment de la hauteur de deux bons doigts; poſez l'un aprés l'autre ſur ce ſarment des raiſins tous entiers juſqu'au bondon; cela fait, recommencez un autre lit de ſarment, ſur lequel vous mettrez encore des raiſins comme j'ay dit, juſqu'à un pied prés de l'extremité d'en haut, où vous ferez encore un autre lit de ſarment; puis ſoignant de bien faire enfoncer ce tonneau, faites-le porter dans le lieu où vous voulez qu'il reſte, aprés l'avoir rempli d'un bon gros vin rouge à trois doigts prés du bord, pour luy donner la facilité de boüillir ſans qu'il s'en perdre beaucoup: entretenez-le dans le commencement, de même que le vin; ſoignez qu'il ne s'évente point, & aprés il vous ſera d'une utilité tres-grande.

Autre Rapé.

Les rapez que voicy, ne servent qu'à éclaircir promtement le vin, & se font avec des copeaux de bois de hêtre ou fouteau bien secs, & tirez le plus long qu'on peut, lesquels on laisse tremper l'espace de six jours dans l'eau, & qu'on rechange de deux jours en deux jours, afin d'ôter le goût du bois, ou bien les mettant dans un sac, au fond d'une eau courante, pendant le temps marqué cy-dessus ; ayant pris la precaution d'attacher ce sac à quelque chose, crainte que cette eau ne l'entraîne.

Cela fait, on les égoute, & on les fait bien secher à l'air, aprés quoy on les met dans un tonneau qu'on remplit jusqu'à un doigt prés du bord, & qu'on enfonce de telle maniere que le vin qu'on doit mettre dedans ne se perde point.

Aprés qu'on a ainsi accommodé les copeaux & enfoncé le tonneau, avant de le remplir de vin, on n'oublie point d'y insinuer par le bondon une chopine d'eau-de-vie ; & cela observé, on bouche le tonneau d'un bondon environné de drapeau, & puis on roule ce tonneau jusqu'à ce qu'on croye que cette eau-de-vie qui est dedans ait imbibé les copeaux.

On n'a pas plûtôt roulé ce tonneau, qu'on le porte à la place qu'on luy destine, & où l'on ne manque point de le remplir incessamment de vin, gouvernant au surplus ces rapez tout comme l'autre vin quand il est nouvellement entonné.

De l'usage des Rapez.

Il est fort peu de Marchands de vin, qui ne se fournissent de ces sortes de rapez ; celuy de copeaux, à intention d'éclaircir promtement du vin ; & celuy de raisins, pour fournir toûjours du vin d'un même goût, à ceux qui en achetent.

Ce dernier est encore d'un grand secours à ceux qui ont beaucoup de monde à nourrir & à qui on est obligé de donner du vin, & sur tout à un pere de famille, qui étant chargé de valets, cherche (s'il n'en a pas) des vins de petit aloy ; & par consequent a bon marché, qui pour peu qu'ils soient vins, les faits paroître beaux en les passant sur cette espece de rapé, quelque vilaine couleur qu'ils eussent d'origine, & qui par ce vermeil qu'il leur donne, contentent le goût ainsi que l'œil de ceux qui les boivent.

Tous rapez doivent être remplis à mesure qu'ils se vuident, à cause que les raisins ny les copeaux n'en valent pas mieux lorsqu'on les laisse trop long-temps en vuidange.

Lorsqu'on s'apperçoit que les rapez de copeaux sont long-temps à éclaircir, on juge que la lie y est trop abondante ; & c'est pour lors qu'il faut les defoncer, & en laver les copeaux dans de l'eau pour en ôter cette lie, & les mettre aprés secher à l'air comme auparavant ; & pour leur donner de la force, on les imbibe d'eau-de-vie comme j'ay dit, ou bien on les lave dans du vin clair, aprés quoy on les remet dans les mêmes tonneaux bien lavez, & ils servent ainsi accommodez tout comme auparavant.

Pour l'observation qu'il y a à faire aux rapez de raisins, il n'y a qu'à les remplir à mesure qu'on les boit ; car les laisser trop en vuidange, c'est les exposer à prendre l'évent & à se gâter.

Absurditez des Anciens.

Il sembloit du temps de nos peres, qu'on ne pouvoit prendre assez de precautions à faire du vin ; mais ces precautions alloient quelquefois si loin, qu'au lieu de faire du bon vin elles, ne faisoient que luy donner un goût qui ne luy convenoit pas ; ou si elles le rendoient tel qu'ils l'esperoient, c'étoit en prenant des peines une fois davantage qu'on n'en prend aujourd'huy, & si ils n'y reussissoient pas mieux pour cela.

Car au lieu de ce que j'ay dit cy-dessus, à quoy bon, en voulant faire du vin de garde, faire apporter les grappes de raisin noir sans les meurtrir, & les faire décharger dans une petite cuve d'environ quatre à cinq muids, où on les foule, pour être le moust jetté dans une autre grande cuve, puis le marc ; & recommençant tout de même, remplir cette grande cuve jusqu'à trois doigts prés du bord, pour le laisser élever dans la force de son boüillon sans le perdre ?

Et lorsqu'on remarque qu'il se hausse trop, il faut percer avec un quiblet la cuve dans le milieu entre deux cercles, & goûtant s'il tient de la cuve, le tirer aussi-tôt, & l'entonner : à quoy bon, dis-je, tout cela, puisque pour le rendre bon il ne s'agit que de le façonner comme je l'ay enseigné & sans tant de mystere ?

Peut-on approuver la maxime de ceux qui pour corrompre le goût naturel du vin, se servent d'ingrediens qui le rendent tout-à-fait mauvais ? & ne voyons nous pas encore aujourd'huy de certains rêveurs en matiere de vin, qui pour luy donner un goût de muscade, disent-ils, prennent quinze ou vingt grains de grande Orvalle, ou Orminum, qu'ils renferment dans un petit sac, & qu'ils laissent pendre dans le tonneau jusqu'à ce qu'ils jugent que ce vin ait affez pris ce goût? Et de bonne-foy, n'appelle-t on pas cela, faire d'un bon vin une fort méchante liqueur?

Loin tous ces mélanges, qui gâtent le vin, au lieu de luy faire venir comme un furcroît de bonté ; qu'on n'employe les framboises que pour manger, ou pour donner goût à des confitures, & non pas dans la penfée de rendre agreable celuy du vin ; & qu'on rejette ces peaux d'orange, ces clouds de girofle, & cette canelle, comme épices à faire cracher contre le vin où elles entrent ; il n'eft que le goût naturel du vin.

Prefentement, quelle fuperftition, de dire que pour garentir un vin de l'inconvenient du tonnerre, il n'y a qu'à mettre fur chaque tonneau un barreau de fer (il en faudroit beaucoup à ceux qui ont quantité de vin) à caufe, difent ces Efprits foibles, qu'il a une certaine vertu naturelle qui y refifte? Pour moy je croy pour plus fûr expedient à cela, que c'eft d'avoir de bonnes caves & bien fraîches.

CHAPITRE XLIV.

Du Cidre, du Poiré, & du Cormé.

IL n'eft rien pire que de boire de l'eau ; & c'eft ce qui a obligé l'homme, outre le vin, d'inventer plufieurs autres fortes de boiffons, parmy lefquelles le cidre, aprés cette liqueur dont je viens de parler, peut à bon droit tenir rang.

C'eft des Normans, dit-on, qu'on en tient la premiere invention ; car ces peuples voyant que la froideur de leur climat ne permettoit point qu'il y crût du vin, s'aviferent, pour ne point être obligez de boire de l'eau pure, à moins de beaucoup de dépenfe pour tirer des vins de loin (ce que la plûpart n'auroient pas été en état de faire) s'aviferent, dis-je, de planter des pommiers, & par de certains moyens qu'ils trouverent, ils fçûrent, du fruit qui en vient, exprimer ce jus qu'on boit aujourd'huy, & qu'on appelle cidre.

Le meilleur & le plus fort, eft celuy qui fe fait avec les pommes les plus douces, & qui femblent comme infipides au goût, tant qu'elles ont de douceur ; telles font les pommes de Hurlieux, ou de Coqueret.

Pour faire que le cidre acquerît une bonté parfaite, il feroit à fouhaiter qu'on ne fe fervît des pommes que lorfqu'elles font parvenuës à une juste maturité ; mais comme la tardiveté d'aucunes années empêche qu'on ne les cueille au point qu'il est necessaire, on le fait telles qu'elles sont, lorsque la saint Michel, qui est le temps de les abatre, est arrivé.

A l'égard des pommes qui sont meures dans cette saison, on ne tarde point de les employer aussi-tôt à faire du cidre; & pour celles qui ne le sont pas encore, on attend pour en exprimer ce jus, que dans quelque endroit où on les porte exprés, elles soient venües au point de maturité qu'on le demande : & un mois suffit aux unes pour la leur faire acquerir; au lieu qu'il y en a qui vont jusques à Pâques. Aprés quoy il n'y a plus à retarder à les employer à cet usage. Car elles ne valent rien pour cela étant trop vertes ; elle ne sont pas meilleures lorsqu'elles sont aussi trop meures; sibien qu'il est necessaire de s'en servir à propos.

Pour parvenir à faire le cidre, on prend des pommes qu'on met dans une auge de bois qui a la forme ronde, pour les meurtrir sous une meule qu'un cheval tourne, & pareille à celle dont se servent les faiseurs d'huile.

Tandis que cette meule fait sa fonction, on remuë les pommes dans l'auge à mesure qu'elles sont pilées, en y mettant de l'eau tant & si peu qu'on souhaite que le cidre ait plus ou moins de bonté; & ce remuëment se fait avec un râteau fait exprés.

Ces pommes étant bien écachées, on les porte sur la mer du pressoir, où on les accommode à mesure qu'elles y surviennent.

Pour cela faire, on dresse la motte avec de longue paille, qu'on met lits par lits successivement avec les pommes de l'épaisseur de quatre doigts, afin de les mieux lier ensemble.

Cette motte pour l'ordinaire est quarrée; & si-tôt qu'elle est achevée, on charge le pressoir à la maniere accoûtumée, aprés quoy on donne l'arbre à ces pommes, pour en exprimer la liqueur.

Ainsi que du vin, on fait de la piquette de cidre, qui est la boisson ordinaire du commun ; & pour y reüssir on prend le marc aprés qu'il a été bien pressé, qu'on met tremper dans des vaisseaux avec de l'eau ; & au bout de huit jours qu'on l'a ainsi mis, on le reporte sur le pressoir, pour en tirer jusqu'à la derniere goute.

Autre Cidre appellé Picalle.

Ce n'est pas seulement en Normandie, mais encore en bien d'autres endroits qu'on pratique la maniere qui suit de faire du cidre; en prenant des pommes qu'on se contente de casser, & dont on remplit un tonneau : cela fait, on foigne que le tonneau foit bien enfoncé, puis étant en la place où il faut qu'il demeure, on le remplit d'eau jufqu'à deux doigts du bondon ; on laiffe boüillir ce cidre, & à mefure qu'on ufe de cette boiffon, on le remplit d'eau jufqu'à ce qu'on juge qu'elle ne veüille plus rien dire, j'entens qu'elle foit trop foible pour pouvoir fupporter de l'eau davantage.

Du Poiré.

Il eft de même du Poiré que du Pommé, l'un & l'autre portant le nom de cidre, & étant auffi plus exquis que plus les poires en font douces & plus meures.

La premiere de ces liqueurs ne dure pas tant que la feconde; c'eft ce qui fait qu'on ne s'eft point avifé jufqu'icy d'en faire en fi grande quantité, non feulement pour cette raifon, mais encore à caufe qu'une poire telle qu'il la faudroit pour exprimer de ce jus qui fût bon, vaut bien mieux d'être mangée, que pour s'en fervir en Poiré.

Cependant, fi l'abondance de ces fortes de fruits permet qu'on en faffe, il n'y a point d'autre myftere à obferver qu'au pommé, tant à l'égard du bon cidre, que de la picalle auffi qu'on peut en faire.

Tout cidre veut boüillir long-temps fans être bondonné, à caufe que l'experience nous fait voir qu'il a fes efprits beaucoup plus dans le mouvement & en plus grande abondance que le vin, & qu'il eft auffi par confequent beaucoup plus furieux dans fon boüillon.

Du Cormé.

Un pere de famille, fi bon luy femble, peut encore, pour une des provifions de fa maifon, faire du cormé, qui dans le temps que le vin eft rare, & qu'on n'en promet point aux valets, ne laiffe pas avec cette liqueur de les contenter plus en leur en donnant à boire, que s'ils ne bûvoient pour boiffon que de l'eau fimple.

Pour façonner ce cormé, il n'y a qu'à obferver feulement qu'il faut que les cormes ne foient pas parvenuës au point de leur maturité, mais feulement qu'il fuffit qu'elles paroiffent jaunes ; & les abatant pour lors de deffus le cormier, on les met entieres dans un tonneau, de la même maniere que j'ay dit qu'il y falloit mettre les poires ou pommes, lorfqu'on veut en compofer de la picalle : & la methode de le gouverner, jufqu'à ce qu'on le boive : ou pendant qu'on le boit, eft auffi pareille.

Les pauvres Païfans font encore des picalles de prunelles qu'ils soignent de recueillir lorsqu'elles sont meures ; ce jus a une couleur toute-à-fait veloutée, mais à la verité ce jus n'est pas si bon, à beaucoup prés, qu'il est beau.

CHAPITRE XLV.
Du Verjus.

Reste à present, pour finir ce troisiéme Livre, de parler du verjus, & de la maniere de le faire.

Pour exprimer de bon verjus, on ne se sert ordinairement que de trois sortes de raisins, sçavoir du Gouais, du Farineau, & du Bourdelas, autrement du Grey ; ils se plantent ou en treille, ou en vigne dressée, observant pour lors seulement de les planter plus au large que les autres raisins qui servent à faire du vin, à cause qu'ils poussent beaucoup plus de bois, & rendent par consequent davantage.

La culture qui convient au verjus, est pareille à celle des vignes dont j'ay parlé : la taille est de même, & il n'y a que le temps de le cueilir qui differe de celuy des autres raisins bons à manger.

Lorsque les raisains propres à faire du verjus sont cueillis trop meurs, la liqueur n'en est pas si bonne pour s'en servir à l'usage auquel on la destine, & sujete à tourner en eau ; & produit aussi un mauvais effet, lorsque son fruit est coupé trop vert : ainsi il y a un milieu à choisir entre ces deux extremitez, que ceux qui ont coûtume d'en recueillir ont coûtume de connoître, plûtôt ou plûtard que les années permettent de s'acquitter de ce travail.

Quant à la maniere de le faire pour ceux qui en amassent des tonneaux pleins, c'est chez les faiseurs d'huile où elle se pratique ; & pour entretenir du verjus dans sa bonté, je ne sçay point d'autre secret que de le tenir toujours bien bouché ; d'aucuns y mettent du sel, je crois que cela ne peut que luy bien faire.

Parmy tant de peines qu'on prend, & de travaux qu'on est obligé d'essuyer à la campagne pour aider avec succés à la nature de produire tout ce qu'on luy commet à la bonne foy, il seroit fâcheux si à ces peines & à ces travaux on ne trouvoit par fois quelque adoucissement. L'esprit ne peut pas toûjours être bandé, il luy faut du relâche ; & pour cela l'homme conformant les plaisirs à la nature des lieux qu'il devoit habiter, destina les Comedies,

DE LA CAMPAGNE. Liv. III. 345

medies, les Operas, &c. pour les Villes; & pour la Campagne, qui veut plus de simplicité, inventa ceux dont je vas parler dans mon dernier Livre.

AVERTISSEMENT.

On ne sera point surpris si je ne traite pas icy des fleurs, puisque je n'ay dessein que de parler des choses qui peuvent contribuer au ménage des champs. La culture d'un œillet, d'une oreille-d'ours, &c. ne dérobe pas moins de temps que celle d'un arbre, & ce temps-là est apellé temps perdu; cependant si la curiosité des personnes de campagne les poussent jusqu'à ce point, & qu'ils ignorent la methode de les élever, ils trouveront dans le Catalogue qui suit, des Livres fort instructifs là-dessus, & sur la foy desquels ils pourront s'abandonner sûrement.

CATALOGUE DES LIVRES,
Pour la culture des Fleurs & des Orangers, qui se vendent chez de Sercy.

Remarques necessaires pour la culture des Fleurs, la maniere avec laquelle il les faut cultiver, & les ouvrages qu'il faut faire selon chaque mois de l'année ; avec une Methode pour faire toutes sortes de Palissades, Bosquets, & autres ornemens qui servent à l'embelissement des Jardins de plaisirs; & un Catalogue des Plantes les plus rares : le tout diligemment observé, *Par Pierre Morin Fleuriste. in* 12.

Nouveau Traité pour la culture des Fleurs, qui enseigne la maniere de les cultiver, multiplier, & les conserver selon leurs especes, avec leurs proprietez merveilleuses, & leurs vertus medecinales, divisé en trois Livres, *in* 12.

Nouveau traité des Oeillets; la façon la plus utile & facile de les bien cultiver; leurs noms, leurs couleurs & leurs beautez; avec la Liste des plus nouveaux, *Par L. C. B. M. in* 12.

Traité des Tulipes, avec la maniere de les cultiver, leurs noms, leurs couleurs & leurs beautez, *in* 12.

Connoissance & Culture parfaite des belles Fleurs de Tulipes rares, des Anemones extraordinaires, des Oeillets fins, & des belles Oreilles-d'Ours pannachées, *in* 12.

Tome II. X x

Secret pour teindre la Fleur d'Immortelle en diverses couleurs, avec la maniere de la cultiver. Pour faire des Pâtes de differentes odeurs fort agreables. Et pour contrefaire du Marbre au naturel, propre pour toutes sortes d'ouvrages figurez. Par F. I. D. T. R. *in* 12.

Nouvelle Instruction facile pour la Culture des Figuiers : où l'on apprend la maniere de les élever, multiplier & conserver, tant en caisses qu'autrement. Avec un traité de la Culture des Fleurs, *in* 12.

Nouveau Traité des Orangers & Citroniers, contenant la maniere de les connoître, les façons qu'il leur faut faire pour les bien cultiver, & la vraie methode qu'on doit garder pour les conserver, *in* 12.

Instruction facile pour connoître toutes sortes d'Orangers & Citronniers ; qui enseigne aussi la maniere de les cultiver, semer, planter, greffer, transplanter, tailler & gouverner selon les climats, les mois & les saisons de l'année : avec un Traité de la taille des Arbres, *in* 12.

Traité de la Culture des Orangers, Citronniers, Oliviers & Grenadiers, *in* 12.

Fin du Livre troisiéme.

OECONOMIE
GENERALE
DE
LA CAMPAGNE,
OU
NOUVELLE
MAISON RUSTIQUE.
LIVRE QUATRIEME.

DES PLAISIRS
DE LA CAMPAGNE.

CHAPITRE I.

Description des Plaisirs dont on joüit à la Campagne.

LES peines qu'on essuye pour amasser des richesses, & le travail d'esprit qu'on se donne pour y réüssir, ne sont jamais qu'en vûë de joüir d'un repos, & de certains plaisirs qui y sont attachez: si la Ville a les siens particuliers, la Campagne en est de même; elle a comme elle, les beautez qui luy sont propres, les richesses, les occupations, & les divertissemens qui luy conviennent ; enfin c'est un sejour aimable, & à la loüange duquel on peut dire, heureux celuy qui loin de la foule du monde, fait sa demeure dans ces agreables lieux, & y laboure les champs que luy ont laissez ses Ancestres ; celuy-là, dis-je, exemt des embarras qui suivent toûjours les Grands, & libre des inquietudes dont les Villes abondent pour l'ordinaire, ne s'occupant qu'aux travaux qui regardent la vie champêtre, & sans s'embarrasser du destin des autres hommes, vit content, sur tout lorsqu'il ne doit rien à personne.

Tantôt le plaisir de cet homme heureux est de voir ses heritages répondre à ses esperances ; & se promenant dans des vallons ou sur des montagnes, à regarder paître ses troupeaux, & de considerer ses ouvriers rendre parfait l'ouvrage auquel il les a employez.

L'Automne est-il arrivé ; quelle joye ne conçoit-il pas, à la vûë des fruits qu'étale cette saison ? dequel contentement ne joüit-il pas, de cueillir les fruits qu'il a luy-même greffez, & de couper des raisins que luy rendent ses vignes lorsqu'elles ont été bien cultivées ?

Tantôt à l'ombre d'une treille,
Cet heureux Campagnard avec ses Voisins,
En chantant le Dieu des raisins,
Boit son vin, & faisant merveille,
Oublie avec Pierrot ses penibles travaux,
Qu'il ne quitte aux jours de repos,
Dans une occasion pareille,
Que pour les reprendre bien-tôt.

Luy prend-il quelquefois envie de s'aller coucher à l'ombre de quelque Chêne, & sur du gazon, souvent proche des lieux où il est ; les ruisseaux par leur agreable murmure, & le doux chant des oiseaux l'invitent à un doux sommeil.

C'est là, trop aimable Tytire,
C'est dans tels lieux, soir & matin,
Où te plaignant de ton destin,
Tu fis voir, au plus fort de ton cruël martyre,
Tout ce qu'aux tendres cœurs un bel amour inspire:
C'est là, que charmé des beaux yeux
Qui seuls causoient toute ta peine,
Pour une Bergere inhumaine,

Tu poussas des soûpirs, & formas mille vœux;
  Et c'est là, frapez de ta plainte,
Et des coups dont ton ame étoit pour lors atteinte,
  Qu'enfin les rochers amolis,
  T'entendirent d'un ton fort tendre,
  Aux échos mille fois apprendre,
  Le nom de ton Amarillis.

Qu'heureux est, encore un coup, celuy qui passe ses jours à la Campagne ! & si les Bergers du vieux temps y ont trouvé autrefois des plaisirs qui leur convenoient, ceux d'aujourd'huy y en goûtent encore qui ne sont pas à la verité si delicats, mais enfin qui suffisent pour leur rendre l'esprit content.

Un honnête homme y vit fort agreablement, & il peut aussi bien que ces bergers, & poussé des mêmes sentimens, à l'ombre de quelque hêtre faire retentir l'air des chansons qu'il sçaura joüer sur quelque instrument. De ses bois qu'il prend ainsi plaisir de visiter, il passe à ses étangs, qu'il considere comme un de ses principaux revenus, & où quand il luy plaît, il a satisfaction de prendre du poisson; ce qui luy est une douceur bien grande, & qui bien souvent luy vient fort à propos.

La Campagne luy offre des plaisirs differens: le beau-temps tantôt l'invite d'aller à la chasse, & tantôt dans quelque allée de son jardin; de lire quelque histoire, ou quelqu'autre livre qu'il trouve le plus à son goût.

Qu'il est doux en ces lieux, lorsque dans ses pensées
On se fait un recit d'avantures passées,
Et qu'admirant sur tout les divers changemens,
On voit quel fut un Prince, ou le sort des Amans!
  Qu'il est beau, parcourant l'Histoire,
Où ne s'offrant à nous qu'exploits fort inoüis,
  De voir que c'est le Grand Loüis,
  Qui le plus partage à la gloire;
  Et remontant jusques aux Cieux,
De rappeller en nous les amours des faux Dieux!

C'est de cette maniere qu'en lisant on passe à la Campagne quelques heures de loisir.

Est-il un plaisir pareil à celuy d'un honnête homme qui vit aux champs, lorsque voyant ses troupeaux repus venir à la maison, il en fait une exacte revûë, & les trouvant en bon état, il s'en forme une idée de profit, qui n'est jamais chimerique : Heureux tel homme, qui aprés bien des soins pris, & des fatigues essuyées, voit tous les ans ses greniers remplis des grains que luy apportent les moissons, ses celliers pleins de bon vin, & sa maison garnie de toutes les provisions qui luy sont necessaires ; & c'est pour lors qu'il peut dire, qu'il n'est rien qui puisse égaler sa felicité, & que le reste des hommes ne goûtent que de plaisirs traversez, & qu'on ne peut avec droit de mettre en comparaison avec les siens.

Voilà les plaisirs qu'on prend à la Campagne, & qui sont le fruit des travaux qu'on s'y est donné pendant toute l'année : reste à present d'apprendre la maniere de les sçavoir goûter, & c'est ce que l'on verra dans la suite de ce livre.

CHAPITRE II.

De la Cuisine, & premierement, du Bœuf & du Veau.

JE commence par la maniere de sçavoir apprêter la cuisine, comme par l'endroit qui est le plus necessaire : & le lecteur sera prevenu que la cuisine dont nous parlons icy, est une cuisine purement champêtre, & qui regarde plus l'œconomie dont nous traitons, que la delicatesse des ragoûts qu'on recherche dans les grandes tables.

J'entens icy par viandes, toutes celles qui se mangent en gras seulement : car pour celles des jours maigres, j'en feray un chapitre particulier, ainsi que des legumes qui sont un mets qu'on sert le plus communément à la campagne.

Du Bœuf.

Je suppose qu'un bœuf ait été tué dans les formes ; que pour diversifier les repas, on en veüille manger accommodé diversement ; & enfin, qu'étant mis en pieces, on desire tantôt se repaître d'une de ses parties, & tantôt de l'autre : rien n'est perdu dans ces animaux lorsqu'on sçait bien les ménager ; tout y sert, jusqu'à leurs entrailles, qu'on regarde sur tout comme de grandes fournitures pour la table des domestiques.

Cela étant, & supposé (comme il arrive bien souvent dans des Fermes où il y a grand train) qu'on ait tué un bœuf, il faut d'abord songer de manger les dedans, à cause que ce sont les parties plus sujetes à se corrompre ; & telles sont les tripes.

Des Tripes.

Tels mets, à la verité ne sont qu'un manger tres grossier ; mais étant conformes à la nature de ceux pour qui on les destine particulierement, on les considere comme un secours tres-grand pour remplir la capacité de l'estomach des domestiques, qui presque semblable à celuy d'une Autruche, devore indifferemment les viandes les plus indigestes.

On sçaura que pour parvenir à accommoder ces tripes, on soigne d'abord de les laver en grande eau, afin d'en ôter toutes les immondices qu'elles renferment ; cela fait, & lorsqu'on voit qu'elles sont extrêmement nettes, on les met dans une chaudiere pleine d'eau qu'on pose sur le feu, & qu'on fait boüillir jusqu'à ce qu'on juge qu'elles soient cuites.

Fricassées de Tripes.

Il faut avoir des tripes bien blanches, les mincer par morceaux qui soient raisonnables, puis les passer à la poële avec du beurre ; cela fait, on prend de l'oignon coupé par tranches qu'on passe de même ; & ensuite on les assaisonne de sel & de poivre avec un peu de boüillon d'abord, & si-tôt que le tout aura un peu boüilly, on y jettera un verre de vin, pour laisser tarir cette sauce jusqu'à ce qu'au goût on juge à propos qu'il soit temps de dresser la fricassée, dans laquelle il sera bon de mettre un peu de moutarde, si on l'aime.

Pied de Bœuf.

On fait des fricassées de pieds de Bœuf, en les coupant par morceaux, observant qu'ils soient bien cuits ; puis on y joint de l'oignon qu'on passe ensemble à la poële avec du beurre ; on y met du sel & du poivre, puis une cuillerée d'eau ou de boüillon ; & aprés qu'on a un peu laissé boüillir le tout, on y jette aussi un verre de vin qu'on fait encore boüillir, jusqu'à ce que cette fricassée soit tarie raisonnablement, qu'on la tire aprés y avoir mis un peu de moutarde.

Palais de Bœuf.

Prenez un Palais de Bœuf qui soit à demy cuit, ôtez-en la peau où touche la langue, coupez-le par morceaux, passez-le à la poële avec du beurre, mettez-le cuire avec du boüillon & un verre de vin, assaisonnez-le de sel, de poivre, de ciboulettes entieres que vous retirerez, faites y une liaison avec un peu de farine, & puis la servez.

Langue de Bœuf.

La Langue de Bœuf se mange à la vinaigrette, lorsqu'ayant été boüillie dans un bon boüillon, on en ôte la peau, puis on la pique de lard, pour la mettre rôtir à la broche; ce mets est assez agreable.

Autre manière d'accommoder des Langues de Bœuf.

On prend des Langues de Bœuf, qu'on fait cuire dans de bonne eau avec un peu de sel, & des fines herbes; cela fait, on en coupe le bout du côté de la gorge, puis on en ôte la peau; après cela on les larde de gros lardons à travers, pour les mettre ensuite sur la braise, où on les fait cuire; & il faut observer en les dressant dans un plat, de les fendre tout du long, afin que le lard paroisse; & quand on les veut servir, on y fait un coulis, puis on les sert.

Langues parfumées.

Lorsqu'on veut parfumer des Langues, on prend d'abord le soin de les saler; & pour y reüssir, on les choisit lorsqu'elles sont toutes fraîches, on les lave dans de l'eau tiede pour en ôter tout le sang qui y est attaché, puis dans de la fraîche, après quoy on les essuye avec un linge bien blanc.

Cela fait, on les sale dans des pots de grés; & crainte qu'elles ne viennent à s'éventer, à cause que celles qui sont dessus ne trempent pas dans la saumure comme celles de dessous, on n'oublie point de les changer de place; & cette façon d'agir à leur égard, fait qu'elles prennent également sel par-tout pendant dix ou douze jours qu'on les laissent en cet état, au bout duquel temps on les retire pour les mettre parfumer à la cheminée; ce qui se pratique en les pendant par le petit bout à une ficelle, les couvrant de papier par-dessus, crainte que la suye ne les gâte.

Ces Langues demeureront ainsi pendües pendant quelque temps; & lorsqu'on jugera que la fumée les aura assez penetrées, on les ôtera pour les serrer dans un endroit où l'humidité ne regne point: & reste à present de les faire cuire pour les manger.

Pour

Pour y réüssir, on prend ces langues qu'on met dans de l'eau tiede, & qu'on y laisse jusqu'à ce qu'elles paroissent rassouplies, & molâtres : ce que voyant on soigne de les râtisser, & de les laver ensuite dans plusieurs eaux, de telle sorte que la derniere où ces langues auront été lavées sera presque claire.

Le tout ainsi observé, on prendra un pot dans lequel on les mettra avec de l'eau & des fines herbes, les assaisonnant de sel, de poivre & de clouds de girofle, pour les faire boüillir jusqu'à ce qu'on juge qu'elles soient cuites, & ensuite on les tirera pour les essuyer & en ôter la peau, ce qui se fait plus facilement lorsqu'elles sont encore chaudes. Cette façon qu'on leur donne contribuë beaucoup à les rendre delicates ; & pour leur donner un relief qui ne leur est pas ordinaire, on les pique de dix ou douze clouds de girofle ; & cela fait merveilles.

OBSERVATION.

Il faut observer que si l'on veut garder les langues, on ne doit point leur ôter la peau ; mais si on les souhaitte manger promtement, on n'hesitera point de le faire, étant sujetes à durcir & à se dessecher lorsqu'on les a pelées, à intention de les conserver.

L'Epaule de Bœuf.

La partie du Bœuf qu'on appelle l'épaule, est celle qui est la moins delicate au manger ; aussi ne s'en sert-on volontiers que pour faire boüillir au pot, où jamais elle ne fait gueres mention de grand suc ; mais pour des domestiques elle n'est encore que trop bonne.

Le Bout-saigneux

Cette piece de Bœuf mise au pot fait un tres-bon potage, & est fort agreable au manger, à cause des glandules qui se rencontrent à la gorge.

Le Bout-saigneux en haricot.

Le bout-saigneux se mange aussi en haricot avec des navets, & se fait en le coupant par morceaux, & le faisant cuire avec de l'eau, du sel, du poivre, des oignons, & des clouds de girofle; puis l'ôtant de ce boüillon on le passe au roux avec du lard, aprés quoy on le met égouter, puis ayant preparé un coulis avec les navets, on le jette dessus cette piece de bœuf qui est dans un plat, & qu'on sert de cette maniere.

Tome II.   Y y

Poitrine de Bœuf, autrement dite la Piece tremblante.

Quoyque le bœuf soit une viande assez commune d'elle-même, cependant on voit qu'elle est beaucoup necessaire dans le repas; & c'est ce qui a fait imaginer à nos bons cuisiniers diverses manieres de l'accommoder pour le rendre delicat, & digne par ces moyens d'être presenté sur les meilleures tables. La poitrine, qui de toutes ses parties peut passer pour une des meilleures, peut-être servie ainsi que je le vas dire.

Faites cuire à demy une poitrine de bœuf dans une marmite, tirez-la, piquez-la de gros lard saupoudré de sel, de poivre, de clouds de girofle; le tout broyé ensemble, prenez une terrine, & achevez de la faire cuire dedans avec des bandes de lard au fond, du sel, du poivre, du vin blanc & du boüillon; & quand vous presumerez qu'elle sera cuite, mettez-y un ragoût de champignons, & la servez.

Autre maniere.

Pour manger encore une poitrine de bœuf qui soit excellente, on sera soigneux de luy faire prendre sel pendant un jour, puis on la fera boüillir dans l'eau, avec du sel, du poivre, & du cloud de girofle; cela fait, on la découpe en long, & la garnissant de persil, on y jettera un jus de citron, puis on la mangera.

Ceux qui veulent manger cette piece à la Bourgeoise, se contentent de la metre au pot avec d'autre viande, qu'on assaisonne de sel, de poivre, & de clouds de girofle, & la trouvent ainsi excellente.

L'Aloyau de Bœuf.

On sert les aloyaux de bœuf, accommodez de differentes façons: on les mange boüillis & rôtis, soit à la broche soit sur le gril; si c'est à la broche, ils ne veulent pas être beaucoup cuits, crainte qu'ils ne perdent leur suc, qui est le relief seul qui les fait estimer.

Mais comme il y en a qui ne sçauroient manger de viande encore saignante, on a trouvé un moyen, aprés qu'il est ainsi rôti, de l'assaisonner de la maniere qui suit.

On prend cet aloyau qu'on tranche par morceaux dans un plat, puis y mettant un peu d'eau & de sel, on le fait boüillir sur un rechaud, aprés quoy on y met un filet de vinaigre & un peu de poivre: ce ragoût est excelent.

Les Roüelles de bœuf.

A l'égard des roüelles de bœuf, on s'en sert pour faire du hachis, dans lequel on mêle de l'oignon, de la ciboule, du sel, du poivre, & du cloud de girofle, le tout cuit ensemble sur un fourneau, ou un réchaud; & lorsqu'on juge que la cuisson en est parfaite, on y met du verjus, puis on le tire.

Ces pieces sont encore propres pour faire du bœuf à la mode, qui se façonne ainsi.

On commence d'abord à bien batre ces pieces pour en rendre la chair plus courte, aprés cela on les larde, puis pour le mieux on les passe au roux avec du lard, ensuite on les met dans une terrine pour les faire cuire, avec sel, poivre, laurier, écorce de citron, quelques champignons, un verre de vin blanc & deux verres d'eau.

Autrement.

Aprés que ces roüelles ont été bien piquées de lard, & passées à la poële, on les met dans une terrine, & cuisant là-dedans à petit feu dans son jus seulement, & bien bouché, on soigne de regarder s'il est cuit; & n'ayant point oublié de l'assaisonner d'épiceries, on le tirera si on le juge à propos de l'être, puis on y met un jus de citron, ce qui acheve de le perfectionner, aprés qu'il a boüilli si long-temps que la sauce en est reduite presqu'à rien.

Surlonge de Bœuf.

On mange la surlonge boüillie, & elle est tres excellente de cette maniere : l'on s'en sert aussi pour faire des pâtez, sur-tout à la Campagne, où l'on est bien aise de ne point manquer de ces sortes de provisions.

Queüe de Bœuf.

Lorsqu'on veut manger de la partie du bœuf qu'on appelle la queüe, on en fait un sivé, ou bien on se contente de la faire boüillir, puis on la sert.

Trumeau de Bœuf.

On ne se sert du trumeau que pour boüillir, & est il tres-bon à manger lorsqu'il est bien cuit.

Du Veau.

On sçait que le Veau est une nourriture fort naturelle, & qu'on en peut mettre en ragoûts de bien des manieres; c'est ce qui fait que le considerant dans toutes ses parties, je diray comme elles peuvent être servies chacune en particulier, & commenceray par la tête.

La Tête de Veau.

Une tête de veau est écorchée, ou ne l'est pas: si elle ne l'est pas, on sera soigneux de l'échauder pour la péler plus aisément. Cela fait, & lorsqu'on veut la tenir prête pour manger, on la met cuire dans un grand pot avec de l'eau, du sel, du poivre, du cloud de girofle, & quelques fines herbes, puis on la sert lorsqu'on voit qu'elle est cuite, de telle sorte que ses parties se détachent l'une de l'autre.

Les Pieds & la Fraise de Veau.

Pour faire que la fraise & les pieds de veau soient bons à manger, il faut les mettre cuire dans un pot avec eau, assaisonnez de sel, de poivre, de cloud de girofle, & de fines herbes; & lorsqu'ils sont cuits on les sert tout chauds, avec un peu de persil par-dessus, & une vinaigrette dans une sauciere pour ceux qui aiment à la manger ainsi.

Autre maniere d'accommoder la Fraise.

La fraise de veau se mange aussi au court-boüillon, & voicy pour lors comme elle s'accommode: lorsqu'on juge qu'il peut à peu prés être cuites, & que par consequent le pot à part où on la mise ne contient plus gueres de boüillon, on y jette un verre de vin blanc, un peu de verjus, de l'oignon, de la ciboule, plusieurs épiceries, des herbes fines, & quelque écorce d'orange: cela fait, & quand ce court-boüillon est achevé, dequoy le goût decide ordinairement, on ôte cette fraise de son boüillon, & on la sert ainsi toute chaude, & est tres-excellente.

Autre en Andoüilles.

On peut encore se servir de la fraise de veau pour faire des Andoüilles qui sont tres excellentes; & voicy comme elles se font.
Prenez une fraise de veau, lavez-la bien, ficelez un des bouts, & servez vous de lard, & de boyaux de veau qui soient aussi bien nettoyez, & coupez gros le tout de la longueur dont vous voulez que soient vos andoüilles; joignez à tout cela de la tetine de

veau blanchie tranchée par roüelles, ainsi que la fraise, & le lard. Cela fait, à la reserve des boyaux, mettez le tout dans une casserolle, assaisonnez-le avec des épices broyées, & une feüille de laurier, du sel, du poivre, un peu d'échalottes bien menuës, avec un demi-septier de crême de lait ; passez-le dessus le fourneau, & tirez après la casserolle en arriere, jettez-y quatre ou cinq jaunes d'œufs, un peu de mie de pain : & le tout ayant fait une liaison parfaite, prenez vos boyaux, & chaudement remplissez les avec un entonnoir fait exprés, de la composition cy-dessus, liez-les, & faites-les aprés cela blanchir dans de l'eau, & les serrez ; & lorsque vous les voudrez manger, servez-vous de papier pour les mettre sur le gril, puis mangez-les, & vous serez assuré que vous trouverez dequoy contenter vôtre goût.

Le Cœur de Veau.

Il n'est point de partie dans un veau qui n'ait sa maniere particuliere d'être accommodée, & on fait de celle-cy une fricaffée qu'on passe à la poêle avec du lard, ou du beurre ; puis y jetter un peu d'eau, du sel, & du poivre avec quelques peu d'épices, & sur la fin de la cuisson, on y mêle un verre de vin, quelque peu de verjus, ou du vinaigre, de la ciboule, de l'écorce d'orange, & une feüille de laurier, & un peu d'herbes fines ; puis lorsque cette fricassée est cuite, on la tire pour être mangée chaudement.

La Rate & le Poulmon.

Les deux parties que voicy se mangent de même que le cœur, observant que les unes & les autres soient mincées par morceaux raisonnables.

Le Foye de Veau.

On sert le foye de veau de deux façons, ou en sivé, ou rôti ; si c'est en sivé qu'on souhaite l'accommoder, on commence à le larder de gros lardons, puis on le met dans une terrine dans laquelle on le passe en tranches davec u beurre ou du lard ; puis ne luy donnant sur le fourneau que mediocrement le feu, on le laisse ainsi cuire dans son suc, étant pour lors assaisonné de sel, de poivre, & d'un peu d'épices : puis jugeant qu'il est temps d'y joindre quelqu'autre assaisonnement, on y met un verre de vin ; & aprés que ce foye a un peu bouilli là-dedans, & que la cuisson est presque parfaite, on y jette un filet de vinaigre, pour luy donner le haut-goût, puis on le sert.

Le foye de veau cuit ainsi, est tres-excellent à manger froid, & est en cet état plus prisé par bien des gens que lorsqu'il est chaud.

Si l'on veut manger le foye de veau rôti, on le met à la broche, après qu'on l'a bien lardé, où étant on l'arrose frequemment avec du beurre qu'on aura fait fondre dans une lechefrite, mêlé d'un peu de vinaigre, de sel & de poivre; puis lorsqu'il est cuit, on le sert avec de la sauce qui sera restée dans la lechefrite.

Le Sang de Veau.

Les personnes qui sçavent ce que c'est que le ménage, ne laissent jamais perdre le sang des animaux qu'ils égorgent (si ce n'est celuy du bœuf qui est trop materiel;) & pour reüssir à le servir comme il faut, on observe d'abord, differemment de celuy de cochon, de le laisser refroidir, afin qu'il se fige: cela étant, on le met cuire dans de l'eau; étant cuit, on attend qu'il soit un peu reposé avant que de le fricasser, puis après qu'on l'a coupé par morceaux, on le passe à la poële avec du beurre, ou du lard, & quelques fines herbes, puis on le mange ainsi chaudement lorsque la sauce est assez tarie; & ce que je dis icy du sang de veau, s'observera à l'égard du sang des autres animeaux.

La Longe de Veau.

La longe de veau est un excellent manger lorsqu'elle est d'un bon veau, & bien aprêtée; elle se sert rôtie à la broche, après avoir été lardée, ou bardée seulement, puis étant cuite on la mange.

Longe de Veau en ragoût.

Ayez une longe d'un bon veau, piquez-la de gros lardons saupoudrez de sel, de poivre & de muscade; & étant presque cuite à la broche, mettez-la dans une casserole couverte, avec du boüillon, un verre de vin blanc, & des champignons; joignez-y de la farine frite & un morceau de citron vert, avec le degout qu'aura rendu la longe, puis servez-la si-tôt que vous verrez qu'il n'y aura plus gueres de sauce.

La Roüelle de Veau.

C'est un bon manger que la roüelle de veau lorsqu'elle est bien apprêtée : & pour y reüssir, on prend des roüelles un peu épaisses, qu'on pique de beaucoup de lardons saupoudrez de sel, de poivre & d'autres fines épices. Cela fait, on met ces roüelles dans une casserole, au fond de laquelle on a soin de jetter des bardes de lard sur lesquelles on range les roüelles; il faut observer d'abord de ne donner à ce ragoût le feu que tres-mediocrement, afin que la viande rende son suc. Ce suc rendu, on augmente un peu le feu pour faire prendre des deux côtez couleur à ces roüelles; marquant que pour y parvenir, il les faut blanchir d'un peu de farine; & lorsqu'elles sont assez rousses (ce qui se fait dans le lard fondu, qu'on ôte après pour mettre un peu de boüillon) on laisse ces roüelles s'achever de cuire doucement, étant assaisonnées, outre ce que dessus, d'un peu de persil & de ciboules. Lorsque leur cuisson est faite, on lie la sauce avec des jaunes d'œufs, & du verjus; puis on mange ce ragoût.

Roüelles de Veau à l'Etuvée

Outre le ragoût cy-dessus, on met encore des roüelles de veau à l'étuvée ; & cela se fait ainsi.

Ayant des roüelles de veau, passez-les au lard ou au beurre dans une casserolle, puis mettez-y un peu de boüillon, ou de l'eau seulement, avec sel, poivre, épiceries, un petit paquet de ciboules, une feüille de laurier, & de l'écorce d'orange ; laissez le tout boüillir un peu, après quoy vous n'oublierez point d'y jetter un verre de vin, & les tirerez lorsque vous jugerez qu'elles seront cuites.

Roüelles de Veau en Hachis.

Pour faire un hachis de roüelles de veau, on en choisit de bonnes qu'on hache bien avec de la graisse de bœuf, & le tout mis dans une casserolle, on l'imbibe de boüillon, & on l'assaisonne de poivre, de cloud de girofle, d'épices, & de quelques fines herbes ; puis on le laisse ainsi cuire, étant soigneux de temps en temps de le remüer, crainte qu'il ne s'attache à la casserolle : cela observé, & lorsque la cuisson approche, on y jette un peu de verjus, & dans le temps des marons on y en met ; cela ne le rend pas desagreable, non plus qu'en ceux de gigot, qu'on peut dire avoir l'avantage de le perfectionner.

Autres Hachis de Roüelles.

Quiconque veut manger un bon hachis de roüelles de veau, n'a qu'à les bien hacher avec du lard, la peau ôtée, y mêler quelques peu de champignons, du persil, & de la mie de pain, deux œufs durs, & deux autres jaunes d'œufs pour faire une espece de liaison du tout ; puis le mettre dans une tourtiere, au fond de laquelle on aura eu soin de placer des bardes de lard, & le laisser ainsi cuire: & comme en cuisant à la braise seulement, il se forme dessus une espece de croûte, on sera soigneux de faire un trou dessus pour lui laisser prendre vent; & lorsqu'on jugera qu'il sera temps de le tirer, on y infusera un suc de gigot, mêlé avec un peu de verjus dans lequel on aura batu un jaune d'œuf, puis on le servira.

Le Jarret de Veau.

L'ordinaire du jarret de veau, est d'être servi sortant du pot, où on le met pour aider avec d'autres viandes, à faire un potage de santé.

L'Epaule de Veau.

On ne mange gueres l'épaule de veau que rôtie ; & pour faire qu'elle flate le goût, on soigne de la bien larder, puis on l'embroche, après quoy on l'arrose de beurre à mesure qu'elle cuit, & si-tôt qu'elle est cuite on la sert.

D'autres ôtent le manche pour mettre au pot, & font cuire le reste entre deux plats; mais quelqu'assaisonnement qu'on y puisse donner, c'est toûjours au goût de bien des gens, un ragoût d'un relief fort mediocre.

La Poitrine de Veau.

On peut dire que la poitrine de veau est une des parties la plus delicate de cet animal ; on s'en sert si l'on veut pour faire du potage, & comment. On en prend une qu'on fait boüillir, & après qu'elle est cuite on la tire pour la farcir entre la peau & les petites cottes, puis on la dresse sur le pain, en versant dessus le boüillon dans lequel elle a cuit. La farce dont on l'apprête, est ordinairement composée de blancs de chapons, de roüelles de mouton, & de quelques ris de veau mêlez de champignons, de sel, de poivres, & d'épices, le tout passé en ragoût.

Poitrine de Veau en Marinade.

Ayez une poitrine de veau, coupez-la par gros morceaux, & faites-les mariner dans le vinaigre, sel, poivre, clouds de girofle, ciboules, laurier ; laissez-les dans cet assaisonnement pendant trois heures, ensuite faites une pâte claire avec de la farine, du vin blanc, & des jaunes d'œuf ; trempez vôtre viande dedans, & la

faite

faites frire dans du fain-doux, puis fervez-la.

Poitrine de Veau en Ragoût.

Il n'eſt rien de plus excellent qu'une poitrine de veau en ragoût, lorſqu'on ſçait l'art de l'accommoder ; & pour y parvenir on commence d'abord à la paſſer au roux, & à la faire cuire dans une caſſerole avec du boüillon & un verre de vin blanc, avec du ſel, du poivre, du cloud de girofle, de la muſcade, & quelques fines herbes ; & quand elle eſt ainſi cuite, on prend des champignons & un peu de farine qu'on paſſe à la poële avec le même lard qui a ſervi pour la rouſſir, puis on mêle le tout, & on le mange de cette maniere.

L'on ſert encore la poitrine de veau rôtie à la broche, ou boüillie au pot, ou fricaſſée en guiſe de petits poulets.

Le Quarré de Veau.

Pour ſervir un quarré de veau de differentes façons, on peut le mettre au pot, ou bien le larder pour le faire rôtir à la broche; ou autrement, on le fricaſſe comme je vas dire.

On mince ce quarré par morceaux, puis on le paſſe à la poële avec du lard fondu, ou du beurre, dans lequel on le laiſſe un peu cuire ; enſuite on y met du boüillon, ou de l'eau, un verre de vin blanc, le tout aſſaiſonné de ſel, poivre, muſcade, & perſil. Cela fait, & lorſque la fricaſſée eſt aſſez tarie, on y fait une liaiſon avec des jaunes d'œufs & un peu de verjus, ou bien avec de la crême de lait, aprés-quoy on la tire.

Le Bout ſaigneux.

On accommode le bout-ſaigneux comme la poitrine ; il eſt inutile par conſequent que j'en diſe rien, on n'a qu'à y avoir recours.

La Cuiſſe de Veau.

C'eſt un bon morceau que la cuiſſe de veau lorſqu'elle eſt bien préparée : on la mange rôtie, mais il faut auparavant la faire mariner un demy jour, puis la larder proprement, enſuite de cela la mettre à la broche, où tandis qu'elle cuira, on ſoignera de l'arroſer de la ſauce où elle aura trempé, juſqu'à ce qu'elle ſoit toute noire, qui eſt la vraye marque de ſa cuiſſon parfaite.

De la Cuiſſe de Veau en Court-boüillon.

On fait un court-boüillon d'une cuiſſe de veau, en l'aſſaiſonnant bien avec du sel, du poivre, du cloud, du thim, des oignons, du vinaigre, du verjus, du vin, & du laurier, avec un peu d'eau, le tout mêlé ensemble, & cuit lentement ; & si tôt qu'il est assez tary, on le sert apres avoir tailladé cette cuisse, sur laquelle on exprime un jus de citron, & c'est un manger merveilleux.

Le Gigot de Veau.

Toute la façon qu'on fait pour apprêter un gigot, ou gigoteau de veau, c'est de le mettre cuire au pot & de le manger quand il est bien cuit, ou à la vinaigrette, ou avec du boüillon assaisonné de poivre blanc, & du persil bien menu.

Les Ris de Veau.

On sçait que les ris de veau sont les endroits les plus delicats de la bête, & que lors qu'ils sont mis artistement en ragoûts, on peut dire que c'est un manger merveilleux. Et voicy comme on les accommode.

Vous prenez des ris de veau que vous piquez de menu lard, & aprés que vous les avez fait ainsi rôtir, vous les servez avec un ragoût de champignons dessus, qui leur sert de sauce ; ou bien aprés que vous les avez fait mariner, vous les coupez par tranches, les trempez dans de la farine, & puis vous les faites frire, puis vous les mangez avec la même sauce de champignons que dessus, ou celle de morilles.

CHAPITRE III.

Du Mouton, de l'Agneau & du Chevreau.

LE mouton a son merite particulier, & ne paroît pas moins souvent sur nos tables que le bœuf & le veau ; & pour ne point oublier d'enseigner la methode de l'accommoder diversement dans toutes ses parties, je commenceray par la tête & diray.

La Tête de Mouton.

Que quoyque la tête soit la moindre de toutes, cependant elle ne laisse pas que de faire un mets dont le vulgaire s'accommode tres-bien ; & voicy comment.

On les achete des tripieres, puis les minçant en morceaux on les passe dans du beurre un peu roux, aprés cela on y met du boüillon, du sel, du poivre, un peu de ciboule, ou de l'oignon; & aprés que tout cela a boüilli enfemble, on y jette du vin, dans lequel on a délayé la cervelle, ce qui en rend la sauce plus épaisse; puis si-tôt que la fricassée est assez tarie, on la tire, & on la sert ainsi, aprés neanmoins y avoir infusé un peu de vinaigre, ou détrempé de la moutarde dans le temps, & chacun selon son goût.

Les Langues de Mouton.

Quand je dirois que la Langue de mouton est un des morceaux le plus délicat qu'ait cet animal, je ne mentirois pas; l'experience que nous en faisons nous le fait trop voir tous les jours: disons donc de quelle maniere on les aprête.

Les Langues de Mouton rôties.

Je trouve qu'il n'y a rien de si bon que des langues de mouton à la grillade, lorsqu'on les sert grillées, avec de la mie de pain & du sel, & que pour sauce on fait boüillir ensemble du verjus, du boüillon, des champignons, du sel, du poivre, de la farine frite, de la muscade & du citron, & aprés qu'on sert ce ragoût bien proprement.

Langues de Mouton à la sauce douce.

Lorsqu'on veut manger les langues de mouton à la sauce douce, il faut, non pas les faire griller, mais les bien blanchir de farine, puis les bien faire frire dans la poële avec du bon beurre; étant frites, on les arrange sur un plat, puis on y donne la sauce que voicy.

On prend du vinaigre, du sucre, un peu de sel, trois ou quatre clouds de girofle, de la canelle, & un peu de citron, qu'on fait boüillir ensemble; puis lorsque cette sauce est cuite, on y met un peu de poivre blanc, & un jus de citron, puis on la sert.

Les Pieds de Mouton.

Il n'est pas difficile d'accommoder les pieds de mouton; premierement on les mange cuits dans un pot à part avec eau, sel, poivre, clouds de girofle, & un peu de thim; & si-tôt qu'ils sont bien cuits, on les mange à la vinaigrette, c'est-à-dire du vinaigre assaisonné de sel, & de fort peu de poivre, le tout garni de persil.

En second lieu, on en met en fricassée, dont la composition est telle

Ayez des pieds de mouton cuits au pot, coupez-les par morceaux, passez-les à la poêle avec du beure, mettez-y un peu de verjus, assaisonnez-les de sel, d'un paquet de ciboules que vous retirerez, & d'autres épices; & lorsque la cuisson vous en paroîtra parfaite, mettez-y des jaunes d'œuf délayez au verjus, puis tirez-les & les servez.

Autre.

On prend des pieds de mouton bien échaudez, qu'on fait cuire dans du bon bouillon, avec un peu de persil & de ciboules, observant qu'ils ne soient point trop cuits; puis ôtant l'os de la jambe, on en prend toute la peau qu'on étend sur une table; après cela on se sert d'une certaine farce composée de ris de veau hachez, de blancs de chapon, & de champignons, le tout bien assaisonné, qu'on étend sur chacune de ces peaux, qu'on roule pour être mises ensuite dans un plat d'une maniere à ne point fondre au feu: cela fait, on les saupoudre de mie de pain, apres les avoir arrosées d'un peu de graisse; & les mettant ainsi dans un four, on leur y fait prendre couleur. Les pieds de mouton étant jusques-là comme on les souhaite, on en fait égouter ce qu'il y peut avoir de graisse: puis avant de les servir, on met dessus une sauce de champignons, ensuite dequoy on mange ce ragoût chaudement.

Le Col de Mouton.

La partie du Mouton qu'on appelle le col, est aussi celle qui est dite le bout-saigneux: elle se mange pour l'ordinaire bouillie au pot, & est ainsi tres-excelente.

On en met aussi en haricot avec des navets, ou bien en pâte, ainsi que les poulets, en leur faisant une sauce aux œufs delayez avec le verjus.

La Queüe de Mouton.

Il est dangereux que la queüe de mouton ne donne un goût de suif au potage, si l'on n'a soin d'en ôter la plus grande partie de la graisse; & étant pour lors ainsi dégraissée, on la met au pot pour l'y faire cuire, afin d'être mangée bouillie ou rôtie sur le gril, après avoir été saupoudrée de mie de pain & de sel; & avant de la servir, on y met un filet de vinaigre, & de l'ail avec un peu de poivre blanc.

Autre maniere de manger la Queüe de Mouton.

Ayez une queüe de mouton, faites-la bien cuire, ôtez-en la peau, trempez-la dans la pâte claire faite avec farine, jaunes-d'œufs, sel, poivre, & boüillon, passez-la à la poële avec de bon beurre, & lorsqu'elle sera assez frite, servez-la avec poivre blanc, du persil frit, & du verjus.

Le Collet de Mouton.

On sert un collet de mouton rôti à la broche si l'on veut, ou bien sur le gril, aprés qu'on l'a depecé en côtelettes; observant en l'une & l'autre maniere, avant de le faire rôtir, de le saupoudrer toûjours de mie de pain & de sel, puis de le mettre ainsi sur table avec une sauce au verjus, sel & poivre blanc.

L'Epaule de Mouton.

L'épaule de mouton se mange simplement rôtie si l'on veut, observant pour la rendre agreable au goût, d'y passer du persil avec la lardoire, & sur la fin de la cuisson d'y jetter de la mie de pain, & du sel.

On accommode encore l'épaule de mouton d'une autre maniere, qui est bien plus du goût des gens delicats, que la precedente; & ce que j'en vas dire en fera aisément tomber d'accord. On prend une épaule de mouton à moitié rôtie qu'on écorche jusqu'au manche, on en ôte la chair qu'on hache, puisqu'on passe à la poële avec des fines herbes, du sel, du poivre, de la muscade, des champignons & du boüillon pour cuire le tout ensemble; cela fait, on met ce hachis dans la peau dont on l'a tiré, & colorant au feu cette peau avec un peu de mie de pain & du sel, on soigne que le tout soit proprement fait, puis on la sert.

Le Gigot de Mouton, autrement dit Eclanche.

En fait de ragoûts, c'est toûjours la fantaisie qui en decide; car jamais on ne disputa des goûts: & c'est ce qui a poussé l'industrie de nos meilleurs cuisiniers à rechercher des moyens differens pour apprêter toutes sortes de viandes. Le gigot de mouton, par exemple, se mange simplement rôti si l'on veut, & l'on peut dire même que c'est ainsi un excellent morceau lorsqu'il est d'un bon mouton.

Gigot de Mouton farci.

On farcit auſſi un gigot ; & voicy comme on fait. On en prend un qu'on écorche juſqu'au manche, & le bout de l'oſſelet ôté, on en tire toute la chair, qu'on hache avec un peu de lard, de la moële de bœuf, des champignons, du ſel, du poivre, de la ciboule, & d'autres fines herbes, joignant à cela deux œufs entiers, & deux jaunes d'œufs avec une mie de pain ; cela fait, & le tout étant bien aſſaiſonné & haché, on prend cette farce dont on remplit la peau du gigot, aprés quoy on la pane, pour enſuite cette piece de table être miſe au four, afin d'y acquerir une cuiſſon parfaite, & lorſqu'on la verra telle, on la tirera pour être ſervie chaudement.

Gigot à la daube.

Prennez un gigot de mouton, ôtez luy la peau, piquez-le de menu lard, mettez-le tremper dans du verjus & du vin blanc pendant un demi jour, aſſaiſonné de ſel, de poivre, de laurier, & de clouds de girofle ; puis faites-le rôtir à la broche, arroſez-le de la ſauce où il a trempé, & étant cuit faites-y une ſauce avec le degout, un peu de farine frite, & un jus de champignons : aprés cela ſervez-le.

Autre.

Ayez un gigot, dépoüillez-le de ſa peau, batez-le avec un bâton pour en rendre les chairs plus courtes, coupez le bout de l'oſſelet, piquez-le de gros lardons, ſalez-le, poivrez-le, & puis prenez un pot où vous le ferez boüillir dans de l'eau, & lorſque vous jugerez qu'il pourra être cuit, mettez-y du vin, un peu de verjus, du citron & du cloud de girofle. Cela fait, & lorſque la cuiſſon ſera parfaite, tirez-le, & avant de le ſervir épanchez deſſus de l'eſſence d'ail ; & puis mangez le tout chaud.

De L'Agneau.

On m'avoüera que l'agneau eſt un excellent manger, quand il eſt gras & de lait.

La Tête, & les Pieds d'Agneau.

La tête à laquelle on laiſſe le col, ſert pour mettre en potage, ainſi que les pieds, & pour faire qu'ils réüſſiſſent employez-les de cette maniere ; on les échaude bien, puis on les met dans un pot avec du petit lard, pour être cuits ensemble, avec sel, poivre, cloud de girofle, & fines herbes; cela fait, on fait mittonner le potage avec de l'autre boüillon qui soit bon, puis on range dessus les têtes d'agneau, dont on tire la cervelle pour la faire frire aprés l'avoir bien saupoudrée de mie de pain ; étant frite, on l'arrange aussi sur les bords du plat avec les pieds & le petit lard, puis on les met ainsi sur table.

Fressure d'Agneau.

Tout ce qui se peut manger de l'agneau, est toûjours fort delicat : la fressure se cuit au pot, & se mange ainsi si l'on veut, ou bien on en fait une fricassée, aprés l'avoir mise en morceaux; cela fait, on la passe à la poële avec du beurre, puis la faisant cuire dans du boüillon du pot, assaisonné de sel, de poivre, & de cloud de girofle; on n'oublie point, lorsque la cuisson approche, de prendre des jaunes d'œufs délayez avec du verjus, & de les jetter quand on le juge à propos, dans cette fricassée, pour la dresser incontinent: ou bien au lieu de verjus, on se sert de crême douce pour épaissir la sauce.

La Poitrine d'Agneau.

On sert la poitrine d'agneau frite ; & voicy comme on y réüssit. On en prend une qu'on mince par gros morceaux, qu'on met tremper dans du verjus, du vinaigre, du sel, du poivre, du cloud de girofle, de la ciboule ou du laurier ; on laisse là-dedans cette poitrine l'espace de quatre heures durant; aprés quoy on la trempe dans une pâte claire, composée de farine, de vin blanc, & de jaunes d'œufs; puis on la frit à la poële dans du beurre, ou dans du sain-doux : étant ainsi bien frite, on la mange avec plaisir.

Les Rognons d'Agneau.

J'ay dit comme il falloit apprêter les ris de veau, c'est la même chose des rognons d'agneau, ainsi on n'a qu'à y avoir recours.

Du Chevreau.

Les apprêts qu'on fait du chevreau sont semblables à ceux de l'agneau, quoyque le merite du dernier surpasse de beaucoup celuy du premier.

AVERTISSEMENT.

Pour ne rien dire icy d'inutile, je suis bien aise d'avertir que le bouc & la chevre s'accommodent de la même manière que le mouton, quoique leur chair ne soit pas (veritablement parlant) si bonne, ny si excellente au goût.

CHAPITRE IV.

Du Porc.

LA viande de Porc se mange agreablement ; mais elle ne fait pas un mets si délicat sur nos tables que les precedentes. Et la premiere chose par où l'on commence à l'accommoder, c'est après qu'il est tué, par nettoyer les tripes, & puis faire le boudin.

Du Boudin.

Le boudin est un excellent manger lorsqu'il est fait de la maniere que je vas le dire.

L'on a du sang de cochon dans une terrine, observant qu'il ne faut point qu'il soit caillé ; on y mêle un peu de lait, une cuillerée de bon bouillon gras pour le rendre plus delicat ; cela fait, on coupe de la panne en petits morceaux qu'on met dans ce sang, avec du persil & de la ciboule hachée, & de toutes sortes de fines herbes, après qu'on les a fait frire dans de la graisse de cochon, & n'oubliant pas d'assaisonner le tout de sel, de poivre & de toutes sortes d'épiceries. Cela achevé, on prend dans un chauderon de l'eau qu'on fait boüillir, puis mettant tremper le tout dedans la terrine, ou autre instrument dans lequel est le sang, on a soin de le remuer, crainte qu'il ne se prenne au fond ; & quand on juge que tout a pris goût, pour lors on forme le boudin, en mettant dans les boyaux avec un petit entonnoir fait exprés toute la mixtion dont je viens de parler. Le boudin formé, on le fait blanchir à l'eau ; pour éprouver s'il l'est, on prend une epingle avec laquelle on le pique, & s'il n'en sort que de la graisse, c'est une marque qu'il faut l'ôter de cette eau, au lieu qu'il l'y faut encore laisser s'il rend du sang ; & le boudin fait ainsi, & si-tôt qu'il est refroidy, se sert grillé & tout chaud.

Du Boudin blanc.

A l'égard du boudin blanc, lorsqu'on veut qu'il soit delicat, on ne se contente pas de hacher de la panne de cochon avec de la chair

chair, mais on prend encore des blancs de chapon, ou de dinde, qu'on mêle parmi, avec un peu d'oignon aussi haché qu'on a été soigneux auparavant de faire frire, & quelques fines herbes, excepté le persil; puis assaisonnant le tout d'épices, & d'un peu de lait, on le fait boüillir dans une casserole; cela fait, on tire tout ce composé, dans lequel on met des blancs d'œufs foüetez, puis on en forme son boudin avec les boyaux qu'on a tout preparez. Le boudin achevé, on le fait blanchir à l'eau, dans laquelle on a mis un peu de lait & d'oignons; & lorsqu'il est refroidi, on le met griller sur du papier, puis on le sert pour être mangé incontinent.

Des Andoüilles.

J'ay déja dit comme il falloit faire les andoüilles de veau; il est icy question d'enseigner la maniere de composer celles de cochon, c'est ce qui n'est pas difficile: car on y réüssit en prenant de gros boyaux de cochon dont on ôte le gros bout, pour le faire tremper un jour ou deux; cela fait, & le tout étant lavé proprement & blanchi dans l'eau où l'on aura mis quelques tranches d'oignon avec un peu de vin blanc, on tire ces boyaux qu'on jette dans une autre eau qui est fraîche, puis on les coupe de la longueur qu'on veut qu'ayent les andoüilles. Ces boyaux coupez, on prend du ventre de cochon dont on ôte le gras, & qu'on taille aussi par tranches de la longueur des andoüilles; cela fait, on les forme, puis on les envelope des robes qu'on leur a preparées, aprés les avoir assaisonnées de toutes sortes d'épices.

Les andoüilles ainsi achevées, il faut les faire cuire pour les manger. Et voicy comment.

Prenez-les, mettez-les dans un pot bien bouché, posez ce pot sur un feu tres-mediocre, laissez en cet état ces andoüilles rendre leur suc, puis jettez y un peu d'eau avec un oignon piqué de clouds de girofle, & deux verres de vin blanc, du sel, & du poivre; laissez-les cuire ainsi, & étant cuites, il est bon qu'elles refroidissent dans leur boüillon, puis les tirer, afin de les mettre griller sur une feüille de papier, pour être mangées toutes chaudes.

Le Foye, la Ratte, & le Cœur de Cochon.

Les parties du cochon que voicy, se mangent accommodées comme le cœur de veau; & pour y recourir, on n'a qu'à voir la page 357.

Le Mou de Cochon.

Pour faire un ragoût de mou de cochon, on en prend un qu'on fait cuire dans du boüillon affaifonné de fel, de poivre, de cloud de girofle, & de fines herbes; puis fi-tôt qu'il eft cuit, on le tire pour le mettre en hachis, qu'on fait en le hachant bien menu; puis le mettant dans une cafferole avec bon beurre, fel, poivre, cloud de girofle, & autres épices, on le laiffe ainfi cuire un peu de temps, aprés quoy on y joint un verre de vin blanc & du perfil; & lorfqu'on juge que fa cuiffon eft parfaite, on y jette des jaunes d'œuf délayez avec du verjus, & on le tire enfuite.

La Langue de Cochon.

Aprés que la langue de cochon a été falée pendant dix ou douze jours, on la tire, puis on l'effuye, enfuite on la pend à la cheminée avec une feuille de papier par-deffus pour la garentir de la fuye; puis ayant affez pris de fumée, on l'ôte pour être gardée aprés dans un lieu fec; & ce font ces fortes de langues qu'on nomme langues parfumées. Voyez ce que j'ay dit des langues de bœuf.

La Gorge de Cochon.

On fait cas d'une gorge de cochon lorfqu'elle eft bien parfumée, & de même que j'ay dit qu'il falloit faire à l'égard de la langue.

L'Epaule de Cochon.

L'épaule de cochon eft excellente, lorfqu'elle eft tendre & bien preparée; & voicy comme on s'y prend : on a une épaule qu'on met faler pendant dix ou douze heures feulement, puis on la met à la broche, où on la fait plûtôt trop cuire que pas affez, le cochon étant d'une nature à vouloir être mangé tout rôti. Cela fait, & lorfque cette épaule eft cuite, on la tire, & avant que de la fervir on y fait une fauce Robert compofée de la maniere que voicy.

Prenez du beurre, laiffez-le bien chauffer, mettez y frire de l'oignon mincé en morceaux quarrez, ou bien de la ciboule; aprés cela jettez-y un verre de vin, un peu de vinaigre, que vous affaifonnerez de fel, de poivre, de mufcade, & d'une cuillerée de boüillon, puis vous le fervirez aprés y avoir ajoûté de la moutarde.

Il y a encore d'autres pieces qu'on leve de deffus le cochon, &

qui se mangent ou rôties à la broche, ou sur le gril, sans être salées; & telles sont les échinées, l'os court, & les griblettes.

Autre maniere d'accommoder les Griblettes de Cochon.

Ayez des griblettes de cochon, panez-les, passez-les à la poële dans du sain-doux, laissez-les bien frire, tirez-les, & puis servez-les avec jus de citron, ou sauce Robert.

On se sert encore de ces griblettes pour mettre en hachis, & qu'on apprête comme j'ay dit qu'il falloit faire les roüelles de veau.

Les Pieds de Cochon.

Lorsqu'on veut manger les pieds de cochon sans beaucoup de façon, on les tire de l'endroit où ils ont pris sel, puis on les fait cuire dans un pot; & quand ils le sont suffisamment, on les met rôtir sur le gril, puis on les sert avec la sauce Robert.

Autre maniere.

On fait une fricassée de pieds de cochon, en les mettant rôtir sur le gril, aprés-quoy on les coupe par morceaux pour les passer à la poële dans du beurre; cela fait, on y joint de l'oignon coupé en petits carreaux qu'on laisse frire aussi, puis on y jette deux verres de vin, du sel, ce qui y est absolument necessaire, ainsi que du poivre & du cloud de girofle; on laisse le tout raisonnablement tarir, puis on y met un filet de vinaigre, & lorsqu'ils sont cuits on y mêle la moutarde, puis on les sert tout chaudement.

Pieds de Cochon à la Sainte-Menehout.

On fait encore des pieds de cochon à la Sainte Menehout; & pour y reüssir, ayez-en, coupez-les en deux, mettez-les dans une marmite, au fond de laquelle sera une rangée de bardes de lard, puis une de pieds de cochon, & ainsi jusqu'à ce que la marmite soit pleine; aprés cela, prenez un verre d'eau-de-vie, un peu d'anis, du laurier, & une chopine de vin blanc; couvrez le tout de bardes, & d'un couvercle qui joigne bien, observant pour cela de l'empâter; puis mettant cette marmite à la braise, laissez-les cuire en cet état pendant dix ou douze heures, sans leur donner le feu que tres-mediocrement, afin qu'ils acquierent une cuisson qui les rende comme nous les souhaitons; & ce ragoût sur tout demande beaucoup de vigilance: cela fait, & lorsqu'ils sont cuits & refroidis, saupoudrez-les de mie de pain, faites-les griller, & servez-les ainsi tout chauds.

Les Oreilles de Cochon.

Les oreilles de cochon se mangent à la sauce Robert, les ayant coupées par tranches aprés qu'elles ont été cuites dans le pot, & passées à la poële avec un peu de beurre : on peut encore servir les oreilles de cochon frites, en les trempant dans de la pâte faite avec de la farine, du vin blanc, & des œufs; & lorsqu'elles ont pris couleur, on les sert avec du verjus & du poivre.

Le Groin de Cochon.

On parfume le groin de cochon, pour être mangé en guise de jambon; ou bien on le sert boüilli au pot, avec poivre, clous de girofle & muscade; il se rôtit aussi sur le gril, & se met sur table accompagné d'une sauce Robert.

Les Jambons.

Je suppose qu'un Jambon ait été salé comme il faut, & bien parfumé; cela étant, & avant que de le faire cuire, on le fait tremper en eau tiede, & aprés l'avoir ainsi changé plusieurs fois, on le lave & on l'essuie, puis on le met dans un chauderon le plus pressé que l'on peut, afin qu'il y ait peu de boüillon, & que par ce moyen la trop grande abondance d'eau ne diminuë en rien de sa bonté.

On observe avec cela de mettre au fond du chauderon une poignée de foin délié, avec des fines herbes, deux gros oignons, & de l'écorce de Citron; & à mesure que son boüillon se tarit, on est soigneux d'avoir de l'eau chaude pour luy en substituer toûjours de nouvelle, & continuer ce soin jusqu'à ce qu'il ait acquis une cuisson parfaite. Etant bien cuit, on le tire, pour le laisser refroidir dans son boüillon jusqu'à ce qu'on puisse l'ôter du chauderon avec la main; puis le posant sur un plat, on luy laisse égouter son boüillon, aprés quoy on leve la coüene de dessus le lard, pour le poudrer d'un peu de poivre, & d'un peu de canelle broyée, & y piquer quelque clouds de girofle, & le garnir de persil haché, avec un peu de thim, & des feüilles de laurier; puis on le recouvre de sa coüene, pour luy donner le loisir de se refroidir.

Il y en a qui le font cuire avec le vin; mais on tient que cela luy fait faire la corne : au reste on laisse cela à la volonté de ceux qui en font cuire.

Du Cochon de Lait.

Si-tôt que le cochon de lait est tué, il veut qu'on le mange, car il n'a pas besoin d'être mortifié pour être tendre; ainsi d'abord que l'operation en est faite, qu'on l'a échaudé, & qu'il est pelé, on le vuide de toutes ses entrailles, aprés quoy on l'assaisonne dedans de sel, de poivre, & d'un brin de sauge; puis on y met un oignon, & de la ciboule; ensuite on lui referme le ventre avec une brochete, pour aprés le mettre en broche.

On doit être soigneux de l'essuyer si tôt qu'il commence à suer, & il y en a qui luy mettent dans le corps un morceau de beurre, avec lequel ils l'arrosent à mesure que le feu le fait distiler; les Cuisiniers ne desapprouvent pas cette methode, & d'abord qu'il est cuit, il faut le servir pour être mangé chaudement.

Cochon de Lait farci.

Ce n'est pas seulement rôti qu'on sert le cochon de lait, mais il se mange encore farci; & pour cela faire,

Prenez son foye avec du lard, hachez-le tout ensemble, mêlez-y des champignons, des capres, un peu d'ail, quelques fines herbes, & de la sauge; passez le tout dans la casserole, assaisonnez-le de sel, de poivre, & d'un peu de clouds de girofle, farcissez-en le corps du cochon, & mettez-le à la broche pour le faire rôtir, soignant de l'arroser avec du beurre, puis servez-le si-tôt qu'il est cuit.

CHAPITRE V.

Du Gibier en general, & haute Venaison.

PAr ce mot de Gibier, j'entends les liévres, les levreaux, les lapins, les perdrix, les beccasses, les beccassines, & autres; & par celuy de Venaison, le sanglier, le cerf, & le chevreüil, &c.

Du Liévre.

Pour apprêter un liévre, on commence par l'écorcher, puis on le vuide, & aprés cela on le larde pour le mettre en broche, l'ayant froté auparavant avec son foye pour le rougir; on le mange ou à la vinaigrette, ou à la sauce douce.

Liévre en Civé.

Comme les goûts sont differens, on a aussi trouvé le moyen de diversifier les mets. C'est ce qui fait qu'outre rôti, on sert encore le lievre en civé, & voicy la methode d'en venir à bout.

On prend un lievre dont on leve entierement les cuisses & les épaules, puis on coupe le reste par morceaux qu'on larde de gros lard, pour ensuite les passer à la poële, ou au sain, ou au lard fondu ; cela fait, on met le tout dans un pot avec du vin blanc, qu'on assaisonne de sel, de poivre, de muscade, de laurier, un peu d'orange & de fines herbes, & on le laisse ainsi cuire, pour le servir tout chaud lorsqu'il sera parvenu à ce point.

Du Levreau.

Les meilleurs levreaux sont ceux qui sont nez au mois de Janvier, alors qu'ils sont demy, ou de trois quarts ; & comme il arrive quelquefois qu'un levreau a acquis sa grandeur naturelle, ce qui fait douter de sa jeunesse, pour lors, & afin de s'en rendre certain, on a coûtume de luy prendre les oreilles pour les écarter, & si l'on remarque que la peau se relâche, c'est signe qu'il est tendre ; mais au contraire, si elle semble ferme, elle témoigne sa vieillesse.

On mange les levreaux rôtis, ainsi que les lievres ; & avant de les mettre à la broche, on observe toûjours de les rougir de leur sang, & de les larder, pour être servis à la poivrade lorsqu'ils sont cuits, ou bien à la sauce douce, ou à la vinaigrette, on n'a qu'à choisir.

Levreaux en Ragoût.

Ayez un levreau, coupez-le par quartiers, lardez-le de gros lard avec la lardoire de bois, faites-le cuire avec du boüillon, assaisonnez le tout de poivre, de cloud, & d'un verre de vin ; & lorsque la cuisson en est faite, prenez le sang & le foye que vous passerez à la poële avec un peu de farine, mêlez le tout ensemble avec un filet de vinaigre, & servez.

Des Lapins.

On compte de deux especes de lapins ; sçavoir les lapins de garenne, & les lapins clapiers ; les premiers sont bien plus estimez que les derniers, & l'on se trompe toûjours dans le choix lorsqu'on ne sçait pas le faire : & pour parvenir à cette connoissance, on sçaura qu'un lapin de garenne se reconnoît à l'aide de trois de nos sens, premierement par la vûë, qui juge de sa couleur, par l'odorat, & par le goût.

On connoît un lapin de garenne par sa couleur, lorsqu'il a le poil du pied & le deſſous de la queüe roux, ce qui ne paroît que fort peu aux lapins clapiers; ce n'eſt pas que ſi on ne ſçavoit en cela la ruſe des rôtiſſeurs, on s'y trouveroit bien trompez : car que font-ils pour abuſer là-deſſus les acheteurs ? ils ſont ſoigneux de leur brûler un peu le poil des pieds, ce qui les rend roux ; mais on reconnoît leur tromperie en effaçant cette marque avec de l'eau, ou portant ce lapin au nez on ſent le poil rouſſi.

Le goût fait diſtinguer un lapin de garenne d'avec un clapier, lorſqu'en le mangeant on trouve une chair groſſiere, & fade ; on juge que c'en eſt un de la ſeconde eſpece : au lieu que quand cette chair eſt delicate, & a un certain relief qui luy convient, on peut dire pour lors que c'eſt un lapin de garenne.

Les lapins ſont encore vieux ou jeunes, & pour connoître l'un ou l'autre de ces âges, on leur tire auſſi les oreilles tout comme aux levreaux ; mais pour en juger plus ſainement, on reconnoît la vieilleſſe d'un lapin, lorſqu'en coulant le poûce, & le premier doigt deſſus le poil des pieds de devant, on s'aperçoit que la jointure en eſt groſſe.

Ces connoiſſances acquiſes par les obſervations qui leur ſont propres, il n'eſt plus queſtion que de ſçavoir comme ſe ſervent les lapins.

Lapins Rôtis.

Lorſqu'on veut faire rôtir un lapin, on le pique de fins lardons, ou bien on le barde, ou faute de lard on l'arroſe de beurre en cuiſant ; & ſi-tôt qu'il eſt cuit, on le met dans un plat, & on le ſert avec une ſauce à l'eau, aſſaiſonnée de ſel & de poivre blanc.

Lapins en Ragoût.

Ayez un lapin, coupez-le en quatre, lardez-le de gros lard, paſſez-le à la poële avec du lard fondu, mettez-le cuire dans une terrine ou caſſerole, avec du boüillon, un verre de vin blanc, le tout aſſaiſonné de poivre & de ſel ; joignez-y de la farine frite avec de l'orange, & lorſque la cuiſſon en eſt faite, ſervez-le pour être mangé chaudement.

Lapins en Fricaſſée.

Un lapin fricaſſé eſt quelque choſe d'excellent, lorſque la fricaſſée en eſt bien faite ; & pour y reüſſir on prend un lapin qu'on coupe par morceaux, qu'on paſſe à la poële avec du lard fondu : cela fait, on y met pour le faire cuire du boüillon, qu'on aſſaiſonne de sel, de poivre, fines herbes, de cibouletes, & de muscade; étant cuit comme il faut, mettez-y, avant de le tirer, des jaunes d'œufs avec du verjus, & le mangez.

On observera que ce que je viens de dire des lapins, se doit observer à l'égard des lapreaux, puisqu'ils ne different entr'eux seulement que de l'âge.

Des Perdrix.

Je n'ay que faire icy d'établir le merite des perdrix, il est connu de tout le monde; & faute de les sçavoir apprêter, souvent on fait d'un morceau le plus delicat qu'il y ait, un mets qui ne vaut presque pas qu'on le mange: Voicy donc les differentes manieres de les accommoder.

On s'en sert si l'on veut pour en faire des potages de santé, ou bien on la rôtit; & pour la rendre ainsi agreable, on la pique de lard, apres luy avoir coupé les aîles comme on fait aux oisons, & luy laissant pencher la tête, qu'on ne plume point jusqu'à la moitié du coû, elle cuit ainsi; puis on la tire pour la manger, après l'avoir saupoudrée dessus de sel bien menu, & avec une sauce faite d'un peu de vin, de sel, de poivre blanc, de rocambolle, & d'un jus de citron.

Perdrix à la Daube.

Prenez des perdrix, lardez-les de moyens lardons, assaisonnez-les de sel, de poivre, de cloud, de muscade, de laurier, de ciboules, & d'orange; envelopez-les dans une serviette, faites-les cuire dans un pot avec du boüillon & du vin blanc; & lorsque vous connoîtrez que cette daube sera tarie suffisamment, laissez-les refroidir à demy dans leur boüillon; puis aprés servez-les avec un jus de citron.

Perdrix en Hachis.

Pour ne point user icy de redite inutile, je diray que les hachis de perdrix se font comme ceux de gigot de mouton. Voyez page 366.

Perdrix en Marinade.

On met aussi les perdrix en marinade, & pour y réüssir, on en prend qu'on coupe par quartiers, qu'on met dans du verjus & dans du vinaigre, afin de les faire mariner pendant trois heures seulement, le tout assaisonné de sel, de poivre, de clouds de girofle,

rofle, de ciboule, & de laurier: cela fait, on les trempe dans une pâte claire, compofée avec de la farine, du vin blanc, & des jaunes d'œufs; puis on les frit dans du lard fondu, dans du beurre, ou du faindoux: étant bien frites, on les garnit de perfil frit, & de tranches de citrons; & on les fert enfuite.

Des Perdreaux.

Les perdreaux fe fervent pour l'ordinaire rôtis, & on les pique de lard, ou bien on les barde.

Des Beccaffes.

La maniere d'accommoder les beccaffes, eft d'abord de les plumer, & de leur paffer le bec à travers le corps par les côtez, fans les vuider, aprés quoy on les pique de lard fort proprement pour les mettre à la broche; étant embrochées, on pofe fous elles dans la lechefrite des rôties de pain pour en recevoir le degout qui en tombe; aprés qu'elles font rôties, on y fait une fauce avec orange, fel, poivre blanc, & une ciboulette.

Beccaffes en ragoût.

Pour faire un bon ragoût de beccaffes, on s'en fert lorfqu'elles font à demy cuites, puis on les coupe en pieces, pour les mettre dans une cafferole avec du vin, des capres & des champignons, le tout affaifonné de fel & de poivre, aprés quoy on les laiffe boüillir jufqu'à ce que la cuiffon foit parfaite, pour être fervies aprés y avoir preffé un jus d'orange.

Des Beccaffines.

On apprête les beccaffines de la même maniere que les beccaffes lorfqu'on les veut faire rôtir; mais quand on fouhaite les manger en ragoût, on les fend en deux fans les vuider (fuppofé qu'elles foient à demi cuites à la broche) puis on les paffe à la poêle avec du lard fondu, fel, poivre blanc, & un peu de ciboule; & faifant aprés cela diftiler un jus de champignons dans ce ragoût avec un peu de citron, on le fert lorfqu'il eft cuit pour être mangé tout chaud.

Des Cailles rôties.

La caille a fon merite, qu'on ne luy fçauroit difputer, & l'on peut dire dans fon temps qu'elle fait l'ornement des meilleures tables: on la mange rôtie; & pour cela on la plume, puis on la vuide,

Tome II. Bbb

on la pique de lard, ou bien on la barde, après cela on la met en broche pour la faire cuire, & si-tôt qu'elle est cuite on la sert avec un jus d'orange, ou bien du verjus, du sel, & du poivre blanc.

Cailles en ragoût.

Ayez des cailles, fendez-les en deux sans les separer, passez-les à la poële avec du lard fondu, assaisonnez-les de sel, de poivre, & de muscade ; mêlez-y des champignons, un peu de farine & un jus de mouton ; puis le servez chaudement, après y avoir mis un jus d'orange.

Des Pluviers.

Comme j'ay dit que les beccasses s'apprêtoient, ainsi avertiray-je que se mangent les pluviers ; qu'on y ait recours.

Des Vanneaux.

Les vanneaux, ainsi que les autres oiseaux, se plument au sec, se lardent & se vuident, puis sont mis à la broche, pour être mangez avec un peu de verjus, du sel, & du poivre blanc.

Des Grives.

On apprête les grives en les flambant, & les poudrant de pain & de sel, pour les manger lorsqu'elles sont rôties avec du verjus & du poivre, observant de froter le plat d'une échalotte, & d'y mettre un jus d'orange.

Grives en ragoût.

On fait un ragoût de grives, en les passant à la poële sans les vuider avec lard fondu, un peu de farine, des fines herbes, le tout assaisonné de sel, de poivre, de muscade ; puis on y met un peu de vin blanc ; & lorsque ce ragoût est cuit, on y joint du jus d'orange, pour être servi incontinent.

Des Aloüettes.

Pour apprêter des aloüettes comme il faut, on commence par les plumer au sec, puis à leur écorcher la tête, observant de ne les point vuider ; cela fait, on les pique de lard, puis leur passant une brochette en travers, on les attache toutes à la grande broche pour les faire rôtir ; & lorsqu'elles le sont, on y poudre de la mie de pain avec du sel, & on leur met dessous une rôtie, & une sauce comme aux beccasses.

Aloüettes en ragoût.

Prenez des aloüettes, plumez-les, vuidez-les, passez-les à la poële avec du lard fondu & un peu de farine, mettez les dans une terrine avec du boüillon & du vin blanc, assaisonnez-les de sel, de poivre, de canelle, laissez-les cuire ainsi jusqu'à ce que la sauce en soit courte, mettez y un jus d'orange & puis les servez.

Des Oyes sauvages.

Les oyes sauvages se plument au sec, & se vuident; on est soigneux de les larder lorsqu'ils ne sont pas gras, & on ne les larde point quand ils le sont; & étant bien rôtis, on les saupoudre de sel, puis on les mange à la poivrade. Ces animaux se servent encore d'autre maniere, comme je diray cy aprés à l'article des oisons.

Des Canards sauvages.

Tous oiseaux de riviere doivent être vuidez, ainsi on n'oubliera point d'accommoder ainsi le canard sauvage; aprés cela on le met à la broche sans larder, & lorsqu'il est à demi cuit on le flambe avec du lard, & cette viande veut toûjours être mangée plûtôt sanglante que trop cuite; & pour sauce on leur donne un jus d'orange, ou du vinaigre avec sel & poivre blanc.

Des Sarcelles.

Je n'ay rien à dire autre chose des sarcelles, sinon qu'elles s'aprêtent & se mangent comme les canards sauvages. Cela suffit.

Des Tourterelles.

Avant que de mettre les tourterelles à la broche, on prend soin de les vuider, & de les piquer de menu lard, puis on les fait rôtir, pour être servies avec une sauce assaisonnée de vinaigre, de sel & de poivre blanc.

Des Becfigues.

Pour aprêter des becfigues, on se contente de les plumer, & de leur couper la tête & les pieds, & à mesure qu'ils cuisent à la broche, on les saupoudre de croûte de pain râpé avec du sel, puis on les mange au verjus de grain & au poivre blanc.

Du Sanglier.

Il n'y a gueres de différence entre les apprêts qu'on fait du sanglier & ceux du porc commun; & s'il y en a, les voicy toutes.

La Hure.

Je commenceray par la hure, & diray que pour l'apprêter comme il faut, (je suppose qu'on luy ait ôté tout le poil comme aux cochons ordinaires) on doit luy ôter les deux mâchoires, & le museau; & le fendant par-dessous, separer de sa tête la cervelle & la langue; cela fait, on la sale, & pour y reüssir on se sert de la pointe d'un coûteau pour y mieux faire penetrer le sel, puis on referme cette tête fenduë qu'on lie avec une ficelle, & on l'enveloppe dans une serviete, pour être mise dans un chauderon capable de la contenir. Tout cela observé, on y met une grande quantité d'eau, toutes sortes de fines herbes, de la panne de cochon, du laurier, de l'anis, du cloud de girofle, de la muscade, du sel, de l'oignon, & du rômarin, & lorsqu'elle est à demi cuite on y met du vin, dans lequel il luy faut douze heures pour acquerir une cuisson parfaite: étant cuite, on la laisse refroidir dans son boüillon, puis on la tire, pour être servie avec tranches de citron & du persil menu.

Du Sanglier rôti.

On peut piquer du sanglier de menu lard, puis le mettre à la broche, & si-tôt qu'il est cuit le manger à la poivrade, ou à la sauce-robert.

Des Jambons de Sanglier.

On accommode les jambons de sanglier comme ceux de porc commun; on n'a qu'à lire l'article, page 372.

Du Marcassin.

Le marcassin se mange rôti tout entier, aprés qu'on l'a piqué de menu lard; & étant cuit, on le sert avec une sauce assaisonnée de vinaigre, de sel & de poivre blanc.

Du Cerf & de la Biche.

Je n'ay pas crû devoir separer ces deux animaux l'un d'avec l'aure pour montrer comme on doit les apprêter, à cause du rapport de nature qui est entre eux ; c'est pourquoy je diray que le cerf & la biche se mangent rôtis, aprés qu'on les a piquez de lard menu ; & si-tôt qu'ils sont cuits, ou les sert avec une poivrade pour sauce.

Mais il faut sçavoir aussi, qu'auparavant que de les mettre à la broche, les parties de leur chair qui y sont propres doivent avoir été trempées pendant dix ou douze heures dans du vin blanc, du verjus, assaisonnez de sel, poivre, clouds de girofle pilez, du citron verd, & de trois ou quatre feüilles de laurier ; aprés cela il est excellent.

La Longe ou l'Epaule de Cerf.

Ayez une longe de cerf, ou bien une épaule, piquez-la d'un lard bien menu & fort épais, enveloppez-la de papier, faites-la cuire à la broche, puis servez-la, avec une sauce au vinaigre, assaisonnée de sel, de poivre, d'échalote, & de farine frite.

On mange encore le cerf à la sauce douce, c'est-à-dire avec du vinaigre mêlé de sucre, d'un peu de sel, des clouds de girofle, de la canelle & du citron.

Cerf en ragoût.

Pour mettre du cerf en ragoût, on en prend un morceau qu'on larde de lardons trempez dans le sel & le poivre, puis on le passe à la poële avec du lard fondu, ensuite on le met cuire dans une terrine avec du boüillon ou de l'eau ; on y joint deux verres de vin blanc, avec sel, muscade, fines herbes, feüilles de laurier & orange, aprés quoy on le laisse boüillir jusqu'à ce qu'il ait acquis une cuisson parfaite, où pour lors on fait une liaison à la sauce avec de la farine frite.

Cerf en civé.

Ayez du cerf, coupez-le par gros morceaux, lardez-les de gros lard, passez-les à la poële, faites-les cuire avec boüillon, ou vin blanc, quelques fines herbes, le tout assaisonné de sel, poivre, muscade, laurier, & peau d'orange ; & si-tôt qu'il est cuit, liez la sauce avec de la farine frite, & un filet de vinaigre.

Du Chevreüil.

On mange le chevreüil rôti ; & pour le rendre excellent, on le pique de menu lard, & si-tôt qu'il est cuit, on le sert accompagné d'une sauce composée d'oignons passez à la poële, de vinaigre & d'un peu de boüillon assaisonné de sel & de poivre blanc.

Chevreüil en ragoût.

Le chevreüil est excellent en ragoût; & pour réüssir à l'y bien mettre, on en prend qu'on pique de gros lard, puis qu'on passe à la poële avec du lard fondu; cela fait, on le met dans une casserole, où on l'assaisonne de sel, de poivre, de laurier, de muscade & de fines herbes; le tout étant ainsi assaisonné, on le fait cuire dans l'eau, ou dans du boüillon, auquel on joint un bon verre de vin, & de la peau d'orange; & lorsqu'on juge qu'il est cuit, on lie la sauce avec de la farine frite, puis on le sert.

Du Daim.

Pour servir le daim rôti, on n'a qu'à observer ce que j'ay dit du cerf, ou du chevreüil; & on peut aussi de même le mettre en ragoût.

CHAPITRE VI.

De la Volaille commune.

LEs meilleures tables ne sont pas seulement couvertes des mets dont je viens de parler, la volaille commune y paroît encore avec beaucoup de grace.

Des Poulets de grain.

Qu'y-a-t-il de plus agreable à la vûë, & encore plus au goût, que des poulets de grain, qu'on sert rôtis? & pour y réüssir voicy comme on s'y prend: on a des poulets qu'on plume au sec, ou dans l'eau chaude, & puis qu'on vuide; cela fait, on les larde, ou bien on les couvre de bardes de lard, ensuite on les fait rôtir, & l'on connoît qu'ils le sont suffisamment, lorsque le lard a pris couleur, dans lequel temps on ne manque point de les tirer, crainte que les laissant trop secher, ils ne viennent à perdre tout leur goût. La sauce avec laquelle on les mange, est la vinaigrette, ou le verjus assaisonné de sel & de poivre blanc.

Poulets en fricassée.

Lorsque les poulets sont un peu forts, on en met en fricassée,

& voicy comment : on en prend qu'on coupe par morceaux, puis qu'on passe à la poële avec du lard fondu, ensuite on les met cuire avec du bon beurre dans du boüillon, ou dans de l'eau & un verre de vin blanc, le tout assaisonné de sel, de poivre, & de cerfeüil haché, & d'un paquet de ciboulettes qu'on retire ; & lorsque leur cuisson est faite, on y met des jaunes d'œufs délayez avec du verjus, puis on les sert.

On peut encore lier la sauce avec de la crême : cette liaison n'a pas moins d'agrément que celle qu'on fait avec les jaunes d'œufs.

Poulets à la Giblotte.

Ayez des poulets, coupez-les en morceaux, mettez-les dans une terrine avec du vin, du sel, du poivre, & du cloud, un morceau de bon beurre, mêlez-y de fines herbes, & si-tôt qu'ils sont cuits servez-les tout chauds.

Poulets à l'Ail.

Voicy une maniere d'accommoder les poulets, qui convient à ceux qui aiment l'ail, & elle se pratique comme je le vas dire.

On a des poulets qu'on larde, ensuite on les fait rôtir, ayant auparavant observé de les avoir piquez d'ail : étant cuits à la broche, on les sert avec une poivrade, dans laquelle on fait entrer une petite pointe d'ail ; & cela est fort excellent.

Poulets farcis.

Prenez des poulets, que vous ferez rôtir après que vous leur aurez mis dans le corps de la farce dont voicy la composition, sçavoir du lard crud, de la moële de bœuf, des ris de veau hachez, du persil, de la ciboule & quelques fines herbes, le tout mêlé de champignons, haché ensemble, & assaisonné de sel, de poivre, & de clouds de girofle ; observant de bien ficeler les poulets, crainte que la farce ne tombe, & de les bien envelopper chacun d'une feuille de papier ; & lorsque ces poulets sont cuits, on les sert avec un coulis de champignons qui achevé de les rendre parfaits.

Poulets frits.

Prenez des poulets, mincez-les par gros morceaux, faites-les cuire dans de l'eau, du sel & du poivre, tirez-les, faites-les tremper dans de la pâte faite avec de la farine, du vin blanc & des jaunes d'œufs, mettez-les frire dans du sain-doux, ou du beurre ; lorsqu'ils sont assez frits, tirez-les, & les servez avec un jus de citron.

Des Poulardes.

Les poulardes se mangent aussi de plusieurs manieres : elles se rôtissent après avoir été piquées de lard menu, & se mangent ainsi avec un jus de citron, & du verjus assaisonné de sel & de poivre blanc.

Poularde en ragoût.

Pour réüssir à mettre en ragoût des poulardes, on les retrousse d'abord pour les faire boüillir, puis on les fend par derriere, on les élargit, & on leur casse les os. Cela fait, on les passe dans une casserole avec du lard : étant passées, on accommode des bardes au fond de cette casserole, ausquelles on joint un peu de persil, de sel, de poivre, de clouds de girofle, & de ciboules; après cela, on les couvre encore de bardes de lard, puis d'un bon couvercle ; le tout ainsi assaisonné, on pose la casserole sur de la braise, & on en met aussi dessus, observant que cette braise soit mediocrement ardente ; & lorsqu'on jugera que la cuisson sera parfaite, on les tirera pour les servir.

Des Poules.

On ne mange gueres de poules que boüillies au pot, à moins qu'elles ne soient encore jeunes, & qu'elles peuvent encore pour lors être apprêtées, ou comme des poulardes, ou comme des chapons.

Des Chapons.

Si l'on souhaite manger un chapon rôti, il faut auparavant que de le mettre en broche ; ne pas manquer de le piquer de lard menu, ou bien de le barder, après cela on le fait cuire, & on le sert avec du verjus assaisonné de sel & de poivre, ou bien accompagné d'un jus d'orange.

Chapon à la daube.

Ayez un chapon, lardez-le, assaisonnez-le de sel, de poivre, de cloud de girofle, de muscade, de laurier, de ciboules ; cela fait, envelopez-le dans une serviette ; faites-le cuire dans un pot

avec

avec du boüillon & du vin ; & si-tôt qu'il est cuit, tirez-le, & l'ayant laissé à moitié refroidir dans son boüillon, servez-le après: & l'on peut dire qu'il est ainsi excellent.

Des Poulets-Dindes.

Ils s'apprêtent de bien des manieres: on les sert rôtis, avec une sauce Robert ; on les mange à la daube, & ils sont pour lors accommodez comme les chapons; ou bien on les sert en pâtez.

Des Oyes & Oisons.

Les veritables Oeconomes de Campagne, lorsqu'ils ont des oyes ne manquent point d'en saler une petite provision, après qu'ils les ont fait engraisser, pour ensuite être mis au pot, où l'on peut dire qu'ils deviennent un manger excellent.

On en sert aussi à la daube, ainsi que des oisons ; & pour lors on les apprête de la même maniere que les chapons.

La petite oye (qui comprend le col, la tête, les aîles, & les pieds) est mise ordinairement dans le pot pour être boüillie, & ensuite être servie sur le potage.

Oisons farcis.

On farcit des oisons, soit qu'on veüille les manger rôtis, soit en potage ; & voicy comment on y reüssit. On prend le foye & le cœur de ces animaux, qu'on hache bien menu, avec sel, poivre, & des fines herbes ; on y joint une aumelette de quatre œufs, & le tout étant bien batu ensemble, & assaisonné comme il faut ; si c'est pour manger les oisons rôtis, on fait cuire cette farce, puis on la met dans le corps, pour être servis lorsqu'ils sont cuits.

Si l'on veut en faire un potage, il n'est pas besoin pour lors de faire cuire la farce; car on se contente d'en farcir l'oison lorsqu'elle est crüe, pour ensuite être cette volaille mise au pot, & dressée quand elle est cuite, avec un boüillon composé comme on le souhaite.

Des Canards.

Les canards domestiques sont merveilleux en quelque apprêt qu'on les puisse mettre ; on les fait rôtir, & ils s'accommodent pour lors comme les canards sauvages.

Potage de Canards.

Prenez des canards, lardez-les de navets en guise de lard,

puis ayez encore des navets, râtissez-les, coupez-les en long, passez-les à la poële avec du lard fondu, & un peu de farine ; mettez le tout ensemble dans un pot avec du boüillon, assaisonné de sel, poivre, & des herbes fines ; & lorsque vous verrez que le canard aura fait un boüillon d'un bon goût, dressez-le, faites mitonner ce potage, puis garnissez-le de vôtre canard, de vos navets, & d'un peu de pain frit, & servez le chaudement.

Les canards se mangent aussi en pâtez, & à la daube accommodez comme le chapon.

Des Pigeons.

Le plaisir & le profit qu'on tire des pigeons doit bien animer un homme de campagne à n'en point être dépourvû, ils se mangent de bien des manieres ; on les sert rôtis, & pour lors on les accompagne d'une sauce composée de vinaigre, assaisonnée de sel, & de poivre blanc.

Des Pigeons en compote.

On met des Pigeons en compote ; & pour y parvenir, on en prend qu'on larde de gros lard, & qu'on passe ensuite à la poële dans du lard fondu ; puis les mettant dans une casserole, on les fait cuire avec sel, poivre, muscade, écorce d'orange, cloud de girofle, champignons, un verre de vin blanc, & du boüillon ; & lorsque la cuisson en est faite, on les sert pour être mangez chaudement.

Autre maniere.

Ayez des pigeons, faites-les cuire dans un petit pot, où vous les assaisonnez avec sel, poivre, cloud, thim, oignons, & un peu de vin blanc ; & lorsque vous voudrez les servir, mettez-y un jus de citron.

On fait encore des tourtes de pigeons.

Autre Ragoût.

Pour réüssir dans ce ragoût, on a des pigeons qu'on retrousse proprement, qu'on farcit de leurs foyes joints à quelques blancs de chapons hachez avec du lard & des fines herbes, le tout assaisonné de sel, de poivre, de persil ; & cela fait, on les met dans une casserole, avec feu mediocre dessus & dessous : si-tôt que ces pigeons sont cuits, on les sert pour être mangez tout chauds.

Pigeons en Marinade.

On fait mariner des pigeons en les mettant tremper dans du vinaigre, fel, & poivre; & pour faire que cette mixtion les penetre davantage, on les fend fur le dos, ou bien en deux parties; trois heures fuffifent pour leur faire prendre le goût de marinade: cela fait, on les trempe dans de la pâte claire, compofée de farine, de vin blanc, & de jaunes d'œufs, puis on les fait frire, pour être fervis aprés à la vinaigrette.

Les pigeons, comme on fçait, ornent des mieux un potage, & luy donnent un relief qui eft tout extraordinaire.

CHAPITRE VII.

Des Legumes.

COmme les legumes font une provifion qui contribüe beaucoup à la nourriture, foit d'un pere de famille, foit de fes domeftiques, il n'eft pas moins neceffaire de les fçavoir apprêter que les autres viandes dont nous venons de parler cy deffus; & pour y parvenir, voicy les preceptes dont il convient être inftruit.

Des Betteraves.

Pour apprêter les betteraves, il faut d'abord foigner de les faire cuire ou dans l'eau, ou bien au four, ou fous la cendre; cela étant fait, on leur ôte la peau, puis on les coupe en roüelles pour être mangées ou à l'huile d'olive, vinaigre, & fel; ou paffées à la poële avec du bon beurre; & lorfqu'on les croit affez frites, on y met un oignon en roüelles qu'on fait auffi frire, pour enfuite être fervies, aprés y avoir mis un filet de vinaigre affaifonné de fel & de poivre.

Des Panais.

On commence par cuire les panais dans l'eau, lorfqu'on les veut accommoder pour les manger; puis on les coupe en roüelles, enfuite on les paffe à la poële avec du beurre, puis on les affaifonne de fel & de poivre; & aprés qu'on leur a donné une pointe de vinaigre, on les fert.

Ce legume s'apprête aussi à la sauce blanche avec de la farine; il sert encore pour les potages; mais pour lors, & avant que de les y mettre, il les faut râtisser.

Des Carotes.

Ce que je viens de dire des panais, doit s'observer à l'égard des carotes; car je ne sçache pas qu'il y ait autre chose à faire.

Des Salsifix d'Espagne, autrement dit, Scorsonnere.

Ayez des salsifix d'Espagne, râtissez-les, mettez-les d'abord dans de l'eau fraiche à cause de l'amertume de leur écorce, faites-les cuire à l'eau, puis preparez-y une sauce composée d'un morceau de bon beurre bien liée, & un peu de fromage parmesan ou autre, le tout assaisonné de sel & de poivre, & servez-les aprés.

Autrement.

Pour manger des salsifix bien accommodez, aprés qu'ils ont été cuits à l'eau, & bien égoutez, on les met dans une casserole, avec de la moële de bœuf & du lard coupé par morceaux; ensuite on les fait boüillir dans du boüillon qu'on y mêle, & qu'on assaisonne de sel & de poivre; le tout ainsi bien cuit, & auparavant que de le dresser, on y infuse un jus de gigot de mouton, relevé d'un jus d'orange, & d'un peu de muscade râpée; puis on sert ces salsifix, qui sont tres-excellens accommodez de cette maniere.

Autrement.

On se contente encore de les manger à la crême liée avec des jaunes d'œufs, & assaisonnée de sel & de poivre blanc.

Ce legume se fricasse aussi comme les betteraves, & sert admirablement bien pour garnir les potages gras.

Salsifix frits.

Prenez des salsifix bien cuits à l'eau, & bien râtissez, trempez-les dans une pâte claire, composée de farine, d'œufs & de vin blanc, faites-les frire à la poële dans du bon beurre, puis servez-les avec un jus de citron.

Des Salsifix communs.

Aprés qu'on a cuit dans l'eau les salsifix communs, on les sert avec une sauce faite avec du bon beurre, assaisonnez de sel, de mustade, & d'un filet de vinaigre ; & on observe, à mesure que le beurre fond, de le remuer toûjours, crainte qu'il ne se tourne en huile.

On peut encore, si on le souhaite, accommoder les salsifix communs comme on fait ceux d'Espagne, & pour lors ils ne seront pas d'un méchant goût.

Des Raiponces.

Prenez des raiponces, râtissez-les, laissez-y leurs feüilles, puis servez-vous-en pour les potages maigres ; ou bien, si vous voulez, mangez-les en salade avec de l'huile d'olive, du vinaigre & du sel.

Des Navets.

Les navets sont un legume qui s'employe en bien des sauces : car, premierement, ils se mangent comme les salsifix communs, & s'apprêtent de même : en second lieu, on les mange fricassez à la poële avec du beurre ou du lard, un peu de verjus, assaisonnez de sel, de poivre, & de moutarde ; troisiémement, on les sert en potages maigres, & en potages gras ; & enfin ils se preparent en differens ragoûts, comme on peut se souvenir de ce que j'en ay dit cy-dessus.

Des Cherüis.

On frit les cherüis, & c'est l'apprêt le plus délicat qu'on leur puisse donner. Pour y réüssir, on en prend qu'on fait un peu cuire dans l'eau seulement pour les râtisser plus aisément, puis les ayant saupoudrez de farine, ou bien trempez dans de la pâte pareille à celle de scorsonnere, on les fait frire à la poële avec du beurre ou de bonne huile de noix, puis on les sert avec un jus de citron, ou bien du verjus, du sel & du poivre.

Les cherüis se mangent encore à la sauce blanche.

Des Taupinambours.

Sans m'amuser en des discours superflus, je diray que les taupinambours s'accommodent comme les salsifix communs, & rien de plus ; ayez-y recours

Des Truffles.

Si j'ay parlé en bref des topinambours, n'ayant rien à en dire davantage, je puis bien m'étendre sur les truffles : car j'y vois beaucoup de matiere, étant le propre de ces enfans du tonnerre, d'être apprêtez de diverses façons.

Truffles cuites au vin.

On cuit les truffles au vin, avec du sel & du poivre, puis on les sert ainsi ; ou bien on les met au court-boüillon, avec quantité d'herbes odoriferantes ; & si-tôt qu'elles sont cuites de cette maniere, on les mange coupées par roüelles, & accompagnées d'une sauce au beurre, où l'on mettra un peu du court-boüillon où on les aura fait cuire ; ou bien au lieu de ce court-boüillon, si l'on veut mêler à ce beurre un jus de gigot de mouton, on s'en trouvera fort content.

Truffles en Aumelette.

Ayez des truffles, faites-les cuire, coupez-les en petites roüelles, passez-les ensuite à la poële avec un peu de bon beurre, un brin de persil & de la ciboule, mêlez-y de la crême, assaisonnez tout de sel, & d'un peu de poivre blanc ; après cela, formez une aumelette avec des œufs, salez-la, faites-la, & étant faite dressez-la sur un plat, prenez vos truffles accommodées, versez-les sur l'aumelette, & la servez chaudement.

Des Champignons.

Je suppose que les champignons soient bons ; cela étant on les prepare comme je vas le dire.

On les épluche d'abord, puis on les jette dans l'eau claire où on les laisse tremper ; après cela on les fait boüillir dans un peu d'eau pour leur faire rendre la leur, puis on les laisse égouter : cela fait, on les met dans une casserole avec du beurre frais, du sel, du poivre, & un peu de persil ; puis lorsqu'ils sont cuits, on les tire pour les manger, après y avoir mis un filet de verjus, ou pour le mieux, un jus de citron joint à un jus de gigot de mouton.

Champignons frits.

Prenez des champignons, faites-les amortir à la poële dans du boüillon, poudrez-les de farine, de sel & de poivre menu, faites-les frire dans du beurre ou du sain-doux, puis servez-les avec un peu de persil & un jus d'orange.

Les champignons se mangent encore en d'autres ragoûts ; on en met à la crême, & on en farcit pour garnir des potages, soit maigres, soit gras.

Du secret de conserver les Champignons.

Les champignons sont un si bon legume, qu'il seroit à souhaiter que le froid ne les empêchât pas de prendre naissance; mais comme il n'est rien sur quoy l'esprit des hommes ne trouve à s'exercer pour n'en jamais manquer, on a découvert le secret de les conserver; & voicy quel il est.

Lorsqu'on en a une bonne quantité, on prend le soin de les bien éplucher; puis on prend une casserole dans laquelle on les passe avec du beurre, sel & bonnes épices; cela fait, on les met dans un pot avec vinaigre & sel, & force beurre par dessus, crainte qu'ils ne s'éventent, observant encore de les tenir bien bouchez.

On fait aussi de la poudre de champignons, aprés qu'ils ont été sechez au four.

Des Mousserons.

Les mousserons s'épluchent comme les champignons, & se cuisent avec du vin blanc, du verjus, de la ciboule, du sel, du poivre, du citron, & quelques fines herbes; cela fait, & étant cuits, on les tire, & on les sert avec un peu de la sauce dans laquelle on les a fait cuire, dans laquelle on met de la crême douce.

Les mousserons se mangent aussi en friture, ainsi que les champignons.

Mousserons en Ragoût.

Ayez des mousserons, nettoyez-les bien, lavez-les de même, secoüez-les dans une serviette comme on fait la salade, faites-les cuire dans une casserole avec du beurre; mettez y des fines herbes, assaisonnez-les de sel, de poivre, & de muscade, & puis avant de les servir, liez-en la sauce avec des jaunes d'œufs, ou bien de la farine, ou des chapelures de pain.

Des Morilles.

Les morilles ont leur merite particulier, & s'employent en de bien differens ragoûts comme les champignons, sur tout en un certain ragoût fait comme je le vas décrire.

On prend des morilles qu'on lave bien, à cause du gravier qui reste toûjours dans les trous; puis on les passe à la poêle avec du beurre ou du lard fondu, aprés les avoir coupées; cela observé, on y met du persil & du cerfeüil bien menu, le tout assaisonné de sel, de poivre & de muscade, avec un peu de boüillon, dans lequel on les fait cuire dans une casserole ou dans un pot ; étant bien cuites, & bien mitonnées, on les sert avec un jus d'orange.

Des Concombres.

Les concombres se servent en salade, ou fricassez, ou bien mis au pot ; si c'est en salade, tout le monde sçait la maniere de les mettre, & il n'y a qu'à observer seulement de choisir pour cela les plus tendres, de les peler, & de les couper en rouelles.

Concombres fricassez.

Lorsqu'on veut fricasser les concombres, on les pele, & on les coupe aussi en rouelles ; cela fait, on les poudre de sel, puis on les passe à la poële avec du beurre, n'oubliant pas d'y joindre de l'oignon aussi coupé en rouelles ; étant ainsi passé, on les assaisonne de sel & de poivre, puis lorsqu'ils sont assez cuits, on y met des jaunes d'œufs délayez dans du verjus, ou de la crême douce.

Concombres farcis.

Ayez des concombres, pelez-les, vuidez-les de leurs semences sans les couper ; que les concombres soient mediocrement gros, mettez-y de la farce composée de veau en partie, & de blanc de chapon, le tout haché avec du lard blanchi & des champignons, & assaisonné de sel, de poivre, & de fines herbes : vos concombre étant ainsi farcis, faites-les blanchir, puis laissez-les cuire dans du bouillon ; étant cuits, tirez-les, coupez les en deux, laissez-les ainsi refroidir ; empâtez les avec de la pâte claire détrempée de farine, d'œufs, & de vin blanc ; faites des petites brochettes, passez les concombres à travers, faites-les frire au sain-doux, tirez-les lorsqu'ils ont pris couleur, & servez les sur vôtre potage.

Autrement.

On farcit encore des concombres de la maniere que je vas le dire. On en prend qu'on accommode comme cy-dessus, & qu'on remplit d'une farce faite de bette-blanche, d'arroches, d'ozeille, d'épinards, ou de pourpier, le tout bien haché ensemble avec un peu de persil, & assaisonné d'œufs cassez, de sel, de poivre, & de fines herbes, puis on les fait cuire ; & si-tôt qu'ils le sont on les sert.

Des Citrouilles.

Lorsqu'on veut preparer les citrouilles comme il faut, & à la maniere

maniere de la campagne; on commence à les couper par tranches, & ôtant les semences qui sont dedans, & la peau, on les met par morceaux, pour ensuite les mettre boüillir dans un peu d'eau pour les faire amollir : cela étant, on les laisse égouter, puis on les fricasse, en y mettant du lait, du beurre, du sel, & du poivre; & lorsqu'elles sont cuites, & avant de les tirer, on délaye des jaunes d'œufs avec un peu de crême douce qu'on jette dedans, puis on les sert.

Citroüilles en Andoüillettes.

Prenez de la citroüille cuite, maniez-la bien avec du beurre frais, jaunes d'œufs durs, œufs frais cassez, un peu de persil bien haché avec des herbes fines, le tout assaisonné de sel, de poivre, & de cloud de girofle broyé : cela étant ainsi apprêté, formez-en des andoüillettes, mettez-les cuire au four, avec force beurre dans une lechefrite, ou terrine; & quand elles seront cuites, ôtez toute la sauce pour les faire rissoler; cela fait, mettez-les dans un plat, puis les servez.

Citroüilles en Potage.

On fait un potage à la citroüille, en la coupant par petits morceaux qu'on passe à la poële, au beurre blanc, avec du sel, du poivre, du persil, du cerfeüil & autres fines herbes, puis on la met dans un pot de terre avec du lait boüillant, ensuite on dresse le tout sur du pain, aprés quoy on y met du poivre blanc.

Il y a encore des potirons, des bonnets de Prêtres, & des trompetes d'Espagne qu'on apprête de la même maniere, étant tous fruits d'une pareille nature.

Des Choux.

On apprête les choux suivant l'espece dont ils sont; & commençant par les choux-fleurs, je diray comme ils se mangent.

Choux-Fleurs.

Quand on veut preparer des choux-fleurs, on commence d'abord par éplucher leurs pommes, en ne leur laissant aucune feüille si elle n'est bien petite & bien blanche, & leur ôtant les plus dures peaux des petites branches; cela observé, on les fait cuire avec de l'eau, assaisonnée de beurre, de sel, de poivre & de cloud de girofle; on les met égouter, puis on prend du beurre qu'on fait fondre dans un plat, dans lequel on met aussi les choux, aprés y avoir mêlé un filet de vinaigre assaisonné de sel, de poivre, de muscade; & ayant pris soin que la sauce soit liée, on les sert chaudement.

Autrement.

Aprés que les choux-fleurs sont cuits (comme je viens de dire) passez-les à la poële avec du lard fondu, du persil, du cerfeüil, du thim & de la ciboule entiere, le tout avec du sel, & mittonné ensemble; mettez-y un suc de mouton, un filet de vinaigre & du poivre blanc, puis servez-les.

On mange aussi les choux-fleurs en salade avec du vinaigre, & de l'huile d'olive.

Choux pommez.

Pour l'ordinaire les choux pommez ne se mangent gueres que dans les potages, & pour lors ou ils sont mis simplement au pot, ou bien on les farcit avant de les y mettre; & pour y réüssir on leur ôte les plus grandes feüilles, pour les faire boüillir dans l'eau, puis on les retire pour les mettre égouter; aprés quoy on les étend en les ouvrant jusqu'au cœur pour y mettre la farce que voicy.

Ayez de la chair de volaille, un morceau de cuisse de veau, du lard blanchi, des champignons, du persil, de la ciboule; le tout haché ensemble avec sel & poivre, & assaisonné de fines herbes mêlées de mie de pain, de deux œufs entiers & de trois jaunes d'œuf; cela fait, remplissez le chou que vous voulez farcir, fermez-le, ficelez-le, & le mettez au pot; étant cuit, tirez-le dans un plat, & le servez tout chaud, sans boüillon.

Pour les jours maigres, on les farcit avec de la chair de poisson assaisonnée de sel & de poivre, & d'autres fournitures: & à l'égard des autres choux, on les mange ou en potages, ou en guise de choux-fleurs.

Des Artichaux.

On sçait que pour preparer des artichaux, on les fait premierement cuire à l'eau, aprés quoy on les laisse égouter le cul en haut; & quand ils sont un peu froids & qu'ils sont maniables sans qu'ils nous brûlent, on les ouvre pour en tirer le foin de dedans, puis on les sert avec une sauce composée de beurre, de sel, de vinaigre, & de muscade.

Artichaux frits.

Pour manger des artichaux frits, coupez-les par tranches, ôtez en le foin, faites les boüillir, faites-les tremper dans du vinaigre affaisonné de sel, poivre, & de ciboule, farinez-les, faites-les frire au sain-doux, ou bien au beurre, & étant frits servez les avec du persil frit.

Cardes d'Artichaux.

On accommode des cardes d'artichaux, en les épluchant bien & n'y laissant rien que de bon ; cela fait, on les coupe par morceaux, & aprés qu'on les a lavées & blanchies dans l'eau, avec du sel, du poivre, & quelques tranches de lard, on les tire pour être servies avec une sauce faite avec du beurre lié d'un peu de farine, du sel & du vinaigre.

Ou bien on prend un jus de mouton, dans lequel on les met dans une casserole avec des fines herbes, de la moëlle de bœuf hachée, le tout assaisonné de sel & de poivre ; étant cuites, on dresse ces cardes dans un plat, aprés y avoir mis un filet de vinaigre.

Des Cardons d'Espagne.

Pour ne point me servir d'une repetition ennuyeuse, je diray que les cardons d'Espagne s'accommodent comme les cardes d'artichaux ; mais ils n'ont jamais tant de blancheur, ny tant de delicatesse.

Des Asperges.

On ne doute pas que les asperges ne soient un des plus excellens legumes qui croissent dans les jardins, & les meilleures qui se mangent sont celles qui viennent au mois d'Avril ; & pour les servir on les met cuire à l'eau, dont on les tire pour les laisser égouter, puis on a soin de les poudrer de sel menu ; cela fait, on les arrange dans un plat, & on les presente sur table avec une sauce au beurre, vinaigre, sel, & muscade, le tout bien lié.

Des Asperges en guise de petits Pois.

Ayez des asperges, coupez-les en petits morceaux, faites-les blanchir dans l'eau boüillante, passez-les à la casserole avec du beurre, aprés cela mettez-y du lait & de la crême, assaisonnez le tout de sel, d'un peu de poivre & de fines herbes ; & si tôt que vous jugerez que vôtre ragoût sera cuit, délayez-y deux jaunes d'œuf avec de la crême de lait, jettez-les dedans vos asperges ; & lorsque la liaison de la sauce sera faite, vous pourrez les servir.

Les plus habiles cuisinieres se servent aussi d'asperges pour garnir leurs potages, soit en gras, soit en maigre.

De la Chicorée.

On mange la chicorée lorsqu'elle est blanche, soit en potage, soit à la sauce; & pour la preparer en telle sorte qu'elle ait bon goût, on la met boüillir dans l'eau, d'où on la tire pour l'assaisonner de la maniere que voicy.

Les chicorées étant cuites à l'eau, on prend du lard, ou du beurre qu'on fait roussir avec un peu de farine, le tout assaisonné de fines herbes, de sel & de poivre, avec un filet de vinaigre; puis on les sert.

On mange encore la chicorée en potage, avec bonnes volailles & autres viandes propres à cela.

Du Porreau.

Le porreau est un legume d'un grand secours dans une maison de Campagne, & sur tout lorsqu'il y a bien des domestiques à nourrir : il s'en mange à l'étuvée, avec des oignons, après qu'on a coupé ces porreaux par tronçons de la longueur de quatre doigts, & avoir rebuté le plus vert des feüilles; ou bien on en sert en pâté.

De l'Ozeille.

On employe l'ozeille pour en farcir des œufs, pour en faire de la sauce verte, & pour en apprêter comme je vas dire.

Ayez de l'ozeille, faites-la boüillir, passez-la au beurre dans la casserole, mettez-y de la crême, assaisonnez-la de sel, laissez-la cuire ainsi; & pour rendre la sauce liée, servez-vous de jaunes d'œufs, & de crême, & puis la servez.

L'ozeille s'apprête encore entre deux plats, avec de bon beurre, sel & poivre, après qu'on luy a laissé rendre son eau.

Du Pourpier.

Outre les salades qu'on fait du pourpier, on en mange encore de fricassé; & pour y réüssir, on en prend qu'on mince, puis qu'on passe à la poële avec de bon beurre, après qu'il a rendu son eau; cela fait, on l'assaisonne de sel & de poivre, ensuite on y met du lait, ou de la crême qui est meilleure; & si-tôt qu'il est cuit, on lie la sauce avec des jaunes d'œufs, ou avec de la farine, pour le servir chaudement.

Des Epinards.

Les épinards sont excellens en quelque guise qu'on les puisse mettre, pourvû qu'ils soient bien apprêtez, & pour y parvenir, on leur ôte toutes les queües, puis on les fait boüillir à l'eau, aprés cela on les hache; étant bien hachez, on les passe au beurre avec un peu d'ozeille, du persil & de la ciboule, aprés quoy on y met de la crême; le tout ayant été assaisonné de sel, & d'un peu de poivre, & ayant acquis leur cuisson parfaite, on les tire; & pour les servir proprement, on fait frire des billes de pain dont on borde tout le plat.

Des Bettes-Cardes.

C'est une grande fourniture dans une maison de Campagne que beaucoup de bettes-cardes : on fait toutes sortes de farces avec sa feüille, & ses cardes s'apprêtent comme celles d'artichaux. Voyez l'article.

Des Pois.

Je ne trouve pas qu'il y ait un legume qui profite davantage que les pois; c'est pourquoy on ne sçauroit en avoir une trop bonne provision.

Pois en ragoût.

Pour en mettre en ragoût lorsqu'ils sont verts, on en prend de tout écossez, qu'on passe au beurre ou au lard dans une casserole, où l'on met un peu d'eau pour les faire cuire, observant d'assaisonner le tout de sel, de poivre, d'un peu de persil, & de ciboulettes hachées; cela fait, & quand on voit que la cuisson est faite, on lie la sauce avec de la crême, puis on les sert.

On les apprête encore, comme j'ay dit qu'on mangeoit les asperges en guise de petits pois. Voyez l'article.

Autre maniere.

Comme les instructions qu'on trouve icy de la cuisine, ne regardent pas seulement les mets un peu délicats, mais encore ceux qui se servent à la Campagne, qui est l'objet dans ce Livre que nous devons le plus considerer; je diray que les pois, outre ces manieres cy-dessus, s'accommodent encore à l'étuvée, en les mettant dans un pot avec un peu d'eau, de beurre, de sel & de poivre; & lorsqu'ils sont cuits, on les tire sans plus de façons, à moins que pour faire la fourniture on n'y veüille mettre des laituës.

On les fricaffe auffi à la poële, avec du beurre dans lequel on les paffe; de leau, du fel, du poivre, & un peu de farine delayée avec du lait, ou de la crême uniquement, qui vaut mieux; ou bien avec des œufs délayez d'un peu de lait : telles liaifon de fauces font merveilles.

Les pois chiches fe fricaffent de même que les precedens; n'y ayant, rien de plus à obferver ; je n'en diray rien davantage.

Des Pois fecs.

On fçait affez comme s'accommodent les pois fecs lorfqu'ils font d'une bonne efpece, & que leur cuiffon eft parfaite : on en fricaffe, & pour y réüffir, on en prend qu'on met dans une poële, après y avoir fait frire de l'oignon ou bien de la ciboule, foignant de les affaifonner de fel, de poivre & de fines herbes; & lorfqu'ils font cuits, ne pas oublier de leur donner une petite pointe de vinaigre.

Des Lentilles.

On mange les lentilles fricaffées comme les pois fecs, & on n'y obferve rien davantage.

Des Féves.

Les apprêts des féves font plus étendus que ceux des lentilles, c'eft pourquoy j'en raifonneray davantage.

Lorfque les féves font toutes nouvelles, on les fricaffe fans leur ôter leur robe, & on les accommode comme les pois tendres, refervé feulement que pour leur donner le goût qui leur convient, on y met de la farine, & de la crême lorfqu'elles font prefque cuites.

Autre maniere.

Prenez des féves derobées, paffez-lés au beurre ou au lard avec un peu de perfil & de ciboulette; cela fait, mettez-y un peu de crême, affaifonnez le tout avec prudence, faites-les cuire ainfi à petit feu dans une cafferole, & fi-tôt qu'elles feront cuites fervez-les.

Pour le commun du logis qui n'aime que ce qui fournit, & leur remplit la capacité de l'eftomach, on prend des féves les plus grosses, & lorsqu'elles sont prêtes à jaunir, & ausquelles on ôte neanmoins la robe ; cela fait, on les met cuire avec du beurre, puis de l'eau, du sel & de la sariette ; & si tôt qu'en les maniant on sent qu'elles font la pâte, c'est signe qu'elles sont cuites, & c'est aussi pour lors qu'on doit les dresser.

Des Haricots.

Les pois d'haricots se mangent aprés qu'on les a fait boüillir dans de l'eau, puis retirez pour les passer à la poêle dans du beurre, assaisonnez de sel & de poivre, & d'un filet de vinaigre, ou bien de la crême douce pour en épaissir la sauce.

CHAPITRE VIII.

Des Viandes maigres.

SI les viandes les plus delicates dont je viens de parler cy-dessus ont droit de flater le goût, celles-cy ne possedent pas cet avantage en un moindre degré ; les premieres à la verité sont plus succulentes, & plus substantielles ; mais les secondes (il faut aussi l'avoüer) ont aussi un certain relief qui établit assez leur merite, sans qu'il soit besoin que j'en dise rien davantage : c'est pour quoy entrant d'abord en matiere, je commenceray par le poisson.

Des Carpes à l'étuvée.

L'étuvée des carpes se fait en en prenant une, l'écaillant & la vuidant bien proprement ; cela observé jusques-là, on les coupe en deux ou trois parties, soignant de ne point perdre le sang, qui est ce qui donne la liaison à la sauce ; aprés cela, on les met dans un chauderon avec du vin assaisonné de sel, de poivre, de clouds de girofle, de peau d'orange & d'un oignon ; & les carpes étant ainsi preparées, on les met sur le feu, où l'on soigne de les faire boüillir jusqu'à ce qu'on voye qu'elles soient assez taries, aprés quoy on les tire en y mettant un filet de vinaigre.

Carpe au Court-boüillon.

On apprête une carpe au court-boüillon, en luy ôtant les

ouyes & les dedans, puis dans une poissonniere avec du vin blanc, du verjus, du vinaigre, des oignons, du laurier, des clouds & du poivre, on la laisse bien cuire en cet état; d'où on la tire pour être servie avec une vinaigrette.

Carpe farcie.

Pour réüssir à farcir une carpe, on commence par l'écailler, puis on en sepáre la peau d'avec la chair; cela fait, on prend cette même chair dont on fait de la farce avec de celle d'anguilles, qu'on assaisonne de sel, de poivre, de clouds, de muscade, de thim, de bon beurre, & de champignons; la farce ainsi preparée, on en remplit la peau de la carpe, puis dans quelque instrument on la met ainsi cuire au four, ou bien dans une casserole sur le feu avec du beurre roux, du vin blanc & du boüillon; & aprés qu'elle est cuite, on la sert.

Carpe rôtie.

Quand on veut faire rôtir une carpe, on la prend, on l'écaille puis on la met sur le gril avec sel & beurre; & pour l'accompagner d'une sauce en la servant, on se sert de beurre qu'on fait roussir avec un peu de vinaigre assaisonné de sel, de poivre, & de capres; puis on la mange.

Du Brochet.

La maniere la plus ordinaire d'apprêter le brochet, est de le mettre au court-boüillon, qui se fait avec vin blanc, verjus, vinaigre, sel, épiceries, oignon, peau d'orange, & quelques fines herbes; puis lorsqu'on voit qu'il est cuit, on le sert au sec, ou bien à la sauce blanche, composée de beurre, d'un peu de court-boüillon & de muscade.

Le brochet se mange farci, & s'accommode de la même maniere que la carpe. Voyez l'article.

Brochet en ragoût.

Prenez un brochet, lardez-le d'anguille, faites-le cuire au beurre roux, mettez-y du vin blanc, du verjus, du sel, du poivre, de la muscade, du cloud, du laurier, des fines herbes, & de la peau d'orange: étant cuits, faites un ragoût de champignons, joignez-y de la sauce dans laquelle aura cuit le brochet, mettez cette sauce avec le brochet, & servez-le.

Des Perches

Des Perches.

On mange les perches au court-boüillon, & puis on les sert avec une sauce au beurre & vinaigre, assaisonné de sel, poivre, & muscade; ou bien on en peut mettre avec des champignons passez au blanc, avec de la crême, du sel, du poivre, & quelques fines herbes.

De la Brême.

Aprés qu'on a écaillé & vuidé cette sorte de poisson, on le frote de beurre, puis on le met sur le gril pour le faire rôtir; & pour sauce, celle qui sert pour les perches luy convient aussi; ou bien on luy donne seulement du beurre fondu sur le rechaud, avec du verjus de grain, assaisonné de sel & de muscade.

Du Gardon, & du Cheveneau.

Ces deux poissons s'apprêtent de la même maniere que la Brême, & à l'égard du cheveneau on le peut mettre si l'on veut en étuvée.

Du Barbeau.

Le barbeau se cuit au court-boüillon; puis aprés qu'on luy a ôté la peau, on le sert avec une sauce composée de beurre, de vinaigre, de sel & de muscade, observant de tourner toûjours le beurre, crainte qu'il ne se tourne en huile.

De l'Anguille.

On met l'anguille à plusieurs sauces, aprés avoir été préalablement écorchée, vuidée entierement, & bien lavée; on n'oublie point aussi de leur ôter la tête, & l'extremité de la queüe; aprés quoy on la coupe en tronçons, pour être accommodée comme je vas dire.

On l'apprête à l'étuvée si on le souhaite, & pour y reüssir on la met dans un chauderon avec du vin, assaisonnée de sel, de poivre, de cloud de girofle, d'oignon, & de l'écorce de citron, ou d'orange, avec bon beurre; on laisse le tout cuire ensemble, avec un peu de persil haché, pour luy donner le goût; & lorsque cette étuvée est arrivée à sa cuisson, on la sert chaudement.

Anguille rôtie.

Prenez une anguille, coupez-la en trois ou quatre tronçons, tailladez-la, trempez-la dans le beurre, mettez-la sur le gril, laissaiz-la rôtir, puis donnez-luy une sauce avec beurre & vinaigre, assaisonnée de sel, de poivre & de muscade.

Anguille à la sauce blanche.

On apprête une anguille à la sauce blanche, en en prenant une toute coupée en tronçons qu'on fait blanchir dans l'eau boüillante, puis qu'on laisse égouter; cela fait, on passe ces tronçons au beurre blanc, ensuite on les fait cuire avec un verre de vin blanc, assaisonné de sel, poivre, cloux, muscades, feüilles de laurier, & écorce d'orange; le tout étant ainsi cuit, on le tire pour y joindre des jaunes d'œufs & du verjus, & aprés les servir

Les anguilles rôties se servent aussi à la sauce Robert, & à la sauce douce.

De la Lamproye.

On sçait qu'une lamproye a des trous disposez comme ceux d'une flute, & c'est par là qu'on la tuë avec une lardoire, & le sang qui en sortira sera conservé, comme necessaire pour faire une liaison à la sauce; cela fait, on en ôte le limon, & on luy ouvre tout le long du ventre pour arracher une corde, qui en-dedans regne le long de l'arête: cela fait, on la cuit à l'étuvée avec le sang que j'ay dit qu'il falloit recüeillir; & lorsqu'elle est cuite pour être mangée ainsi, ou bien avec du sucre, en les faisant cuire avec du vin vermeil, du beurre roux, de la canelle, du sucre, du sel, du poivre, un morceau de citron, & un jus d'orange.

De la Tanche.

On fricasse les tanches en guise de poulets, aprés qu'on les a délimonées, vuidées, & coupées en morceaux: & pour les faire bonnes, on passe les tanches avec du beurre, ensuite on les met cuire avec un peu de beurre, de l'eau, & un verre de vin blanc, assaisonné de sel, poivre, de muscade & de cerfeüil bien menu; cela fait, on lie la sauce avec le beurre dans lequel on l'a passée, & un peu de farine, puis on les sert.

Tanches frites.

On mange les tanches frites, & pour que la friture en soit bien faite, on les fend par le dos, & on les poudre de sel & de farine; & lorsqu'elles sont frites, on les sert avec un jus d'orange.

Des Ecrevices.

Un Cuisinier qui sçait son métier, ne fait jamais cuire d'écrevices qu'auparavant il ne leur ait tiré un boyau qui est dans la queüe, aprés cela il les met au court-boüillon; & lorsqu'elles sont cuites, on les sert à sec, ou bien accompagnées dans un petit plat d'une vinaigrette.

Ecrevices en Ragoût.

On accommode les écrevices en ragoût, en les faisant cuire dans du vin, du vinaigre & du sel; puis on en prend les queües, les pattes, & le dedans du corps qu'on passe à la poële avec du beurre roux, des champignons, & des fines herbes; le tout assaisonné de sel, de poivre, de muscade, & de farine frite, puis on les sert.

Elles se mangent encore en salade, en hachis, & en tourte; & l'on n'ignore pas qu'on en fait des potages tres-excellens; mais comme ces sortes de ragoûts ne conviennent point à nôtre œconomie, nous n'en dirons rien.

Des Grenoüilles.

Prenez des grenoüilles, écorchez-les, laissez-leur seulement les deux cuisses & l'arête du dos, lavez-les bien, & fricassez-les comme les petits poulets; ou bien, si vous voulez les faire frire, trempez-les dans de la pâte claire, faite comme je l'ay enseigné, puis mettez-les dans du beurre, ou de bonne huile de noix; & étant bien frites, servez les accompagnées d'une sauce avec verjus, sel, & poivre blanc.

Du Saumon.

Pour preparer le saumon, on le fait cuire au court-boüillon, puis on le sert avec persil, pour le manger à la vinaigrette: il se mange aussi rôti sur le gril, aprés qu'on l'a coupé en roüelles, qu'on frote de beurre en cuisant; & étant cuites des deux côtez, on les sert avec une sauce tournée.

Autrement.

Prenez un saumon, coupez-le par tranches, farinez-le, faites-le frire au beurre; cela fait, mettez-le un peu mitonner dans une sauce faite avec du vin rouge, du sucre, de la canelle, du sel, du poivre, du cloud, & du citron, puis mettez-le sur table.

De la Truite.

La truite s'accommode de même que le saumon ; c'est ce qui fait que j'y renvoye le Lecteur.

De l'Aloze.

Quand on a des alozes à apprêter, on les fait rôtir sur le gril après qu'on les a vuidées ; puis pour la servir, on l'accompagne de sauce tournée.

Elle se met cuire aussi au court-boüillon, & se sert cuite de cette maniere à la vinaigrette.

Des Oeufs.

Nos cuisiniers ont trouvé tant de manieres d'accommoder les œufs, que c'est aujourd'huy une des grandes fournitures de table qu'il y ait.

Oeufs farcis.

On farcit des œufs en prenant des laitües avec de l'oseille, du persil, & du cerfeüil ; qu'on hache ensemble bien menu avec des jaunes d'œufs durs, assaisonnez de sel, & d'un peu de muscade ; cela fait, on les passe au beurre, puis on les met cuire dans une casserole, ensuite on y mêle de la crême douce ; & si-tôt qu'ils sont cuits, on les mange chaudement.

Oeufs au Verjus.

Ayez des œufs, délayez-les avec du verjus, mettez-y du sel, & de la muscade ; faites-les cuire avec un peu de beurre, & lorsqu'ils sont cuits servez-les.

Oeufs à la Crême.

Pour parvenir à faire des œufs à la crême, on les faits pocher, puis on les met cuire dans une casserole avec du beurre ; après cela, on les dresse sur une assiete, puis on y joint pour sauce de la crême douce avec un peu de sel & de sucre, & puis on les mange.

Oeufs à la Tripe.

Prenez des œufs, faites-les durcir, coupez-les en roüelles, passez-les au beurre ; cela fait, mettez-y du vin assaisonné de sel & de poivre, n'oubliez pas d'y mettre des oignons coupez auſſi en roüelles, & paſſez de même au beurre ; laiſſez le tout cuire ainſi : étant cuit, délayez des jaunes d'œufs durs que vous aurez exprés laiſſez pour cela, jettez-les dans vos œufs, laiſſez-les boüillir, & ſi-tôt que vôtre fricaſſée ſera aſſez tarie, ſervez-la aprés y avoir mis de la moutarde.

Oeufs au Lait.

On mange des œufs au lait, qu'on fait en prenant du lait dans un plat, dans lequel on caſſe la quantité d'œufs qu'on ſouhaite ; cela fait, on y met du beurre ; le tout à petit feu ſur un rechaud : étant cuit, on y râpe encore du ſucre deſſus, puis on les ſert, aprés leur avoir fait prendre couleur avec une pelle rouge.

Oeufs au Miroir.

Il n'eſt pas difficile de faire des œufs au miroir, il n'y a perſonne qui n'en ſçache la maniere ; il y a auſſi beaucoup d'autres ſortes d'œufs dont la maniere de les accommoder eſt fort ſimple, ce qui fait que je n'en diray rien.

CHAPITRE IX.

Des Fruits, & de la maniere de les conſerver.

JE ſuppoſe d'abord une bonne ſerre, ſans quoy on ſe donne des peines inutiles de vouloir conſerver des fruits pour l'hyver : ayant une ſerre comme on la ſouhaite, il n'eſt plus queſtion que d'y tranſporter les fruits qui ont acquis ſur l'arbre une maturité parfaite, ou bien ceux qui la doivent acquerir dans cette ſerre ; & c'eſt de ce tranſport que dépend leur conſervation : car viennent-ils à être échorchez ou fannez, d'abord la pourriture s'y jette comme ſur une partie affligée ; c'eſt pourquoy lorſque les fruits ſon cüeillis avec art, il faut être ſoigneux de les tranſporter doucement.

Etant dans la ſerre, ſi c'eſt des fruits à noyau, on les place ſur l'endroit de leurs queües ; & les figues, on les met de plat : à l'égard des poires, la ſituation qui leur convient eſt d'être poſées ſur l'œil, & d'avoir la queüe en haut, ainſi que les pommes, qui pour parvenir à leur maturité, demandent auparavant qu'on les arrange sur des planches, d'être mises en monceaux, jamais ny sur foin, ny sur paille, à cause que pour l'ordinaire elles en prennent l'odeur.

Tout ce que je viens de dire étant bien établi, & devant passer pour maximes; lorsqu'on a mis les fruits de chaque saison dans un bon ordre, on ne doit point negliger de les aller visiter souvent, crainte que l'un venant à tomber en pourriture, ne soit cause que l'autre ne soit attaqué de cet inconvenient; c'est pourquoy, du moment qu'on s'apperçoit de cette corruption, il ne faut point manquer d'ôter la poire ou la pomme qui en est atteinte.

Tels soins pris nous donnent long-temps la satisfaction de manger des poires & des pommes crües; mais il est doux aussi d'en sçavoir garder par artifice, c'est-à-dire, ou confits, ou secs simplement; voicy la maniere dont on se sert pour y reüssir.

CHAPITRE X.

Des Fruits secs.

SI l'on se contentoit de garder ou de manger les fruits lorsqu'ils sont seulement parvenus à leur maturité, & qu'on ne voulût point en faire secher, on pourroit, à la Campagne, être bien souvent au dépourvû de dessert, à cause de tous les inconveniens ausquels ils sont sujets, & qui les faisant perir, les empêchent d'aller jusqu'au temps que la nature leur a donné pour bornes.

Des Cerises.

Sous ce nom de cerises nous comprendrons les guignes & les griottes: & pour les faire secher, prenez-en, posez-les sur des clayes, rangez-les côtes à côtes, y laissant les queües & les noyaux, mettez-les au four, & observez qu'il soit un peu chaud, c'est-à-dire, que ce soit aprés que le pain en est tiré; cela fait, tournez-les, changez-les de place, afin qu'elles sechent, comme il faut; mettez-les une seconde fois au four, & enfin, tant que vous verrez qu'elles soient seches, puis servez-les aprés qu'elles seront refroidies.

Des Prunes.

Les prunes se mangent aussi seches; & pour réüssir à les rendre telles, il faut obferver qu'elles doivent être tellement meures, qu'elles tombent prefque d'elles-mêmes de deffus les arbres. On fçaura auffi que toutes prunes qui fe fervent crües, font bonnes à faire des pruneaux ; mais fur tout les Roches-courbons, les Imperiales, les Dattes, les Sainte-Catherine, les Diaprées, les Perdrigons, les prunes de Cypre, les Brignolles, les Mirabelles, & les Damas de toutes fortes ; toutes ces prunes feront fechées & mifes au four comme les Cerifes.

Des Pêches.

La chair dont naturellement font compofées les Pêches eft fi bonne, qu'on ne s'avife gueres d'en ferrer ; cependant, pour ne point manquer de provifions de toutes fortes, on ne laiffe pas que d'en accommoder de cette maniere.

On y reüffit en cüeillant des pêches à l'arbre, car celles qui tombent, outre qu'elles font trop meures, c'eft qu'elles font encore fujetes en tombant de fe meurtrir, ce qui les empêcheroit de fecher comme il faut, & elle deviendroient par là defagreables au goût.

Cela obfervé, & avant que d'en ôter les noyaux, vous les mettrez au four pour les amortir, puis vous les fendrez proprement avec un coûteau ; cela fait, & les noyaux ôtez, vous les applatiffez fur une table, puis vous les remettez au four ; & lorfque vous jugerez qu'elles feront affez cuites, vous les tirerez & les applatirez encore, puis vous les laifferez dans un lieu où l'humidité ne regne point.

Des Abricots.

Les abricots font les premiers fruits qui fe prefentent à fecher, & voicy comme on le fait ; on en prend qu'on cüeille auffi à l'arbre lorfqu'ils font bien meurs ; & au lieu de les ouvrir comme les pêches pour leur ôter les noyaux, on fe contente de les repouffer par l'endroit de la queüe par où ils fortiront ; & ces abricots étant ainfi entiers, on les applatit feulement fans les ouvrir, & on les fait fecher comme les pêches.

Autre maniere.

Prenez des abricots, mettez gros comme un pois de fucre à la place du noyau, empliffez-en une terrine à laquelle vous ferez un couvercle de pâte, mettez-la au four lorfque le pain a pris couleur, laiffez cette terrine dans ce four jufqu'à ce qu'il foit refroidi ; cela fait, mettez-les sur les ardoises : & quand les abricots seront assez secs, poudrez-les de sucre lorsqu'ils sont encore chauds ; puis deux jours aprés qu'ils auront été sechez, serrez-les.

Des Poires.

Les poires ont leur merite assez-bien établi, sans qu'il soit besoin que j'en dise rien de plus ; & c'est le fruit, comme tout le monde sçait, dont il y a un plus grand nombre d'especes, & on les seche aussi au four. Pour les rendre ainsi excellentes, on les coupe en quartiers, puis on les pele, aprés quoy on les fait secher au four comme les autres fruits cy-dessus ; ou bien, sans qu'il soit besoin de les couper, on les pele entieres, observant d'y laisser les queües, puis on les met boüillir dans quelque instrument avec de l'eau, se servant de leurs peaux pour lors pour les tremper dans leur jus : cela fait, on les tire, puis on les met au four sur des clayes, & de la même maniere que j'ay dit qu'il falloit secher les prunes.

Des Pommes.

A la difference des poires, les pommes se sechent sans peler, en les coupant par la moitié, & leur ôtant seulement le trognon; & pour les faire bonnes, on en fait boüillir pour en tirer le jus, afin d'y tremper celles qu'on destinera pour secher, comme on fait les poires.

Des Raisins.

Les raisins sont agreables au manger lorsqu'ils sont secs, & pour cela on s'en sert de toutes sortes ; mais les meilleurs sont les Muscats : on les met au four sur une claye pour les faire secher, prenant garde que la chaleur n'en soit point trop âpre, & se rendant sujet à les tourner de temps en temps, afin qu'ils sechent par-tout avec égalité.

On fait encore secher des pois verts, des champignons, des morilles, & des mousserons, en enfilant ces derniers, & les mettant dans un four dont la chaleur soit moyenne.

CHAPITRE

CHAPITRE XI.

DES CONFITURES AU VINAIGRE.

Des Concombres.

IL y a plusieurs choses qu'on confit au vinaigre ; comme, par exemple, les concombres, que pour cela on choisit fort petits & des plus cornus: on les pele, ou bien on ne les pele pas ; mais la premiere façon est la meilleure & la plus propre. Etant préparez & amortis du matin au soir, on les met dans des pots de grés, où on les range de telle maniere, qu'ils sont fort pressez les uns sur les autres ; cela fait, on y met dessus du sel autant qu'on le juge à propos, & du poivre concassé, puis on y verse du vinaigre jusqu'à ce que le pot soit plein ; & le temps de le faire est pour l'ordinaire la fin du mois d'Aoust, ou celuy de Septembre.

Du Pourpier.

Lorsqu'on veut confire du pourpier, on en prend toûjours de celuy qu'on a replanté, étant plus gros & plus beau que celuy qui vient sur couche ; & le veritable temps de le cueillir, est lorsqu'il commence à grainer ; étant cueilli, on le laisse amortir deux ou trois jours, puis on le met dans des pots de grés qu'on remplit de vinaigre assaisonné comme cy-dessus.

Des fonds d'Artichaux.

Si vous voulez des fonds d'artichaux, pour les garder, prenez-en, ôtez-en le foin de dedans, faites-les cuire à demy ; étant cuits, laissez-les refroidir & bien égouter, essuyez-les avec du linge pour en ôter ce qui leur reste d'humidité, rangez-les dans des pots, répandez dessus de l'eau salée fortement, & par-dessus cette eau qui surnagera les artichaux, coulez-y du beurre fondu de la hauteur de deux doigts, crainte que l'air n'y entre ; & le beurre étant refroidi, serrez-les en lieu de sureté.

Des Champignons.

Pour conserver des champignons, on les confit au sel, les ayant fait cuire à demy avec de l'eau salée tout comme les artichaux ; les mousserons, les morilles, & les asperges se confisent de même,

OECONOMIE GENERALE
De la maniere de faire du bon Vinaigre.

C'est trop parler de vinaigre, sans dire la maniere d'en faire un qui soit d'un relief tout extraordinaire; & comme c'est l'assaisonnement de bien des ragoûts & une liqueur d'un grand secours, sur tout à la campagne, je me suis crû indispensablement obligé d'en traiter, afin que dans les maisons où il y a grand train, on prenne fantaisie d'en faire, étant une chose qu'un pere de famille peut considerer comme un des points de son œconomie.

Pour y parvenir, il faut plus ou moins qu'on en souhaitera faire, commencer par observer la doze des ingrediens qui doivent entrer dans cette composition; aprés cela, on sçaura que pour un muid, il est necessaire de prendre trois livres de farine de segle, quatre onces de sel commun, une once de poivre, une once de gingembre, une once de pirétre, & une once de poivre long; demi once de muscade, & demi once de canelle; toutes ces épices destinées pour faire une mistion, seront reduites en poudre, & paîtries dans la farine dont je viens de parler: pour détremper cette pâte, on prendra du bon vinaigre, avec quoy on en formera une espece de gâteau un peu épais qu'on mettra cuire au four, pour le laisser aprés refroidir; tout cela pratiqué, on prend ce gâteau qu'on met en morceaux, qu'on jette dans le tonneau avec six pintes de bon vinaigre chaud, n'oubliant pas de le boucher de son bondon, pour aprés le rouler à plusieurs fois.

On remarquera que tous les ingrediens mis en gâteau, & le vinaigre dont je viens de parler, doivent être jettez dans le tonneau, & roulé, comme j'ay dit, avant que d'y rien mettre de ce qui doit achever de le remplir; ce point observé, on cherchera un endroit chaud pour y placer ce tonneau, & le lendemain, on prendra douze pintes de vin, (soit de celuy qui est dans les tonneaux lorsqu'il y a fort long-temps qu'ils sont percez, éventez ou non, ou soit de celuy qui en sort tout fraîchement) qu'on mettra dans ce tonneau, puis huit jours aprés encore douze ou quinze autres pintes, & ainsi de huit en huit jours continuer jusqu'à ce que le tonneau soit plein, jusqu'à un trou qu'il faudra faire à quatre doigts d'en-haut du fond qu'on laissera debouché; & on sera instruit que ce trou doit être percé d'une largeur à y pouvoir contenir un bondon, & comme un point par experience reconnu contribuer à rendre le vinaigre plus fort: on prend un litron plein de fleur de sureau qu'on jette dedans, aprés quoy, & lorsqu'on sent qu'il a acquis l'état de perfection qu'on luy demande, on s'en sert pour tout ce qu'on a besoin.

L'épreuve qu'a fait de ce secret celuy qui me l'a donné, a été si sûre, que je puis dire, pour en avoir goûté, que ce vinaigre étoit tres-excellent.

CHAPITRE XII.

Des Confitures au Vin doux, au Cidre, ou au Miel.

Toutes ces especes de confitures regardent encore les fruits, & sont d'un tres-grand secours dans une maison, où l'on s'en sert, sur tout à la Campagne, au défaut d'autres d'un plus grand relief.

Des Poires au Moust.

Prenez du moust rouge, mettez-y des poires aprés les avoir pelées & mises en quartiers & piquées de clouds de girofle, si elles sont trop grosses; posez le tout sur le feu dans un chauderon, faites-le boüillir doucement avec vôtre fruit, laissez-le consumer jusqu'au tiers, & s'épaississant par ce moyen; tirez-le lorsqu'il sera plûtôt trop cuit, que pas assez, crainte qu'il ne se moisisse; & au cas que cet inconvenient luy arrive, remettez-le sur le feu, & le laissez un peu boüillir, puis tirez-le dans des pots de terre.

On doit être soigneux en confisant des fruits, de les bien écumer; & l'on connoît qu'il est temps de tirer cette confiture, quand le sirop est d'une bonne consistance, & que lorsqu'on en met sur une assiette, il se tient en goute sans couler; & on y mêle de la canelle & du cloud de girofle: & tous les autres fruits se confisent de même.

Du Raisiné.

Pour faire du bon raisiné, on a soin de cueillir des raisins par un beau temps, & qu'on garde quelques jours pour les laisser amortir; étant tous prêts, on les exprime entre les mains, & ayant ôté les grappes, on pose le reste sur le feu, où on le laisse boüillir doucement, étant toûjours fort soigneux de l'écumer, & d'ôter le plus de pepins qu'il est possible, en le remuant de temps en temps avec une petite écumoire.

Il faut observer qu'à mesure que le raisiné s'épaissit, on doit

Fff ij

diminuer le feu; & lorsque le sirop est reduit à la troisiéme partie, on le passe à travers une étamine, en en pressant extrêmement toute la masse; cela fait, on le remet sur le feu, pour luy faire prendre sa cuisson parfaite, en ne cessant point de le remuer; & étant cuit, vous le verserez dans des pots, pour être conservé jusqu'à ce qu'on veüille s'en servir.

Des Confitures au Cidre.

Tous les fruits cy-dessus qui se confisent au moust, se peuvent confire au cidre, en observant les mêmes choses, c'est-à-dire, en soignant de le remuer, & le laissant reduire au tiers, aprés avoir boüilli.

Des Confitures au Miel.

Pour reüssir à faire des confitures au miel, il est un choix qu'on en doit sçavoir faire; le plus clair n'est pas celuy qui est le meilleur, puisqu'au contraire c'est le plus épais; le miel choisi, on le met sur le feu pour le faire boüillir dans une poële à confiture, n'oubliant point de le remuer, car cette liqueur est d'une nature susceptible de feu; & pour connoître s'il est cuit, & que son sirop est d'une consistance parfaite, on prend un œuf de poule, qu'on pose doucement sur le miel, & s'il flotte dessus, c'est une marque de sa cuisson; & au contraire, s'il enfonce, c'est signe qu'elle n'est pas comme il faut. Cela étant, il faudra encore attendre jusqu'à ce que le miel soit tel qu'on le souhaite pour confire les fruits.

CHAPITRE XII.

Des Confitures au sucre.

IL est impossible de bien confire au sucre quelque chose que ce soit, si l'on ne sçait l'art de le cuire comme il faut. Cette science acquise, on peut aprés cela entreprendre de faire toute sorte de confitures.

Des Poires confites.

Il y a de quatre ou cinq sortes de poires qu'on peut confire au sucre pour rester confitures liquides, & qui sont la muscadille, le blanquet, le gros muscat, le petit rousselet & l'orange ; & pour y réüssir, on prend de ces poires qu'on pique par la tête d'un cloud de girofle, puis qu'on met dans de l'eau sur du feu, observant de ne point laisser boüillir cette eau, & pour l'en empêcher on y en verse de temps en temps de la fraîche ; cela fait, & lorsqu'on s'apperçoit que les poires mollissent un peu, on les tire pour les peler, & ensuite les mettre au sucre comme il vient de la boutique, & là-dedans on leur laissera prendre quarante ou cinquante boüillons, aprés quoy on laisse reposer ces poires jusqu'au lendemain, qu'elles s'égoutent, pour les faire cuire cette fois dans de l'autre sucre cuit comme il faut, où on leur donnera seulement un ou deux boüillons. Les poires étant jusques-icy preparées de la sorte, vous les ôtez de leur sirop, pour le jour suivant le faire un peu plus cuire, & le lendemain un peu davantage : le sirop enfin cuit ainsi, on y remet les poires, ausquelles on donne pour lors dix ou douze boüillons, puis on les tire, pour être gardées dans des pots.

A l'égard des poires qui sont trop grosses, comme l'orange & autres, on les coupe par quartiers, & elles se confisent comme je le viens de dire ; sur tout qu'on ne soit point negligent d'écumer ses confitures, si l'on veut qu'elles soient belles.

Des Poires en compottes.

Les poires se mangent aussi en compottes, & voicy comment. On commence d'abord à les peler, puis on les met dans un pot de terre qui est neuf ; cela fait, on y met du sucre, & l'on sçaura que pour lors un bon quarteron suffit pour une livre de fruit : ce sucre mis, on y verse la moitié d'un demi-septier de vin vermeil, & de l'eau jusqu'à ce qu'elle surnage les poires. Cela fait, on les couvre, pour les laisser boüillir à feu mediocre, soignant de les remuer de temps en temps, crainte qu'elles ne s'attachent au pot ; & quand cette compotte est à demi cuite, on y met de la canelle & du cloud de girofle, puis on leur laisse à petit feu acquerir leur cuisson parfaite, ensuite on les sert.

Observation.

On observera que toutes les poires qu'on confit comme je viens de dire, se peuvent non-seulement garder au liquide, mais encore au sec, aprés les avoir tirées sur des ardoises où on les met égouter, & les avoir poudrées de sucre, étant soigneux de les tourner & retourner souvent, pour les obliger de mieux secher, & par consequent de se garder avec moins de danger.

Des Pommes.

On ne se sert gueres de ce fruit pour confire, à cause du peu de relief qu'on y trouve; mais pour les compottes il est assez en usage.

Pour faire une compotte de pommes, on les pele d'abord puis on les fend en deux, ensuite on leur ôte le trognon; & à mesure qu'on les accommode ainsi, on les jette dans l'eau, crainte qu'elles ne noircissent: étant jusqu'icy preparées de la sorte, & si ce n'est que pour une compotte, on prend un quarteron de sucre qu'on met dans un poëlon avec environ une pinte d'eau, dans quoy l'on fait boüillir & les pommes & le sucre: si-tôt qu'on s'apperçoit que le fruit est molet, on le tire, & puis on laisse cuire & consommer le reste du sirop jusqu'à ce qu'il soit en gelée, ce qui se connoît lorsque tombant il se forme en grosses goutes, & non pas en filets: ce sirop étant cuit, on le verse sur les pommes, pour être servies dans le temps.

La Gelée de Pomme.

Ayez des pommes, coupez-les par morceaux, mettez-les sur le feu dans un poëlon avec de l'eau, laissez-les boüillir jusqu'à ce qu'elles soient reduites en marmelade, alors passez-les à travers un linge; cela fait, prenez trois quarterons de sucre pour chaque pinte de décoction, faites boüillir le tout à petit feu, laissez-le cuire jusqu'à ce que vous voyiez que cette liqueur soit en assez bonne consistance pour être congelée; & si vous souhaitez qu'elle soit rouge, vous n'avez qu'à tenir en cuisant vôtre gelée couverte, en y ajoûtant du vin vermeil, & cela vous reüssira à souhait.

Des Prunes.

Les prunes qu'on choisit ordinairement pour confire, sont les perdrigons, les mirabelles & les isles-vert; & pour parvenir à les confire, si c'est du perdrigon, on en prend qu'on pique d'une épingle de plusieurs coups par-tout le corps, afin que dans la cuisson le sucre y penetre plus aisément: étant ainsi piquées, on les jette dans l'eau; puis les changeant, on les fait boüillir dans une autre eau; & quand on s'apperçoit qu'elles montent, on soigne de les ôter de dessus le feu, pour les laisser refroidir: & comme il est essentiel à la beauté de cette confiture d'avoir une couleur verdâtre, on ne manque point aprés avoir été ôtées de desfus le feu, de les remettre fur un petit, obfervant de les tenir couvertes pour lors, & veillant à ce qu'elles ne boüillent point, à caufe qu'elles fe rendroient en marmelade. Les prunes ayant acquis cette couleur verte qui leur convient, on les met dans l'eau pour les rafraîchir : cela fait, on les met dans une terrine, avec la doze de deux cueillerées de fucre, contre une d'eau ; & continuer ainfi jufqu'à ce que les prunes y baignent legerement : & en cet état on les laiffe jufqu'au lendemain, qu'on les met fur le feu dans un poëlon, où elles ne doivent feulement que fremir & non pas boüillir, les en empêchant par le frequent remuement qu'on eft obligé d'y faire avec quelqu'inftrument ; enfin, le jour fuivant on prend ces prunes qu'on laiffe égouter ; puis donnant fept ou huit boüillons au firop, on les pofe doucement dedans ; & voyant qu'elles fremiffent, on ne manque point de les ôter de deffus le feu, & de les laiffer ainfi jufqu'au lendemain, auquel jour vous leur ferez prendre quinze ou vingt boüilons, en augmentant de fucre : le jour d'aprés, on foigne de faire cuire le firop de telle maniere, que trempant le bout du doigt dedans & le portant en cet état fur le pouce, & les ouvrant auffi-tôt un peu, il fe forme de l'un à l'autre un filet qui fe caffe tout d'un coup & qui refte en goute fur le doigt, qui eft un firop qu'on appelle liffe ; cela fait, on les laiffe encore ainfi jufqu'au lendemain, qu'on fait prendre au firop quelques boüillons, afin de luy faire acquerir une confiftance plus forte ; & lorfqu'on le voit tel, on y met les prunes qu'on ne laiffe que fremir fur le feu : puis enfin, pour la derniere fois, ayant encore fait cuire le firop, on y gliffe les prunes pour leur y faire prendre fept ou huit boüillons, foignant pendant ce temps-là de les tenir couvertes & de les écumer de momens en momens ; puis étant cuites on les dreffe.

Il faut obferver que ces prunes pour être confites, doivent être cueillies un peu vertes fur l'arbre, ainfi que la mirabelle, & la fainte-catherine qu'on confit de cette maniere.

Prunes en compotte.

Ayez des prunes, ôtez-leur, ou leur laiffez le noyau, il n'importe ; mettez-les au fucre, c'eft-à-dire, un quarteron pour une compotte ; laiffez-leur prendre des boüillons, jufqu'à ce que vos prunes deviennent molettes, & quand elles ne feront plus d'eaux & qu'elles auront pris fucre, tirez-les : & fi vous voyez que vôtre firop n'aye pas une confiftance parfaite, laiffez-le cuire à part ; étant cuit, jettez-le fur vos prunes, & les fervez.

Des Abricots.

Prenez des abricots, & si vous voulez les confire avec leur peau, lavez-les dans un poëlon dans lequel vous aurez mis de la cendre neuve, & que vous mettrez sur le feu ; soignez avec un écumoire d'ôter les charbons qui nageront dessus, & après que cette espece de lessive aura boüilli, & que vous la jugerez bonne, ôtez-la de dessus le feu, & la laissez reposer pour n'en prendre que le clair ; cela fait, remettez cette lessive sur le feu, & si-tôt qu'elle commencera à boüillir, jettez-y deux ou trois abricots ; & si vous voyez que la bourre qui tient à leur peau s'en ôte facilement, vous y mettrez tout le reste, pour les tirer après dans un torchon, avec lequel on les frote pour les nettoyer, après quoy vous les jetterez dans de l'eau fraîche pour les bien laver. Tout ce que dessus observé, prenez vos abricots, piquez-les avec un petit poinçon ou une éguille propre à faire des bas, & à mesure jettez-les dans d'autre eau qui soit fraîche : de cette eau, mettez-les encore dans une autre faites les-y boüillir à grands boüillons sur le feu jusqu'à ce qu'ils soient cuits, ce qui se connoît lorsqu'ils obeïssent aisément sous les doigts. Aprés qu'avec soin vous aurez executé tout cela, prenez du sucre clarifié, mettez-le sur le feu, & lorsqu'il commencera à boüillir, mettez vos abricots dedans après qu'ils auront été égoutez, conduisez-les à petit feu jusqu'à ce qu'ils commencent à verdir ; & quand ils auront pris sucre, faites-les égouter sur quelque chose ; cela fait versez de ce sirop par-dessus en telle sorte qu'ils y baignent, & les y laissant jusqu'au lendemain, mettez-le tout dans un poëlon sur le feu, où il fremira ; ayant fremi, remettez vos abricots dans la terrine, & le jour suivant égoutez-les sur une passoire, tandis que vous ferez prendre sept ou huit boüillons à vôtre sirop, en l'augmentant d'un peu de sucre ; puis jettez-y vôtre fruit, laissez-l'y fremir seulement : continuez ce même soin pendant quatre ou cinq jours, observant toûjours à chaque fois d'augmenter vôtre sirop de sucre, & y mettant vos abricots de les y faire fremir ; & enfin, pour achever leur cuisson, faites-les boüillir jusqu'à ce que vous jugiez que le sirop soit assez épais, aprés quoy tirez-les dans des pots pour les conserver.

La lessive dont j'ay parlé cy-dessus, ne regarde que les abricots confits avec leur peau, & sur tout lorsqu'ils sont verts.

Abricot

Abricots en compote.

J'ay dit comme les prunes se mettoient en compote, on peut y avoir recours pour se servir de cette maniere pour y mettre les abricots.

Des Amandes.

Pour ne point user de repetitions inutiles, je ne diray rien des amandes, & je me contenteray seulement de renvoyer le Lecteur à l'article qui traite des abricots: car qui sçaura les confire, n'ignorera pas la methode de mettre les amandes en confitures.

Des Cerises.

On confit des cerises en leur ôtant le noyau, ou bien en ne leur ôtant pas, & aprés qu'on leur a coupé la moitié de la queüe; cela fait, on les met dans du sucre qu'on clarifie, & pour bien faire qui doit être tel, qu'aprés avoir boüilli & jetté son écume, il forme des petites bouteilles lorsqu'on souffle à travers des tours, en allant & revenant: cette observation faite, on met les cerises dedans, pour leur y donner dix ou douze boüillons couverts; aprés quoy on les ôte de dessus le feu, & de dedans leur sirop, pour les laisser égouter jusqu'au lendemain, qu'on fait prendre encore à ce sirop un peu plus de consistance, pour y jetter les cerises en les augmentant de sucre cuit, aprés quoy on les tire, y ayant mêlé un sirop de grosele pour leur donner une belle couleur, & lorsqu'on juge leur cuisson parfaite.

Cerises en Compotes.

Ayez des cerises, coupez-leur la moitié des queües, prenez pour une compote un quarteron de sucre, faites-le fondre dans un peu d'eau, à cause que le naturel des cerises est toûjours d'en rendre assez; mettez le tout ensemble, faites-le cuire, écumez-le soigneusement, & jusqu'à ce que vos cerises soient devenuës molettes, & qu'elles ayent suffisamment pris sucre, puis tirez-les.

Des Groseles.

Pour réüssir à confire des groseles, on commence par les éplucher, puis on les met dans du sucre d'une telle consistance, que trempant vos deux doigts dedans, puis les ouvrant, il se fait un filet sans se rompre; les groseles mises dans ce sucre ainsi preparé, prennent sur le feu un boüillon fort leger: ensuite on les ecume, puis les faisant encore boüillir, en soignant toûjours de les écumer, même lorsqu'elles sont hors du feu, on les empote, ayant ob-

Tome II. Ggg

servé lorſqu'elles ſont toutes chaudes de les remuer doucement, crainte qu'elles ne ſe mettent en gelée.

Groſeles en compotes.

Prenez de groſeles épluchez-les, prenez aprés du ſucre ; faites-en du ſirop clair, jettez-y vos groſeles, faites-leur prendre un boüillon ; & ſi vous voyez qu'elles ayent ſuffiſamment pris ſucre, aprés les avoir ôtées de deſſus le feu, dreſſez-les, & les ſervez ſur table.

Des Framboiſes.

On confit des framboiſes, en en mettant quatre livres dans trois livres de ſucre clarifié comme à la compote, obſervant qu'il faut qu'elles ſoient épluchées ; & y étant, on leur donne un petit boüillon en les remuant de temps en temps ; puis leur donnant le feu un peu plus fort, on acheve de les faire cuire juſqu'à la conſiſtance qui leur convient; puis on les tire.

Framboiſes en Compotes.

Pour bien faire une compote de framboiſes, il ne s'agit d'abord que de la cuiſſon du ſucre, qui dans ſa conſiſtance doit compoſer une liqueur qui ſoit de telle maniere, que trempant les deux doigts dedans, il ſe faſſe, en les ſeparant, un filet de l'un à l'autre bout ſans ſe rompre: cela étant, on jette les framboiſes dedans, & leur donnant le boüillon couvert, il ſuffira pour les tirer, & puis les ſervir.

Des Noix.

Le temps ordinaire où l'on confit les noix, eſt le commencement de Juillet, où ce fruit pour lors n'a pas encore ſon bois formé : & pour y reüſſir, il y a bien des choſes à quoy il faut prendre garde, autrement on ne fait choſe qui vaille.

D'abord il faut ſonger à peler les noix juſqu'au blanc, les jettant à meſure dans l'eau fraîche ; cela fait, on les met boüillir dans de l'eau un peu de temps, tandis qu'il y en a d'autre qui boût pour les y jetter aprés qu'elles auront été tirées de cette premiere, & cela afin de les faire cuire ; étant cuites, & auparavant de les tirer, on y mêle une poignée d'alum brûlé, aprés quoy on leur fait prendre encore un boüillon : ce boüillon pris, on les tire & on les jette dans de l'eau fraîche, puis on y met deux cüillerées de ſucre contre une d'eau. Ce ſucre ainſi preparé, eſt jetté ſur les noix qu'on a arrangées dans une terrine.

Ces noix demeureront dans ce ſirop juſqu'au lendemain qu'on les égoute, ſans neanmoins les ôter de la terrine, à cauſe qu'il ne faut point que ce fruit paſſe par le feu.

Aprés qu'on a ôté ce ſirop on le met encore ſur le feu, où on luy donne cinq à ſix boüillons, en l'augmentant d'un peu de ſucre, pour être aprés répandu ſur les noix.

Le jour ſuivant, on remet encore ce ſirop ſur le feu, où il prend douze à quinze boüillons; & enfin le lendemain on le fait cuire, en telle ſorte qu'en trempant le bout du doigt dedans, lorſque l'appliquant enſuite ſur le poûce, & les ouvrant auſſi-tôt un peu, il ſe fait de l'un à l'autre un petit filet qui ſe ſepare auſſi-tôt, & demeure en goute ſur le doigt. Ce ſirop ainſi fait, & aprés avoir toûjours été augmenté de ſucre, on le jette ſur les noix, de telle maniere qu'elles baignent toutes également; & les laiſſant paſſer la nuit à l'étuve, on les dreſſe le lendemain dans des pots.

Avant que leur cuiſſon ſoit parfaite, on eſt ſoigneux de les larder d'écorce de citron; ce qui leur donne un relief qui eſt fort agreable.

Des Pêches.

A l'égard des pêches, elles ſe confiſent comme les abricots, ſoit qu'elles ſoient vertes, ſoit qu'elles ſoient meures; ainſi qu'on y ait recours.

Des Coings.

Quand on veut faire des confitures liquides de coings, il faut toûjours les choiſir bien meurs, puis les peler proprement, les couper par quartiers, & les jetter dans l'eau claire, aprés qu'on en a ôté les tronçons. Cela fait, on les met cuire dans de l'eau, où ils prennent des boüillons autant qu'il leur en faut pour les cuire entierement; cela pratiqué, on les tire de cette eau pour les faire égouter, & enſuite être mis dans du ſucre clarifié, qu'on a rendu un peu plus que tiede: on les laiſſe ainſi juſqu'au lendemain, qu'on fait encore cuire ce même ſirop, dans lequel on remet encore le fruit: aprés cela, ſi l'on craint que les coings n'ayent pas la couleur aſſez rouge, on les tient couverts, ou bien on y mêle de la cochenille, ou du vin roſé; & enfin lorſque les coings ont pris trente ou quarante boüillons, & qu'on juge que le ſirop eſt aſſez cuit, on les laiſſe juſqu'au jour ſuivant, qu'on les remet ſur le feu, pour leur y faire prendre encore quelque boüillons juſqu'à ce qu'ils ſoient cuits, puis on les tire.

Coings en Compotes.

Prenez de coings, envelopez-les dans du papier moüillé, faites-les cuire sous la cendre chaude, à petit feu ; étant cuits coupez-les par quartiers, ôtez-en les trognons : Pelez-les, mettez-les dans un poêlon avec du sucre & un peu d'eau, faites-leur prendre sucre, & quand le sirop sera tary, & d'une bonne consistance, tirez-les, & les servez quand vous voudrez.

Gelée de Coings.

Pour faire de la gelée de coings, on en prend qu'on coupe par morceaux, qu'on pele, & ausquels on a ôté les pepins : cela fait, on les met dans du sucre cuit de telle maniere, qu'ayant mouillé l'extremité de son doigt, & la trempant dedans pour la replonger d'abord dans cette même eau fraîche, on détache ce sucre avec les deux autres doigts, & s'il se casse ensuite en faisant un petit bruit, c'est signe qu'il est temps d'y mettre le fruit ; cette cuisson s'appelle à cassé ; il faut deux livres de sucre pour six livres de coings : le tout ainsi mis ensemble, on le fait cuire jusqu'à ce qu'il se reduise en pâte, qu'on passe à travers un linge blanc, & toute la liqueur qui en sort est celle dont on se sert pour former la gelée.

Pour achever cette entreprise, on prend quatre livres de sucre d'une telle cuisson, que trempant les doigts dedans, & les separant l'un de l'autre, il se forme un filet qui ne se rompt point ; & cela se nomme à perlé : dans lequel sucre on met toute la liqueur exprimée, qu'on reduit aussi à perlé, observant de l'écumer tandis qu'elle acquiert cette cuisson qu'on demande d'elle : cela fait, on ôte sa gelée de dessus le feu pour la dresser dans des pots, & l'y laisser refroidir avant que de la serrer.

Des Meures.

Ayez des meures, mettez-les dans trois livres de sucre cuit au petit perlé, quatre livres de fruit ; laissez couvrir legerement vos meures de leur boüillon, en soignant de remuer le poêlon ; aprés cela ôtez-les de dessus le feu, laissez les égouter jusqu'au lendemain, & les augmentant d'un peu de sucre, faites cuire leur sirop à perlé, cela fait, mettez-y vos meures, & puis les empotez.

Du Verjus.

On reüssit à faire la confiture au verjus, en prenant d'un raisin qu'on appelle proprement Bourdelas ; & lorsqu'on s'en sert, il faut toûjours faire en sorte qu'il ne soit ny trop vert, ny trop meur. Ce raisin choisit, on en ôte les pepins & la peau, en le jettant à mesure dans l'eau claire ; puis on le met dans la poêle pour luy faire prendre un boüillon fort leger; l'ayant pris, on l'ôte de dessus le feu pour le mettre dans une autre eau, dans laquelle on le fait reverdir encore sur le feu : on le tire aprés qu'il a seulement fremi, on le fait égouter, puis ayant du sucre cuit à perlé, on le glisse dedans, où on le laisse jusqu'à ce qu'il commence à fremir; cette observation faite on le retire, & on le laisse jusqu'au lendemain, qu'on le remet sur le feu, où on le remuë doucement jusqu'à ce qu'il veüille boüillir; & ayant été cette derniere fois mis dans une cuisson de sucre à perlé, on luy fait prendre sept à huit boüillons, aprés-quoy on le tire.

Des Raisins Muscats.

On confit les raisins Muscats comme le verjus; c'est une confiture fort agreable, & digne d'être servie; & ce raisin doit être choisi dans un même degré de maturité que doit être celuy de Bourdelas.

Gelée de Verjus.

Je dis que pour faire de la gelée de verjus, on y reüssit en le preparant comme pour faire des confitures : cela fait, on prend du sucre cuit à perlé dans lequel on met le verjus, auquel on donne des boüillons jusqu'à ce qu'il soit revenu à la consistance que dessus; étant ainsi cuit, on jette le tout dans un linge pour le passer, & tout ce qui en sort sans le presser beaucoup, est serré dans des pots, & se conserve fort-bien, & est tres-excellent, lorsqu'on y met autant de sucre que de fruit.

CHAPITRE XIII.

De la Pâtisserie.

COmme à la Campagne on n'a pas toûjours des Pâtissiers, & que même on est bien-aise, par maniere de ménage & de divertissement, de se donner soy-même la peine de pâtisser; j'ay crû que pour ceux qui ne le sçavoient pas, je devois faire un petit chapitre des pieces de four qui sont les plus ordinaires, afin que ceux qui demeurent aux champs trouvant par ces instructions les moyens de diversifier leurs desserts, passent pour des personnes qui sçavent ce que c'est que de donner à manger.

OECONOMIE GENERALE

Des Gâteaux.

Je commenceray par les gâteaux, & diray que pour en faire de molets, on prend un fromage moû, demie livre de beurre, avec un litron de farine, & du sel à proportion ; cela étant, on détrempe le tout avec de l'eau froide, & lorsqu'on juge qu'il est assez façonné, on le met sur du papier beurré, puis au four.

Autres Gâteaux.

Prenez une demie quarte de farine de plus pur froment, deux livres & demie de beurre, huit œufs dont vous ôterez le blanc ; détrempez le tout avec de l'eau & du sel, formez-en une pâte douce, pliez-la par la moitié, paîtrissez-la, étendez-la avec le rouleau, repliez-la encore, & continuant ainsi jusqu'à quatre fois, retendez-la, pour en former vos gâteaux, puis mettez-les au four.

Quand je dis une demie quarte de farine, je suppose qu'on n'ait besoin que de cette quantité, ou qu'il en faille moins ; cela étant on proportionnera le beurre au nombre de gâteaux qu'on voudra faire.

Si l'on veut manger les gâteaux verollez, on se servira de la même pâte que dessus, sur laquelle on étendra des morceaux de fromage fort, avec du beurre.

Des Tartes.

Pour faire des tartes, on commence d'abord à former la pâte pour les croûtes, & elle se compose ainsi.

On prend quatre pintes de fleur de farine, une livre & un peu davantage de beurre, quatre ou cinq œufs, & du sel raisonnablement, qu'on détrempe tout ensemble à l'eau froide ; cela fait, on étend sa pâte, à laquelle on donne telle forme & telle grandeur qu'on souhaite qu'ayent les tartes, après cela on y met de la farce, ou au fromage, ou à la crême ; si c'est au fromage, voicy comme elle se fait. On prend du fromage moû, du beurre frais, des œufs, & un peu de farine, le tout mêlé ensemble, & détrempé à l'eau froide avec du sel ; & si dés la premiere doze de tout ce qui y entre on trouve la farce bonne, on s'en sert ; sinon on l'augmente de ce qu'on juge à propos luy manquer ; après cela on l'étend sur la pâte qu'on luy a préparée : si c'est à la crême, on prend des œufs, de la farine, du bon lait & du sel, & de tout cela on en détrempe tout comme une boüillie qu'on fait cuire, & lorsqu'on voit qu'elle est assez épaisse on la tire, & étant refroidie, on l'étend sur la pâte destinée pour elle ; les uns mettent dans cette crême un peu de sucre râpé avec eau rose, ou bien de l'eau de fleur d'orange; d'autres se contentent de l'apprêter simplement.

Cette farce étenduë, on releve artistement les bords de la pâte, puis on la met au four.

Comme on ne sçauroit positivement fixer les dozes de ce qui doit entrer dans chaque piece de pâtisserie que suivant la quantité qu'on en veut faire; je laisse à la prudence de ceux qui se voudront mêler de pâtisser, de ne prendre des uns & des autres qu'autant qu'il leur en sera necessaire.

De la Tourte au Verjus.

Pour faire toutes sortes de tourtes, il est question d'abord de sçavoir former une pâte qui y soit propre, & voicy comme on la prepare.

L'on prend de la farine; & l'on sçaura que sur trois livres, la coûtume est de mettre deux livres & demy de beurre, ainsi du reste à proportion: on n'oublie point de l'assaisonner de sel, auquel on joint quelques jaunes d'œufs, le tout qu'on détrempe à l'eau froide. Lorsque la pâte est bien paîtrie, & renduë maniable, on l'étend avec le rouleau, puis on la couvre d'une épaisseur de beurre aussi forte qu'elle est épaissement étenduë; & ayant plié cette pâte par la moitié, & renversé les bouts l'un sur l'autre, & mis le beurre nouvellement étendu dedans, on la détend une seconde fois, puis on la replie jusqu'à cinq fois: cette pâte ainsi preparée est étenduë cette derniere fois dans la forme qu'on veut qu'aye la tourte, puis on y met du verjus confit, comme je l'ay enseigné; aprés cela on l'enfourne pour la faire cuire, puis pour la servir chaudement.

Cette pâte est propre pour toute sorte de tourtes; ainsi il n'y aura plus à observer que la difference des farces dont on voudra les remplir, soit aux cerises, ou autres confitures.

Tourtes aux Epinards.

Avec la pâte cy-dessus, étenduë comme il faut, mettez une farce d'épinards comme je vous vas dire.

Ayez des épinards bien épluchez, faites-les un peu boüillir dans l'eau, tirez-les aprés, laissez-les égouter, hachez-les bien, mettez-y du beurre raisonnablement, des œufs, de la crême en farce, ou pour le mieux, de la pâte de macaron, de l'écorce de citron, un peu de sel & d'épices; faites cuire le tout ensemble dans un poëlon, observant de le tourner souvent, crainte qu'il ne brûle;

cela fait, vuidez cette farce dans un plat, laissez l'y refroidir, puis étendez-la sur vôtre pâte dans une tourtiere, faites-la cuire, & la mangez.

On fait encore des tourtes de pommes, de prunes, d'abricots, & de coings, aprés qu'on en a fait des marmelades.

Tourte aux Amandes.

Ayant la pâte faite comme j'ay dit cy-dessus, on prend un quarteron d'amandes, puis quelque blancs d'œufs, du sucre râpé, avec un peu de sel, le tout mêlé ensemble, & dont on fait une espece de farce avec un peu de farine; la farce faite, on l'étend sur la pâte dans une tourtiere qu'on met ainsi au four, ou sur la braise.

Autre maniere.

Pelez des amandes douces, environ deux poignées; en les pelant, arrosez-les d'eau rose, mettez y de l'écorce de citron, du sucre; pilez encore le tout ensemble, mêlez-y un peu de farine, avec deux blancs d'œufs foüettez qu'on jette dedans, & trois jaunes d'œufs; cela fait, étendez vôtre pâte dans la tourtiere, accommodez-la avec art, mettez y vôtre farce, répandez-y dessus du sucre râpé, & puis faites la cuire au four, ou à la braise.

Tourtes d'Anguilles.

Pour faire une tourte d'anguilles, on étend la pâte dans une tourtiere, dans laquelle on en met qu'on hache aprés l'avoir écorchée & ôté l'arête, & qu'on assaisonne de sel, de poivre, de cloud de girofle, de la muscade, de fines herbes, de ciboules, de beurre, de capres, de laurier, & de chapelure de pain, avec des champignons; & lorsqu'elle est cuite au four ou à la braise, on y met des jaunes d'œufs délayez de verjus, & puis on la sert.

Tourtes de Beatilles.

Vôtre pâte étant préparée comme j'ay dit, rangez vos beatilles dans vôtre tourtiere; mettez-y des champignons, des ris de veau, quelque culs d'artichaux, de la moëlle de bœuf, assaisonnez le tout de sel, de poivre, de muscade, & d'un peu de lard broyé, couvrez vôtre tourte, faites-la cuire, & avant que de la servir dorez-la, & y mettez des jaunes d'œufs délayez.

Tourtes

Tourte de Champignons.

J'ay assez dit comme il faut étendre la pâte, sans qu'il soit besoin que je le repete icy ; ainsi quand vous voudrez faire une tourte aux champignons, prenez-en que vous mettrez par morceaux, & que vous metterez dans vôtre pâte étenduë dans une tourtiere; assaisonnez-les de fines herbes, de ciboules, de sel, de muscade, & de beurre ; couvrez-les, & vôtre tourte étant cuite servez-la, aprés y avoir mis des jaunes d'œufs délayez ; on fait ainsi des tourtes de morilles & de mousserons.

Pâté de Lievre.

Pour former une pâte propre à renfermer toute sorte de venaison, on prend pour trois livres de farine, une livre de beurre, & du sel raisonnablement ; & le tout ainsi mêlé, on le détrempe, & on fait une pâte d'une bonne consistance ; la pâte faite, on larde le liévre de moyen lard, & on l'assaisonne de sel, de poivre, de muscade, de clouds & de laurier, avec quantité de bardes au fond du pâté, & un peu de beurre ; l'assaisonnement fait de cette maniere, on met le liévre dans une abaisse qu'on accommode artistement, & qu'on met cuire au four aprés l'avoir doré avec des jaunes d'œufs : le levreau se pâtisse de même.

Pâté de Cerf.

Ayez du cerf, laissez-le mortifier, lardez-le de gros lard, assaisonnez-le de sel, de poivre, de muscade, de clouds de girofle ; dressez vôtre abaisse, mettez-y des bardes de lard, du laurier & d'autres épices ; dorez-le, & faites-le cuire au four.

Les pâtez de sanglier, & de chevreüil se font de même, c'est ce qui fait que je n'en diray rien de plus.

Pâté de Carpes.

Quand on veut fait un pâté de carpe, on commence par l'écailler, puis on la larde d'anguilles, on l'assaisonne de bon beurre, de sel, de poivre, de clouds de girofle, de muscade, & de feüille de laurier ; cela ainsi apprêté, on fait une abaisse dans laquelle on met cette carpe tout de son long, on la couvre aprés, puis on fait cuire ce pâté à petit feu ; & lorsqu'il est à demi cuit, on y verse par un trou fait exprés dessus, un verre de vin blanc, aprés quoy on le tire quand il a pris sa cuisson.

Tome II.   Hhh

Pâté de Godi-veau.

On fait un pâté de godi-veau, en prenant des roüelles de cet animal, avec de la moëlle de bœuf, & un peu de lard, le tout assaisonné de sel, de poivre, de cloud de girofle, de muscade & de fines herbes; mettez ce ragoût dans une abaisse de trois doigts de hauteur, garnissez-le de champignons, de culs d'artichaux &c. Faites le cuire, & le servez.

On fait encore des pâtez de bien des manieres; mais il me semble qu'en voilà assez pour une maison de campagne.

CHAPITRE XIV.

Des Chiens.

MOn dessein ayant toûjours été dans ce traité de l'œconomie, de ne rien oublier en ce qui peut contribuer à rendre accomplies les matieres dont j'ay parlé; il m'a semblé que comme je devois traiter des chasses, il étoit à propos auparavant que d'en rien dire, de parler des chiens, comme étant les instrumens dont on se sert en partie pour attraper la Venaison qu'on poursuit.

Des differentes especes de Chiens, & de leurs differens poils.

Comme il y a de plusieurs sortes de chiens propres pour la chasse, & que leurs poils ne sont pas tous semblables, ce qui les rend par consequent d'un temperament different; il est bon de dire quel est sur cette matiere, le sentiment de ceux qui se sont attachez à les connoître à fond.

Il y a donc des bassets, des braques, des levriers, & des chiens courans, & ce seront ces derniers dont je traiteray particulierement.

Du naturel des Chiens, par rapport chacun à leur poil.

Du Chien blanc.

Les chiens blancs ne sont pas communément propres à courre toute sorte de bêtes ; mais ils sont excellens pour le cerf, sur tout lorsqu'ils sont tout blancs, c'est-à-dire lorsqu'ils sont nés sans aucune autre marque ; & l'experience a fait connoître qu'on devoit estimer de tels chiens, à cause de leur instinct particulier à bien faire ce à quoy ils sont destinez, étant beaux chasseurs, ayant le nez merveilleux, & la menée belle ; & enfin on en fait cas, parce que de leur nature ils sont moins sujets aux maladies que les autres, par rapport à la pituite qui les domine, & qui les rend d'un temperament plus ordonné.

Des Chiens noirs.

Poil noir dans un chien courant, n'est point à rejetter, sur tout lorsque les marques qu'il a d'ailleurs sont blanches, & non pas rouges ; cette blancheur provenant d'un temperament pituiteux, qui joint au flegme dont tel chien est rempli, fait qu'il n'oublie point les leçons qu'on luy donne, & qu'il s'y rend obeïssant : au lieu que celuy qui a des marques rouges est pour l'ordinaire trop ardent, & fort difficile à corriger, la bile étant l'humeur pour lors qui cause ce desordre au dedans de luy.

Qu'on sçache donc qu'un chien noir à marques blanches, est à estimer. Tel chien a pour l'ordinaire de la hardiesse beaucoup, il chasse bien, il est fort & vîte, & tient long-temps ; il ne quitte point le change, & lors qu'il s'agit de batre les eaux, elles ne luy font point peur comme aux blancs, dans quelque saison que ce puisse être ; & enfin, on l'aime aussi parce que les maladies des chiens luy arrivent rarement.

Des Chiens gris.

Il est des chiens gris qui sont bons, & d'autres qui ne sont propres qu'à rejetter, comme par exemple, ceux qui sont métifs, c'est-à-dire qui sortent d'une chienne de race de chien courant couverte d'un autre chien qui n'en est pas ; ou bien ceux qui naissent d'une chienne qui n'est point courante, par l'accouplement d'un chien de cette espece.

Les chiens courans, pour être bons doivent donc tenir entierement leur nature de celle qui leur est propre ; cela étant, les chiens gris doivent être recherchez, parce qu'ils sont sages, qu'ils ne coupent jamais, & qu'ils ne se rebutent point de requêter : il faut dire aussi qu'ils n'ont pas l'odorat si fin que ceux dont je viens de parler ; mais ils ont d'autres qualitez qui les dédommagent d'ailleurs; ces chiens sont infatigables à la chasse, étant d'une complexion plus robuste que les autres, le chaud ny le froid qu'ils ne craignent point, leur étant indifferent.

Des Chiens fauves.

Un chien fauve, est un chien qui a le poil rouge, tirant sur le brun; & comme c'est la bile qui agite le plus cet animal, aussi le voyons-nous être d'un instinct étourdi, & impatient lorsqu'une bête qu'il chasse tourne, aimant naturellement pour lors à prendre les devans pour la trouver par là ; ce qui est un deffaut dans un chien : c'est pourquoy aussi on ne les employe gueres qu'à courre le loup, & les bêtes noires qui tournent rarement ; ils sont trop vîtes, crient fort peu, surtout dans les grandes chaleurs : ils sont impatiens, & aussi difficiles à instruire, que mal-aisez à corriger, lorsque fort souvent ils ne gardent pas le change ; & sont plus maladifs que les autres, à cause de leur trop d'ardeur qui les fait chasser au-delà de leurs forces.

Des veritables marques d'un bon Chien.

On reconnoît qu'un chien courant est bon, lorsqu'il a les oreilles longues, larges & épaisses, & qu'on luy sent en luy passant la main sous le ventre, qu'il a le poil gros & rude ; ce qui ne se remarque gueres qu'aprés trois mois,

Un chien courant, doit avoir les nazeaux ouverts : car ce sont ceux-là pour l'ordinaire qui les rendent, comme on dit, de haut nez.

Comme il faut élever les Chiens courans lorsqu'ils sont petits.

Je suppose qu'un petit chien sorte d'une mere de bonne espece, c'est-à-dire, qu'on a choisie haute, longue & de large flanc, avec les poils les meilleurs, dont on se souviendra que j'ay parlé cy-dessus.

Cela étant, & les chiens ayant pris l'être, on les laisse trois mois sous leurs meres, après lequel temps on les retire pour les donner à nourrir au village, où ils demeurent jusqu'à dix mois, n'oubliant pas de recommander à ceux qui en prennent le soin, de ne leur point laisser manger de la charogne, & de les empêcher d'aller dans les garennes : car cela ne peut que leur préjudicier.

Le pain dont pour lors il faut les nourrir, doit être de froment, à cause que celuy de segle passe trop vîte, & est d'une substance trop legere, ce qui ne leur fait acquerir qu'un rable étroit; au lieu qu'un chien courant le doit avoir large : on les entretient ainsi jusqu'à l'âge de dix mois, qu'on les retire pour les mettre au champ parmi les autres, afin de les accoûtumer de vivre avec eux.

Aprés qu'on a retiré les chiens, on commence peti-tà-petit à les coupler avec les autres, afin qu'ils s'accoûtument de même d'aller en chasse, & cinq ou six jours d'un tel exercice suffisent pour les obliger de faire comme les autres; & pour les rendre sages on doit souvent, la houssine à la main, leur faire sentir ce qu'elle pese, soit lorsqu'ils se batent, ou qu'ils crient à contre-temps.

Il faut être soigneux de les visiter souvent dans le chenil, & de les y tenir le plus nettement qu'il est possible; & comme ce n'est que par le moyen des organes, que tout animal est susceptible d'impression, les chiens aussi ne peuvent apprendre ce qu'on leur veut signifier par le son du cor, qu'auparavant on ne le leur ait fait comprendre : c'est pourquoy lorsqu'ils sont en bas-âge, & dans le chenil avec les autres, on leur doit sonner quatre ou cinq fois le ton grelle, afin de les animer.

Quand on accouple les jeunes chiens, il faut prendre garde que ce soit avec quelque vieille laisce, pour les apprendre à suivre; & les attirant par quelques appas, on les mene promener ainsi dans les commencemens.

Tout ce que dessus exactement observé, on a soin aprés de leur faire apprendre le forhus de cette maniere.

Le valet à qui le soin des chiens est commis, se munit d'abord d'une gibeciere, qu'il remplit de quelque friandise, pour donner à ces jeunes chiens; puis s'écartant un peu d'eux, il sonne du cor, en criant *ty-a-hillaut*, pour le cerf, & *va luy aller*, pour le liévre; il ne doit point cesser de sonner, & de crier ainsi jusqu'à ce que les chiens soient arrivez à luy, tandis qu'un autre qui les tient les découple en criant, *écoute à luy, tirez, tirez* : lorsqu'ils sont au forhus, c'est-à-dire aux friandises qu'on leur donne; celuy qui les te-

H h h iij

noit accouplez, ne manque point à son tour, & sans se remuer de sa place, de forhuer & de sonner du cor, & de les appeller comme le precedent ; & pour lors celuy auprés duquel ils sont, ayant une houssine en main, la leur fait sentir en criant, *écoute à luy, tirez, tirez* ; & ces chiens étant retournez d'où ils étoient premierement partis, on observe de leur donner à manger quelque chose comme auparavant, afin de les obliger à obeïr une autre fois au son du cor, & de la voix ; cela fait, & étant allé & revenu, on les accouple doucement l'un avec l'autre.

De la maniere d'instruire les Chiens à courre le Cerf.

Les chiens ayant appris le forhus, & le son du cor & de la voix ayant fait sur les fibres de leur cerveau telle impression qu'on en espere, on commence pour lors, & quand ils sont âgez de seize ou dix-huit mois, de les destiner pour le cerf ; & pour les y accoûtumer, on les y mène une fois la semaine seulement.

S'agit-il de forcer un cerf ? cette execution nous porte à trois observations.

La premiere, qu'il faut bien se donner de garde de faire chasser une biche aux chiens, à cause de la difference de sentiment qu'il y a entre elle, & le cerf.

La seconde, est de se donner de garde d'instruire les chiens dans les toiles, parce que voyant toûjours le cerf, à cause qu'il ne fait que tournoyer, ce cerf leur rompt en visiere si-tôt qu'ils le chassent hors des toiles, où ils le perdent de vûë : & pour lors levant le nez sans cesse, ils ne font chose qui vaille, & l'abandonnent incontinent.

Et enfin, la troisième est que s'étant fait une habitude de chasser le matin, si on la leur fait prendre, ils demeurent toujours en état de ne pouvoir plus rien faire lorsque le Soleil est levé, c'est pourquoy il faut s'en abstenir.

De plus, comme il est un temps que le cerf est en plus grande venaison que dans un autre, il est necessaire de choisir celuy où il y est davantage, pour mieux dresser les jeunes chiens, & laisser passer s'il se peut le mois d'Avril & celuy de May, où cet attribut les tient moins. Ce temps passé, & dans un autre où il y fait bon, on mene les jeunes chiens dans une forêt ; où y étant, on fait chasser un cerf qu'on lasse ; puis observant de le faire passer proche d'eux, on découple les jeunes chiens dessus, qui ne trouvant rien pour lors à poursuivre au-dessus de leurs forces, s'animent à la vûë de leur proye, qu'ils atteignent & qu'on met à mort ; & pour obliger ces jeunes animaux à bien faire à la première occasion, où le cerf est tüé, on leur en fait curée, & tous les Piqueurs presens doivent parler à ces chiens pour s'en faire connoître, & distinguer le ton de leur voix.

Des maladies des Chiens, & des moyens d'y remedier.

Les chiens étant des animaux sujets à corruption, ils ont comme les autres leurs maladies particulieres qui les attaquent ; la rage est celle dans eux qui cause le plus de désordre.

De la Rage.

Sous ce mot de rage on en comprend sept especes, dont il y en a deux d'incurables ; sçavoir, la rage chaude, & la rage courante. La premiere est un poison qui les mine d'une telle maniere qu'en peu de temps ils en meurent, & elle se connoît à leur queüe qu'ils portent toute droite, & lorsqu'on les voit se ruer indifferemment sur toutes sortes d'animaux, sans regarder où ils se jettent, & enfin à leur gueule qui est noire, sans aucune écume : & la seconde, qui n'est pas si dangereuse, se remarque à leur maniere de se jetter sur les chiens, qui sont les seuls à qui ils en veulent pour lors, épargnant l'homme, & les autres animaux ; & au contraire de ceux cy-dessus qui ont la queüe droite, ceux cy la portent entre leurs jambes, & marchent comme fait un renard : ces deux especes (comme j'ay dit) ne se peuvent guerir ; mais en voicy cinq autres differentes, ausquelles on peut apporter du remede.

De la Rage mûe.

La rage mûe est celle dont je parleray d'abord, & l'on connoît un chien qui en est atteint, lorsqu'il ne veut point manger, ayant toûjours la gueule ouverte, & se trouvant comme embarassé de quelqu'os au gosier, qu'il tâche d'ôter avec sa pate, & cherchant pour remede au mal qui le devore toûjours, les lieux frais, & se plongeant par-tout où il trouve de l'eau : on connoît assez par ces symptômes, qu'il faut que ce soit quelque humeur maligne, qui luy échaufant extraordinairement les entrailles, l'oblige par les vapeurs qu'elle luy envoye aux parties superieures, de courir à tout ce qu'il connoît être froid ; mais cela luy serviroit de peu, si l'on ne le secouroit du remede que voicy.

Remede.

Prenez la pesanteur de quatre écus de jus d'une racine nommée spatula putrida, dite passe-rage, mettez-le dans un pot plombé, avec autant pesant de jus d'ellebore noir, & de celuy de rhüe, & au défaut du jus, faites-en une décoction; passez tous ces jus ensemble dans un linge avec vin blanc, mettez-en dans un verre: cela fait, joignez à cette décoction deux dragmes de scamonée non preparée, & puis faites-la avaler au chien malade, en luy tenant la gueule en haut: ce remede pris, saignez-le à la gueule, laissez le reposer aprés cela, & il guerira.

De la Rage tombante.

Cette espece de rage s'appelle tombante, à cause que les chiens qu'elle attaque en sont si travaillez, qu'ils en tombent à tous momens par terre, sans pouvoir se soutenir; & l'on remarque qu'elle n'est pas si mauvaise que la premiere, à cause qu'ils ne se rüent sur personne: cette maladie n'ayant aucune malignité qui leur démonte le cerveau, comme les precedentes.

Remede.

Pour reüssir à guerir la rage tombante, on prend la pesanteur de quatre écus des feüilles ou de la graine de peaune, avec autant pesant de jus de racines du parc, avec autant de jus de croisette, quatre dragmes de sta-fiacre, le tout mêlé ensemble; & cette mistion étant ainsi faite, on la fait avaler au chien de la même maniere que je l'ay déja dit; ce breuvage pris, on luy fend les deux oreilles, ou bien on le saigne aux erres.

De la Rage endormie.

Si-tôt qu'un chien est attaqué de cette maladie, il est toûjours couché, & semble aussi toûjours vouloir dormir: cet assoupissement, dit-on, luy vient d'une humeur froide & chaude, qui luy occupant le cerveau, l'engourdit, & le fait plus ou moins dormir que le temperament froid domine sur le chaud qui luy en empêche.

Remede.

Pour purger le cerveau de cette humeur maligne, qui le rend ainsi assoupi, on prend la pesanteur de six écus de jus d'absinthe, & de la poudre d'aloës le poids de deux seulement; on y joint autant pesant de corne de cerf brûlée, avec deux dragmes d'agaric, le tout mêlé

mêlé enſemble, avec la peſanteur de ſix écus de vin blanc; puis on fait avaler ce remede au chien qui en guerit.

De la Rage éflanquée.

Il n'y a que les vieux chiens, qui pour l'ordinaire ſont attaquez de cette maladie; & lorſqu'elle leur arriye, leurs flancs en ſont ſi reſſerrez, & leur batent de telle maniere, que la douleur qu'ils en reſſentent les mine tant, qu'enfin ils en meurent, à cauſe d'une langueur qui les abat, & à laquelle ils ne ſçauroient reſiſter. Point de remede à cette maladie.

De la Rage rhumatique.

Cette eſpece de rage eſt cauſée aux chiens, par une trop grande abondance de ſang, qui venant à boüillonner fait une fermentation d'où il ne part que des vapeurs malignes, qui leur montant au cerveau, les troublent non-ſeulement, mais encore leur rendent la tête enflée, & les yeux ſi gros qu'ils leur ſortent de la tête.

Remede.

Pour remedier à cette maladie, ayez du fenoüil, faites-en une décoction d'environ la peſanteur de ſix écus, & une autre de guy du poids de quatre, autant de celle de lierre, avec auſſi peſant de jus de polipode; mêlez le tout enſemble dans un poëlon, faites le boüillir avec du vin blanc, & lorſque ce breuvage eſt refroidy, donnez-le au chien, & le laiſſez de repos.

De la Galle.

Outre les infirmitez dont je viens de parler, les chiens ſont encore attaquez de la galle, qui ne leur vient pour l'ordinaire que d'un ſang échaufé & corrompu, & cet inconvenient les fait languir, ſi l'on n'a ſoin d'y apporter du remede.

Remede.

Prenez trois livres d'huile de noix, une livre & demie d'huile de cade, deux livres de vieux-oing, trois livres de miel commun, une livre & demie de vinaigre, faites boüillir le tout enſemble, ajoûtez-y deux livres de poix & autant de poix-raiſine, & une demie livre de cire neuve; fondez le tout dans un même poëlon, remuez-le, & étant fondu, mêlez-y une livre & demie de ſoûfre, deux livres de couperoſe recuite, trois quarterons de verdet; remuez encore cet onguent juſqu'à ce qu'il ſoit froid: & étant ainſi fait, prenez les chiens qui sont infectez de galle, lavez-les avec de l'eau & du sel, puis mettez-les devant un bon feu, frotez-les de cet onguent, attachez-les prés de ce feu, laissez-les-y pendant une bonne heure, donnez-leur-y à boire, puis soignez de leur donner une nouriture qui les rafraîchisse, aprés cela ils gueriront.

Du Flux de Ventre.

Les trop grandes fatigues que les chiens endurent à la chasse, & les frimats qui les morfondent pour lors, leur causent le flux de ventre.

Remede.

On sçaura d'abord que cette maladie parmy ces animaux est contagieuse, & qu'ainsi il faut observer de les separer les uns des autres si-tôt qu'on s'apperçoit qu'il y en a d'atteints, & de le mettre dans un lieu où ils puissent être chaudement : cela fait, on leur donne de la nourriture sans sel, avec du potage où l'on mêlera de la terre sigillée ; si ce remede n'opere point, on se sert de farine de féve dont on fait de la bouillie fort épaisse, dans laquelle on met aussi de la terre sigillée, puis on la donne au chien, qui en guerira s'il est jeune.

Des Poux.

On garentit les chiens des poux qui les incommodent, en prenant des feüilles de cerne, de celles de la passe, & de mente, qu'on fait boüillir ensemble avec de la cendre : cela fait, on y mêle deux onces de stafiacre en poudre qu'on fait aussi boüillir ; puis passant le tout dans un linge, on dissout dans cette décoction deux onces de savon ordinaire, avec une once de saffran, & une jointée de sel, aprés-quoy on lave le chien galleux, & il en guerit.

Ce remede est propre aussi pour les puces, & autres vermines qui surviennent à ces animaux.

Des Vers, & des moyens de les faire mourir.

Prenez des noix quand elles sont encore vertes, pilez-les, mettez-les dans un pot avec une chopine de vinaigre ; laissez tremper le tout pendant quatre heures : ce temps écoulé, passez le tout dans un linge, aprés l'avoir fait boüillir pendant deux heures ; mettez-aprés cette décoction dans un pot, ajoûtez-y une once d'aloës épatique, une once de corne de cerf brûlée, une once de poix-raisine, remuez le tout, prenez-en, frottez-en l'endroit où paroissent les vers, & ils mourront.

Remede pour les Chiens contre les morsures des bêtes veneneuses.

Lorsque par malheur un chien est mordu de quelque serpent, ou autre insecte de cette nature, il faut prendre une poignée d'herbe de la croisette, autant de rhüe, autant de poivre d'Espagne, de boüillon blanc, de la pointe de genest, & de la mente, le tout en pareille doze, puis les piler ensemble; cela fait, on prend du vin blanc, dont on fait avec le tout une décoction qu'on laisse boüillir dans un pot pendant une heure; après cela on passe le tout, dans lequel on met le poids d'un écu de theriaque dissous, & qu'on luy fait avaler, observant de luy en laver la morsure.

Des Louppes.

On guerit les chiens des louppes qui leur surviennent; mais il faut sçavoir comment: car telle croissance de chair naît ou en des endroits où il y a beaucoup de veines, ou bien où il n'y en a gueres: au premier cas, elles sont fort difficiles à guerir, mais au second on y peut reüssir.

De la maniere de guerir les Louppes.

Les louppes se guerissent par l'expedient que voicy: on prend trois grosses épines noires lorsqu'elles sont toutes vertes, & étant fraîchement cueillies, on les laisse tremper pendant vingt-quatre heures dans des menstrües de femmes: cela fait, on les pique dans le milieu de la louppe autant qu'elles y peuvent entrer; & au cas que la peau fût trop dure, & qu'elle resistat trop à ces épines, on se serviroit d'un poinçon pour y faire une ouverture où l'on ficheroit les épines, pour y demeurer tant qu'elles en tombent d'elles-mêmes: cela fait, on s'apperçoit de l'operation de ce remede, en voyant ces louppes se dessecher, & mourir peu de temps après.

Des vers qui sont dans le corps des Chiens.

J'ay parlé de la maniere de faire mourir les vers qui paroissent sur les chiens; voicy à present celle de les guerir de ceux qui leur naissent dans le corps; & pour reüssir dans cette operation, on prend du jus d'absinthe la pesanteur de deux dragmes, autant d'aloës épatique, & du stafiacre en pareille doze, une dragme de corne de cerf brûlée, autant de soûfre, le tout pilé & incorporé ensemble avec un demy verre d'huile de noix, qu'on fait avaler au chien, qui ne manque point de rendre les vers qui l'incommodent.

Des Chancres & des moyens de les guerir.

Entre toutes les infirmitez qui arrivent aux chiens, les chancres ne sont pas celles qui les incommodent le moins, & ce malheur croît ordinairement aux oreilles ; & pour le guerir, prenez du savon la pesanteur d'un écu, autant d'huile de tartre, de sel ammoniac, de soûfre, & de verdet ; incorporez le tout ensemble avec du vinaigre & de l'eau forte, frotez en l'oreille atteinte de ce mal, & elle en sera guerie.

De la Rétention d'urine.

Les chiens quelquefois pour avoir les reins trop échaufez, ont une difficulté d'uriner qui les tourmente terriblement, & qui les met bien souvent en danger de leur vie, si l'on n'y apportoit du remede, à cause de l'inflammation qui se fait à la vessie, où la gangrene se met, qui pour lors rend le mal incurable ; pour donc prevenir cet inconvenient, on use du remede que voicy.

Remede.

On prend une poignée de guimauves, autant de feüilles d'archaquange, de la racine de fenoüil, de celles de ronces ; on fait boüillir le tout ensemble avec du vin blanc, observant de le laisser reduire à un tiers, puis on le donne en breuvage au chien.

Remede general pour les Playes des Chiens.

Prenez de la feüille de choux rouge, & lorsqu'un chien sera blessé, frotez-en sa playe, il est sûr qu'elle guerira.

CHAPITRE XV.

De la Chasse du Cerf.

Pour sçavoir chasser le cerf, il faut sçavoir qu'ils changent quatre fois de demeure dans l'année ; qu'en Janvier, Février & Mars, on doit les chercher dans le fond des forêts sous les futayes, où l'on en prend connoissance à cause de leur viandis qu'ils y font ; quelquefois aussi en ce temps ils se tirent prés des fontaines, & des ruisseaux, pour y brouter le cresson qu'ils y trouvent.

En Avril, May & Juin, les cerfs courent aux buissons pour viander, ou bien sur le bord des forêts, où sont les meilleurs gaignages, à cause des bleds, & autres legumes qui croissent dans les champs; & l'on tient que dans cette saison ils sont les plus faciles à rencontrer, à cause, dit-on, qu'ils ne quittent jamais le buisson où ils trouvent à viander, qu'on ne les oblige de se retirer.

Pendant les mois de Juillet, d'Aoust & Septembre, un Piqueur qui sçait son métier ne va point pour l'ordinaire quêter le cerf ailleurs qu'aux bois, d'où pour lors il ne s'écarte gueres, à cause de la venaison dont il est rempli, & des viandis dont il est pleinement rassasié.

Pour ce qui regarde les trois derniers mois de l'année, qui sont Octobre, Novembre & Decembre, je diray que les cerfs étant en rut depuis le mois de Septembre jusqu'à celuy d'Octobre, il faut dans ce temps les aller quêter dans le fond des forêts, où ils sont avec les biches, & commencer la chasse sur les huit ou neuf heures du matin, & c'est par ces moyens que pendant le rut on donne les cerfs aux chiens lorsqu'ils ont quitté les biches; mais durant les mois de Novembre & Decembre, on doit sçavoir que les cerfs allant viander du gland, ou autres fruits sauvages, se retirent pour lors ordinairement dans les futayes, où il faut les aller chercher, observant toûjours d'aller prendre les devans des grands forts, qui sont le plus fourrez, & où ils se mettent pour se garentir des grands froids.

De la connoissance du pied de Cerf.

Apés avoir enseigné les lieux où l'on doit pendant toute l'année aller quêter le cerf, il est bon de parler des connoissances qu'un Veneur doit avoir, pour sçavoir démêler les vieux cerfs d'avec les jeunes, & pour cela je commenceray par le pied.

De la connoissance du Pied.

C'est l'ordinaire des vieux cerfs d'avoir la sole du pied grande, & de bonne largeur, le talon gros & large, & la comblette ouverte; ils ont aussi la jambe large, les os gros, courts, & non tranchans, la piece ronde & grosse; & ce que les vieux cerfs ont de particulier, c'est qu'ils ne font jamais aucune fausse démarche, au lieu que cela arrive souvent aux jeunes: de plus, on distingue encore les vieux des jeunes par leur allure, ceux-là n'avançant jamais le pied de derriere plus avant que celuy de devant, s'en fallant toûjours plus de quatre doigts; au lieu que ceux-cy le paſſent toûjours.

Du pied de Biche.

Quoyque le cerf & la biche ſoient pour ainſi dire d'une même nature, cependant leur pied eſt tout diſſemblable, ayant le pied fort long, étroit & creux, & le talon ſi petit qu'il n'y a point de cerf d'un an qui n'en ait un auſſi gros: de plus, on reconnoît la biche au viandis, lorſque le long des broſſailles qu'elle a broutées on voit les coupures rondes & pareilles à celle d'une vache; au lieu que le cerf ſucce le brout, & pour cela ne fait que le mâchiller.

Outre les inſtructions que je viens de donner, l'on pourroit encore ſe tromper au pied des vieux cerfs, ſi l'on ne conſideroit les païs où ils ſont: car dans ceux qui ſont montueux & pleins de pierres, ils ont les pinces & les tranchans du pied fort uſez, ne marchant dans ces endroits que du bout de la pince; au lieu que dans les païs de ſable leur pied paroît plus, à cauſe qu'ils s'appuyent plus du talon.

Des connoiſſances des fumées.

Fumées en termes de Chaſſeurs, ſignifient fientes des bêtes fauves, & l'on en remarque de trois ſortes, ſçavoir les fumées formées, les fumées en troches, & les fumées en plateaux; les formées ſont celles qui ſont groſſes, longues & noüées, ointes ou dorées; & ils les rendent ainſi depuis la my-Juillet juſqu'à la fin d'Aouſt: celles qui ſont en troches ſe voyent pendant les mois de Juin & de Juillet, & ſont toûjours molles; & enfin les fumées en plateaux ſont celles que les cerfs rendent au mois d'Avril & de May, & ſont toûjours larges & groſſes, & l'on juge par là que ces animaux ſont de dix cors.

Des connoiſſances des Portées.

Il ne ſuffit pas de connoître les cerfs aux fumées, il eſt encore neceſſaire d'en juger par les portées; ce qu'il eſt aiſé de faire pendant l'année, à la reſerve de quatre mois, ſçavoir Mars, Avril, May & Juin, qui eſt le temps ordinaire de leur müe, & où ils ont la tête mollete: lors donc que leur tête eſt un peu endurcie, & que les cerfs ne craignent plus de la heurter contre les branches, pour lors on peut porter un jugement ſur leurs portées, parce qu'en entrant dans les forêts, ils levent leurs têtes hardiment, en allant s'y rembucher ; & cette marque se fait voir aux branches qui sont tournées, & heurtées des deux côtez : & quand on s'en apperçoit, on peut dire qu'un cerf a passé par là, puisque c'en est la veritable trace.

Ce n'est pas seulement dans les forts qu'on juge des portées des cerfs, mais encore dans les endroits du bois qui sont clairs, où ces animaux quelquefois levant la tête pour écouter, froissent des branches à la hauteur de leur bois.

De la connoissance des Alleures.

On reconnoît le corsage d'un cerf par ses alleures qui sont longues ou courtes, & l'on juge par là aussi qu'il peut donner plus ou moins de tablature aux chiens ; & si l'on remarque que son pied soit long, c'est signe qu'il est grand ; au lieu que s'il l'a rond, on juge qu'il n'a pas tant de force, & de là un habile Piqueur tire un avantage pour les chiens.

De la maniere de chercher les Cerfs aux gaignages.

Les cerfs changent de viandis comme le Soleil fait de maisons pendant l'année, & autant de fois ; & pour commencer par Janvier qui est le premier mois de l'année, je diray qu'on va en ce temps ordinairement guetter le cerf sur les bords des forêts, à cause qu'ils vont viander dans les bleds ; & jamais on ne les y trouve seuls, étant toûjours trois ou quatre de compagnie, laissant les hardes des autres bêtes fauves.

Comme le mois de Février & de Mars est le temps où ils jettent leurs têtes, c'est-à-dire, où ils müent, on sçaura que pour lors ils se separent les uns des autres, pour chercher chacun un endroit commode pour refaire leurs têtes : & le viandis qu'ils prennent pour lors est les chatons de saules, de courdes, les bleds verts, & les prez. Ainsi l'on voit que pour les trouver, il faut en cette saison les chercher dans ces sortes d'endroits.

On trouve les cerfs dans les petits taillis, lorsque les mois d'Avril & de May sont arrivez ; & pour lors quittant rarement leurs buissons où ils demeurent toûjours jusqu'au rut, ils vont faire leurs viandis dans les pois, les vesses, les lentilles, &c. s'il y en a qui soient prés du lieu où ils se reposent.

Juin, Juillet & Aoust sont les mois où les cerfs, ainsi que tous les autres animaux, trouvent le plus à manger ; c'est pourquoy quand on les veut quêter on ne s'amuse point d'aller au fond des bois, mais on va aux taillis où ils font leur viandis, aussi bien que dans les grains generalement qui font pour lors fur la terre ; & c'eſt pour lors qu'ils ſont en leur grande venaiſon, & qu'ils vont boire pour appaiſer la ſoif que leur cauſe cette nourriture.

Il n'eſt rien où l'amour n'étende ſon empire ; les brutes ainſi que l'homme reſſentent ſon pouvoir : c'eſt ce qui fait que lorſque les cerfs ſont en rut, ils n'ont point de demeures certaines, & viandent pour lors où ils ſe trouvent : ce qui leur arrive pendant le mois de Septembre, & celuy d'Octobre ; c'eſt pourquoy on les quête pour lors où l'on peut.

A la ſortie de leur rut les cerfs vont aux bruyeres, & c'eſt là où il les faut chercher : & comme je viens de dire que le rut les tient pendant les mois de Septembre & d'Octobre, on peut juger que c'eſt en Novembre qu'on doit les quêter dans les bruyeres, qui ſont les lieux où ils font leurs viandis, & où ils couchent même, lorſque la ſaiſon eſt temperée.

Comme l'Hyver change la nature de face, les cerfs en cette ſaiſon changent de ſentiment ; ils ſe mettent en hardes, & ſe retirent dans le plus profond des forêts, & dans le plus épais, pour tâcher de ſe garentir des vents froids, & des frimats ; & viandent les bois qu'ils pelent, ou bien la mouſſe qu'ils y trouvent.

De la maniere de mener le Limier en quête.

Si-tôt qu'on eſt levé, il faut avec du vinaigre qu'on prend dans le creux de ſa main, en froter les nazeaux du limier, car cela contribuë à luy donner un tres-bon ſentiment : cela fait, on part, mais non pas trop matin, à cauſe que les cerfs de repos, font pour l'ordinaire leur reſſuy dans la taille, d'où ils ſeroient aſſez ruſez de ſortir, pour peu qu'ils vinſſent à éventer le limier.

L'heure donc venuë qu'on jugera de ſe mettre en quête, il ne faut point manquer de le faire ; & pour lors prenant ſon limier devant ſoy, on doit regarder ſi le cerf va de bon temps, & s'il en fait rencontre d'un dont on ait lieu d'être content, ce qui ſe reconnoît à la façon de chaſſer du chien, qui tire lâchement, à cauſe de la repoſée qui luy fait oublier les voyes ; ou bien vigoureuſement, en ſe reſſouvenant toûjours de celles qu'il doit tenir pour lancer ſa proye.

Il y a deux choſes qui ſouvent trompent le Piqueur lorſqu'il eſt en quête d'un cerf. La premiere, ce ſont de certaines toiles d'araignées qu'il trouve dans les formes du pied de cerf, qui luy font juger qu'il va de hautes erres, & point du tout : car le matin un cerf viendra de paſſer par un endroit, qu'auſſi-tôt aprés ces toiles se forment dans les trous qu'il fait. Et la seconde, est lorsque ce Piqueur voyant ces formes remplies d'eau claire, il conjecture qu'elles sont vieilles faites ; il se trompe, sur tout lorsque n'ayant pas égard à la nature du terroir qui est humide, il croit que cette eau, à cause qu'elle est claire, n'a pû remplir cette capacité qu'avec beaucoup de temps.

 Tout Veneur qui trouve un cerf qui luy plaît, & tel que son limier le souhaite, doit le matin tenir son chien de court, & non pas faire comme il y en a, qui leur donnent toute la longueur du trait ; & si-tôt qu'il a reconnu quel est son cerf, il doit s'il peut le rembucher, & le rendre au couvert, sans aucun égard des formes du pied, des portées, ny des foulées.

 Tout cela observé, le Veneur doit jetter ses brisées comme il le jugera à propos, & prendre aussi-tôt le devant, en faisant deux ou trois fois ses enceintes, tandis que son limier est bien échauffé, l'une par les grandes voyes, afin de le secourir des yeux, & l'autre par le couvert, pour faire que son chien ait le sentiment meilleur.

 Toutes ces precautions prises, s'il trouve le cerf hors de son enceinte, & qu'il croye l'avoir détourné, il faut qu'il retourne à sa brisée, & prendre le contre-pied pour lever les fumées tant du relevé du soir que du matin, en examinant l'endroit où il a viandé, & pour découvrir ses ruses malicieuses : car toutes celles qu'il fera devant les chiens qui le poursuivront, seront en pareils endroits, & de même que celles qu'il avoit faites le matin, ce qui aide beaucoup à un Piqueur de placer ses chiens avec avantage.

 Il arrive quelquefois qu'un Veneur trouve deux ou trois entrées & autant de sorties, & pour lors il est de son art de choisir celles qui vont de meilleur temps, & pour ne point manquer sa proye, de faire ses enceintes plus vastes, afin de renfermer dedans toutes les ruses & malices du cerf, qui embarrassant un Piqueur qui ne peut démêler ses sorties ny ses entrées, entre & sort plusieurs fois la nuit dans son fort.

 Cela fait, & voyant les ruses de la bête renfermées dans son enceinte, à la reserve seulement d'une entrée par où il pourroit avoir passé en revenant des tailles ou gaignages, il doit pour lors lancer son chien sur le cerf, & l'obliger, s'il est possible, de fausser jusques au fort, devant toûjours présumer que ces voyes l'emportent, & par ces moyens on sçait l'art de le détourner.

 Tout Veneur ne doit jamais pour détourner le cerf fouler le fort en le lançant, non plus que de se trop fier à ses chiens, qui venant à le renconter le brisent seulement à l'entrée du fort, & content de cela ne fait point d'enceintes, ce qui est une maniere d'agir qui le trompe bien souvent.

De la Maniere de quêter aux gaignages, & voir le Cerf en vûë.

Les précautions que doit prendre un Veneur lorsqu'il veut quêter un cerf aux gaignages, sont telles ; que premierement, il faut que le soir veille du jour qu'il doit aller en chasse, il regarde par quel endroit il pourra le lendemain venir à bon vent, observant de choisir pour cela un arbre sur lequel il puisse découvrir de loin toutes les bêtes qui seront dans les tailles.

Ces précautions prises, il se levera le lendemain deux heures devant jour, & avant que d'arriver aux tailles, il laissera son chien dans quelque maison prochaine, afin de s'en servir s'il s'en trouve avoir besoin.

Etant arrivé, & montant sur l'arbre remarqué, il promenera sa vûë sur toute la taille, & si quelque cerf qui luy plaît se presente à ses yeux, il en observera la tête & ne bougera point de son poste qu'il ne le voye rembucher au fort, & lorsqu'il le verra au couvert, il aura soin de remarquer l'endroit par où il entre, & de le marquer par le moyen de quelqu'arbre, ou de quelqu'autre chose qu'il se mettra en idée.

Cela fait, & une bonne heure aprés qu'il sera descendu de son arbre, il prendra son chien & ira détourner le cerf, observant de n'y point aller plûtôt, à cause que les cerfs font quelquefois leur ressuy au bord du fort.

De la maniere de quêter aux petites couronnes des tailles.

Les ruses des cerfs sont telles quelquefois, qu'aprés avoir été courus ils se recelent long-temps sans sortir de leur fort, & viandent dans des tailles derobées qui sont dans le milieu des forts; & cela leur arrive plus communément dans les mois de May & de Juin.

Cependant, en quelque temps que ce soit que le cerf use de cette finesse, il ne sçauroit se receler plus de trois ou quatre jours; & lorsqu'on s'apperçoit de pareilles ruses, il faut à neuf heures du matin, & point auparavant, se transporter dans ces endroits, à cause qu'ils font quelquefois leur ressuy un peu tard, afin de joüir de la chaleur du Soleil ; & y étant arrivé, on doit sçavoir qu'il ne faut pas entrer bien avant dans le fort ; & si-tôt qu'on a revû le pied, on leve les fumées du cerf, on se retire sans bruit en tenant son chien entre ses bras, & lorsqu'on est éloigné, il faut contrefaire le Berger, de-peur de le faire lancer, & qu'il ne prenne le vent ; une demie-heure aprés quoy on recommence à faire son enceinte.

De la maniere de quêter aux gaignages.

Les Cerfs vont aux gaignages, lorsque quittant leur bois ils vont viander dans les jardins ou dans les champs ; & pour lors quand on les y veut quêter, on se leve du bon matin pour les y trouver, autrement on manqueroit son coup, à cause des bestiaux qu'on met dehors à l'aube du jour, & qui rompent les voyes par où le cerf a passé, & en ôtent par ce moyen la connoissance au Veneur, & le sentiment au chien.

La maniere de quêter une seconde fois le Cerf.

Toutes les fois qu'on quête un cerf on ne le prend pas toûjours, c'est ce qui fait qu'on est obligé de le quêter une seconde fois ; cela étant, voicy comme il s'y faut prendre.

Les Veneurs poursuivant donc le cerf, & ne le pouvant prendre ce même jour-là, doivent observer de mettre des brisées dans les dernieres routes où ils ont quitté leur bête, afin de l'y retourner quêter le lendemain dés la pointe du jour avec le limier, & tous les autres chiens destinez à cette prise.

Le matin qu'on doit retourner quêter le cerf, étant arrivé, on se rend aux dernieres voyes où les brisées ont été mises ; & là se separant les uns des autres, celuy des Veneurs qui a le chien d'un plus haut nez, tire sur le droit, & observant de faire marcher son limier sur les routes, il le retient de court ; & pour les autres qui l'accompagnent, ils ne manquent point de prendre les devans par les endroits qui sont frais, & qui sont ceux qui sont les plus avantageux pour le sentiment des chiens qu'ils conduisent : & si par hazard l'un de ces Veneurs passoit les autres, il doit attendre pour se mettre aprés à faire suivre son chien, en sonnant deux mots du cor, pour appeller ses compagnons, & faire joindre la meute.

A ce son tout le reste des Chasseurs doivent accourir à celuy qui le donne, & considerer tous si c'est leur droite ; & si cela est, ils laisseront suivre le chien qui aura la meilleure envie de bien faire, tandis que le reste de la troupe prendra les devans, après s'être separé; & si par bonne fortune ils se trouvoient en quelques demeures avantageuses, pour lors il faudroit assembler les chiens, & fausser au travers du fort: & s'ils arrivent dans ce même endroit à renouveller les voyes, il est de leur art de considerer si ce n'est point du change: si c'est le droit de celuy qui suit, ce Veneur d'abord doit sonner deux mots pour appeller tous ceux de sa suite, ce qui sert de signal aux Piqueurs pour les avertir que le limier renouvelle les voyes, & qu'ainsi ils prennent à eux.

Il arrive souvent, lorsqu'un cerf a été couru, qu'on trouve cinq ou six reposées les unes auprés des autres; un Veneur ne doit point s'en étonner, ny prendre ces marques pour une harde de bête, tel cerf pour lors fatigué, ne pouvant se tenir debout, & étant obligé par consequent de viander étant couché.

De la maniere de quêter le Cerf aux hautes Futayes.

Pour bien quêter aux hautes futayes, il est necessaire de sçavoir deux choses, sçavoir la saison où l'on est, & les demeures; à l'égard de la saison, si c'est dans l'Eté où toutes sortes de mouches sont incommodes, il est inutile d'y aller quêter le cerf, qui cherche alors pour s'en garentir les petits forts qui sont prés des gaignages: & pour ce qui est des demeures, comme il y a des forêts de plusieurs sortes, le Veneur qui doit sçavoir son métier, doit pour lors faire ses enceintes plus ou moins grandes que ces demeures le requereront, à cause que si on lance un cerf dans les futayes, il sera impossible de le détourner, ny d'en approcher.

Des termes de Venerie.

Comme c'est en vain qu'on veut donner des connoissances de quelque art que ce soit, si l'on n'a soin d'en apprendre les termes, j'ay crû, que traitant des chasses, je devois décrire & expliquer ceux qui conviennent à la Venerie, afin que ceux qui liront ce Livre ne trouvent rien à souhaiter dans cette matiere.

Lorsqu'on parle des fientes des cerfs, des rangiers, des chevreüils, des daims, & enfin de toutes les bêtes vivantes de broût, on se sert du mot de fumée, au lieu que celles des bêtes qui mordent s'appellent lesses: car, par exemple, on dit les lesses d'un sanglier, & des autres animaux de cette sorte.

La fiente des liévres se nomme crotes, celle des renards & des taissons fientes, & celles de la loutre espraintes.

La maniere de manger à l'égard du cerf se dit viander, & la

nourriture qu'il prend viandis; le cerf a fait son viandis en un tel endroit: au lieu que par rapport aux bêtes mordantes, comme le sanglier & autres, on se sert du mot de mangeures.

A l'égard des pieds, l'on dit les pieds ou les voyes d'un cerf & d'autres bêtes broutantes, & les traces d'un sanglier & autres animaux de cette espece qui mordent.

On dit gaignages, lorsqu'on veut signifier des champs ou des jardins semez ou de bleds, de vesces, & autres legumes ; le cerf a fait cette nuit son viandis, ou bien a viandé dans les gaignages.

Lorsqu'en termes de Venerie on parle de voyes, cela veut dire les grands chemins; ou si l'occasion demande qu'on se serve du mot de route, on entend les petits sentiers; le cerf va la voye, ou bien le cerf va la route.

Quand un Veneur parle d'erres, il veut dire les alleures par où une bête va ; & à l'égard des brisées, on doit entendre des morceaux de papier qu'on attache sur les voyes d'une bête pour la mieux remarquer.

Tout Veneur en lançant un cerf, ou autres pareilles bêtes, doit crier à son chien, *voi-le-cy*, *vay avant* ; mais lorsque c'est un sanglier, & autres animaux de cette nature, & qui mordent, il doit parler en pluriel, & dire, *voi-les-cy*, *allez avant*.

Ressuy, est un mot qu'on employe, lorsque le cerf mouillé de la rosée, se couche en quelque endroit découvert pour se secher au Soleil ; & lorsqu'on s'en apperçoit, on dit voicy l'endroit ou le cerf a fait son ressuy. A l'égard des sangliers & autres semblables, on dit bauges; le sanglier a fait ses bauges en ce lieu.

Pelage, est un mot dont on use lorsqu'on veut marquer la couleur des bêtes broutantes & des chiens; ce chien est d'un tel pelage, ce cerf est d'un tel pelage; ainsi que corsage veut dire un cerf qui a la tête haute ou basse.

Si le cerf que le Veneur a vû avoit six cors d'un côté, & sept de l'autre, & qu'on luy demandât comme est le cerf ; il doit répondre qu'il est faux marqué : & suivant qu'elle luy aurra paru à son extremité, il dira qu'il porte pomures, trochures, ou couronnures ; ou bien si on l'interroge pour sçavoir s'il est vieux, il pourra dire s'il l'est, qu'il l'a reconnu pour tel aux meules qui sont larges & fort pierreuses prés du sac, & test de la tête, & aux endoüilliers qui sont gros.

Les ergots qui sont derriere le pied du cerf & autres bêtes de cette nature, s'appellent pour l'ordinaire os. Car on dit voicy où le cerf a donné des os ; & à l'égard du sanglier, ces ergots se nomment gardes.

Bauge, signifie le lieu où les sangliers se sont couchez ; au lieu que par rapport au cerf, on se sert des mots de lits, posées, ou chambres : & si un Veneur voit une troupe de bêtes fauves, il faut qu'il dise qu'il a vû des hardes de bêtes ; pour les sangliers, on dit compagnie.

De la maniere de mettre les Relais.

Pour bien entendre la maniere de mettre les relais, deux points essentiels en ce cas sont à considerer, sçavoir l'Hyver & le Printemps ; l'Hyver, parce que les cerfs ont la tête dure, & suivent à cause de cela les grands forts ; & le Printemps, parce qu'ils l'ont ordinairement molle & en sang, ce qui les oblige de gagner les tailles où ils ne sont pas sujets de se heurter.

Cela observé, & le jour étant venu qu'on veut mettre des relais, on part devant jour, & étant arrivez à l'endroit, on place les chiens au pied d'un arbre, se ressouvenant pour lors qu'il faut se tenir dans le silence.

Les personnes qui sont du relais, doivent aprés l'avoir mis en place, s'en éloigner de trois ou quatre cens pas du côté où se donnera la chasse, afin de n'avoir rien qui puisse empêcher d'entendre quelque chose, au cas que cela arrive, en y prêtant attentivement l'oreille, ou bien de voir le cerf mal mené, c'est à-dire baissant la tête, ce qu'il fait quand il ne voit personne ; au lieu que quand il apperçoit quelqu'un, il la hausse, & par une ruse qui luy est naturelle, il fait des bonds, pour donner à connoître qu'il a de la vigueur ; en un mot, quand le Piqueur s'écarte, c'est pour n'entendre aucun bruit.

Comme il faut forcer le Cerf.

Quand on veut forcer un cerf, il ne faut jamais l'entreprendre que toute la meute ne soit assemblée ; pour les faire courir tous à la fois. Cela étant, celuy qui tient les chiens doit leur faire suivre trois ou quatre pas le droit, puis en laisser aller un ; & s'il remarque qu'il dresse, il pourra alors se déterminer de découpler tous les autres, & de sonner pour les chiens : car s'il laissoit éloigner son relais, il seroit en danger de prendre le contre-pied, ce qui seroit pour luy un inconvenient fort grand.

Si le Piqueur voyoit que le cerf fût en harde, il faudroit qu'il piquât en tête, pour essayer de le separer ; & étant venu à bout de son dessein, il ne manqueroit point aussi tôt de découpler les chiens sur les voyes : & comme il pourroit arriver que les relais

DE LA CAMPAGNE. Liv. IV. 447

de ce même Piqueur fuſſent placez ſur le bord d'un étang, & qu'il y vît venir le cerf, il ſe tiendroit alors tranquille ; & s'il voyoit qu'il voulût ſe baigner, il le laiſſeroit faire ; puis quand il ſeroit hors de l'eau, il prendroit ſon temps, aprés quoy il découpleroit ſes chiens comme je viens de dire, obſervant de ne les point abandonner, & de ſonner toûjours à leurs trouſſes, en mettant des briſées par tout où il en verroit, afin que ſi les chiens prenoient le change, & qu'ils s'écartaſſent de leurs droites voyes, il luy fût plus aiſé d'y retourner pour y quêter le cerf une ſeconde fois.

Il arrive ſouvent qu'un Piqueur gardant ſon relais, voit paſſer un cerf de dix cors aprés lequel il n'y a quelquefois que quatre ou cinq chiens ; quelquefois auſſi en cette conjonéture il n'entend ny les autres Piqueurs, ny le ſon de leur cor : Que faire pour lors ? ſinon que d'examiner ſi la bête eſt pouſuivie vivement, & de quelle nature ſont les chiens qui la chaſſent. S'ils ſont bons, & qu'ils paſſent pour bien garder le change, le Piqueur doit ſonner pour chiens le plus fortement qu'il pourra, afin d'appeller du ſecours ; & ſi par malheur perſonne ne venoit, il faut qu'il ſe mette aprés les chiens de la meute, & qu'il découple ſon relais en ſonnant toûjours, & appellant du monde à ſon aide, tandis qu'il jettera des briſées par où le cerf paſſera, & ſur ſes voyes. Mais au contraire, s'il voyoit que les chiens de la meute n'y fuſſent pas, & que la chaſſe fût trop éloignée de luy pour l'entendre, il doit ſe donner de garde de relayer ; mais regarder ſeulement quel païs prend le cerf, & le briſer à la portée de la vûë, pour aprés en faire le recit à la compagnie lorſqu'il l'aura rejointe.

De la maniere de lancer le Cerf, & de le donner aux Chiens.

Le cerf étant détourné comme je viens de dire, le Veneur doit prendre le limier & s'en aller à la briſée avec tous les Piqueurs de la meute, qui enſemble remarqueront les connoiſſances du cerf, pour ne pas tomber dans l'inconvenient d'être trompé au change.

Enfin, lorſque tout le corps des Chaſſeurs eſt rejoint, il doit s'écarter autour du buiſſon, pour voir, ſi l'on peut, le cerf au partir du lancé ; & le Veneur qui l'aura détourné voyant ſa compagnie rejointe avec tous les chiens de la meute, obſervera de prendre les devans, & de fraper à routes, tandis que les autres qui ſont aprés luy crient, *voi-le-cy aller, voi-le-cy, va avant, voi-le-cy par les portées, rotte, rotte, rotte.*

En lançant ainsi le cerf, il y a deux observations à faire ; la premiere, de ménager les chiens à la course, crainte qu'ils ne s'échauffent trop à la brisée, ce qui les feroit peut-être sortir des voyes, & les empêcheroit de suivre le droit ; & la seconde est, que les chiens de la meute devant suivre les routes par où passe le cerf; il ne faut pas neanmoins qu'ils approchent du limier de plus de soixante pas, crainte que le cerf ayant été rusé il ne rompît les voyes, & que les limiers n'eussent pas assez d'espace pour retourner, afin d'en démêler les routes, & d'en pouvoir prendre le droit.

Le limier par fois en faisant sa fuite quitte les droites voyes, & lorsqu'on le remarque, le Veneur doit prendre soin de le retirer, en criant *hourva*, *hourva*, afin que ce chien retourne sur son droit : cela fait, & le limier étant redressé, ce même Veneur doit mettre un genoux en terre pour prendre connoissance du cerf, soit par les pieds, par les portées, ou bien par d'autres marques : ce que voyant, & si elles luy plaisent, il doit se mettre à crier fort haut ; *voi-le-cy aller*, *il dit vray*, *voicy aller le cerf*, *rotte valet*, *rotte*, *rotte*; puis mettre une brisée en cet endroit, qui enseigne la route que tient le cerf ; & avant que la meute fût trop éloignée de luy, il crieroit *approche les chiens*, ou il sonneroit deux mots en plaçant des brisées hautes & basses, pour reconnoître sa premiere, au cas qu'il en eût perdu la voye.

Cette voye retrouvée par l'instinct de son limier, & lorsqu'il commence à approcher du cerf, le Veneur n'oubliera point de tenir son chien plus de court, crainte que s'il venoit à le lancer d'effroy, il ne s'emportât inconsiderément hors des routes, ce qui l'empêcheroit d'en voir la reposée, ou les foulées, pour en tirer par ces moyens les connoissances dont il a besoin.

Mais s'il entendoit qu'on lançât le cerf, ou qu'il trouvât son lit, ou sa reposée, il se retiendra de sonner si-tôt pour chiens, & se contentera seulement de crier trois fois *gare-gare*, *gare-gare*, *gare gare*, & par cette maniere d'agir il aura du cerf les connoissances certaines qu'il en cherche, en faisant suivre son chien jusqu'à ce qu'il en puisse aisément remarquer.

En se comportant ainsi, il peut trouver des fumées, & pour lors le Veneur doit les amasser, & les confrontant avec celles qu'il a apportées à l'assemblée, voir si elles sont pareilles ; si cela est, tant mieux, & même le chien qui s'animera de plus en plus au sentiment qu'il en prendra, luy donnera à connoître qu'elles seront telles qu'il les desire ; & toutes ces marques, lorsqu'elles se rencontrent, font juger que le cerf est lancé.

Un Veneur habile en son art ne doit point sonner pour chiens, lorsqu'il voit qu'un cerf part de sa reposée, mais seulement crier *gare-gare, approche les chiens*, observant de faire suivre son limier sur les routes environ de cinquante pas, & tout cela à cause qu'il y a des cerfs si rusez qu'ils ne font que tournoyer au partir de leur lit, pour chercher le change ; mais s'il s'apperçoit que le cerf commence à dresser par les fuites, & qu'il en ait une certitude parfaite, alors il sonnera pour chiens, en criant *tya hillaud*, & mettant son limier sur les fuites & sur les voyes, & ne cessant point de sonner jusqu'à ce qu'il voye tous les chiens de la meute arrivez prés de luy, & qu'il connoisse qu'il commence à dresser.

Toute la meute assemblée prenant le droit, il doit sortir du fort, & laissant son chien à la garde de quelqu'un, monter aussi-tôt à cheval pour s'en aller toûjours au-dessous du vent & à côté de la meute, afin de lever les défauts.

Il arrive quelquefois dans ces conjonctures, qu'un cerf en tournoyant sur la meute donne le change dans son fort ; pour lors il faut rompre les chiens & les menacer, puis les accoupler en retournant prendre les dernieres routes, ou chercher la reposée, n'oubliant point de fraper à route jusqu'à ce que ces chiens ayent lancé leur cerf une seconde fois.

De ce qu'un Piqueur doit sçavoir pour prendre un Cerf à force.

Il faut qu'un Veneur sçache, s'il veut prendre un cerf à force, qu'il y a une maniere de parler aux chiens, quand il chassera le cerf, toute differente de celle qu'on doit observer lorsqu'il poursuit un sanglier ou autres bêtes noires ; dans le premier cas l'on crie, & l'on sonne hautement, & d'un ton qui réjoüit ; & dans le second, on parle aux chiens rudement, & on les excite par des cris furieux.

N'oubliant pas de faire ce que je viens de dire, on ne doit point quand on lance un cerf abandonner ses chiens de loin ; mais au contraire, il faut suivre leur menée sans s'écarter ny croiser, crainte de lancer le change, & afin de relever les défauts, n'approchant de la meute pour cette raison de plus de cinquante pas, sur tout lorsqu'on vient de les découpler : car si le cerf rusoit, & que les chiens fussent pressez par les Piqueurs, il arriveroit pour lors un inconvenient, qui seroit que ces chiens perdroient leurs voyes, ce qu'il faut prendre soin d'éviter.

Mais si les Piqueurs jugeoient que le cerf eût couru une heure ou davantage, & s'appercevoient qu'il eût pris le droit en s'éloignant de la meute pour la surpasser ; il est du devoir de ces Piqueurs d'appuyer leurs chiens, & d'en approcher de plus prés en sonnant trois mots à chaque fois.

Voicy une maniere de ruser dont se servent naturellement les cerfs, & qui embarasse bien souvent les Piqueurs les plus habiles, & dont il n'est point hors de propos d'être instruit.

Le cerf quand il est poursuivi des chiens, est assez rusé bien souvent pour sçavoir s'en dérober, & leur donner le change de plusieurs manieres, allant pour cela chercher les bêtes à leurs reposées, où étant arrivé, il se couche sur le ventre, & laisse les chiens le surpasser de beaucoup, observant en cette posture de placer ses quatre pieds dessous, & de tenir son nez panché à terre, afin de ne point, par son haleine, éventer les chiens, qui passant bien souvent à un pas prés de luy, n'en ont ny vent, ny connoissance ; & il ne partira pas même de ce poste, dûssent les Piqueurs passer sur luy avec leurs chevaux.

Cela étant, & lorsque les Piqueurs s'en apperçoivent, il est de leur métier toûjours de mettre des brisées aux entrées des forts par où le cerf passera, afin que s'il donnoit le change, ils pussent aisément retourner chercher les routes & les brisées, où ils ne manqueront point de le relancer, pourvû qu'ils ayent avec eux leur limier, & des vieux chiens.

Dans la quête que ces vieux chiens font plus sagement que les jeunes, on entend par fois un chien sonner : cela étant, & si-tôt qu'un Piqueur l'entend, il doit courir à luy, pour voir si ce n'est point la proye dont il fait rencontre ; si ce l'est, il doit sonner trois mots, puis crier, *voi-le-cy aller, il dit vray, voi-le-cy aller le cerf*, tandis que les autres menacent les chiens pour les obliger de venir à eux, & c'est alors que le cerf pourra être relancé.

Ce n'est pas seulement de la maniere cy-dessus que le cerf sçait donner le change : car pour se dérober des chiens qui le poursuivent, il va de fort en fort, pour chercher les bêtes, afin de se mettre en hardes avec elles, pour les obliger de fuir avec luy pendant plus d'une heure ; puis s'il voit qu'il est mal mené, il quitte pour lors sa compagnie, & fait sa ruse le long d'un grand chemin, ou de quelque ruisseau, le long duquel il ira tant que ses forces luy pourront permettre, & lorsqu'il se sentira éloigné des chiens, il rusera pour se défaire d'eux en se mettant en la posture que

DE LA CAMPAGNE. Liv. IV. 451

j'ay dit cy-dessus. C'est pourquoy lorsque les Piqueurs remarqueront tout cela, ils se serviront de leurs vieux chiens, & se tenant prés d'eux, ils briseront par tout où il se presentera du cerf à leur vûë.

Le cerf aussi abandonne quelquefois le change, ce qui se reconnoît lorsque les chiens tombant en défaut, ils se separent en deux ou trois meutes : pour lors les Piqueurs ne se fiant toûjours que sur leurs vieux chiens, doivent aller à eux, & regarder en terre, pour voir s'ils ne remarqueront rien de ce qu'ils cherchent, & s'ils reconnoissent qu'oüy, ils ne doivent point manquer de briser en sonnant du cor, & criant, *voi-le-cy fuyant*, *il dit vray*.

Par fois un cerf passe par des endroits qui ont été brûlez, ce qui ôte presque aux chiens tout le sentiment; & pour lors observant de quel côté il a la tête tournée, les Piqueurs doivent pousser leurs chiens, & leur faire faire leur quête une seconde fois en parlant à eux.

Les chiens sont quelquefois sujets d'être hors d'haleine, & pour lors on ne doit point les presser; mais au contraire, il faut les réjoüir : & s'il arrive que la fatigue les empêche de chasser comme ils doivent, on se détermine de jetter des brisées aux dernieres voyes qu'on a vûës, & de conduire les chiens dans un village, pour leur faire prendre du rafraîchissement avec du pain & de l'eau.

Tout cerf fatigué & mal mené, a toûjours coûtume de chercher l'eau pour se mettre dedans; & pour lors y rusant comme ailleurs, les Piqueurs doivent briser sur le bord de cette eau, regardant de quel côté le cerf a la tête tournée, ce qui se peut voir par les fuites, ou par le moyen des chiens qui se jettant à l'eau pour nager, peuvent en prendre le sentiment aux joncs, ou herbes qui y seront; & si-tôt qu'on remarque que ces chiens ont senti leur proye, il faut les appeller, crainte que l'eau ne les gâte en les refroidissant.

Or, si pour lors on veut le chasser, il faut regarder dans l'eau si on ne l'y verra point nager; s'il n'y est pas, on doit mettre les chiens en quête à vingt ou trente pas éloigné de la riviere, & non pas sur le bord.

Le cerf est quelquefois aussi si rusé qu'il se cache dans l'eau de telle maniere que ne pouvant pas l'y voir, les chiens bien-souvent le passent sans en pouvoir prendre aucun sentiment; ce que voyant, il ne manque point de se dérober d'eux & de s'en retourner par où il est entré.

Lll ij

Pour remede à cet inconvenient, il faut toûjours qu'un des Piqueurs ait l'œil sur l'eau, tandis que les autres feront faire une seconde fois la quête à leurs chiens à douze pas prés du bord. Voila ce qu'on peut en bref dire touchant la maniere de lancer le cerf, & de le donner aux chiens ; voyons presentement comme il faut que les Veneurs sonnent du cor & parlent aux chiens pour le cerf.

De la maniere de parler aux Chiens pour le Cerf.

Comme il est de certains langages que les chiens entendent pour le cerf, qu'ils ne comprendroient pas pour toutes autres bêtes, il est bon de marquer icy ceux qui y sont propres, & dont un Piqueur se doit servir lorsqu'il est à la poursuite de quelqu'un. Il y a le cor, dont il doit sçavoir sonner par rapport aux occasions qui se presentent ; & ce son étant essentiel à cette chasse, il faut qu'il s'y fasse instruire s'il ne le sçait pas.

A l'égard du parler, si les Piqueurs devancent la meute & qu'ils voyent le cerf, ils doivent sonner à vûë, à plusieurs fois, & en mots longs ; & si en une pareille conjoncture ils parlent aux chiens, il faut qu'ils crient plusieurs fois *thya hillaut*, & jusqu'à ce qu'ils voyent les chiens prés d'eux.

La meute arrivée, on la laisse passer, & puis on crie, *passe le cerf, passe, passe, passe, passe, ha, har, ha, har*.

De ce qu'il faut observer à la mort du Cerf.

Un cerf meurt ou dans l'eau, ou sur terre ; si c'est sur terre, on sçaura que dans le temps de son rut il a la tête extrêmement dangereuse, c'est pourquoy il s'en faut donner de garde ; & pour le tuer il est toûjours mal-aisé d'en venir à bout, si sa tête est frayée & brunie, en lieu plein & découvert : au lieu que si c'est au long d'une haye, ou dans quelque fort de bois, on en viendra facilement à bout, tandis que cet animal s'amuse aprés les chiens : & si par cas fortuit il arrivoit que le cerf tournât la tête pour venir au Piqueur, il n'auroit qu'à prendre une branche ou quelque feüillard, & le secoüer rudement ; alors le cerf en en prenant peur, ne manquera point de s'en retourner sans luy faire aucun mal.

Si c'est dans l'eau qu'il expire, il faudra l'y aller querir, ou en nageant si l'eau est trop profonde, ou dans un petit bateau.

De la maniere de ſeſter le Cerf, & d'en faire la curée aux Chiens.

Aprés la mort du cerf, on ſonne ordinairement du cor pour aſſembler toute la compagnie, puis on en commence la ſection par le fendre depuis la gorge juſqu'aux dyntiers qu'on leve auſſi-tôt : cela fait, on le prend par le pied d'entre le devant, où l'on inciſe la peau tout autour de la jambe au-deſſous de la jointure, & qu'on fend depuis l'inciſion juſqu'à la poitrine, obſervant d'en faire tout autant aux autres jambes : cela fait, on leve la langue, puis les deux nœuds qui ſe prennent entre le coû & les epaules & enſuite les flancarts; ces pieces levées, on s'adreſſe à l'épaule droite, puis à la gauche ; de là à la hampe, puis aux foulx; toutes ces parties diſſectées, on vuide le ventre qu'on nettoye bien, pour le mettre aprés à la fourchette ; aprés cela on ouvre le cœur, on en ôte l'os, on leve les nombles, puis les cuiſſes. Toutes ces parties levées, on détache le cymier qui regne depuis le commencement des côtes juſqu'au bout de la queüe, en élargiſſant ſur les cuiſſes juſqu'aux jointures, laiſſant l'os corbin tout franc ; puis on diſſecte le coû, enſuite on enleve les côtez & l'échinée.

La curée des chiens.

Il faut obſerver qu'on ne doit jamais défaire un cerf que toute la meute de chiens n'y ſoit preſente, & ſur tout le limier, auquel on donne le cœur ou la tête ; & pour les chiens, leur partage dans cette dépoüille, eſt le col qu'on leur offre à manger tout chaudement, car les curées les plus fraîches faites ſont toûjours meilleures que celles qui ſe font à la maiſon, de la maniere que voicy.

Ayez du pain, coupez-le par morceaux, mettez-le dans une poële avec du fromage, prenez du ſang du cerf, arroſez-en le pain & le fromage : cela fait, prenez auſſi une grande potée de lait chaud, mêlez le tout enſemble, puis étendez la nappe, mettez la curée deſſus, & le maſſacre au milieu ; empliſſez une poële d'eau fraîche pour faire boire les chiens, & qui ſoit prés la curée : toutes ces choſes diſpoſées comme je viens de le dire, & les chiens ayant mangé la curée, mettez le forhu au bout d'une fourche émouſſée ſi c'eſt au printemps ou durant l'Eté, & leur donnez à manger, ainſi que tout le reſte.

CHAPITRE XVI.

De la Chasse du Sanglier.

IL ne suffit pas d'avoir parlé de la chasse du cerf, il faut encore traiter de celle du sanglier, qui a ses plaisirs particuliers, & qui ne donne pas moins de divertissement à un Gentilhomme que celle dont je viens de faire un Chapitre.

Pour chasser le sanglier on ne se sert ordinairement que de mâtins, ou d'autres chiens semblables, parce que c'est un animal pesant, & qui donne fortement dans le nez des chiens.

Des termes dont on doit se servir lorsqu'on chasse au Sanglier.

Il est d'abord question de sçavoir ce que c'est qu'un sanglier qui a deux ans passez, & l'on verra que c'est celuy qui a laissé ses hardes : car il ne les quitte jamais avant ce temps.

Pour exprimer qu'un sanglier a été chercher à vivre la nuit, on dit, le sanglier a été faire ses mangeures aux gagnages ; ou bien s'il a fait ses boutis dedans les prez, on dit le sanglier a vermillié en un tel endroit ; ou si par hazard il avoit couché au parc, on dit, le sanglier a fait ses boutis au parc.

Muloter est aussi un terme qui convient au sanglier, & se dit ainsi : le sanglier a muloté cette nuit ; cela signifie qu'il a cherché les caches des mulots, qui sont pour l'ordinaire remplies de fruits & d'autres danrées de cette nature : & lorsque ces animaux vont paître l'herbe, on dit, les sangliers vont herbailler, ou bien le sanglier a herbeillé cette nuit en un tel endroit.

Des jugemens qu'on doit faire d'un grand Sanglier.

L'on connoît qu'un sanglier est grand & vieux, par les traces qu'il laisse en marchant, & dont les formes sont grandes & larges, les pinces de devant rondes & grosses, les coupans usez, le talon large, les gardes, autrement dit les ergots, gros & ouverts, les traces de derriere se tournant à côté, & en dehors de celles de devant, & les rides qui sont entre les gardes & le talon se formant en terre ; voila la marque du pied : à l'égard des boutis que les sangliers font dans les hayes, pour avoir d'une racine qu'on appelle le parc, ils servent pour donner à connoître la longueur & la grosseur de la hure.

Le soüille, qui est lorsque le sanglier se met sur le ventre dans l'eau ou dans la bourbe, donne des connoissances de la grandeur ou de la petitesse du sanglier ; ou bien on remarque encore par le moyen de ce soüille, que cet animal est grand ou petit, lorsqu'ayant passé par les forts il les a tous barboüillez, ou bien lorsqu'il en fait la même chose à quelque arbre où il se frotte ordinairement, aprés s'être soüillé.

De la maniere de forcer le Sanglier avec des Chiens courans.

Si j'ay dit qu'il ne falloit donner au sanglier que des mâtins pour le chasser, c'est seulement pour épargner les chiens courans qu'ils tuent en trop grande quantité ; cependant comme il n'est point d'inconvenient qu'on ne sçache prevenir, si l'on souhaite s'en servir pour forcer cet animal, voicy la précaution dont il faudra user.

Premierement, on sçaura pour maxime, qu'il est inutile de courir au sanglier qui n'a que son tiers an, c'est-à-dire, qui n'a que trois ans, à cause qu'il court plus longuement qu'un cerf qui n'a que six cornettes; mais que lorsqu'il en a quatre, il peut être forcé.

Secondement, & ayant reconnu l'âge du sanglier, le Veneur, s'il le détourne le matin, il doit examiner s'il s'est retiré de bonne heure au fort; car tout sanglier paresseux de se lever devant jour pour s'y retirer, est fort dangereux pour les chiens : c'est pourquoy le Veneur ne doit point craindre d'en approcher, afin de le détourner le plus court qu'il pourra; mais s'il s'apperçoit qu'un sanglier a fait plusieurs soüilles, & qu'il remarque qu'il ait fait des boutis en plusieurs endroits, c'est une marque qu'il est effrayé, & tel sanglier a coûtume de se retirer dans son fort deux ou trois heures avant jour; pour lors le Veneur s'en tiendra éloigné, crainte que cet animal éventant luy & son chien, ne sorte, pour ne plus s'en approcher aprés.

Si les cerfs, comme j'ay dit, ont leurs ruses particulieres, les sangliers n'en manquent point aussi; ce que je vas dire le va prouver. Lorsqu'un sanglier veut rester dans son fort, son ordinaire est toûjours de ruser à l'entrée dans quelque route, puis il entre dedans pour se mette à la bauge.

Si-tôt que le Veneur est arrivé le matin au bois, & qu'il a reconnu les ruses du sanglier, il doit dresser sa meute de chiens fraîchement arrivez, pour luy donner aux trousses, les Piqueurs étant toûjours mêlez parmy eux pour presser cet animal le plus qu'il leur sera possible, afin de luy diminuer le courage.

Il est vray qu'il n'y a rien de plus dangereux que de donner des chiens courans à un sanglier : cependant si on leur met des colliers chargez de sonnetes, il est sûr qu'il ne les tuë pas si-tôt, à cause de ce bruit qui l'épouvante & qui l'oblige de fuir.

Lorsqu'on veut détourner le sanglier, il faut faire comme au cerf, observant seulement de ne mettre des relais que de vieux chiens.

Se le Veneur juge que le sanglier qu'il force est d'humeur de fuir, il se contentera de luy donner seulement huit ou dix chiens, en tenant les autres en relais à l'entrée du païs qu'il voudra tenir.

Lorsqu'un tel sanglier tient les abbois, les Piqueurs aussi-tôt doivent aller sans bruit, puis étant arrivez prés du sanglier, il faut qu'ils s'écartent tout autour de luy, puis y allant droit, chercher l'endroit pour le tuer.

CHAPITRE XVII.

De la Chasse du Lièvre.

IL n'est pas besoin de tant de monde pour quêter un lièvre, que pour chasser un cerf ou une bête noire : car trois Piqueurs suffisent, l'un pour mener les chiens, & les deux autres pour le quêter.

Ces Piqueurs étant arrivez à l'endroit où ils prétendent chasser, doivent commencer par prendre leur enceinte autour du défaut, en réjoüissant les chiens.

Le Piqueur qui a soin de faire chasser les chiens, doit porter avec soy quelque friandise pour se faire connoître des chiens en leur en donnant, ce qui sera cause que forhuant ils viendront plûtôt à sa voix qu'à celle d'un autre.

S'il arrive que ce Piqueur veuille faire venir les chiens à luy pour les faire entrer en quelque taillis, ou dans quelque fort, il doit ainsi les appeler, *horva à moy theau*, en sonnant du cor un son bien long.

Tous les chiens étant arrivez à luy, il faut, pour les faire entrer

dans

dans le taillis, qu'il examine quelque belle mulle où il jettera quelqu'apas pour les chiens, en frapant d'une houssine, & criant ainsi, *aguer-cy, aguer-cy, hau-il-ha, passe icy.*

Il ne faut jamais sonner en quête la grêle du cor, & c'est une maxime qu'il n'est pas absolument necessaire d'observer ; mais bien le gros tant qu'il plaira, si ce n'est qu'on veuille appeller les chiens: encore ne faut-il pas manquer de leur donner quelqu'apas lorsqu'ils sont arrivez, pour leur faire connoître que ce n'est point à faux qu'on les appelle, & pour leur apprendre à faire la difference du forhu d'avec la quête.

Il ne faut pas qu'on soit surpris si des chiens changeant de païs ne chassent pas également bien : car tel chien est élevé dans des païs de plaines, & s'y acquitte bien de son devoir, qui réüssit tres-mal dans ceux qui sont remplis de bocages; de plus, il faut observer de ne jamais dresser un chien à la rosée, parce qu'en plein jour, & lorsqu'il sentiroit les ardeurs du Soleil, au lieu de quêter il ne feroit que chercher l'ombre.

Quand les chiens chassent le liévre, il leur faut parler comme à la chasse du cerf, sinon au forhu, où il leur faut crier *voi-le cy aller*, & sonner du cor, excepté en la quête : car on ne doit sonner que le gros pour le liévre, comme j'ay déja dit.

Des ruses du Liévre.

Il n'y a pas d'animal qui ait plus de ruses que le liévre, lorsqu'il est chassé, & c'est ce qui a porté les Chasseurs à plusieurs considerations. Premierement, il est question de sçavoir quel temps il fait : car si c'est un temps humide, le liévre suit plus les grands chemins qu'en tout autre temps, & s'il approche de quelque taillis, jamais il n'entre dedans; mais il se tient au bord, & laisse passer le Chasseur & ses chiens, aprés quoy il s'en retourne sur les mêmes pas par où il est venu du lieu où on l'auroit lancé.

Pour tromper le liévre en cette occasion, le Piqueur doit être eloigné de cent pas du bois où le liévre s'est rendu, & qui ne manquera pas de venir droit à luy lorsque les chiens l'auront fait lever.

Secondement, il faut prendre garde au vent, assuré qu'on doit être, que si c'est le vent de galerne qui souffle, il ne manquera pas de luy tourner le cul, ou de le côtoyer.

En troisiéme lieu, si c'est un mâle ou une femelle ; ce qu'il connoît par les signes que je vas dire.

On peut dire qu'un liévre est mâle, lors qu'en partant du gîte on luy voit le derriere toute blanchâtre, & de la même maniere que s'il avoit été pelé; on le remarque pour tel à ses épaules lorsqu'elles sont rougeâtres, telles marques n'étant point sur la femelle qui a la tête plus longue & les oreilles de même.

Si c'est un mâle, & qui soit nourri au païs, il est certain que tous les cernes qu'il tiendra dés la premiere fois au sortir du gîte, il ne les quittera jamais; au lieu que s'il vient de loin, il gagnera au plus vîte du côté d'où il est venu.

Il y a des liévres qui du moment qu'ils entendent du bruit, s'ils sont prés des étangs, ne manquent point de passer à la nage pour s'aller reposer sur des joncs, & si-tôt que les Chasseurs sont retirez ils reviennent à leur gîte ordinaire.

D'autres se vont jetter dans un troupeau de brebis lorsqu'ils sont poursuivis, & d'autres ont la finesse d'entrer dans des toits, lorsque dans leur poursuite ils en trouvent qui leur sont favorables. Les uns se cachent en terre, quand ils entendent la voix des chiens; d'autres côtoyent les hayes de toutes parts, & se dérobent ainsi aux chiens. Et enfin, il y a encore tant d'autres ruses, que je me rendrois ennuyeux si j'en voulois faire un plus ample recit.

Un Piqueur versé dans la chasse du liévre, & prevenu de toutes ces ruses, sçaura toûjours les rompre, pour peu qu'il se veüille donner la peine de les observer, & par ce moyen il manquera son gibier fort rarement.

Du temps auquel on doit lancer le Liévre, & le donner aux Chiens courans.

On peut donner le liévre aux chiens courans depuis la my-Septembre jusqu'a la my-Avril; & ce temps passé il n'y a plus rien à faire, à cause que les chaleurs qui commencent à venir leur ôtent le sentiment.

On ne va gueres chercher le liévre qu'aux gaignages lorsqu'on le veut forcer. C'est pourquoy quand ces chiens viennent à faire rencontre de la nuit du liévre, il faut s'arrêter court, pour observer quel est leur genie; & lorsqu'ils s'assembleront, & qu'ils commenceront à s'échauffer, il les faut animer en criant, *hau gerbaut, haut miraut, où est-il allé ?*

On tient pour maxime de la chasse du liévre, que les chiens le sentent mieux au viandis que lorsqu'il en sort pour aller trouver son gîte: cela étant, & lorsqu'on voit que ces chiens l'ont éventé & qu'ils ont rencontré la sortie par où il dresse pour aller à son

DE LA CAMPAGNE. Liv. IV.

gîte, il faut les laisser faire & les suivre doucement; & si l'on connoît qu'ils tombent en défaut, c'est une marque que le liévre à rusé, & pour lors celuy qui chasse doit crier, *hau, où est-il allé, hor va à moy theau*, observant en criant ainsi, de ne se point bouger du lieu où l'on est, crainte qu'approchant d'eux, on ne les contraignît de passer les routes du liévre; & les faisant requêter à vûë en les animant, s'il arrivoit que les chiens ne pussent rompre les rufes dedans les voyes, on doit fermer ses enceintes autour de là, dans les lieux qu'on juge le plus contribuer au sentiment des chiens; & pour lors, si le chasseur rencontre la sortie des rufes du liévre, il doit aider à le faire partir, en batant d'un bâton les buissons qu'il trouvera proche de là.

Il arrive souvent que trois bons Piqueurs étant ensemble, trouvent la nuit d'un liévre dans les gaignages; cela étant, que font-ils? ils reflechissent d'abord sur la saison où ils sont, & quel temps il fait, si c'est au Printemps ou en Eté : sçachant que les liévres ne vont pas au fort, à cause des fourmis & autres bêtes dangereuses & nuisibles, il les vont quêter dans les bleds & dans les guerets, où pour lors ces animaux ont coûtume de faire leur gîte; & si c'est en Hyver, ces mêmes Piqueurs les vont chercher dans les forts & dans les halliers où ils se retirent, pour se garder du vent de galerne qui les incommode.

Le liévre étant lancé, on appelle tous les chiens en forhuant, & au son du cor sans se remuer du lieu où l'on est, jusqu'à ce qu'ils nous ayent passé; après cela, & voyant que ces chiens suivent les voyes du liévre, il faut aller doucement après eux sans en approcher ny les presser, crainte de les échauffer; ce qui seroit dangereux de les transporter hors des routes, & par conséquent de les faire tomber dans le défaut.

Pour forcer un liévre, il suffit de luy avoir vû faire le premier cerne, & d'avoir connu le terrrain qu'il tient en ses fuites, aprés quoy on gagne les devans pour le voir à vûë en forhuant les chiens, ce qui contribuë entierement à abreger ses rufes.

On loüe fort les chiens qui prennent de grands cernes en leur defaut, à cause que toutes les rufes d'un liévre s'y trouvent renfermées, quoy que le proverbe dise, qu'il n'est que des chiens qui suivent le droit.

CHAPITRE XVIII.

De la Chasse du Renard, & du Tesson.

Pour chasser les renards & les tessons, les chiens qui y sont les plus propres, sont ordinairement les bassets, que je suppose bien instruits à ces exercices.

Cela étant, & dans la saison que les tessons & les renards ont leurs petits, il faut avoir des vieux bassets, & les laisser entrer en terre, où ils ne manqueront pas de prendre ou de tuer leur proye.

Si les chiens en font rencontre dans terre, ç'a été, de la part des tessons ou renards, faute de n'avoir pû se servir des ruses qui leur sont naturelles: car lorsque les tessons voyent que les bassets les aboyent, ils ferment l'entrée de leurs cavernes, de-peur d'y être surpris; & si l'on force les chiens de les y chercher, ils remüent leur ménage, & s'en vont en un autre endroit.

A l'égard des renards, ils bouchent & sortent de leur taniere si-tôt qu'ils entendent que les bassets les abboyent, & ne creusent ordinairement leur terriers que dans des lieux difficiles à enfoüir.

On fait encore la chasse aux animaux dont je viens de parler, en prenant cinq ou six hommes bien robustes, afin de bêcher la terre, & des chiens bassets, ausquels on aura mis des colliers garnis de petites sonnetes, ce qui oblige les tessons de s'en acculer plûtôt.

Voicy des observations qu'il est bon de faire: Premierement, il faut remarquer si la terre où l'on chasse le tesson est située en côteau; & si cela est, il faut faire entrer les bassets par l'extremité d'en-bas, afin que les tessons s'acculent sur le haut; & au contraire, si le lieu a la situation plate, on met les bassets à l'entrée, qui est la plus haute.

Secondement, avant de faire entrer les bassets, il faut fraper la terre de vingt ou trente coups de masse, pour obliger les tessons de sortir du milieu du terrier, & d'aller à l'une ou l'autre des deux extremitez.

Et en troisiéme lieu, on ne doit jamais lâcher moins de deux ou trois bassets, afin que s'animant l'un l'autre, ils puissent faire ranger les tessons aux aculs; & si-tôt qu'on voit qu'ils sont en cet endroit aux abois, il faut encore se servir d'une masse, & en fraper la terre deux ou trois coups fort rudement, prendre une bêche, & percer droit où l'on entend la voix du baſſet.

Le teſſon lorſqu'on le pourſuit ainſi, a la malice de ſe couvrir de terre, ce qui fait que les baſſets étant deſſus, ne ſçavent quelle route ils ont tenuë; mais ſi-tôt qu'on les a découverts dans leur fort, on ſe ſert pour lors de certaines tenailles faites exprés, pour les en tirer, obſervant, crainte qu'ils ne bleſſent les chiens, de luy en mettre la moitié dans la gueule, & l'autre par deſſous la mâchoire, puis le tirer hors, & enſuite le mettre dans un ſac, pour l'emporter à la maiſon.

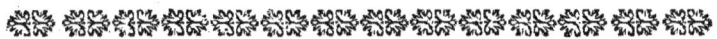

CHAPITRE XIX.

De la Chaſſe du Lapin.

LA maniere de chaſſer les lapins eſt telle que je vas la décrire, & l'on ſe ſert pour cela des furets, ou bien on tend des filets pour les attraper.

Si c'eſt aux filets qu'on veüille joüir du plaiſir de prendre des lapins, il faut deux heures avant jour dans l'hyver, qui eſt la vraie ſaiſon de les manger, ſe rendre dans la garenne, où étant arrivé, aprés avoir la veille bouché tous les trous des tannieres qu'on veut vuider, on façonne des terriers de telle ſorte que les lapins s'y viennent rendre; cela étant fait, on ſe retire pour les laiſſer entrer, puis on revient, afin de tendre à l'une des deux extremitez de ce terrier des filets, où on les oblige de ſe retirer par le moyen d'une perche qu'on fourre par l'autre extremité de ce terrier.

Au défaut de furets, on ſe ſert encore de la poudre d'orpin, pour faire ſortir les lapins de leurs terriers, ou bien de ſoûfre & de nijenne qu'on fait brûler pour en mettre la poudre au-deſſous du vent; & pour lors les lapins qui ſentent toutes ces drogues, ne manquent point de tomber dans les filets qu'on leur tend.

CHAPITRE XX.

De la Chasse du Loup.

LE loup est un animal auquel on ne sçauroit trop souvent donner la chasse, par rapport aux desordres qu'il cause non-seulement aux bêtes domestiques, mais encore à celles qui sont sauvages. Le temps de son rut est le mois de Février, & sa chaleur dure dix ou douze jours.

Lorsque la louve est en chaleur, elle lasse pendant cinq ou six jours les loups qui la suivent, & comme ils dorment elle reveille celuy qui luy convient le mieux, & qui est celuy qui d'ordinaire est le plus laid, qui aprés a toûjours pour sort d'être devoré des autres, d'où l'on dit en proverbe, que jamais loup ne vit son pere.

Des lieux où l'on doit quêter le Loup, par rapport aux saisons.

Comme les mangeures sont les connoissances qu'on prend des bêtes noires, celles du loup sont aussi les marques qui le donnent à connoître aux chiens, suivant la nature dont elles sont par rapport à toutes les saisons.

Pour suivre icy un ordre qui ne soit point confus, je diray les lieux où l'on doit chasser le loup dans toutes les saisons.

Si c'est dans les mois de Février, Mars ou Avril, on sçaura que les loups abandonnent tout-à-fait les grands païs, pour se réfugier dans des buissons qu'ils choisissent pour cela fort épais, ou bien dans des carrieres où les louves viennent souvent en ce temps mettre bas leurs louveteaux.

Depuis le commencement du mois de May jusqu'au quinze, cette chasse change de nature : ce qui la tient en suspens pendant ces jours-là, qu'on appelle la muë du loup, à cause des bleds qui commencent à être grands, ce qui fait que les levriers n'y peuvent voir ces animaux, qui pour lors sont toûjours sur pied.

Pour les mois de Juin, Juillet & Aoust, on laisse ces bêtes carnassieres en repos, non-pas par une consideration autre que celle qu'on ne sçauroit les détourner en cette saison, à cause que les bleds font trop grands, & qu'à cauſe de cela il eſt impoſſible de les atteindre avec les chiens.

La muë du loup les ayant garentis de la fureur des Chaſſeurs pendant trois mois & demi, on commence à la relever dés le premier jour de Septembre qui eſt la ſaiſon de le chaſſer la plus favorable.

On ſe ſert de chiens courans & de levriers pour chaſſer les loups, & ils ne ſont jamais gueres en haleine qu'ils n'ayent chaſſé deux ou trois fois; & le lieu de les rencontrer en ce temps, eſt pour l'ordinaire dans quelque buiſſon où ils ne demeurent pas longuement, ſi-tôt qu'ils ont été chaſſez une fois; mais où il eſt aiſé de les trouver d'abord, pour peu qu'on en ait connoiſſance.

L'épouvente que les loups prennent de cette premiere chaſſe, les oblige ſouvent de ſe retirer ou ſur la queuë de quelque étang où ils verront beaucoup de joncs, ou bien ils vont avec leurs petits dans quelque marais; on les peut courir aprés les y avoir détournez, ce qui ne ſe fait pas ſans peine. Et enfin, pendant les mois d'Octobre, Novembre & Decembre, je diray qu'on peut aller quêter les loups aux mêmes endroits qu'on le fait au mois de Septembre.

De la maniere de chaſſer le Loup.

Comme pour reüſſir dans une entrepriſe, il eſt toûjours bon d'uſer de precaution, je déclare que la chaſſe du loup en demande qui lui ſont eſſentielles, & ſans leſquelles difficilement on en vient à bout : car premierement, le ſoir, veille qu'on doit aller à la chaſſe du loup, il faut avoir une proviſion de carnage de quelque cheval mort ou autre animal, qu'on met dans un gueret en deux ou trois endroits éloignez les uns des autres d'une portée de piſtolet; cela fait, un homme prend toute la tripaille dont il fait une traînée le long des buiſſons, & qu'il tient attaché, non-pas avec aucun cordage (car les cordages ont de l'antipatie avec les loups) mais avec toute autre ligature; & comme cette chair de cheval n'eſt miſe que pour attirer les loups, afin de les mieux détourner, il faut là veiller juſques paſſé minuit, crainte que les loups ne s'y jettant trop tôt, n'en euſſent fait de trop bonne heure la curée, ce qui leur donneroit le temps de gagner païs, & de rendre par ce moyen toutes les précautions inutiles.

On doit obſerver, ſi l'on peut, de ne point faire les traînées loin des lieux où il y ait de l'eau, afin que les loups, pour étancher leur ſoif, ne ſoient point obligez de s'écarter.

Comme il faut quêter le Loup.

Les precautions que je viens de dire étant prises, il faut se lever du grand matin pour arriver au carnage dés la pointe du jour; étant arrivé, on prend son limier qu'on tient de court, & qu'on approche de la charogne, qui donne des marques infaillibles que les loups y sont venus manger, lorsqu'elle est entraînée en un autre lieu que celuy où on l'avoit mise, & si c'est dans une terre labourée, il sera pour lors aisé d'en connoître les voyes, pour peu qu'on lâche le limier dessus.

Lorsqu'on est arrivé prés du bois, ou prés des buissons où l'on croit que les loups sont dans leur fort, on tiendra son limier de court, s'il fait du bruit, en luy faisant tenir toutes les voyes qui peuvent aboutir aux lieux où les loups sont retirez; & lorsque ce limier en trouvera au rembuchement, on l'empêchera d'entrer plus avant, crainte des inconveniens qui en peuvent arriver.

Ce rembuchement découvert, on doit mettre à l'entrée du bois une brisée par terre, & une autre attachée à quelques branches d'arbre, puis faire son enceinte, & prendre les devants en quelque grand chemin, ou dans quelque vallon.

Il arrive quelquefois en chassant qu'on reconnoît que le loup a passé; cela étant, on ne fait point de bruit, & poursuivant sa proye fort lentement, on brise comme j'ay dit cy-dessus, pour aller encore prendre les devants en d'autres endroits qui seront plus avancez.

Si l'on remarque qu'il ne soit pas passé, il est une preference pour lors à donner aux lieux où on croit plûtôt chasser le loup; & si l'on voit un côteau exposé au midy ou au Soleil levant, plein d'herbes ou de mousse, c'est ce lieu qu'on doit choisir pour cette chasse, car les loups y demeurent ordinairement: il n'y a qu'en Eté qu'ils se retirent dans les taillis ou dans les hautes futayes, où on les quête comme je viens de dire.

Lorsqu'on est en quête, il faut regarder, s'il n'y a point passé quelque loup, ce qu'on reconnoît aisément par les traits qui seront imprimez sur la terre, lorsqu'il a plu; & l'on doit remarquer si ces traces ou pas qu'on apperçoit tendent droit au bois, ou à quelque buisson, & si cela est on ne manquera pas de l'y aller quêter, & pour lors le limier trouvera à coup sûr le rembuchement d'un ou de plusieurs de ces animaux, tandis qu'on n'oubliera point de briser, de faire les cernes, & de prendre les devants.

De la

DE LA CAMPAGNE. Liv. IV.

De la maniere de forcer les Loups avec chiens courans.

Si les chiens courans fçavent l'art de forcer un cerf, ils ne font pas moins d'inftinct à en faire la même chofe au loup, & voici comment.

Chacun étant affemblé au lieu deftiné pour la chaffe, il faut pofter les levriers fur les butes & mettre les chiens courans par bandes, obfervant toûjours que ce foit les meilleurs, & les plus vifs; & l'on remarquera qu'il eft bon de relayer les chiens de temps en temps, afin que les premiers donnez reprennent aifément haleine, & fe repofent.

Tandis que les chiens courent, il faut les animer & de la voix, & du fon du cor; car cela fait qu'ils vont plus vîte, & qu'ils font plus hardis à pourfuivre leur ennemi mortel.

On force un loup, & fur tout lorfqu'il eft vieux, en le faifant rentrer dans le bois, lorfqu'il fe prefente aux yeux, & qu'il cherche les moyens d'en fortir: car pour lors fe voyant preffé, il ne fait plus que courir çà & là; ce qui fait que ne s'écartant pas, les chiens fçavent l'atteindre bien-tôt, quand principalement on foigne de luy en donner de frais qui le chaffent à pleine vûe.

Si le jour qu'on chaffe un loup dans un buiffon, cet animal à eu les rufes de fe fauver, on peut le lendemain y revenir, on l'y retrouvera encore; mais après, non.

Il n'eft pas toûjours neceffaire de limiers pour donner la chaffe au loup, puifqu'on le peut faire fans eux: & pour y reüffir, voicy comme on s'y prend.

Toutes chofes comme cy-deffus obfervées, à l'égard de la charogne, & lorfqu'on eft arrivé au bois à l'heure que j'ay dit, & avoir remarqué par les traces du loup, qu'il y eft fûrement rembuché, on prend quatre chiens courans des meilleurs, avec lefquels on vient au rembuchement, pour leur y faire prendre le fentiment de la bête; & fi-tôt qu'on remarque qu'ils s'animent, on en découple deux des plus fûrs à courir le loup, & d'abord qu'on les entend abboyer, on lâche les autres incontinent, qu'on fuit de plus prés qu'on peut, afin de les animer par le fon du cor, & en leur criant *harlou*, *harlou*, *harlou*, & n'oubliant point de les relayer.

On prend encore les loups avec les levriers, en obfervant au bois par où ils ont coûtume de fe rembucher, & fortir pour aller quêter leur vie. Le vent pour cela eft encore neceffaire d'être obfervé, de telle forte qu'ils vienne du bois; car s'il luy etoit oppofé, les loups par le fentiment qu'ils auroient des chiens, ne fortiroient jamais du bois, à moins que ce soit un vieux loup, & qu'on ne poste ses levriers fort éloigné du lieu d'où il faut qu'il sorte.

Ainsi que les chiens courans, les levriers doivent être relayez : c'est pourquoy il est necessaire d'en avoir plusieurs laisses, tant de grands que de legers à la course, qu'on observera de lâcher en queuë : de toutes ces laisses, il y en aura trois, dont deux seront vis-à-vis l'une de l'autre, pour être lâchez en flanc; autrement il est inutile de le faire, si l'on attend plus tard : & lorsqu'on ne manque point ainsi son coup, on est sûr d'embarasser le loup, tout de même que quand les autres laisses sont lâchées à temps, car cet animal rarement en échape : & à l'égard de celuy qui tient ses limiers dans le fond de la course, il faut qu'il sorte de sa hute sa laisse à la main, & qu'il vienne au-devant de luy, pour la luy donner en tête; & cette laisse sera toûjours composée des chiens qui auront le plus de courage.

Pour réüssir encore dans cette maniere de chasser le loup, on doit prendre garde en se postant, de faire en sorte que ceux qui tiennent les laisses soient à couvert eux & leurs chiens, & se tiennent un genoux à terre; de plus, que lorsque le loup est atteint des levriers, il faut courir vîte à luy, pour luy mettre un pieu dans la gueule, crainte qu'il ne blesse les levriers, ce qui souvent leur fait courir risque de leur vie; & se donner bien de garde de les laisser long-temps acharnez aprés leur proye : cela executé, on les retire, pour aller chacun avec sa laisse se poster une seconde fois, pour chasser les autres loups qui seront restez dans le bois, au cas qu'il y en ait.

On sçait encore d'autres manieres de prendre les loups, qui sont par des filets & autres instrumens; mais comme il y a un Livre intitulé les Ruses innocentes, qui en traite à fond, je n'ay pas voulu en rien dire : ce Livre se vend chez mon Libraire, & est fort curieux; j'invite le Lecteur de l'acheter. Il parle aussi de tous les pieges qu'on peut tendre à toutes sortes d'animaux, soit terrestres, soit ceux qui volent, & cela d'une maniere fort intelligible, & à peu de frais.

CHAPITRE XXI.

De la chaſſe du Dain.

ON ſçait que le dain reſſemble au cerf en ſon eſpece, excepté qu'il a le poil plus blanc, & que ſa tête n'eſt pas de même ; cet animal a un corſage plus petit que le cerf, mais plus gros que celuy du chevreau ; il naît ordinairement au mois de May.

Le naturel du dain eſt d'aller plûtôt au rut que le cerf ; & il en donne des connoiſſances auſſi toutes differentes : car pour le juger, il n'eſt pas beſoin de ſuite ny de limier ; car le pied ſuffit, & les fumées qu'il jette paroiſſent le plus ſouvent en torches.

Quand un dain ſe ſent pourſuivi des chiens, il ne fait pas ſi longue ſuite que le cerf, recherchant toûjours leur païs, & fuyant toûjours les voyes autant qu'il peut, & ſur tout en prenant le change le long des eaux, où ils ſe laiſſe prendre.

Quand on veut quêter un dain, on va volontiers le chercher dans les païs ſecs, où il ſe met en hardes avec les autres ; à la reſerve du mois de May juſqu'à la fin d'Aouſt, pendant leſquels mois il ſe retire dans des buiſſons, pour ſe garentir de l'importunité des moucherons qui le pique en ce temps.

Comme il faut quêter le Dain.

On ſe ſouviendra de la maniere que j'ay dit qu'il falloit quêter le cerf ; & à la reſerve du limier & de la ſuite, on doit faire toute la même choſe à l'égard du dain.

On remarque ſeulement que pour y réüſſir, il ſuffit de prendre cinq ou ſix chiens des plus ſages, pour luy donner en chaſſe : & ſi l'on rencontre par hazard l'endroit où le dain aura fait ſon viandis le matin, ou bien de relevée, ou celuy de nuit ; on laiſſera pour lors faire ſes chiens, obſervant ſeulement qu'ils prennent le droit du pied : car autrement ce ſeroit en vain qu'on chercheroit cet animal.

CHAPITRE XXII.
De la Chasse du Chevreüil.

Les chevreüils entrent en amour au mois d'Octobre, ce qui leur dure seulement quinze jours avec une chevrelle, & le naturel de ces animaux est de demeurer ensemble jusqu'à ce que la femelle veüille mettre bas son faon, car pour lors elle s'éloigne du mâle, qui ne manqueroit pas de le tuer, si elle restoit proche de luy ; mais lorsque son petit est devenu grand, & en état de pouvoir accompagner les grands chevreüils, pour lors la chevrelle recherche son mâle, & se tient en harde avec luy tant qu'on les tüe l'un ou l'autre.

Les chevreüils font pour l'ordinaire leur viandis pendant le Printemps, dans les bleds lorsqu'ils commencent à pousser ; ce qui fait, ainsi que les cerfs, qu'ils se retirent après dans les buissons, où on les doit quêter pour lors.

Pendant l'Eté ils vont aux gaignages dans les bleds, dans les avoines, & autres endroits de cette nature, où ils restent encore en Automne, si l'on n'a soin de les en chasser, pour les obliger d'aller faire leur viandis dans les taillis, où ils vont aussi quelquefois de leur plein gré.

Lorsque l'Hyver est venu, ces animaux se retirent dans le fond des forêts, où ils font leurs nuits, & leurs viandis, sur tout prés des fontaines où il y a toûjours quelques herbes vertes, & qui sont les lieux où avec le limier on doit les aller quêter.

A l'égard des termes dont il faut se servir tant pour sonner du cor que pour parler aux chiens, ce sont les mêmes que ceux dont on use lorsqu'on chasse le cerf ; & lorsqu'on veut détourner un chevreüil, on en agit aussi de la même maniere à l'égard du limier, car c'est tout un : il n'y a que le temps de le détourner qui est different, en ce qu'on ne lance jamais le matin un cerf, au lieu que le chevreüil se lance toutes les fois que l'occasion se rencontre, à cause que ces animaux se retirent de bonne heure des gaignages, pour aller aux taillis touffus, afin d'y faire leur nuit.

J'ay déja dit que le bruit de beaucoup de chiens étoit meilleur pour lancer un chevreüil, que celuy d'un seul limier, & j'en avertis encore : Joint à ce que cette quantité de chiens se lance avec plus de vitesse.

DE LA CAMPAGNE. Liv. IV.

Quand on découple ces chiens, il faut toûjours que ce soit ceux en qui l'on a le plus de confiance, & qu'on croit les plus sages, afin qu'ils prennent le chevreüil en tête, afin d'être maître de la route, & tourner lorsqu'il tournera; & pour animer les chiens, on leur crie *bellement mel belots, bellement*; ou bien *vel-cy allé, vel-cy allé*, ce qui les oblige de donner dans la voye: & lorsqu'aprés les avoir découplez on les revoit, il faut leur dire *vel-cy va avant*, jusqu'à ce qu'il soit lancé, aprés quoy on crie *volce-l'est*, quand on en revoit des suites, observant aussi pour lors de sonner du gros ton, par mots entrecoupez, & c'est ce qui acheve d'animer les chiens.

Un chevreüil souvent tourne en partant, & on le remarque lorsque les chiens demeurent alors; & pour les obliger de ne point perdre les voyes, on tourne par où ils sont venus en criant *layla chiens*, quand on les entend.

Si le chevreuil prend ses voyes du côté de quelque riviere, ou de quelque étang, il faut observer ce que j'ay dit du cerf par rapport à cette occasion, en prenant de grands-devans pour le trouver quand il voudra en sortir; & si le bonheur veut qu'il soit pris, il faut pour lors sonner la mort, & faire la curée tout comme au cerf.

Il me semble que pour un abregé, c'est assez m'étendre sur la maniere de chasser tous les animaux dont je viens de parler: il ne reste plus qu'à les sçavoir prendre aux filets, ou bien à les faire tomber dans des embûches; ce que je n'aurois pas oublié si l'Auteur du Livre intitulé les Ruses innocentes, n'en n'avoit dit tout ce qu'on en peut dire: & comme ce n'auroit été se servir que d'une repetition inutile, j'ay mieux aimé y renvoyer le Lecteur, que de luy donner à lire icy des choses qui ne viendroient point de moy.

AVERTISSEMENT.

Comme dans mon second Livre j'ay parlé des Etangs, on s'étonnera peut-être que je ne dise rien de la pêche; mais y trouve à redire qui voudra, j'ay mes raisons pour en agir de la sorte: & si l'on souhaite les sçavoir, je déclareray que cette matiere ayant été traitée assez à fond par d'autres que par moy, il seroit mal-honnête de vouloir rencherir sur eux; qu'on voye ce même Livre des Ruses innocentes dont je viens de parler, & l'on sera satisfait.

Conclusion.

Ce n'eſt pas aſſez de mon côté d'avoir donné des Preceptes ſur tout ce qui peut regarder l'Oeconomie generale de la Campagne, ſi ceux qui ſe donneront la peine de les lire n'en veulent du moins mettre une partie en pratique. Je parle ſur-tout à ceux qui faiſant leur demeure à la Campagne, ont abſolument beſoin de toutes les inſtructions qui ſont contenuës dans ce Livre, & qui quelque habiles bien ſouvent qu'ils ſe croyent en cet art, ignorent neanmoins plus de la moitié des choſes qui leur y ſont neceſſaires.

Telles gens ſouvent exercent cet employ, ſans en connoître le merite à fond : ils l'aiment parce qu'ils y ſont nez, ou bien parce qu'une occaſion d'interêts les oblige de l'embraſſer. Dans le premier cas, je pardonne volontiers : car la nature de ceux-là n'étant que purement champêtre, il eſt preſqu'impoſſible qu'elle leur puiſſe donner un genie capable de connoître la nobleſſe de l'art qu'ils cultivent. Mais dans le ſecond, ſi l'on ignore ſa grandeur, ce n'eſt que manque bien ſouvent de reflechir ſur les avantages qu'il renferme : car, ou c'eſt un Gentilhomme dont l'éducation a dû répondre à ſa naiſſance, & que la nature par conſequent a rempli de lumieres plus penetrantes, ou c'eſt un Bourgeois, qui quoy qu'il ne ſoit pas né Noble, ne laiſſe pas que d'avoir été élevé avec bien des ſoins, & dont le genie eſt aſſez ſuffiſant pour connoître le merite de cet art à travers le voile groſſier qui le cache. Ainſi donc, qu'à l'imitation de tant de Romains recommandables par leurs actions, on conſidere l'Agriculture comme un ſouverain bien, & comme la ſource d'où ſortent les choſes les plus eſſentielles à la vie.

Fin du quatriéme & dernier Livre.

TABLE DES MATIERES

CONTENUES AU SECOND TOME.

PAR ORDRE ALPHABETIQUE.

A

ABRICOTS, des noyaux d'Abricots, *page* 12. Obſervation ſur l'article, 13. Avertiſſement, *ibidem*. de l'expoſition qu'ils demandent, 204. Comment ſechez, 407. Abricots confits au ſucre, 416. Abricots en compote, *idem*.

Abricotier, Arbre fruitier, 26.

Agneau, comment apprêté, 366. De la tête & des pieds, *idem*, de la poitrine, *idem*. des rognons, *idem*.

Ail, fourniture de Jardin ; de l'Ail, 244.

Aloüettes, comment accommodées, 378. Aloüettes en ragoût, 379.

Aloze, comment mangée, 404.

Amande, des Amandes propres à planter en pepinieres, 10. comment les planter en rigoles, 11. Obſervation ſur l'article, 12. des Amandes confites, 417. Tourte aux Amandes, 424.

Amandier, Arbre fruitier : des Amandiers, 26. & 78.

Andoüilles, des Andoüilles, 369.

Anguille, comment preparée, 401. Anguille rôtie, *idem*. Anguille à la ſauce blanche, 402. Tourte d'An-guille, 424.

Anis, Plante qui produit une graine qui a de l'odeur, 254.

Aouſt, ce qu'il faut faire en ce mois dans un Jardin, 263.

Aouſté, branches aouſtées ſe dit de celles qui ceſſent de pouſſer ſur la fin de l'Eté, & qui ſe rendent telles qu'on en peut quelquefois eſperer quelque choſe ſur un Arbre.

Appetis, voyez Cives d'Angleterre.

Arbre, à plein vent : de la methode de les émonder dans les pepinieres, 72. & 73. De la connoiſſance qu'on doit avoir des Arbres ſortis de la Pepiniere, & de leur choix, 75. & 76. Du temps, & de la maniere de les planter nains, & de leur diſtance, 82. Du temps de les planter, 85. De la maniere de le faire, *idem*. comment les gouverner lorſqu'ils ſont plantez, 95. De leurs labours, *idem*. De la maniere de les tailler, 105. Obſervations là-deſſus, 106. Des Arbres qui ont jetté du bois, 108. Exemple en figure, 110. autre, 112. autre, 114. autre, 115. autre, 116. autre, 117. autre, 118. juſqu'à 138. Arbres de tige, 176. du choix qu'on en doit faire, *idem.* Comment preparez avant d'être plantez, 177. Observations en les plantant, 178. de la maniere de le faire, *idem.* 179. & 180. des soins qu'ils demandent aprés qu'ils sont plantez 181. Avertissement sur l'art. *idem.* Des vieux Arbres de tige, 187. de leurs défauts, 188. des maladies des Arbres par rapport aux terres qui ne leur sont point propres, 189. & 191. maximes generales pour les Arbres malades, 192. des Animaux, leurs ennemis, & comment les détruire, 194.

Artichaux, Plante potagere, des des Artichaux, 247. & 248. comment apprêtez, 394. Artichaux frits, *idem.* Cardes d'Artichaux, 395. des fonds confits, 409.

Asperges, espece de légume, de la maniere de réchaufer les Asperges, 230. des Asperges, 243. Remarques, 244. comment servies, 395. Asperges en guise de petits pois, *idem.*

Avril, & des ouvrages qu'on a coûtume de pratiquer dans ce mois, 245.

B

BARBEAU, comment servi, 401. *Bâtardiere*, Plan de jeunes Arbres destinez pour s'en servir dans l'occasion. De la Bâtardiere, 73. de la terre qui luy est propre, 74. comme il y faut arranger les Arbres, *idem.*

Baume, herbe odoriferante, qui sert de fournitures de salades, 249.

Beatilles, Tourtes de Beatilles, 424.

Beccasses, comment apprêtées, 377. Beccasses en ragoût, *idem.*

Beccassines, comment accommodées, 377.

Becfigues, comment apprêtez, 379.

Bettes-cardes, comment mangées, 397.

Betteraves, gros legumes, 240.

Betteraves, comment apprêtées, 387.

Biche, comment apprêtée, voyez Cerf.

Bigarreaux, espece de Cerises, 203.

Bonne-Dame, herbe Potagere, 238.

Bonnets de Prêtre, espece de Citroüilles, voyez Citroüilles.

Boudin, du Boudin, 368. du Boudin blanc, *idem.*

Bourrache, certaine herbe dont on se sert pour garnir les Salades, 246.

Bouture, c'est une branche d'Arbre, ou d'Arbrisseau, dont la nature est de prendre racine dans terre; de la maniere de les planter, 18. du tems de le faire, *idem.* Boutures de Pommier, 19.

Branches, sont dites des productions que le tronc d'un Arbre a donné comme il a plû à la nature. Des branches fecondes, 99. figure pour les connoître, 100. des branches mediocres, autrement dites, branches à demy bois, *idem.* Figure pour les connoître, 101. Avertissement sur les petites branches, 111. Remarques, 119. Branches chifonnes se dit des branches extraordinairement menuës & courtes, & qu'on ôte toûjours; Branche veules s'entend de certaines qui sont extremement longues & menuës, & par consequent propres qu'à être retranchées : on les apelle aussi Branches élancées.

Breme, comment mangée, 401.

Brin, se dit par rapport aux Arbres fruitiers : un Arbre d'un beau Brin, c'est-à-dire, un Arbre qui est bien droit & de belle venuë.

Brochet, comment apprêté, 400. Brochet en ragoût, *idem.*

Buglose, de la Buglose, 246.

Buissons, Arbres taillez en rond & ouverts dans le milieu, 88. Remarques sur les Buissons, *idem.* Des Buissons à l'égard de la taille, 122. & 139. des Buissons tout formez, 153. Figure,

DES MATIERES.

gure, 154. de leur taille lorsqu'ils sont vieux, 157. des vieux Buissons, 162.

C.

Ailles, comment servies : des Cailles roties, 377. Cailles en ragoût, 378.

Canards : des Canards sauvages, comment apprêtez, 379. Canards domestiques, 385. Potage de Canards, *idem*.

Cantarides, espece de Mouches qui gâtent les Arbres, 196. comment les bannir, *idem*.

Cardons d'Espagne, Legume ; des Cardons d'Espagne, 253. & 254. comment servis, 395.

Carottes, gros Legume, 239. comment apprêtées, 388.

Carpes, comment apprêtées, 399. Carpe à l'étuvée, *idem*. Carpe au court-bouillon, *idem*. Carpe farcie, 400. Carpe rôtie, *idem*. Pâté de Carpes, 415.

Celery, herbe Potagere dont on se sert pour mettre en Salades, 259. & 260.

Cerf : du Cerf & comment apprêté, 380. de la Longe & de l'Epaule, 381. du Cerf en ragoût, *idem*. Du Cerf en Civé, *idem*. Pâté de Cerf, 415. De la Chasse du Cerf, 436. de la connoissance du pied de Cerf, 437. de ses Fumées, 438. de ses Portées, *idem*. de ses Allures, 439. comment chercher le Cerf aux gaignages, *idem*. comment l'y quêter, 442. & 443. comment le quêter aux couronnes des Tailles, *idem*. comment le quêter aux hautes Futayes, 444. comment le forcer, 446. comment le lancer, 447. ce qu'il faut observer à sa mort, 452. comment le secter, & en faire la curée, 453.

Cerfeüil, herbe potagere : du Cerfeüil, 261.

Tome II.

Cerise : des Noyaux de Cerises, 13. de l'exposition qui leur convient, 93. Listé des Cerises, 202. Cerises hâtives, 203. Cerises tardives, *idem*. des Cerises confites, 417. des Cerises en compotes, *idem*. comment sechées, 406.

Cerisier, Arbre fruitier ; des Cerisiers, 21. jusqu'à 26.

Chair, en fait de fruits, est le terme dont on use pour marquer leur substance.

Champs : semer à plein Champ, c'est semer toutes sortes de graines qui le veulent ainsi, à la main, sans les mettre en trous, ny en rayons, ainsi qu'on seme le Bled, si ce n'est qu'on le fait avec moins d'action.

Champignons, comment accommodez, 390. Champignons frits, *idem*. secrets de conserver les Champignons, 391. des Champignons confits, 409. Tourtes de Champignons, 425.

Chancre, en fait d'Arbre, signifie une espece de galle qui survient à l'écorce, & au bois. Du chancre, & de son remede, 193. Chancre, maladie des chiens, comment guerie, 436.

Chapons, Comment apprêtez, 384. Chapons à la daube, *idem*.

Châtrer, en fait de jardinage, se dit lorsqu'on veut tailler les Melons : il est temps de châtrer les Melons.

Chenilles, insectes rampans & fort dommageables aux Plantes & aux Arbres, 195. comment les détruire, *idem*.

Chevelu, se dit de certaines petites racines qui sont tres-menuës, assez longues, & qui prennent leur origine des grosses, 83. Chevelu, Plant de Vigne avec racines ; du Plant chevelu, 389.

Chevreneau, voyez Gardon.

Chevreau, comment apprêté, 367.

Chevreüil, comment accommodé, 381. du Chvreüil en ragoût, 382. de la Chasse du Chevreüil, 468.

Ooo

Cheruis, espece de legume, 240. comment servis, 389.

Chicorée, herbe potagere ; de la Chicorée sauvage, 238. de la Chicorée blanche, 256. & 257. Chicorée comment apprêtée, 396.

Chien : des Chiens, 426. des differentes especes de Chiens, & de leurs differens poils, *idem*. de leur naturel, 427. du Chien blanc, *idem*. des Chiens noirs, *idem*. des Chiens gris, *idem*. des Chiens fauves, 428. de la veritable marque d'un bon chien, *idem*. comment élever les Chiens courans, *idem*. comment les instruire à courir le Cerf, 430. de leurs maladies, & comment y remedier, 431. comment les guerir de la morsure des bêtes veneneuses, 435. comment parler aux Chiens pour le Cerf, 452. de la Curée pour les Chiens, 453.

Choux, gros legume, 235. Liste des Choux, *idem*. Remarque, 236. des Choux-fleurs, *idem*. Choux comment servis, 393. Des Choux-fleurs, *idem*. & 394. Choux pommez, *idem*.

Ciboules, espece d'Oignon : des Ciboules, 238.

Cidre : espece de Cidre qu'on exprime des Pommes, 341. & 342. autre Cidre, *idem*.

Citroüilles, gros fruit potager, 255. Citroüilles, comment accommodées, 392. Citroüilles en andouillettes, 393. Citroüilles en potage, *idem*.

Cives d'Angleterre, fourniture de Salade, 249.

Cochon : Cochon de lait, comment apprêté, 372. Cochon de lait farci, *idem*.

Coin, instrument de bois dont on se sert pour greffer en fente, 28. Figure des Coins, *idem*.

Coin, gros fruit : des Coins confits, 419. des Coins en compotes, *idem*. de la gelée de Coins, 420.

Colet, se dit en fait de Jardinage, de la partie de l'Arbre qui separe le bas caché de la terre, d'avec ce qu'on voit au dessus de la superficie de la terre.

Concombre, espece de fruit potager : Observations sur les Concombres, 231. jusqu'à 251. Concombre comment apprêté, 392. Concombres fricassez, *idem*. Concombres confits, 409.

Confitures : des Confitures au vinaigre, 409. des Confitures au vin doux, cidre ou miel, 411. & 412. des Confitures au sucre, 412.

Corme, espece de boisson, 343.

Corne-de-Cerf, fourniture de salade, 249.

Couches : une couche est une certaine quantité de grand fumier arrangé artistement dans une fosse, ou une tranchée faite exprés, lequel fumier mis ainsi, s'éleve ordinairement de terre de deux ou trois pieds, & forme comme une espece de planche sur laquelle on épanche du terreau. De la maniere de faire les premieres Couches, 224. comment y accommoder le terreau, 225. comme il faut y semer de certaines graines, *idem*. comment y faire les rayons, 226. des Couches à Champignons, 227. 228. & 229. Avertissement sur ces Couches, *idem*.

Coutous, ce que c'est en fait de jardinage, 255.

Courges, especes de Citroüilles, voyez Citroüilles.

Couronne, espece de greffe, ainsi appellée à cause des greffes dont on entoure un gros tronc en forme de couronne. De la Couronne, 33. 65. & 66. Comment en tailler les greffes, 66. Figures démonstratives, 67.

Courson, se dit en fait de vigne, d'un petit sarment laissé à deux ou trois yeux.

Croiser, se dit des branches d'un Espalier attachées les unes sur les autres en forme de croix, ce qui fait qu'on dit voilà des Branches qui croissent.

Crossettes, se dit des Sarments de Vigne qu'on choisit pour planter sans racines : cette Vigne est plantée de Crossettes. Crossettes se dit encore des branches de Figuier quand il y reste un talon de vieux bois de l'année precedente, ainsi qu'à celles des Vignes.

Cuisine, autrement dit la maniere d'accommoder toutes sortes de viandes de la cuisine, 350.

D

DAIN : du Dain, 381. de la Chasse du Dain, 467. comment le quêter ; *idem*.

Décembre, & des ouvrages propres aux Jardins pendant ce mois, 266.

Dépoüiller, se dit d'un Arbre d'où tombent les fruits & les feüilles pour avoir été frappé de quelque mauvais vents, ou de dessus lequel on a cueilli les fruits : cet Arbre, dit-on, est entierement dépoüillé.

Doucin, espece de Pommier ; voyez Pommier.

E

EBOURGEONNEMENT, ou la maniere d'ébourgeonner. Voyez Ebourgeonner. Ebourgeonnement en fait de Vigne, c'est la décharger des branches superfluës, & steriles : de l'ébourgeonnement, 294. & 295.

Ebourgeonner, en fait d'Arbres, ce que c'est, 168. jusqu'à 170. Avertissement sur l'article, 172.

Echalottes, fourniture de Jardin ; des Echalottes, 245.

Ecrevices, comment preparées, 403. Ecrevices en ragoût, *idem*.

Ecu : tailler a l'épaisseur d'un Ecu, terme dont on se sert en fait de jardinage pour couper une branche d'un Arbre de telle maniere qu'on ne laisse au tronc de la branche coupée qu'une épaisseur d'un Ecu de bois ; ce que c'est que cette taille, 139.

Ecusson, espece de greffe & où il les faut lever, 55. & 57. Figure, 56. Avertissement sur l'article, *idem*. autre Figure, 57. autre, 58. Figures des Ecussons levez, 59. comme il faut les appliquer, *idem*. Observation, *idem*. Figure, 60.

Efeuiller, se dit parmy les Jardiniers, lorsqu'il est question d'ôter aux Arbres le trop de feüilles pour trop ombrager les fruits qui y sont attachez.

Egayer, est un terme dont on se sert en fait de jardinage, quand on veut parler d'un Espalier bien palissé : on dit cet Arbre est bien égayé, c'est-à-dire, ses branches sont bien partagées des deux côtez, & liées artistement, & sans confusion : on dit aussi égayer un buisson, ce qui signifie le tailler de telle maniere que d'un coup d'œil on puisse juger de sa beauté ; égayer un Arbre de tige se dit aussi.

Elaguer, se dit des Arbres de tige ; il faut élaguer cet Arbre, c'est à-dire ôter toutes les branches qui peuvent rendre leur tige defectueuse, & faire tort à tout le corps de l'Arbre en consumant inutilement la substance dont les branches fecondes ont besoin.

Elancé : une branche élancée, c'est-à-dire, une branche longue, & tout-à-fait mince, & dégarnie entierement d'autres branches ; telle branche n'est bonne qu'à être retranchée pour la beauté & la fecondité de l'Arbre.

Emporte-piece, espece de Greffe, ce que c'est, 33. & 68.

Epinards, herbe potagere : des Epinards, 263. Epinards, comment servis, 397. Tourte aux Epinards, 423.

Espalier, Arbre planté le long d'une muraille à laquelle on attache les branches en forme d'éventail, à des treillages faits exprés. Des Espaliers, 85. & 86. De leur distance, *idem*. & 87. Figure d'un Espalier qui a acquis sa forme, 141. Autre, 143. Autre, 144. Autre, 146. Autre 148. Autre, 150. Autre, 152. Autre, 153. De leur taille lorsqu'ils sont vieux, 157. Des Espaliers vigoureux, 159. Des Espaliers foibles, *idem*. Rematque sur les vieux Espaliers, 161.

Espalier, contre-*Espalier*, se dit d'un Arbre qu'on plante sur le bord d'un quarré qui regne le long de l'allée qui regarde les Espaliers, & cet Arbre est nommé ainsi à cause qu'on l'étend comme l'Espalier qui luy est opposé.

Etronçonner, se dit proprement d'un Arbre auquel on coupe la tête, en sorte qu'il n'a plus que la figure d'un tronçon.

Estragon, petite herbe qui sert de fourniture pour les Salades ; de l'Estragon, 249.

Évaser, en terme de jardinage, se dit lorsqu'on veut ouvrir un Arbre dans le milieu qui est trop serré ; il faut évaser ce buisson : il se dit encore d'un Arbre qui s'ouvre trop, cet Arbre est trop évasé.

Exposition, ce que c'est en matiere d'Agriculture, 4. De certaines expositions qui conviennent le mieux à de certaines espeçes de fruits, 89. Des Expositions, 93. jusqu'à 95. Des Expositions propres à la Vigne, 273.

F

FARINEUX, se dit d'une Poire qui a la chair farineuse, c'est-à-dire, qu'on sent comme une pâte en la mangeant.

Fente, espece de greffe qui se fait en fendant le sujet sur lequel on veut appliquer les Greffes; greffer en fente. De la fente, 31.

Feves, Des Feves, 240. comment apprêtées, 398.

Février, & les ouvrages qu'on doit faire dans ce mois pour le Potager, 231.

Flûte, espece de Greffe. De la Flûte, 33. 62. & 63. Figure démonstrative, 64. Autre, 65.

Flux de ventre, maladie à laquelle les chiens sont sujets, 434. Remede, *idem*.

Fondre, en fait de jardinage, se dit des plantes qui perissent ; mes Melons se fondent tous, &c. On se sert encore de ce Verbe lorsqu'on veut parler d'un fruit qui fond : ce fruit ne fond point ; mais au contraire, il est cassant : cette Poire a la chair fondante, qui se dit pour l'ordinaire des Beurrez.

Forme, ou figure qu'on donne aux Arbres, soit en buisson, ou en Espalier ; de certaines formes qui conviennent le mieux à de certaines especes de fruits, 89.

Forme, se dit parmy les Jardiniers de cette maniere ; il faut toûjours être soigneux de bien former son Arbre.

Fourcher : on dit cette branche a fourché, c'est-à-dire, elle a à son extremité poussé deux branches qui font une fourche.

Fourchon, endroit d'où sortent deux branches en forme de Fourche.

Fourmis, petits animaux ennemis des Arbres. Des Fourmis, & de la maniere d'en purger les Arbres, 196.

Fraise, petit fruit rouge qui nait d'une Plante qui rampe qu'on nomme fraisier. Des Fraises, 241. & 242.

Framboise, fruit rouge. Des Framboises, 218. Framboises confites, 418. Des Framboises en compotes, *idem*.

Framboisier, Arbrisseau qui donne un fruit rouge & agreable. Des Framboisiers, 215.

Franc, se dit en fait de jardinage,

d'un sauvageon sur lequel on a greffé un autre fruit de la même espece. Enter franc sur franc, c'est-à-dire enter du poirier sur un sauvageon de poirier, &c. Des Francs de pommiers, 25. Des Francs de pruniers, *idem*.

Fruit. Secret pour faire prendre du Fruit aux espaliers & aux buissons lorsqu'ils sont vieux, par le moyen de la taille, 157. Du trop de Fruit, & de la maniere d'en décharger les arbres, 173. Des Fruits propres à mettre en arbres de tige, 177. Du temps de les cueillir, & de la maniere de le faire, 199. jusqu'à 201.

Fumer. Sçavoir s'il est bon de Fumer la vigne, 324. Du temps & de la maniere de le faire, *idem*. 325. & 326.

Fumier, des differens Fumiers, convenables à differentes terres, & de la maniere de les y employer, 79. 81. & 82.

G.

GALLE : Galle de Chien, 433. Remede, *idem*. Galle, maladie à laquelle les Arbres sont sujets : voyez Chancre.

Gardon, Poisson, comment mangé, 401.

Gâteau : des Gâteaux, 422.

Genie, se dit en fait de Jardinage, d'un arbre ou de quelqu'autre plante. C'est le Genie de tel arbre, de pousser ainsi du bois. C'est le Genie de telle ou telle laituë de pommer ainsi.

Gibier : du Gibier, 373.

Godiveau, Pâté de Godiveau, 426.

Greffer, signifie en fait de Jardinage, faire changer un arbre de nature, par le moyen d'une certaine operation qu'on y fait : du temps de greffer, 31. Differentes manieres de greffer, 44.

Greffes, petites branches d'arbre qu'on cueille à l'extremité des grosses branches, pour les inserer lorsqu'elles sont taillées sur un sujet qu'on nomme Sauvageon, afin de luy faire changer d'espece. Des Greffes en general, 30. de leurs noms, & du temps de les faire, *idem*. De leur usage, 31. De leur choix, 39. Du temps de les cueillir, *idem*. Figure pour sçavoir choisir les Greffes, 42. De leur longueur, 45. Leur figure, *idem*. De la maniere de les placer & de les tailler, *idem*. Figure démonstrative, 46. Autre figure, 47. Avertissement sur les Greffes, 69. Greffes de la vigne, & de la maniere de les faire, 322. & 323.

Greffoir, instrument ou petit couteau dont on se sert pour greffer en écusson, 35. Sa figure, *idem*.

Grenoüilles, comment mangées, 403.

Grive, oiseau, comment servie, 378. Grives en ragoût, *idem*.

Groseles vertes, 215. Des Groseles rouges, 216. Des Groseles blanches, autrement dites Perlées, 217. Observations sur les Groseles, *idem*. Groseles confites, 417. Des Groseles en compotes, *idem*.

Groseliers, arbrisseau. Des Groseliers, 215.

Guigne, espece de Cerise. Des Guignes, 203.

H.

HANNETONS, petits animaux volans & prejudiciables aux arbres. Des Hannetons, 196. De la maniere de les détruire, *idem*.

Haricot : Pois d'Haricots, comment apprêtez, 399.

Hâtif, en fait de Jardinage, signifie tout ce qui croît naturellement de bonne heure. Cerises hâtives ; Pois hâtifs.

Houlette, parmi les Jardiniers, est un instrument de fer, de la largeur de quatre poûces, de la longueur de six à sept, de l'épaisseur d'une bonne ligne, & d'une figure concave ; lequel instrument est emmanché d'un manche d'environ cinq ou six pouces de long.

I.

JANVIER, & les ouvrages qu'on doit faire pendant ce mois dans les Jardins Potagers, 223.

Jardinier, celuy qui a soin du Jardin, & qui sçait l'art de le gouverner; année du Jardinier, 223.

Idée : de l'Idée qu'on se doit former de la beauté d'un arbre de tige, 185. 186. & 187.

Jet, se dit en fait de Jardinage, d'une branche qui sort d'un arbre. Cet arbre a donné cette année de beaux Jets.

L.

LABOUR, se dit du remuëment qu'on fait de la terre pour la rendre meuble. Des Labours, 95. & 97. Des Labours pour les arbres de tige, & du temps de les donner, 183. De la necessité des Labours, *idem*.

Laituë, espece d'herbe potagere. Des Laituës, 225. & 233. Liste des Laituës, *idem*. & 234. Observations sur les Laituës, 235.

Lamproye, Poisson, comment preparé, 402.

Lapin, comment apprêté. Des Lapins, 374. Lapins rôtis, 375. Lapins en ragoût, *idem*. Lapins en fricassée, *idem*. De la chasse du Lapin, 461.

Legume : des Legumes, 387.

Levreau, comment accommodé, 374. Levreau en ragoût, *idem*.

Liévre, comment apprêté, 373. Liévre en civé, *idem*. Pâté de Liévre, 425. De la chasse du Liévre, 456. De ses ruses, 457. Quand lancer le Liévre, 458. & 459.

Limat, animal rampant & nuisible aux Jardins. Des Limats, & comment les détruire, 199.

Limier, Chien de chasse. De la maniere de mener le Limier en quête, 440. & 441.

Loup : de la chasse du Loup, 462. Des lieux où l'on doit quêter le Loup, *idem*. De la maniere de le chasser, 463. Comment le quêter, 464. De la maniere de forcer les Loups, 465. & 466.

Loupes : des Loupes des chiens, 435. comment gueries, *idem*.

Lune : abus qui se commettent à l'égard des Lunes, en fait d'Agriculture, 103. & 104. Des erreurs populaires touchant la Lune, 219. jusqu'à 222.

M.

MACHE, herbe potagere. De la Mâche, 263.

Marcassin, jeune Sanglier, comment apprêté, 380.

Marcotes : des Marcotes de la vigne, & de la maniere de les faire, 321.

Mars, & les ouvrages qu'il est necessaire de faire en ce mois, pour le potager, 232.

Marteau, outil dont on se sert pour cogner sur les coins lorsqu'on greffe, 39. Sa figure, *idem*.

May, & les ouvrages qu'un Jardinier doit faire en ce mois, 256.

Melon, fruit assez connu. Observations sur les Melons, 231. 232. 249. 250. 251. & 252. Melon arrêté, ou noüé, est celuy qui au sortir de la fleur commence à grossir.

Meures, espece de fruit. Des Meures confites, 410.

Moignon, terme dont on se sert en fait de Jardinage, pour signifier qu'on coupe une branche d'une telle maniere. Ce que c'est que tailler en Moignon, 121.

Morilles, espece de Champignon, & comment servies, 391.

Morve, parmi les Jardiniers, se dit à l'égard des laituës, de la chicorée,

&c. & c'est une pourriture qui s'engendre dans ces sortes de plantes, & les fait perir. C'est ce qui fait dire aussi: Nos chicorées, nos choux, & nos laituës ont la Morve.

Mousse, c'est une espece de petite herbe frisée, crêpuë & jaunâtre, qu'on voit croître sur l'écorce des arbres, & qui est comme une maniere d'excrement que la nature de la terre leur fait pousser au-dehors; ce qui est fort desagreable à la vûë, & dommageable aux arbres qui en sont atteints. De la Mousse, & des moyens de la prevenir, 193. comment l'ôter, 194.

Mousserons, comment apprêtez, 391. Mousserons en ragoût, *idem*.

Mouton, comment apprêté dans toutes ses parties. Du Mouton, 362. De la tête, *idem*. De la langue, 363. Des pieds de Mouton, *idem*. Du col, 364. De la queuë, 365. Du colet, *idem*. De l'épaule, *idem*. Du gigot, 366.

Mulot, animal dangereux pour les fruits. Des Mulots, & de quelle maniere en purger un jardin, 198.

N.

NAVETS, comment accommodez, 389.

Noix: des Noix confites, 418.

Novembre, & des ouvrages qui regardent un Jardinier pendant ce mois, 265.

Noüer, se dit des melons. voyez Melons.

Noyaux: des Noyaux de pêches, 8. De la maniere de les traiter quand l'hyver est passé, 9. Observations sur l'article, *idem*. & 10.

O.

OCTOBRE, & des ouvrages necessaires à faire dans ce mois, 265.

Oeil-dormant, c'est un écusson fait au mois d'Aoust, ainsi appellé à cause que la greffe appliquée en ce temps semble dormir, la seve n'étant pas pour lors en état de la faire mouvoir. De l'œil-dormant, 32, & 53. Deux figures démonstratives, 54.

Oeil-poussant, est un écusson fait au mois de May, ainsi appellé à cause qu'en ce temps la seve le fait agir. De l'Oeil-poussant, 32. & 61. Reflexions sur l'article, *idem*. Figure, 61.

Oeufs, comment preparez, 404. Oeufs farcis, *idem*. Oeufs au verjus, *idem*. Oeufs à la crême, *idem*. Oeufs à la tripe, *idem*. Oeufs au lait, 405. Oeufs au miroir, *idem*.

Oignons, gros Legume. Des Oignons, 246.

Oisons, voyez Oyes. Oisons farcis, 385.

Ozeille, herbe Potagere. De l'Ozeille, 236. Ozeille comment mangée, 396.

Oyes des Oyes sauvages, 379. & des Oyes domestiques, comment apprêtez, 385.

P.

PALISSER, c'est proprement parlant, attacher à un treillage dressé contre un mur, les branches des arbres mis en espalier, de telle maniere que faisant l'évantail, on leur donne par ce moyen une forme qui leur convient. Comme il faut Palisser les arbres, 166. & 167.

Panais, gros Legume. Des Panais, 240. Panais, comment apprêtez, 387.

Pâtisserie, de la Pâtisserie, 421.

Pepin: de la maniere de semer les Pepins de poires, de pommes, & de coins, 7. Du temps de le faire, *idem*. Des soins qu'ils demandent la premiere année, 8.

Pepiniere, espace de terre plantée de Sauvageons destinez pour greffer. Des Pepinieres, 3. Moyens de con-

TABLE

noître les terres qui y sont propres, *idem*. De leurs expositions, 4. & 5. De leur culture avant que d'y rien planter, *idem*. Des labours necessaires, 6. Des pepinieres de semence, *idem*. Remarque sur l'article, *idem*. Des Pepinieres de noyaux, 8. Des Pepinieres de plans enracinez & de bouture, 14. De la maniere de les gouverner lorsqu'elles sont plantées, 26. Des soins qu'on en doit prendre, *idem*. 27. & 28. Observation sur l'article, *idem*. De l'ordre qu'on doit tenir en les greffant, 39. & 40. De la maniere de les gouverner lorsqu'elles sont greffées, 70. Comme on doit y planter les arbres, 74. Avis sur l'article.

Perche, Poisson, comment servie, 401.

Perdreau, Oiseau. Des Perdreaux, 377.

Perdrix, Oiseau, comment apprêtées. Des Perdrix, 376. Perdrix à la daube, *idem*. Perdrix en hachis, *idem*. Perdrix en marinade, *idem*.

Persil, fourniture de jardin pour ragoût. Du Persil, 237. Du Persil de Macedoine, 265.

Pêche, des Pêches, 92. De la forme & de l'exposition qui est propre à ce fruit, *idem*. Liste des Pêches, 204. & 205. Des Pêches confites, 419.

Pêcher, arbre fruitier. Du Pêcher, 26. & 78.

Pigeon, oiseau, comment apprêté, 386. Pigeons en compotes, *idem*. Pigeons en ragoût, *idem*. Pigeons en marinade, 387.

Pimprenelle, fourniture de salade. De la Pimprenelle, 239.

Pincement, se dit de la maniere de pincer une branche. Voyez Pincer.

Pincer, en fait d'arbres ; ce que c'est, & la maniere de le faire, 172. Avertissement sur l'article, *idem*.

Piquette, espece de boisson, autrement dit du demi-vin, 337. autre, *idem*. autre, 338.

Piqueur : de ce qu'un Piqueur doit sçavoir pour prendre les cerfs à force, 449. 450. & 451.

Plaisirs : des Plaisirs dont on joüit à la Campagne, 347.

Plant enraciné, est toute sorte de Plant qui a des racines. Du Plant enraciné de pommiers, 19. Plant enraciné de noyau, 20. Remarques sur l'article, *idem*. Du temps que les Plans doivent demeurer en pepinieres avant d'être greffez, 28. Avertissement, 29. Comme il faut traiter les Plans d'arbres nains en pepinieres, 71. De ceux à plein vent, *idem*. Observations, *idem*.

Pluvier, Oiseau, comment apprêté, 378.

Poire, Fruit. Des Poires, 77. Liste des Poires propres en buissons, 90. Poires à mettre en espalier, 91. Liste des Poires, 208. jusqu'à 212. Poires, comment sechées, 408. Des Poires confites au moust, 411. Poires confites au sucre, 412. Poires en compotes, 413.

Poiré, maniere de Boisson qu'on tire des Poires, 343.

Poirier, Arbre fruitier. Des Poiriers francs, 77.

Pois, comment accommodez, 397. Pois en ragoût, *idem*. Pois secs, 398.

Pomme. Des Pommes 91. De la forme & de l'exposition qui leur convient, *idem*. Liste des Pommes, 213. & 214. Pommes, comment sechées, 408. Pommes en compotes, 414. Pommes en gelée, *idem*.

Pommier, Arbre fruitier. Du Pommier de Paradis, 25. Des Pommiers, 77.

Porc, & comment apprêté. Du Porc, 368. Du foye, de la rate, & du cœur, 369. Du mou, 370. De la langue, *idem*. De la gorge, *idem*. Des griblettes, 371. Des pieds, *idem*. Des oreilles, 372. Du groin, *idem*. Des jambons, *idem*.

Porreau

DES MATIERES.

Porreau, gros Legume. Des Porreaux, 261. Comment mangez, 396.

Porrée, Herbe potagere. De la Porrée, 245.

Potager. Jardin Potager, lieu où sont plantées toutes sortes d'herbes & de legumes. Du Jardin Potager, 219.

Poulardes, comment apprêtées, 384. Poulardes en ragoût, *idem*.

Poules, comment apprêtées, 384.

Poulets. Poulets de grain, comment apprêtez, 382. Poulets en fricassée, *idem*. Poulets à la giblote, 383. Poulets à l'ail, *idem*. Poulets farcis, *idem*. Poulets frits, *idem*.

Poulets d'Inde, comment accommodez, 385.

Pourpier, comment mangé, 396. Du Pourpier confit, 409.

Pourriture, infirmité à laquelle les arbres sont sujets. De la Pourriture, & des moyens de l'ôter, 194.

Poux des chiens, 434. Moyens de les faire mourir, *idem*.

Provins, termes dont on se sert, par rapport à la vigne, pour dire marcotes. Des Provins de vigne, & de la maniere de les faire, 314. Du temps de les faire, 315.

Prunes : des noyaux de Prunes, 13. Observations sur l'article, *idem*. De la forme & de l'exposition que demandent leurs arbres, 91. Liste des Prunes, 206. & 207. Prunes, comment sechées, 406. Prunes confites au sucre, 414. Prunes en compote, 415.

Prunier, Arbre fruitier. Des Pruniers, 78.

Puçons, espece de petits animaux qui rongent les arbres. Des Puçons verds, & comment détruits, 199.

Q.

QUARRE', Plan d'arbres plantez à angles droits. Sa figure, 179.

Quinconce, Plan d'arbres mis en échiquier. Sa figure, 179.

Tome II.

R.

RACINE, s'entend de la production des arbres au-dedans de la terre, pour recevoir par là la nourriture qui leur est necessaire ; ce qui leur sert aussi comme de liens, qui les tiennent attachez de telle sorte, que les vents ne les sçauroient presque ébranler. Des Racines, 83. & 84. Remede pour les arbres malades à leurs Racines, 190.

Rage. Maladie des chiens, 431. De la Rage muë, *idem*. Remede, 432. De la Rage tombante, *idem*. Remede, *idem*. De la Rage endormie, *idem*. Remede, *idem*. De la Rage efflanquée, 433. De la Rage rhumatique, *idem*. Remede, *idem*.

Raiponce, Herbe potagere. Des Raiponces, comment servies, 389.

Raisin. Liste des Raisins, 277. Des Raisins propres à de certaines especes de terre plus qu'à d'autres, 279. jusqu'à 282. Raisins, comment sechez, 408.

Raisiné. Ce que c'est, 411.

Râpé, tonneau dans lequel on a mis des raisins entiers avec trois lits de copeaux ou de sarment, & dont on se sert pour passer les vins éventez, ou ceux qui sont vieux percez. Il y a aussi des Râpez seulement de copeaux, dont les Marchands de Vin se servent pour accommoder leurs Vins. Des Râpez, 338. Autre, 339. De leur usage, *idem*.

Rave, espece de Legume. Des Raves, 226.

Rat, animal prejudiciable à la racine des arbres, & aux fruits qui y sont attachez. Des Rats, & comment s'en défaire, 198.

Rayon, en fait de Jardinage, se dit de certaines petites rayes enfoncées, qu'on fait à droite ligne sur des cou-

Ppp

ches ou sur des planches, peut y semer des graines qui veulent être ainsi mises en terre.

Relais de chiens. De la maniere de mettre les Relais, 446.

Renard. De la chasse du Renard, 460.

Rigole, en fait de Jardinage, se dit d'une tranchée plus ou moins profonde, & large seulement d'un fer de bêche, & destinée à y recevoir quelque plant que cepuisse être.

S.

SALSIFIX. Salsifix d'Espagne, Legume, 240. Des Salsifix communs, *idem.* Salsifix d'Espagne, comment servis. Salsifix communs, *idem.*

Sanglier, comment apprêté en toutes ses parties, 380. De la hure, *idem.* Du Sanglier rôti, *idem.* Des jambons de Sanglier, *idem.* De la chasse du Sanglier, 454. Comment chasser au Sanglier, *idem.* Des jugemens qu'on en doit faire, *idem.* Comment le forcer, 455.

Sarcelle, Oiseau, comment apprêtée, 379.

Saumon, Poisson, comment apprêté, 403.

Sauvageon. C'est un Arbre qui a racine & qui est venu de pepin, ou éclaté avec racine de dessus un autre arbre, qui est celuy qu'on nomme Sauvageon de souche. Des Sauvageons élevez de pepin, & de la maniere de les planter, 18. Observations sur l'article, 19. Des Sauvageons de bois, 21. 22. & 23. De la methode de les planter, 23. Observations, *idem.* Remarques, *idem,* & 24. Des Sauvageons de pepins & de poires, *idem.* Comme il les faut preparer pour être greffez, 48. Figure, *idem.* Comment les fendre, 49. Figure, *idem.* Autre figure de Sauvageon, 50. Observations sur l'article, *idem.*

Scie, instrument à dents dont on se sert pour scier, 36. Sa figure, *idem.*

Secret pour faire prendre du fruit à un arbre trop vigoureux, 160. Secret pour faire devenir les fruits beaux jusqu'à leur maturité, 173. & 175.

Septembre, & de ce qu'on doit faire en ce mois dans un Jardin Potager, 264.

Serpette, autrement petit Coûteau courbé dont les Jardiniers se servent pour tailler les arbres, ou couper d'autres choses qui regardent le Jardinage, 37.

Sujet, se dit en termes de Jardinage, de toutes sortes d'arbres sur lesquels on veut appliquer des greffes. De la maniere de les couper, 50.

T.

TAILLE : taille des Arbres est une operation qu'on fait sur eux pour arriver heureusement aux fins qu'on s'en propose. De la taille des Arbres & ce que c'est, 97. De la taille d'un Arbre dans un Espalier, 107. Taille d'un Arbre planté d'un an, *idem.* De la taille des Espaliers qui ont acquis toute leur forme, 139. Maximes sur la taille des Arbres, 154. 155. & 156. de la taille des fruits à Noyau, 162. 163. & 164. Figure, 165. Observation, 166. De la taille des Arbres de tige, 184. De la taille de la Vigne, 296. *jusqu'à* 306.

Tailler : tailler un Arbre est retrancher avec prudence de dessus les branches qu'on juge luy être nuisibles, ou racourcir celles qui sont trop longues. De ce qu'on doit sçavoir avant que de tailler, 98. 102. *jusqu'à* 105. Comme il faut tailler les Arbres la troisième année qu'ils sont plantez, 112.

Talus, terme dont se servent les

DES MATIERES.

Jardiniers pour marquer qu'ils coupent une branche d'une telle maniere: ce que c'est que couper en Talus, 151.

Tanche, Poisson, comment apprêtée, 402. Tanches frites, *idem*.

Tartes. Des Tartes, 422.

Taupe, animal qui ne vit que sous terre, & qui nuit à la racine des Arbres, sur-tout lorsqu'ils sont jeunes. Des Taupes, & comment les détruire, 198.

Taupinambours, comment servis, 389.

Terre. De certaines terres propres à de certaines especes d'Arbres, 76. Des terres humides, 79. Des terres seches, *idem*. Des terres legeres, 80. Remedes aux mauvaises qualitez des terres, 190. Des terres pour planter la Vigne, 168. Des terres sablonneuses, 170. Des terres fertiles, 271. Des terres pierreuses, 272.

Terreau, Fumier tellement consumé, qu'il ressemble plûtôt à de la terre noire, qu'à ce fumier qui est son principe.

Termes. De quelques Termes dont on se sert en gouvernant la vigne, 319.

Terrer. Terrer les vignes, & ce que c'est, 327. & 328. Remarques, 329.

Tesson, Animal sauvage. De la Chasse du Tesson, 460.

Tête, se dit de la sommité d'un arbre. De la Tête de l'arbre, 84.

Tigres, espece de petits animaux qui portent beaucoup de dommage aux arbres. Des Tigres, 197.

Tons, espece de grosses Mouches nuisibles aux arbres. Des Tons, & comment les chasser, 197.

Tourterelle, Oiseau, comment accommodée, 379.

Trompettes d'Allemagne, espece de Citroüilles; voyez Citroüilles.

Truite, Poisson, comment mangée, 404.

Tuf, est un fonds de terre pierreuse & dure, qu'on rencontre au-dessous de la bonne terre, où du moment que la racine des arbres est parvenuë, il faut qu'ils perissent. Du Tuf, 192.

V.

Vanneau, Oiseau, comment apprêté, 378.

Veau, comment apprêté. Du Veau, 356. De la tête, *idem*. Des pieds & de la fraise, *idem*. Du cœur, 357. De la rate & du poumon, *idem*. Du foye, *idem*. Du sang, 358. De la longe, *idem*. Des roüelles, *idem*, & 359. Du jarret, 360. De la poitrine, *idem*. Du quarré de Veau, 301. Du bout saigneux, *idem*. De la cuisse, *idem*. Du gigot, 362. Des ris-de-veau, *idem*.

Vendange. Des Vendanges, 330. Du temps de les faire, 331.

Venerie. Des termes de Venerie, 444.

Verjus. Liqueur dont on se sert pour les sauces. Du Verjus, 344. Du Verjus confit, 420. Gelée de Verjus, 421. Tourtes au Verjus, 423.

Vers, petits animaux sujets d'incommoder les arbres. Des Vers, & comme il faut les détruire, 197. & 198. Comment détruits lorsque les chiens en sont attaquez, 435.

Viande. Des Viandes maigres, 399.

Vigne. De la Vigne, 267. De la maniere de l'élever, 275. De son plant, *idem*. Du choix qu'on en doit faire, 283. Observations sur l'article, 284. De ses noms différens, 285. Du temps & de la maniere de la planter, 286. De la Vigne haute, *idem*. De la Vigne moyenne, 287. De la Vigne basse, 290. Du travail qu'il y faut faire jusqu'à leur quatriéme année, 291. jusqu'à 318. Figure de la haute Vigne, 299. Autre, 300. Autre, 303. Autre, 304. Autre, 306. De la Vigne moyenne, 307. Sa figure, 309. De ce qu'il

Ppp ij

TABLE DES MATIERES.

faut faire aux Vignes la cinquiéme année, 318. De la différence qu'il y a entre la Vigne moyenne & la Vigne basse, 319. Figure de la Vigne moyenne, 320. Figure de la Vigne basse, 321. Diverses observations sur la Vigne, 323. & 324. Autre espece de Vigne basse, 329.

Vin. De la maniere de façonner les Vins, 332. Du Vin rouge, 333. Du Vin clairet, autrement dit œil-de-perdrix, 334. Du Vin gris, 335. Du Vin blanc, *idem.* Observations, 340.

Vinaigre. De la maniere de faire du bon Vinaigre, 410.

Volaille. De la Volaille commune, 382.

Urine. Retention d'Urine, maladie des chiens, comment les en guerir, 436.

Y.

YEUX, en fait de Jardinage, sont ces petits nœuds pointus qui produisent les feüilles des arbres, & d'où sortent aussi les jets

Fin de la Table des Matieres du second Tome.

www.ingramcontent.com/pod-product-compliance
Lightning Source LLC
Chambersburg PA
CBHW071722230426
43670CB00008B/1089